THE FORBIDDEN CITY PUBLISHING HOUSE

明清論叢

启功题

A COLLECTION OF ESSAYS ON THE MING AND QING DYNASTIES

主编　朱诚如　徐　凯
主办　故宫博物院　北京大学

第二十三辑

本书的出版
由北京故宫文物保护基金会公益支持

故　宫　出　版　社

2023

图书在版编目（CIP）数据

明清论丛. 第二十三辑 / 朱诚如, 徐凯主编. -- 北京 : 故宫出版社, 2023.12
ISBN 978-7-5134-1609-2

Ⅰ. ①明… Ⅱ. ①朱… ②徐… Ⅲ. ①中国历史－明清时代－文集 Ⅳ. ①K248.07-53

中国国家版本馆CIP数据核字(2024)第004721号

明清论丛
（第二十三辑）
主　　编：朱诚如　徐　凯
执行主编：左远波
英文翻译：杨爱英
责任编辑：王志伟
封扉设计：王　梓
责任印制：常晓辉　顾从辉

出版发行：故宫出版社
　　　　　地址：北京市东城区景山前街4号　邮编：100009
　　　　　电话：010-85007454（编辑部）　010-85007817（发行部）
　　　　　邮箱：mqluncong@ sina. com（编辑部）
　　　　　　　　ggcb@culturefc. cn
制　　版：北京雅昌艺术印刷有限公司
印　　刷：北京雅昌艺术印刷有限公司
开　　本：889毫米 × 1194毫米　1/16
印　　张：16
字　　数：457千字
版　　次：2023年12月第1版
　　　　　2023年12月第1次印刷
书　　号：ISBN 978-7-5134-1609-2
定　　价：280.00元

特别声明

为适应信息化建设，扩大学术信息交流渠道，本辑刊已被《中国学术期刊网络出版总库》及 CNKI 系列数据库收录，其作者文章著作权使用费与本辑刊稿酬一次性给付。免费提供作者文章引用统计分析资料。如作者不同意文章被收录，请在来稿时声明。

目　　录

CONTENTS

被学界忽视的明代中期好官万衣

南炳文

内容提要： 万衣，字章甫，号浅原，浔阳人。嘉靖末期担任湖广右布政使，迁任河南左布政使，官至从二品。本文关注的不在其官职高低，而是他为官期间卓有成效地处理了许多迫切问题，站在了时代的最前列，因此在其生前和死后都备受尊敬。可是，近百年来学术界却未见关于他的研究文章。虽然历史上的杰出人物难以数计，在一段时间内某些人物被注意不足难以避免，但对于他们不应长期淡忘。像万衣这样在历史上有贡献的人物，更要进行必要的关注和研究。

关键词： 万衣　明代中期　赋役制度改革　官场贪腐　抵御倭寇

近读明人万衣的著作《万子迂谈》，以及其他一些关于万衣的文献记载。得知其人字章甫，号浅原，浔阳人。生于“宸濠之乱”发生的前一年，即明武宗正德十三年。嘉靖二十年24岁中进士，观政刑部，后任南京刑部主事。二十四年，“除刑部”，为山东清吏司主事。二十八年“迁（刑部）员外郎，其司为四川”。二十九年，“迁（刑部）郎中，其司为广东”。三十年，虑囚于楚。三十二年，为云南按察司副使，“治兵曲靖”。三十五年，迁福建参政，所部为兴化、泉州两郡。继而遭母丧，三十七年下半年始在家守孝。四十一年春赴京，复除湖广，不久迁福建按察使。四十三年，迁湖广右布政使。四十五年，迁河南左布政使。隆庆二年（1568年），被谗言诽谤而离职还家。万历戊戌二十六年四月卒，年81岁。[①]

查张廷玉《明史》，刑部主事系正六品、刑部员外郎从五品、刑部郎中正五品、行省按察司副使正四品、行省参政从三品、行省按察使正三品、行省左右布政使从二品。[②]一般说来，明代的品级自最高的一品到最低的九品，每一级分正、从两个层次，合起来共18个级别。由此看来，万衣由正六品的主事一步步升至从二品的右、左布政使，只剩下正一品、从一品和正二品3个高品级交椅没有坐上，但品级也算相当之高。在这里，笔者特别关注的不在其官职高低，而在他担任这些官职期间，卓有成效地处理了许多社会最急需处理的问题，站在了时代的最前列，这是其人永远受到尊敬且不朽的重要原因。

---

① 万衣生平据（明）李维桢撰：《大泌山房集》卷七九《河南左布政使万公墓志铭》，《四库全书存目丛书》集部第152册，齐鲁书社，1997年；（明）万衣撰：《万子迂谈》卷三《闽海纪事》、卷七《壬戌北上》、卷八《李维桢撰万衣墓志铭》，《四库全书存目丛书》集部第109册；《明穆宗实录》卷一六，隆庆二年正月壬戌，第3页下至第4页上，中华书局，2016年；（清）纪昀等纂：《四库全书总目》卷一七七集部《万子迂谈》提要，中华书局，1965年。

② 参见（清）张廷玉等：《明史》卷七二、卷七五，中华书局，1974年。

一 赋役制度改革的积极倡导与推动者

一个国家能否强盛、能否正常运转，其社会经济制度状况如何非常重要。而在社会经济制度中，赋役制度又占有非常重要的地位，它是国家经济来源的重要保证。万衣任官期间，对于当时赋役制度的处理是令人称道的。为了说明他在这方面的卓越表现，我们可从明代对占人口大多数的一般民户实行的赋役征收、签派情形及其演变概况说起。

明初对占人口大多数的一般民户实行的赋役征收、签派制度，头绪相当复杂。有土地税，又有人丁役。所谓"丁有役，田有租"[①]，名目繁多。土地税中，"谓米麦为本色，而诸折纳税粮者，谓之折色"[②]。明太祖即位前的吴王时期，"役法计田出"。入明后，改为"一以黄册为准"。"（民）年十六曰成丁，成丁而役，六十而免。又有职役优免者。役曰里甲，曰均徭，曰杂泛，凡三等。以户记曰甲役，以丁记曰徭役，上命非时曰杂役"。[③]"凡役民，自里甲正办外，如粮长、解户、马船头、馆夫、祗侯、弓兵、皂隶、门禁、厨斗为常役。后又有斫薪、抬柴、修河、修仓、运料、接递、站铺、牐浅夫之类，因事编佥，岁有增益。"[④]各地情况相互有异，同一地区时间不同也有区别，赋役的征收皆随之产生差别。如苏、松、杭、嘉、湖地区，其赋税之数额就远高于其他地方。《明史》卷七八《食货二》记述其在明初的负担情况说：

> 初，太祖定天下官民田赋，凡官田亩税五升三合五勺，民田减二升，重租田八升五合五勺，没官田一斗二升。惟苏松嘉湖，怒其为张士诚守，乃籍诸豪族及富民田以为官田，按私租籍为税额。而司农卿杨宪又以浙西地膏腴，增其赋，亩加二倍。故浙西官民田视他方倍蓰，亩税有二三石者。大体苏最重，松嘉湖次之，常杭又次之。洪武十三年，命户部裁其额，亩科七斗五升至四斗四升者减十之二，四斗三升至三斗六升者俱止征三斗五升，其以下者仍旧。时苏州一府，秋粮二百七十四万六千余石，自民粮十五万石外，皆官田粮。官粮岁额与浙江通省埒，其重犹如此。[⑤]

上述复杂情况，为经手官吏贪污、上下其手提供了方便，也为有钱有势之家浑水摸鱼、转嫁逃避赋役创造了条件。而有钱有势者之转嫁逃避赋役，反过来增加了赋役征收、征用的进一步混乱。于是，在明中叶后，不仅普通大众的贫困在日益加深，国家之财政危机也因之日甚一日。商品经济有所活跃，白银作为货币而使用的状况日益发展，将实物赋税与亲身赴役变成纳银的要求日渐增大。面对上述社会危机和新态势，有眼光、有责任心的士大夫，纷纷起来倡导、推动赋役制度的改革。在正德以后，尤其是嘉靖以后，此类士大夫涌现得越来越多。欧阳铎在正德年间在福州府实行均徭，让多田产而又不负担徭役的士大夫承担一部分徭役。嘉靖年间他巡抚应天十府，又发现"苏松田不甚相悬，下者亩（税）五升，上者至二十倍"，乃实行"征一

① 《明史》卷七八，第1893页。
② 《明史》卷七八，第1895页。
③ 《明史》卷七八，第1893页。
④ 《明史》卷七八，第1905页。
⑤ 《明史》卷七八，第1896页。

法”，“总征银米之凡，而计亩均输之”。“其科则最重与最轻者，稍以耗损益推移，重者不能尽损，惟递减耗米，派轻赍（折色）折除之，阴予以轻。轻者不能加益，为征加本色，递增耗米加乘之，阴予以重。”[①] 潘季驯于嘉靖三十八年以御史巡按广东，整顿该省均平里甲法，“其法先计州县之冲僻，以为用之繁简，令民各随丁力输银于官，每遇供应过客及一切公费，官为发银，使吏胥老人承买，其里长止于在官勾摄公务，甲首悉放归农”。这个办法使里甲力役变为出钱代役，有利于农民自己掌握劳动时间，因此“广人便之”。[②] 庞尚鹏于嘉靖四十年至隆庆元年以御史巡按浙江，多次改革赋役制度，最后行均徭一条鞭法，其基本内容是，“凡岁编徭役，俱于十甲内通融随粮带征”。它改变了过去十年轮役的办法，实行十甲人户年年共同承应。原来“以十年之差而责之一年”“重而难”，改后以一年之役均之十年，“轻而役”。另外，它也改变了过去粮、役分别征用的办法，实行两者统一征收，从而简化了手续，减少了经手吏胥舞弊害民的机会。[③] 到了万历年间，更出现了推向全国的张居正改革，其在清丈土地的基础上，推行一条鞭法，其基本内容为：赋役合并，以丁、田分担役银；田赋一概征银；计算赋役数额时，要以州县为单位，各州县原有赋役额不得减少；赋役银由地方官直接征收。其内容是嘉隆时期各种赋役改革的综合、提炼。[④]

综上所述，明代正德、嘉靖以后开展起来的赋役制度改革，对于赋役负担在豪强与贫民间的不合理部分进行了调节，有利于减轻下层贫民负担；对当时民户向国家交纳的对象由实物向货币的转化进行了推进，有利于劳动者生产力的解放；其处处便民的宗旨到头来也有利于国家收入得到更多的保障。一言以蔽之，这些改革是当时进步的关乎国家命运的大事，其参加者无疑是应予充分肯定的人物。而本文所论述的万衣其人，也是这些改革中的积极倡导者和推动者。

万衣积极倡导、推动赋役征收签派制度改革的措施之一，就是力防殷实有力之家逃避、转嫁赋役负担。在他担任湖广布政司左参政时，发现“湖广所属地方隔远、奸弊易生”，其中在分派里甲均徭时，由于田业多少是编派差役轻重的重要根据，“业广粮多”之殷实有力之家，“畏其差重”，纷纷弄虚作假，成为当地之“积弊，踵习年久，视以为常”。其具体办法是，“夤缘投托乡宦、举监生员”之类有部分免役特权之人，“将（应纳税）粮虚寄影射”于其名下，以使自己逃脱相应的均徭里甲方面的差役负担。或者在审编均徭里甲方面的差役之时，贿赂、勾结有关吏书，将自己的“数百余石”粮食收成，“捏称荒粮”，即谎称因荒而绝收，“告行勘豁”，倘能得到吏书之认可，即进一步“用财买求里老，互相扶结”，而后进一步“笼络嘱托”官司，从而终得“进行豁免”。其时该省这种情形甚为盛行，“每县不下数千余石”，“其贫难本分之家，无力营求者，反将富户豁免之粮差，尽被摊派”。“是使殷实之家坐享其逸，而贫民小户每遭重役磨累逃移。故富者愈富，贫者愈贫，往往有不均之叹”。面对这种情形，万衣决定在审编嘉靖四十四年里甲均徭之际，指示有关官吏严行查禁，要求“拘吊轮差人户，并应查黄册到官，查照各户实在丁粮，逐一审实，除杂办照例查免外，其正办差役不得一概优免，务要定立等则，因其丁粮多寡、差役重轻，从公酌量审编明白，亲笔填注田粮差役银数目揭示，

---

① 《明史》卷二〇三《欧阳铎传》，第5363—5364页。

② 《明世宗实录》卷四九二，嘉靖四十年正月庚寅，中华书局，2016年，第3页。

③ （明）庞尚鹏：《题为均徭役以杜偏累以纾民困事》，（明）陈子龙等辑：《皇明经世编》卷三五，明崇祯平露堂刻本。

④ 南炳文等：《明史》（上），上海人民出版社，2014年，第420页。

仍给由票，使各家知户晓，以便供役。中间纵有抛荒，亦要尽数查出，均匀摊派，务使众轻易举。不许听凭里老吏书互相扶同，仍蹈前弊，偏累贫民”。[①]万衣的这一动作，不仅有利于减轻穷苦农民的徭役负担，而且对于保障国家的财政收入亦大有好处。

万衣积极倡导、推动赋役征收签派制度改革的另一突出表现，是在他担任湖广布政使司右布政使时，曾提出“灾伤请蠲赈议”，包括“议蠲停”“议改兑”“议折纳”“议赃罚”“议守令”“议防寇盗”等6条，而其中“议改兑”一条是：

> 夫赈溺救焚，事关民命，因时制义，贵在变通，所以救济权宜，似难泥拘常格，近奉勘合漕粮由改折之禁，职非敢于故违也。但湖省水灾，一望浩渺，民无颗粒，本色之征势难卒办，非止小民不勘，恐致反误国课。查得嘉靖三十九年地方水灾重大，该工科给事中邱岳题奉钦依，将本省该年兑运漕粮暂改十万石，每石连耗折银七钱，随运上纳，民命始甦。今年水灾视昔尤甚。除无灾地方照旧征解本色外，其被灾重大，如沔阳、武昌等州县，共该额派本色正米一十三万五千五百二十二石四斗二升，合无暂比前例，每石连耗征银七钱，随运上纳。及查四十四年本色例该本年终运到水次，明年二月开兑，即今正当追征之时。事在燃眉，伏乞俯从早赐议处，仍行漕运并兑粮衙门，一体遵行。庶减一分，民受一分之惠，所以寿国脉而扶元气，端有赖于是矣。伏乞台裁。[②]

万衣积极倡导和推动明中叶的赋役征收佥派制度的改革，有力地表明他在明朝中期是顺应时代要求站在时代前列的好官。

二　两袖清风，与官场贪腐势不两立

官吏是否清廉，是历代政风中一个非常重要的方面，而官吏贪污则历代难免，明朝亦不例外。明朝建立之初，明太祖“惩元季吏治纵弛”，对任用的官员，评定考课之法，凡内外官，根据其品秩，分别订定考察的时间和内容，由吏部“综其称职、平常、不称职而陟黜之”。[③]甚至用严刑峻法整顿吏治，惩罚贪污。洪武十五年发生了空印盒案：“每岁布政司、府州县吏诣户部覆钱粮、军需诸事，以道远，预持空印文书，遇部驳则改，以为常。及是，帝疑有奸，大怒，论诸长吏死，左贰榜百戍边。”[④]十八年又发生了郭桓案：怀疑北平二司官吏与户部侍郎郭桓通同贪污，再兴大狱，“自六部左右侍郎以下皆死，赃七百万，词连直省诸官吏，系死者数万人，核赃所寄借遍天下，民中人之家大抵皆破”。[⑤]上述措施，使官吏贪污现象在明初受到了抑制，相对清廉的情况存在了相当长的一段时期。但是，随着明初和明中叶社会经济的恢复和发展，官吏贪污的现象又逐渐盛行起来，特别是进入中叶后，此一现象更为明显。在万衣活跃

① 前揭《万子迂谈》卷四《均平里甲徭役》，第22—24页。

② 前揭《万子迂谈》卷四《灾伤请蠲赈议》，第27—28页。

③ 《明史》卷七二《职官志》，第1737页。

④ 《明史》卷七二《刑法志》，第2319页。

⑤ 《明史》卷七二《刑法志》，第2318页。

于政坛的嘉靖时期和此后不久的万历时期，就出现了不少实例。如嘉靖时期先后任礼部尚书和大学士的严嵩及其子严世藩，就是大贪官的典型代表，史称“（严嵩）无他才略，惟一意媚上，窃权罔利”。严世藩被处死时，“籍其家，黄金可三万余两，白金二百万余两，他珍宝服玩所直又数百万”。[①] 又如万历时期任大学士的张居正，虽是一个对中国历史有贡献的著名改革家，而其在面对财富动心与否上，表现得也不尽人意。史称：万历前期，“居正治第江陵”“出内帑千金助成之，由是楚抚按监司以下，并诸省督抚监司以下，皆进奉恐后，赙集如流水矣”；他死后被追论：曾以私怨构辽庶人宪㸅狱，“因请其府为第宅”，“辽库金宝万计，悉入居正家”。又被抄家，“尽发其兄弟诸子私藏，得金十余万”。[②] 至于到了明朝末期，官吏贪污之风更加厉害，由于贪风太盛，使得某些个人企图独善其身竟无可能。崇祯元年，吏科给事中韩一良在奏疏中说：

> 皇上平台召对，有文官不爱钱之语。然今之世局，何处非用钱之地？今之世人，又何官非爱钱之人？皇上亦知文官不得不爱钱乎？何者？彼原以钱进，安得不以钱偿？臣所闻见，一督抚也，非五六千金不得；道府之美缺，非二三千金不得；以至州县并左贰只求缺，各有定价；举监及吏承之优选，俱以贿成……诸臣言蠹民者，俱归咎守令之不廉。然州县亦安得廉？奉薪几何？上司票取，不曰无碍官银，则曰未完抵赎。冲途过客，动有书仪，多则十金以上，少则十金以下。欲结心知，不在此例，岁送不知几许。至巡按荐谢每百金，旁荐五十金，其例也。近且浮于例。遇考满朝觐，或费至三四千金。夫此金非天降，非地出，而欲守令之廉得乎？科道人号为开市，臣两月内辞书仪可五百余金，臣寡交犹然，余可推矣。今日之势，欲求人之独为君子，已必不能。[③]

明代官吏风气的上述演变状况，把如何对待贪污问题非常急迫地提到了每一个官吏面前，特别是提到了明朝中期及其以后的每一个明朝官吏面前。要么是随波逐流，别人贪污，自己亦照此办理；要么是洁身自好，并对身边发生可耻的贪污行为坚决斗争。前者无疑是开历史的倒车，害人害国害自己；而后者则是光明磊落，利人利国利自己。在对待这一重要影响国家社会前途的官吏操守问题上，万衣又做出了正确选择，发挥了正能量。

首先，万衣本人一尘不染。嘉靖辛亥岁（三十年），万衣以刑部郎中被命虑狱“使楚中”，[④] 念及楚距其故乡“一衣带水”，特地“敕家人无得通一刺”，而有一为盗之人“以黄金投”万衣之外表家，“注姓名而去”。万衣得知后，特将此金“付黄梅令”。及其至楚，“投金者来诉”，万衣立即“执讯之”，来者只好立刻服罪。此事传出，“楚官吏士民相戒‘无复造请矣’”。最后，他这次在楚之虑囚，“所平反与生，比视故额过当”。“还奏，居上考”。[⑤] 这是其本不贪污受贿的典型一例。

其次，万衣对其他官吏的贪污现象，亦能尽量设法使之不能发生。嘉靖丙寅岁（四十五年），他升任河南左布政使后，发现该地莞库吏高下其手，使“郡国纳赋者”苦不堪言，而该省之左

① 《明史》卷二〇八《奸臣传》，第 7916—7921 页。

② 《明史》卷一五九《张居正传》，中国国家图书馆藏 313 卷本。

③ 《国榷》卷八九；《怀宗崇祯实录》卷一；《崇祯长编》卷一一。

④ 《万子迂谈》卷五《京山县观音岩记》，第 15 页。

⑤ 《万子迂谈》卷八《李维桢撰万衣墓志铭》，第 24—25 页。

丞又“不无私其羡”，使“吏益恣”。面对此种情况，“先生为室署门左右”，使“诸纳赋者宿其中”，从而可以“朝暮立堂下，钱粮自衡量”，使诸吏“洗手、书姓名牍尾而已”。此法实行的结果，则为“所省僦费、侵牟可万金，积羡称是”，以之“市谷，行常平法”，此后很长时期内，当地深得其惠。①

万衣在担任刑部郎中期间，所辖锦衣卫有人“奸子妇”，事泄，惧怕儿子揭发，欲置儿子于死地，卖屋贿赂与自己有交情的太监，使之为他央求锦衣卫的掌管者陆炳，反去诬告其儿子不孝。万衣“讯得其情”，即予翻案，释其子。太监得知大怒，激使陆炳污蔑万衣。万衣写信给陆炳详说实情，再加上其时的刑部尚书李士翱、侍郎杨潞桥“咸为调护”，终得维持万衣所判，申张了正义。②这一案件的始末，既反映了万衣办案之坚持正义，也反映了万衣对太监因受贿而在处理案件中颠倒黑白行为的抵制，成为其反对官场贪污受贿、维护廉洁政风的又一种形式的表现。

以上三种反对官场贪污受贿、维护廉洁政风的表现，说明了万衣反对官吏贪污态度之坚决，再一次表现出其站在了明朝中期的时代前列。

三　全力组织抵御倭寇，立下赫赫功绩的爱国英雄

在明代对外关系中，日本对中国的骚扰最多，影响也最大。14世纪初，日本进入南北朝分裂状态，诸侯割据，互相攻战。在战争中失败的一些南朝封建主，组织武士、商人和浪人，到中国沿海进行武装走私、抢劫、烧杀活动，此即历史上所称的“倭寇”。其武装骚扰自明初即已开始，至明中期嘉靖年间规模尤大。其范围自中国东北沿海，一直延伸到东南沿海，给沿海居民带来了很多苦难。其中，嘉靖年间以浙江、福建地区为主要受害区，其受害程度也达到了顶点。面对日本武装强盗即倭寇的侵扰，中国人民奋起抵抗。永乐十七年发生在辽东望海埚的抗倭战役，即是明朝大创倭寇的一次著名战役，“生擒数百，斩首千余”，无一得逃。③嘉靖年间，大名鼎鼎的民族英雄戚继光等又在东南地区开展了英勇卓绝的抗倭之役，并取得了明代抗倭斗争的决定性胜利。明代前期至中期的抗倭之役，是明代抗击外敌侵略的极其重大的事件，其中的积极参加者、特别是立有大功者，无疑都是站在时代前列的英雄人物。生活在明代中期的万衣，面对凶恶的倭寇也尽其所能，进行了坚决的斗争。

万衣就任福建参政时，正值倭寇侵犯其即将坐镇之兴化。他得到消息，立即“并道至，问帑中才千金，而民不知兵，城殊恶”，马上“县系金募敢死士乘城而守”。又“下令四郊皆清野，无赍盗粮，更伏奇兵待贼。贼薄城，守者矢石雨下，奇兵邀击，斩其渠魁，众遁走。兴化人为《舆诵篇》《行边记》，扬诩其德”。万衣第二次任职福建，担任按察使时，又是福建遭倭寇蹂躏之时，“疮痍未复”。“先生益为平恕，讼庭营下鸟雀，而重绳贪吏以苏细民。倭再寇，先生

① 《万子迂谈》卷八《李维桢撰万衣墓志铭》，第26页。

② 《万子迂谈》卷八《上存翁阁下书》，第6页；《李维桢撰万衣墓志铭》，第24页。《明人室名别称字号索引》，上海古籍出版社，2002年，第125页。

③ 《明史》卷一五五《刘荣传》，第4251页；《四库全书》第364册，上海古籍出版社，1986—1990年影印，第681—682页；（清）谷应泰：《明史纪事本末》卷五五《沿海倭乱》。

奉中丞令居守。贼潜从连江踰北岭，侵省会，先生以五百人覆岭下，三千人为起胠（胠，意为右翼——引者注），度贼过，合而衷贼，贼大溃，斩获无算，论功赐金币”。[①] 这些实际行动，真切、生动地表现了万衣抗倭积极性之高、贡献之大。

万衣的文集《万子迂谈》卷八中，收有不少他写给戚继光的书信，有的说：“途次传闻大捷，知露布在即，不胜喜跃，闽中从此复都汉官。顷北方多事，正圣主推毂之秋，枳棘之区其当久留耶？”[②] 有的说：“区区入楚，忽承来翰，并赐佳刻，捧读不啻重宝，即令府卫兵习演，弟愚庸之辈不即通晓，行之惟难，日久自当省会公之道楚矣。”[③] 也收有不少万衣与他人谈及戚继光的通信，有的说：“此中有江贼由闽安镇渡江趋大义，去欲与仙游合，戚将军途中不审相遇否……戚将军若来，值福宁贼趋省，却正相当乎。”[④] 有的说：“承谕闽中事。初，兵、食、将三者无一可恃。今戚将军帅义乌兵万余，裹饷而来，不日成扫荡之绩。”[⑤] 这些书信，清清楚楚显示了万衣在抗倭斗争中，与著名的抗倭英雄戚继光建立起来了深厚的友谊，及其对戚继光极为重视和尊敬，而这种友谊和重视、尊敬的基础，在于两者有抵御倭寇、保卫祖国的共同思想基础。这一现象又从一个侧面反映出，万衣确确实实在抵抗倭寇斗争中站在了明代中期的时代前列。

《万子迂谈》卷三收有万衣所撰《兵论》上、中、下三篇共计 16 条。其中一条称：“练兵之法只用十二人为一队，内队长一名，兵十名，火兵一名，为携火具同行，以供十二人之食，如遇动调，既不乏食，自不扰民。五百名为一营，设一把总领之。前习弓箭、鸟铳，继以狼筅，再继以傍牌、短刀。盖远则弓矢，近则短刀，狼筅、傍牌自卫，更番迭进，直勇猛向前杀去，更不须他技奇巧，所谓将军有死之心，士卒无生之气，有不战，战必克矣。”[⑥] 又一条称：“城铺梆铃更鼓，瞭望之人不可一刻少停。若暂停一刻，久劳之人即鼾睡。贼闻无声知睡，即登城矣。日久人倦，不可姑息示恩。兴化之陷，正坐此也。不可不知。”[⑦] 另一条称：“守城兵夫固不可不严，尤不可吝于赏犒。如守城一日，一人三分（银子），万人不过三百两，十日只费三千两，以三千金博一城百万生灵之命，其轻重大小不啻天渊，又何吝哉。予尝守兴化，所费不及三百金。初时动支库藏，若有难色，及至城全计费，喜幸不胜。非浪言也。”[⑧]

按，以上三条中，第一条是总结戚继光在浙闽抗倭中各种武器互相搭配使用的经验。[⑨] 第二条是总结嘉靖四十一年十一月己酉兴化府城被倭寇围困其匝目而陷落的教训。[⑩] 第三条是回

---

① 《万子迂谈》卷八《附录・李维桢撰万衣墓志铭》，第 25 页。

② 《万子迂谈》卷八《与戚南塘书》，第 16 页。

③ 《万子迂谈》卷八《答戚南塘书》，第 8 页。

④ 《万子迂谈》卷八《与汪南明书》，第 15 页。

⑤ 《万子迂谈》卷八《与张达泉书》，第 19 页。

⑥ 《万子迂谈》卷三《兵论上》，第 18 页。

⑦ 《万子迂谈》卷三《兵论中》，第 20 页。

⑧ 《万子迂谈》卷三《兵论中》，第 20—21 页。

⑨ 从其中提及狼筅可知，狼筅是戚继光在这里抗倭时使用的一种独特武器。参见戚继光《纪效新书》卷一一《狼筅总说》，上海古籍出版社，《四库全书》第 72 册本，1986—1990 年影印，第 8—9 页。

⑩ 时守城之主要官吏为参将毕高、参政翁时器。城陷的原因是：城守卒劳罢，倭寇乘其防守“懈弛”“夜以布梯薄城入之，开门放火，城中方知贼至”，抵抗已晚。参见《明世宗实录》卷五一五，第 8 页。

顾了嘉靖三十七年万衣本人又一次守卫兴化府城的经验。[①]这三条从军事角度既总结了万衣本人和他人抗倭的经验和教训，表明万衣对打好抗倭之战的重视并为之进行了苦心研究，这再一次显示出万衣在抵抗倭寇斗争中，站在了明代中期的时代前列。[②]

总之，万衣在推行赋役制度改革、抵制官场贪贿现象和抵抗倭寇骚扰这明中期三个重要领域中，都采取了正确的立场，发挥了积极作用，站在了时代的前列，实属难得。回想一下至今被众口一词加以怀念和赞扬的诸位明中期的进步人物，像万衣那样在多个领域都站在时代前列者，数量似乎并不多。言念及此，就会感到万衣这一历史人物实属难得。就现有史料所知，在万衣本人在世及去世不久，称赞和肯定他的事例即已很多。如曾与他一起任官刑部的徐中行，曾著文称其："为人廉辩，盖所自好者，其法律在司寇有余，而持论务大体，不欲阿当世。"[③]此外，由德化县乡约党保、九江府和德化县两学、德化县、九江府、提学道等各级有关人员、官吏和机构的反复申请、批复，于万衣死后16年即万历四十二年，德化、德安二县官吏遵照上级批示，为万衣置立木主三座，选择吉日，动支该县公费银两，买办猪羊祭品等项，照依先贤崇祀旧规，迎入府县二学及德安该县儒学各乡贤祠崇祀。[④]这是万衣去世后得到的崇高荣誉。而后的很长历史时期里，万衣家乡或其任过职的地区，对万衣其人依然念念不忘，相关方志中或收入万衣的诗文，或记下他的事迹。如他的家乡请高植等纂修的乾隆四十五年刊本《德化县志》中，在卷九《邦贤》载有近三百字的万衣传记，相当详细地记下了其一生经历、成就与受到百姓热爱的情形。卷十二《文录》则收录了他的一篇奏疏《应诏陈言疏》。他的家乡府志《九江府志》（同治十三年刊本），除载其传记外，还在《文征》中部分记下了他于嘉靖甲子（四十三年）撰写的《改修甘棠湖堤碑记》长篇文字以及《赠柳泗澜孝子歌》等。在他任过地方官的福建，孙尔准等修《道光重纂福建通志》，除记其在该省所任各种职务外（见卷九六《明职官》），还在卷一三〇《宦绩》部分特别记下："万衣，德化人，嘉靖间进士，倭犯兴化，警报夜至，衣即携兵从间道趋莆田，设奇待之。贼薄城下，伏发，斩首无算。"

这里所述只不过是信手拈来的几个小例子，但即便如此，也可看出在万衣死后的几百年中，仍然得到后人强烈、持久的热爱和怀念。可是，在最近的百年中，在学术界却未见研究万衣的文章，这当然是事出有因。历史上的杰出人物难以计数，在某个不长的时间段内，某些杰出人物被注意不足难以避免，但对于这样的杰出历史人物不应长期淡忘。笔者认为，时至今日，对万衣这样在历史上有贡献的人物进行适当关注和研究，应该尽快提上日程了。

（作者单位：南开大学历史学院）

① 《万子迂谈》卷三《闽海纪事》，第32页。

② 嘉靖三十七年担任福建参政离任之时，万衣曾因其时福清城被倭攻陷而受夺俸处分，此事载于《明世宗实录》卷四六〇第6页下"嘉靖三十七年六月丙申"，此处"万衣"误记为"万依"。这次处分实为朝廷不了解实情而作出的错误决定。因在福清城被破前，朝廷曾下令万衣往福清修城，结果是城未修而城破。万衣之所以未修城，乃是因为他适遭"内艰"即母亲去世而离去，"途中乃见"关于这项命令之檄文，时已至此年的八月。见《万子迂谈》卷三《闽海纪事》，第36页。守孝期满后，万衣官为湖广参政，品级依旧从三品，而且很快即提为正三品之福建按察使，这也表明朝廷后来也认识到了对万衣的处分是因不了解情况之误会所造成的。

③ （明）徐中行：《天目先生集》卷一一，《续修四库全书》第1349册，第5页。

④ 《万子迂谈》卷八附录《崇祀乡贤公移》《德化县乡约党保人等公举呈文》《九江府德化县两学呈文》《本县申府文》《本府转详本道文》《本道批府详文》《本府行县置主帖》等，第33—50页。

正嘉之际杨廷和治政施为史事考

李思成

内容提要：明代正德、嘉靖之际，先后经历了“宸濠之乱”、武宗身故、迎立世宗三个重大事件，时任内阁首辅的杨廷和则是处置上述事件的关键决策人物。明人主流叙事认为，在此过程中杨廷和有“启翊中兴”、扶危定倾之功；但也存在以王琼《双溪杂记》为源头的对立叙事，将杨廷和视为权奸。本文在重新考订相关史事后，认为杨廷和在正嘉之际为国家稳定与平稳过渡作出了巨大贡献，其治政施为并无私心，应给予客观评价。《双溪杂记》的内容是杨廷和的政敌王琼所制造的谣言，目的是打击杨氏并抹杀其功绩，部分文献未做考辨便采纳了王琼的记载，导致谬说广泛流传。相关考辨凸显出史源学在明代历史研究中的重要价值。澄清相关史实也有助于从“活的制度史”角度观察明代政治，还原明代中枢决策的具体流程。

关键词：正嘉之际　杨廷和　宸濠之乱　内阁　中枢决策

杨廷和，四川新都人，正德中期至嘉靖初期任内阁首辅，参与了正嘉之际的诸多重大政治事件。正德十四年六月，宁王朱宸濠发动叛乱，但被王守仁迅速平定。同年八月，明武宗率军“御驾亲征”，借机在南方盘桓一年有余，回京途中因落水而病重，到正德十六年三月去世。因武宗无嗣，在杨廷和的主导下，朝廷决定迎立兴献王长子朱厚熜为帝，即明世宗。在武宗去世、世宗进京前的38天中，杨廷和推动了擒拿武宗宠臣江彬的行动，推行了一系列改革。世宗正式即位后不久，为尊崇亲生父母，掀起“大礼议”，试图继统不继嗣，拒绝奉明孝宗为皇考，杨廷和对此坚决反对。到嘉靖三年，杨廷和致仕归家，彻底结束了政治生涯。

上述五年中，杨廷和一直以内阁首辅的身份辅佐朝政，深度参与甚至主导了系列重大事件的处理，是这一时期的关键历史人物，其决策的动机、过程无疑值得重视。但针对杨廷和的治政施为，嘉靖年间便已存在着两种对立的叙事：一种是《明实录》和杨廷和行状的叙述，认为杨廷和在正德、嘉靖之际有扶危定倾之功，该叙事被清修《明史》所继承，成为后世主流；另一种叙事以嘉靖初年王琼所作《双溪杂记》为代表，认为杨廷和是“权奸”，曾交结宁王，结党谋私。后一种叙事虽未占据主流，但传播广泛，其中一些细节也被史家采信。

面对截然相反的两种叙事，大部分研究直接采信其中一种而忽略对立记载，[①] 对基本史实的考辨与还原不足，不利于客观正确认识正嘉之际的历史。檀德瑶则注意到两种不同叙事的竞争，对基本史实做了一定考证。[②] 因此，本文拟在檀文基础上，进一步全面审视不同记载，按照“宸

---

① 如：罗辉映《杨廷和事略考实》，《中国史研究》1990年第2期；田澍《嘉靖革新研究》，中国社会科学出版社，2002年；王建中《杨廷和与明代正德嘉靖之际的政局》，《黑龙江社会科学》2005年第1期；张祖涌、张德全《皇帝之师状元父：明朝首辅杨廷和评传》，四川人民出版社，2016年；莫德惠《明代正德朝政争考述：以王琼与杨廷和交恶为中心》，《明代研究》2019年总第32期等。

② 檀德瑶：《杨廷和传记资料研究》，兰州大学硕士学位论文，2018年。

濠之乱”、武宗身故、迎立世宗与“大礼议”三部分重新考订正嘉之际杨廷和治政施为的史事，尝试还原该时期明朝中枢决策的具体面貌。

一 杨廷和与“宸濠之乱”

（一）宁府护卫问题

“宸濠之乱”是武宗朝后期的重大政治事件。宁王朱宸濠在正式发动变乱前，进行了长期的准备，请求朝廷恢复宁王府的护卫便是关键的一项。而在恢复宁府护卫的过程中杨廷和扮演了何种角色，历来是两种矛盾叙事的焦点问题之一。

恢复宁府护卫一事发生在正德九年四月，《明实录》记载事件过程如下：

> 丁酉，复宁府原革护卫及屯田……濠复奏："革臣祖护卫，虽英宗一时之旨，而其初设立实皇祖万世之法。议者徒以英宗诏旨为当遵，而不知太祖典章之不可废。乞斥浮议，断自圣衷，悯臣府中缺人应用，将护卫屯田皆赐还，以光述圣典。"下兵部看详以闻。尚书陆完因言："宁府护卫已再裁革，固难议复。但王以太祖高皇帝典章为言，且屯田户部所职，宜会廷臣，从公议请。"得旨，护卫并屯田俱准与王，仍以书谕之。濠未上奏时，密遣人赍金帛数万，遍贿当路。检讨郭维藩闻之，言于编修费寀，以达之大学士费宏。奏既下，完在朝，迎谓宏曰："宁王求护卫，可与之否？"宏逆知其意所在，婉词讽之曰："不知革之以何故也？"完厉声言："恐不能不与耳。"宏应之曰："若是，则宏不敢与闻。"及至阁内，传文书内臣卢铭者亦以为言，宏复答曰："若宁王得遂所图，则我为乡人，顾不可乎？但揆诸事理，非所宜耳。"既而完为覆奏，遂以太祖典章从臾成之。而钱宁又为之奥主，闻宏言，深为濠憾，故决意去宏矣。[①]

《实录》为该事件提供了一些基本概况，兵部尚书陆完和幸臣钱宁是恢复宁府护卫的主要推动者，大学士费宏则是坚决反对者，这是公认的史实，也是之后讨论的重要出发点。但《实录》并未提及时任首辅杨廷和对此究竟是何态度、发挥了何种作用。而杨廷和自撰《视草余录》和嘉靖初年王琼撰写的《双溪杂记》中对此又有截然相反的记载，以下分别引述。

《视草余录》由杨廷和自撰，是当事人的一手史料：

> 正德九年二月，宁府请复护卫屯田，予与费鹅湖（宏）极力谏止。鹅湖言："近日，本府驮载金银数骡以谋此事，闻者变色。"予曰："我辈但知护卫不可复，无问银之有无也。"鹅湖曰："正是，正是。"盖宸濠逆谋，予料之久矣。时权幸有纳赂主其事者，竟得请。后谋为不轨，予与敬所（蒋冕）、砺庵（毛纪）请遣官赍敕往谕献还护卫，亦无及矣。时忌予者谓宁府本不反，因削护卫乃反，何耶？[②]

---

① 《明武宗实录》卷一一一，正德九年四月丁酉，台北“中研院”史语所，1962年校印本，第2264—2265页。

② （明）杨廷和：《视草余录》卷上，《域外汉籍珍本文库》第5辑史部第23册，西南师范大学出版社，2015年，第482页。

杨廷和称，当时他和费宏均反对宁府恢复护卫，但因武宗幸臣“主其事”，最终宁王得到了批准的旨意。按杨廷和所述，当时的圣旨并非他所拟写。

《双溪杂记》则由王琼于嘉靖初年撰写。[①] 王氏正德九年时任户部尚书[②]，也是事件亲历者：

> 费宏大言于内阁曰：“今宁王以金宝巨万打点复护卫，苟听其所为，吾江西无噍类矣。”陆完知宏必为梗，乃密谋于钱宁、杨廷和。正德九年三月十五日廷试进士，内阁官与部院大臣皆在东阁读卷，完于十四日投覆宁王乞护卫疏，有曰：“王以典章为言，事体重大，合会官议。”十五日中官卢明以疏下阁拟旨，过东阁：“只请杨师傅到阁，诸公不必劳动。”廷和趋出，票旨云：“既王奏缺人使用，护卫屯田都准与王管业。”费宏不得知。十六日，旨出，宏言：“纳重贿者何人也？”廷和与完惧宏知其奸状，会言官交章论护不可与，遂共谋去宏。[③]

按照王琼的记述，杨廷和不但参与了陆完、钱宁的密谋，更是独自票拟了相关旨意，最后还与陆完、钱宁一同赶走了费宏。该记载后来又被高岱《鸿猷录》、黄光昇《昭代典则》、陈建《皇明通纪》等书不加考辨便遽然采用，造成了很大影响，“其云止请杨先生一位者，至今天下传之”。[④]

明代史家中，王世贞对此事件进行了一定辨析。他认为恢复宁府护卫，杨廷和作为首辅，“罪有不容辞者”，但也不能“以汙名蔑之”，《双溪杂记》称只请杨廷和票旨，“其为雠口无疑”。[⑤] 不过，王世贞并未分析《双溪杂记》的不实之处，断然认为是“雠口”未免失之轻率。其实，《双溪杂记》中的破绽颇多，只需稍加辨析便十分清楚。檀德瑶从殿试流程分析，认为此事不可能发生在殿试期间。[⑥] 笔者则从下旨时间、中枢决策流程、费宏去位几方面进一步辨误。

首先是时间有误。《双溪杂记》称陆完正德九年三月十四日上疏，十五日中官卢明（铭）将陆疏送至内阁票拟，十六日下旨恢复宁府护卫。但《实录》中明确记载下旨恢复护卫是在正德九年四月四日丁酉，次日戊戌六科给事中高涝等人便上奏认为宁府护卫“不可复”。[⑦]《实录》的记载符合“下旨——六科抄出——覆奏”文书流转过程，时间记载可信；而《双溪杂记》将此事置于三月殿试读卷期间显然有误，使后续一系列故事也难以成立。

其次，即使此事发生在殿试期间，王琼所言也不合情理。如果当时只请杨廷和到阁票拟，则在场的阁臣及部院俱为见证者，为何后来只有王琼提及此事？十六日下旨后，以费宏之机敏，自然知道票拟者是杨廷和，何需发此一问？杨廷和既然敢独自前去票拟，又何需惧费宏“知其

---

① 按，现存《双溪杂记》均为节本，山西古籍出版社1991年版《王琼集》的整理者虽补入了《灼艾集》中引用的19条，但仍缺失较多，尤其是缺少了正德末年事关杨廷和的部分。幸而李默《孤树裒谈》中引用《双溪杂记》甚多，保留了这部分内容，本文所引即转引自《孤树裒谈》。

② “升户部左侍郎王琼为本部尚书。”《明武宗实录》卷一〇一，正德八年六月丙寅，第2103页。

③ （明）王琼：《双溪杂记》，转引自李默《孤树裒谈》卷一〇，《续修四库全书》第1170册，上海古籍出版社，2002年，第791页。

④ （明）孙鑛：《居业次编》卷二《重订视草余录序》，《四库禁毁书丛刊》集部第126册，北京出版社，1997年，第152页。

⑤ （明）王世贞撰，魏连科点校：《弇山堂别集》卷二六《史乘考误七》，中华书局，1985年，第473页。

⑥ 前揭《杨廷和传记资料研究》，第125—126页。

⑦ 前揭《明武宗实录》卷一一一，正德九年四月戊戌，第2266页。

奸状”？正如孙鑛的分析：“兹事实钱宁主之，恭襄（王琼）历兵部久，宜熟送本事，阁中曾有此例否？果有之，同官孰不讶？而乃孟浪下笔如此，天下人又误信之。”[①] 王琼称杨廷和独自票拟不符合明廷中枢决策流程。

再次，费宏致仕的过程表明并非杨廷和与陆完等人“共谋去宏”。正德九年五月，“以御史余珊尝劾其从弟寀者，寀亦尝峻绝濠使，遂谮于上，传旨责宏，令自陈状”。[②] 费宏随即致仕。御史余珊的弹劾发生在正德八年十月：“湖广道御史余珊言，近大学士杨廷和选留翰林庶吉士许成名等十七人，皆铨注本院编修、检讨……何冗滥若此？”[③] 余珊弹劾的直接对象是主持选留的杨廷和，费宏只是受到波及。如果是杨廷和与陆完等人共谋，怎么会选择对自己的弹劾作为理由呢？这对杨廷和并无益处。反而陆完等人既可以达到除去费宏的目的，又可借机打压杨廷和以免他再加阻挠，更为合理。

复次，王琼本人在此事件中的角色也值得注意。陆完疏中称“屯田户部所职，宜会廷臣，从公议请”，而王琼正是时任户部尚书。[④] 陆完是积极支持宁王的大臣，他要求与户部会议此事，是否是因为王琼也赞同恢复护卫？王琼在书中极诋杨廷和等人，却无一言提及自己在此事中的作为。他作为户部尚书，为何不从屯田角度出言反对恢复护卫？这些反常的现象均提示王琼的行为并不单纯。

既然《双溪杂记》纯属捏造，那么恢复宁府护卫的旨意究竟从何而来？曾有人怀疑是时任次辅梁储所票拟，霍韬、沈德符已为之辩白甚明。[⑤] 其中沈德符认为，怀疑梁储的始作俑者是杨慎，目的是为其父推卸责任：“正德九年，复与宁藩护卫，此实新都（杨廷和）当国，依违不能力持，不为无罪。而杨氏子孙乃移之文康（梁储），此又当为梁昭雪。”[⑥] 但是，细读杨慎原文，其实并未将此事归咎于梁储：

> （梁忆）以宸濠护卫之请谓先君与之，时先君丁忧于家也。先君不草威武大将军敕，几陷于危，乃举而归之梁公，不知写威武大将军敕者梁公也。内阁有敕书稿簿，缀撰者姓名于下，岂可诬也。[⑦]

梁忆曾称其兄梁储“死不草”威武大将军敕。[⑧] 杨慎则指出不肯撰写威武大将军敕书的是杨廷和，而梁储则撰写了这道敕书，有内阁“敕书稿簿”为证；梁忆将杨廷和的事迹“举而归之梁公”，其记载并不可信。杨慎在这段文字中讲述了“恢复宁府护卫”与“草威武大将军敕”

① 前揭《居业次编》卷二《重订视草余录序》，第152页。

② 前揭《明武宗实录》卷一一二，正德九年五月乙丑，第2277页。

③ 前揭《明武宗实录》卷一〇五，正德八年十月甲子，第2163页。

④ 前揭《明武宗实录》卷一〇一，正德八年六月丙寅，第2103页。

⑤ （明）沈德符：《万历野获编》卷一八《梁文康子杀人》，中华书局，1959年，第462页；（明）霍韬：《渭厓文集》卷六《赠太傅谥文康梁公传》，《四库全书存目丛书》集部69册，齐鲁书社，1997年，第109页。

⑥ 前揭《万历野获编》卷一八《梁文康子杀人》，第462页。

⑦ （明）杨慎：《升庵集》卷四七《野史不可尽信》，中国国家图书馆藏明万历刻本，第13页。

⑧ 按，梁忆所著《皇明通纪》今已不传，其内容则为陈建《皇明通纪》所继承，梁、陈均为广东人，二书有密切的渊源关系，笔者有另文专门讨论。本条内容见（明）陈建著、钱茂伟点校：《皇明通纪》卷三四，中华书局，2008年，第277页。

两件事，不能混为一谈。沈德符误解了杨慎的本意，因此为杨氏父子平添一诬。杨慎称杨廷和当时“丁忧于家”固然是错误的，杨廷和丁忧在正德十年三月，[①]而非正德九年。但杨慎也非故意遮掩事实，因为杨廷和在《视草余录》中便将自己丁忧时间误系在正德九年，[②]杨慎很可能是受其父误导。

因此，正德九年在阁的杨廷和、梁储、费宏均未票拟恢复护卫的诏书。而靳贵又是正德九年二月才入阁，[③]更无法独自做此大事。当时便有记载指出恢复宁府护卫的诏书为“中旨”“内批”，直接出自宫中，并未经过阁臣拟票：

> 陆太宰完……疏后云：“今宁王又以太祖典章为言，臣等擅难定拟，乞会官详议。”内批遂复之。[④]

这条史料出自孙继芳所撰《矶园稗史》。孙继芳，字世真，湖广华容人，正德六年进士，初授官刑部主事，后改兵部车驾司主事，升任兵部职方司员外郎。[⑤]恢复宁府护卫一事，由兵部尚书陆完上疏，诏书自然也是下达给兵部执行。正德九年时孙继芳在朝为官，又长期在兵部任职，熟知内情，他的记载可信度很高。

杨廷和之孙杨志仁撰写的行状中也记载恢复护卫为中旨，可为互证：

> 寻请复护卫，公极谏止，谓伊祖以谋逆而革，刘瑾复之，方革还，岂可又从其请？费公亦极言之。时宁（夏）〔王〕厚赂诸权要，钱宁辈主之，旨竟从中出焉。[⑥]

实际上，杨廷和在《视草余录》中也提到过中旨或内批的相关情况：“我辈名为大臣，凡事不得与知，每日票本送上，辄从中改，不知何人执笔。看来我辈只当六部中一都吏誊稿而已。”[⑦]可能出于为武宗讳的原因，杨廷和没有明言恢复宁府护卫也是中旨。

综上所述，正德九年恢复宁府护卫一事实际由幸臣钱宁与兵部尚书陆完主导，最终的诏书是一道未经内阁票拟的中旨，杨廷和与其他阁臣均未参与其事，王琼《双溪杂记》对此事的记载完全是诬妄之词。

（二）处置“宸濠之乱”

正德十四年五月，在宁王正式举兵谋反前，朝廷已提前得知了相关情报，此时首要考虑的是如何处置才能最大程度减少动荡。因此，杨廷和提议派遣官员前去令宁王交还护卫，解除宁府武装力量，以消弭变乱：

---

① 前揭《明武宗实录》卷一二二，正德十年三月己巳，第2451页。

② 前揭《视草余录》卷上，第483页。

③ 前揭《明武宗实录》卷一〇九，正德九年二月丙午，第2237页。

④ （明）孙继芳：《矶园稗史》卷一，《续修四库全书》第1170册，第547页。

⑤ （明）焦竑辑：《国朝献徵录》卷一〇二《云南提学副使孙公继芳传》，《续修四库全书》第531册，第28页。

⑥ 前揭《国朝献徵录》卷一五《少师华盖殿大学士杨公廷和行状》，《续修四库全书》第525册，第489页。

⑦ 前揭《视草余录》卷上，第487页。

丙辰，遣太监赖义、驸马都尉崔元、都御史颜颐寿往江西宣谕宁王宸濠。先是，御史萧淮奏："宸濠不遵祖训，凌轹官府，虐害忠贞，招纳亡命……不早制之，臣恐将来之患有不可胜言者。"上遂以淮奏示内阁大学士杨廷和等，令议处。廷和曰："宜如宣宗处赵府故事，遣贵近、勋戚、大臣各一员，各一员持书以往，宣谕皇上保全宗室至意，令王改过自新，庶彰朝廷亲亲之仁，而法亦不废矣。"上以为然。会六科十三道徐之鸾、沈灼等交论其事，上复遣司礼监官召皇亲、驸马、文武诸大臣于左顺门，谕令集议，皆如廷和言。于是敕义等赍书往谕。[①]

所谓"赵府故事"，便是明宣宗派官令赵府交还护卫，从而避免了武力削藩的故事。杨廷和希望仿效此事，以平稳地解决宁府问题，他自述决策过程如下：

十四年五月初十日，御史萧淮奏宸濠聚集贼徒，招纳亡命，谋为不轨。十四日，萧司礼等同至阁中，出示其奏，无一言。予阅毕，问曰："上意云何？"曰："着先生每处置。"予曰："宁府之谋，天下皆知之不敢言，御史独肯言之，难矣。但要朝廷处置得宜，盖事关宗室，其逆谋虽成，反形尚未露，须善处。"予曰："宣德中，有处赵府故事在。宣庙征汉府回，学士杨荣、陈山等奏赵府尝与汉府连谋，请即移兵讨之，一劳永逸也。学士杨士奇、杨溥等以为不可，请命皇亲大臣往谕之。赵府即遣人谢罪，献还护卫，朝廷遂不用兵，赵府亦得保全，今日宜如此处为善。"

明日进敕稿，谕宸濠献还护卫、屯田，自今勿令诸贼徒与亡命者出入府中，改护卫为南昌左卫，并谕抚按三司等官知之。遣者赖司礼义、颜刑侍颐寿、崔驸马元，以二十四日行。时内外权幸多与宸濠交通，口语籍籍。[②]

这一举措却成为王琼攻击杨廷和的理由：

廷和不与诸大臣议，擅专差官责谕革罢护卫，从中密处，不令外廷知。一日晡时，兵部尚书王琼在部未散，驸马崔元令家人王秀移问曰："适间锦衣投卫宣召驸马明早赴阙，何事也？"琼曰："不知。"及散衙，过廷和宅，入问曰："适间宣召崔驸马，何如乎？"廷和佯惊曰："果何事乎？"琼曰："先生欺我。"廷和忸怩曰："宣德间赵府有异志，命赵驸马往谕，事得息。今遣崔公亦此意，且革其护卫，幸勿泄。"琼曰："止此而已乎？"曰："然。"明旦早，至左顺门，崔无入内，见敕略曰"（肖）〔萧〕淮言关系宗社大计，朕念亲亲，不忍加兵，特差太监赖义，驸马都尉崔元，都御史颜颐寿往谕还护卫"等语。琼曰："此大事，宜宣谕文武群臣而后遣，况非密而可密行乎？"廷和恨，不能违，乃留崔元等不行。翌日宣文武百官谕遣官意，然后行……初，京师知崔元等差往江西，不知止革护卫，以为必擒治宁王。王府侦卒在京师者即飞报王……遂以此来为擒我也。盖宁王虽蓄异谋而未发，实廷和激成之，杀戮无辜十万余人，果有阴报，廷和其得逃乎？[③]

---

① 前揭《明武宗实录》卷一七四，正德十四年五月丙辰，第 3369 页。

② 前揭《视草余录》卷上，第 487—488 页。

③ （明）王琼：《双溪杂记》，转引自李默《孤树裒谈》卷一〇，第 792 页。

对比杨廷和自述与王琼的记载，事件大体过程一致，即杨廷和提议派使者谕令宁王归还护卫和屯田，以解除其武装力量，可见基本史实并无争议。但事实之外，王琼对杨廷和的批评实际不能成立。如王琼称宁王误以为使者"来为擒我"，遂发动叛乱，故"宸濠之乱"是杨廷和"激成之"。这已经是自相矛盾，王琼自称曾要求"宣谕文武群臣"，朝廷遂于"翌日宣文武百官谕遣官意"，然后才派使者去往江西，可见群臣都知道派遣使者是为了命宁王献还护卫。宁王的耳目当然也能获知实情，怎会误认为使者是来抓宁王呢？其次，佐证了杨廷和"密处""密行"的必要性。由于宁王耳目众多，一旦公开此事，宁王便可预先准备，因此杨廷和才要求王琼"幸勿泄"，以使宁王措手不及；王琼要求公开宣谕百官，等于是给宁王通风报信。再次，当时的条件下，并无更好的办法阻止宁王，杨廷和的尝试至少有一定可能消弭叛乱。宁王已经筹备多年，显然不会以朝廷削除他的护卫与否来决定是否发动叛乱，即所谓的"削之亦反，不削亦反"。而据杨廷和记载，"宸濠之乱"发生时，王琼便已经散布"宁府本不反，因削护卫乃反"[①]的言论，这与其《双溪杂记》中的观点一致，属于为打击政敌而罔顾事实的举动。

除此以外，王琼还攻击杨廷和在"宸濠之乱"中打压王守仁：

> 武宗崩，杨廷和窃柄，陆完、秦用等皆充军，王守仁虽封伯爵，以南京兵部尚书，不令赴阙受封爵。守仁连章辞免，以为该部有调度之功，未蒙褒录，臣不言是掩人之善矣。廷和竟寝不行。[②]

由于王守仁的弟子霍韬、方献夫等人在大礼议中与杨廷和政见不一，势同水火，而王守仁与王琼关系较好，因此王琼的说法被王学门人广为接纳。钱德洪所编《阳明先生年谱》便采用了王琼的记载，导致后世大多误认为杨廷和与王守仁存在矛盾，需要加以厘正。

王琼在文中承认是杨廷和推动为王守仁封爵，这并无争议。他所不满的是王守仁提出"该部有调度之功"，应该"褒录"，而杨廷和却"竟寝不行"。所谓"该部"，指的是时任兵部尚书王琼本人。因为王守仁为王琼请功未得到杨廷和支持，王琼便怀恨在心，遂称杨廷和不让"赴阙受封爵"是有意打压王守仁。但《明世宗实录》明确记载，正德十六年五月："王守仁以父老祖丧上疏乞暂归省葬，未报。至是得旨，王守仁擒斩乱贼，平定地方，朕莅政之初，方将论功行赏，所请不允，其敕守仁亟来京。"[③]此时世宗刚刚登基，朝政由杨廷和主持，令王守仁来京受赏的圣旨自然也是出自杨廷和，可见其并无打压王守仁之意，王琼所言不合史实。

万历时的南京兵部尚书孙鑛曾为重刻《视草余录》作序，颇涉"宸濠之乱"秘辛，值得注意：

> 恭襄（王琼）实右宸濠，先伯父辈习知之。阳明平濠，每疏辄归功本兵，人或谓非体，不知阳明虑龃龉，盖倒用之。两王故相知，人莫能测其微耳。
>
> 第议郢都礼时，阳明亦右张、桂说，两贵人心德焉，其徒因盛诋杨冀伸其师。鑛顷修《越志》，尝谓张子荩翰撰曰："辛巳诏出新都（杨廷和）手，新建之封实由焉。晋溪（王琼）

① 前揭《视草余录》卷上，第488页。

② 前揭《双溪杂记》，《孤树裒谈》卷一〇，第793页。

③ 前揭《明世宗实录》卷二，正德十六年五月癸丑，台北"中研院"史语所，1962年校印本，第64页。

自兵徙吏，玉衡斯寄，夫奚为让大臣斩？”①

孙鑛，字文融，号月峰，万历二年会元，历任兵部侍郎、南京兵部尚书等职。②他是著名的余姚孙氏家族成员，祖父即为“宸濠之乱”时殉节的江西巡抚孙燧。③根据他的经历，其记载有三点值得我们注意：其一，孙燧在“宸濠之乱”中死难，这是孙氏惨痛的家族记忆，孙鑛称“先伯父辈习知”这段历史绝非虚言。其二，孙燧的死难与朝中诸多大臣交结宁王、养虎为患关系密切，因此孙鑛毫无理由去袒护这些大臣；如今孙鑛为《视草余录》作序表彰杨廷和，却称王琼“实右宸濠”，可见孙氏一族认为杨廷和在“宸濠之乱”中是清白的，王琼则为罪人。其三，孙鑛为人正直，虽然曾受张居正打压，却对张氏功业不吝称赞，这证明他具有相当的史识与史德，其记载可信度较高。

孙鑛认为，王守仁在平定“宸濠之乱”时，每次上疏均称颂王琼的功劳，以致受到“非体”的诟病，其原因是王琼“实右宸濠”“阳明虑龃龉，盖倒用之”。今检阳明著作，有与王琼的书信13封，其中也不乏对王琼的过度称颂之词，如“此皆老先生申明律例，将士稍知用命，以克有此”“守仁每诵明公之所论奏，见其洞察之明，刚果之断，妙应无方之知，灿然剖析之有条，而正大光明之学，凛然理义之莫犯，未尝不拱手起诵，歆仰叹服”“守仁耻为佞词以谀人，若明公者，古之所谓社稷大臣，王佐之才，临大节而不可夺者，非明公其谁欤”等等。而在称颂之后，王守仁又每每向王琼提出具体要求，如“伏望老先生特加劝赏”“伏望老先生特赐允可，若更少损其数，断然力不足以支寇矣”④。从书信写法来看，王守仁对王琼可谓小心翼翼，并不像相知颇深的旧友，反而更像孙鑛所言，是为防止掣肘而如此行事。

可为佐证的是王琼自己的记载。王琼称，宁王曾与陆完密谋赶走孙燧，另换江西巡抚：“急去孙燧，别用一都御史来，梁辰、汤沐俱可，王守仁亦可，切不可用吴廷举。”⑤宁王之所以认可王守仁出任江西巡抚，是因为王守仁平时行事谨慎，未曾流露出反对宁王的情绪，并非二人有所牵连。但与孙鑛记载结合来看，王守仁确实可能以极力称颂王琼来避免掣肘，正如以小心谨慎来麻痹宁王一样，是十分高明的策略。而王琼将王守仁安排为南赣巡抚、赐旗牌和便宜行事之权均可作反向解读，其真实用意值得怀疑。

有学者另据王守仁《与当道书》中户部停止南赣盐税的记载，认为是户部尚书石玠党同杨廷和一起断绝王守仁军队的饷源，阻挠平叛，故王守仁上书斥责杨廷和内阁。⑥该解读不符合史实，《与当道书》相关内容如下：

南赣旧尝屯兵四千，朝有警而夕可发。近为户部必欲奏革商税，粮饷无所取给，故遂放散，

---

① 前揭《居业次编》卷二《重订视草余录序》，第152—153页。

② （明）过庭训：《本朝分省人物考》卷五一《浙江·孙鑛》，《续修四库全书》第534册，第416页。

③ “孙氏之显自忠烈公。忠烈公，余姚人，讳燧。忠烈公盖三子……次我考文恪公，讳升。”（明）孙鑛：《都督同知赠右都督从兄剑锋公钰行状》，载焦竑辑《国朝献徵录》卷一〇七《都督府二》，第107页。

④ （明）李贽编，李超、郭道平整理：《阳明先生道学钞》卷六《与王晋溪司马书》，首都师范大学出版社，2019年，第118—121页。

⑤ 前揭《双溪杂记》，李默《孤树裒谈》卷一〇，第791页。

⑥ 前揭《杨廷和事略考实》，第684—685页。

> 未三月而有此变，复欲召集，非数月不能，亦且空然无资矣。世事之相挠阻，每每如此，亦何望乎？[①]

书信作于正德十四年六月中旬“宸濠之乱”发生后，从“未三月而有此变”来看，“革商税”一事应当发生在该年四月左右。当时石玠因上疏劝谏武宗南巡已经致仕[②]，管理户部事务的是总督仓场户部尚书杨潭[③]。石玠与杨廷和交好是事实，但杨潭与杨廷和不和。世宗即位的当月，便“罢户部尚书杨潭”[④]，这显然是出自杨廷和的授意，可见二人矛盾已深，“革商税”一事显然不可能是杨廷和与杨潭所共谋。而且此前石玠在位时，王守仁奏请盐税充军饷实际得到了允许：“（正德十三年）十月，再请疏通盐法……臣窃以为宜开复广盐，著为定例。得俞旨。”[⑤]当时石玠与杨廷和对王守仁十分支持。因此，王守仁这封书信实际是斥责户部尚书杨潭而非内阁。与同王琼的书信相比，王守仁同内阁的书信更为直接，却从侧面反映出王守仁对内阁的信任，因为无需进行称颂，杨廷和也会做对国家有益的事情。

综上所述，在处置“宸濠之乱”的过程中，杨廷和从未对王守仁有过打压、阻挠之举，封新建伯的诏书也出自杨氏手笔；不可因“大礼议”中杨廷和与王学门人的观点冲突便对杨、王之间的关系做片面解读。

二 杨廷和对武宗去世的处理

正德十六年三月，明武宗去世。武宗无嗣，杨廷和等人迎立的新君朱厚熜尚在路途之中，武宗宠臣江彬又手握重兵，因此京师人心惶惶，十分担心发生变乱。幸而朝廷迅速擒治江彬，消弭了一场可能的宫廷政变。明人主流叙事认为，在此局面下，杨廷和与张永密切配合，计擒江彬，使最高权力交接平稳完成，无疑是“有功于社稷”，其功绩“不可诬也”。[⑥]

不过，近年来也有学者认为，以往的评价高估了江彬的危害性及杨廷和在稳定朝局、擒治江彬中的作用，忽视了宦官及王琼在事件中也有重要贡献。[⑦]关于江彬的危害性，笔者认为这主要是一个价值判断问题，不能以事后诸葛亮的眼光看待历史当事人的想法。在正德十六年三月时，京城“闾巷正汹汹”[⑧]，人们十分担忧可能的变乱，能够在此时稳定朝局、计擒江彬，对京城百姓而言无疑价值巨大。而称江彬“非有他能，特屈强勇悍，庸才耳”[⑨]，是尘埃落定之后的结论，事件之前并无人能如此断言。江彬绝非“同内廷宦官关系不密切”，他与司礼太

① 前揭《阳明先生道学钞》卷六《与当道书》，第 113 页。

② “太子少保户部尚书石玠以衰病乞休致。诏卿才识老成，方兹委任，乃累疏乞休，情词恳切，特允所请。”《明武宗实录》卷一七三，正德十四年四月辛巳，第 3356 页

③ “升户部右侍郎杨潭为本部尚书总督仓场。”《明武宗实录》卷一四六，正德十二年二月己巳，第 2858 页。

④ 前揭《明世宗实录》卷一，正德十六年四月戊申，第 47 页。

⑤ （明）钱德洪：《王阳明年谱》中卷“正德十三年十月”，中国国家图书馆藏明嘉靖刻本，第 11b 页。

⑥ （明）陈洪谟撰，盛冬铃点校：《继世纪闻》卷六，中华书局，1985 年，第 110 页。

⑦ 前揭《杨廷和事略考实》，第 690—691 页。

⑧ 前揭《居业次编》卷二《重订视草余录序》，第 152 页。

⑨ （明）高岱撰，孙正容、单锦珩点校：《鸿猷录》卷一四《江彬之变》，上海古籍出版社，1992 年，第 329 页。

监魏彬是姻亲[①]，与执掌东厂的太监张锐也关系莫逆[②]，确有作乱的能力。

擒治江彬一事，杨廷和自述甚详，并未掩人之善，显己之功，而是客观描述了众宦官在此事中的作用。他先述张永等人在负责京城各门守备的作用：

> 永、忠二张太监至阁中，言曰："二公受命防守，须重其权，不然恐行事不便。"予曰："唯唯。"徐谓永曰："公朝廷重臣，平寘鐇、擒刘瑾，威望久著，今日之事内外倚重。"……又谓永曰："今早闻武定（郭勋）诸公云人马尚未会拨，恐不宜太迟。"永曰："已分布矣，但欲请赏赐耳。"予辈曰："赏赐朝廷不吝也。"[③]

张永长期提督团营[④]，对团营官兵十分了解，因此直接点出"人马尚未会拨"的关窍在于官兵们"欲请赏赐"。有了朝廷的赏赐后，调兵便得以顺利完成，有效保证了京城安全。

杨廷和随后详述与司礼监诸宦官商议及擒治江彬的过程。正德十六年三月十八日，因遣"寿宁侯张鹤龄赍遗诏往安陆"，需要诰谕用印，故"诸司礼令陈严、王钦二文书"请内阁前去同看，杨廷和遂与蒋冕一同前往左顺门。用印之后，杨廷和趁机"屏去左右"，向司礼监诸宦官叙述江彬的罪恶与变乱的风险，希望内廷请旨捉拿。在杨廷和的劝说下，江彬的亲家、司礼太监魏彬决定大义灭亲："他委的恶贯满了，罪不能逃。"而御马太监、掌管东厂的张锐则极力为江彬辩护。宦官陈严见众人意见无法统一，便"引温太监衣附耳云云"，帮助杨廷和劝说。"温太监"即温祥，为司礼监掌印太监，在陈严的劝说下，他作出表态："且收得在。"同意抓捕江彬，众宦官终于达成一致。随后杨廷和等人前往内阁拟旨，宦官进呈，请太后下懿旨。许久之后，陈严来内阁回报："江彬已擒矣！"[⑤]擒治江彬一事至此圆满结束。

要想在武宗去世的局面下擒获江彬，必须有内廷配合，不仅要取得太后的懿旨，还需由宦官们秘密执行。因此杨廷和在《视草余录》中着重记载的是自己说服诸位实权宦官的过程，至于宫中如何进展，非其所能掌控，只能听天由命而已："遭逢至此，莫非数也，死得其所，亦复何憾。""天若祚宋，必无此事。"[⑥]而事件中各位宦官之表现也均可从中概见：少监陈严为杨廷和等人牵线搭桥，又极力劝说温祥，功劳巨大；司礼太监魏彬决定大义灭亲，温祥关键时刻支持抓捕江彬，一锤定音；掌东厂事太监张锐则极力为江彬辩护，阻挠抓捕。

还需要说明的是，杨廷和行状中载有太监张永去给江彬通风报信一事[⑦]，今检《视草余录》原文如下：

> 是日坤宁宫安兽吻，予恐张锐至工所与彬言之，事败矣。问之则锐已从工所来，不复

---

① 前揭《明武宗实录》卷一九七，正德十六年三月庚午，第3685页。

② 前揭《视草余录》卷下，第504页。

③ 前揭《视草余录》卷下，第501页。

④ "命御马监太监张永同御马监太监谷大用总管神机营，并提督十二团营。"前揭《明武宗实录》卷一二八，正德十年八月壬戌，第2558页。

⑤ 前揭《视草余录》卷下，第504—505页。

⑥ 前揭《视草余录》卷下，第505页。

⑦ 前揭《国朝献徵录》卷一五《少师华盖殿大学士杨公廷和行状》，第495页。

去矣。但闻工所有内竖附耳语，彬遂急奔西安门，以取西官厅文书为辞。中道折向北安门，亦复云云。[1]

可见，给江彬通风报信的人是张锐而非张永，杨志仁撰写行状时未细读其祖父的自述，张冠李戴，将张锐误为张永，而非杨廷和故意歪曲事实。

至于王琼的贡献问题，这应是误读史料后的结论。有学者根据《继世纪闻》中记载“时杨内阁廷和亟与张永及兵部议”一句[2]，认为“擒获江彬，还有兵部尚书王琼参加了密议”“遂由兵部王琼遣散江彬的边军”[3]。必须指出的是，擒治江彬时王琼已由兵部尚书转任吏部尚书数月：“（正德十五年十二月）是日，上力疾视朝，降手敕改兵部尚书王琼为吏部尚书。”[4]继任兵部尚书为王宪[5]。因此，《继世纪闻》中的“及兵部议”指的是时任兵部尚书王宪而非王琼，遣散边军自然也和王琼无关。

从杨廷和的视角看，王琼不但在擒治江彬中没有贡献，行迹还十分可疑：

王吏部琼闻彬被擒，呀呀失声，苍黄奔魏英于河下。河下者，魏司礼宅也。不遇，复奔东安门，欲趋外宅，遂不及哭临。百官至右顺门，予尚语鸿胪寺，行礼须待冢宰。至久之不至，乃行礼。[6]

王琼缺席哭临一事在《实录》中亦有记载：

惟吏部尚书王琼素附彬，内甚惧。百官方在思善门哭临，琼忽不见，传者谓其出谋于魏英，图免罪谴。英，彬弟，江彬之姻也。[7]

两相印证，王琼缺席哭临是不争的事实，众人有所怀疑并不为过。王琼后来在《双溪杂记》中撇清关系，攻讦杨廷和，错谬尤多：

武宗崩，时马永成已死。御史王钧首论魏彬与江彬姻亲，近居肘腋，宜早捕治。廷和力庇之，以王导大义灭亲比彬，仍令在司礼监管事如故。秦用先因交通宁王下狱抄没矣，廷和票旨免死，发南海子充净军。谷大用、张永皆降奉御，南京闲住。廷和坏乱新政，任情赏罚，非此一端。[8]

---

① 前揭《视草余录》卷下，第505页。
② 前揭《继世纪闻》卷六，第109页。
③ 前揭《杨廷和事略考实》，第690—691页。
④ 前揭《明武宗实录》卷一九四，正德十五年十二月壬子，第3641页。
⑤ 前揭《明武宗实录》卷一九五，正德十六年正月壬戌，第3648页。
⑥ 前揭《视草余录》卷下，第505—506页。
⑦ 前揭《明武宗实录》卷一九七，正德十六年三月庚午，第3685页。
⑧ 前揭《双溪杂记》，《孤树裒谈》卷一〇，第794页。

王世贞对该条内容的错谬之处论之甚详。他记载世宗即位不久即降旨，令“谷大用、丘聚降奉御，着去南京孝陵司香”“魏彬、张永情各有间，着外私宅闲住”，因此“王晋溪之所谓魏彬管事，而谷大用、张永降奉御，南京闲住，又误也”。[①] 王琼所言不仅不合史实，评论也不合情理。根据《视草余录》及《实录》中的记载，魏彬、张永都在擒治江彬的过程中发挥了重要作用，理当宽大处理，故令二人在外闲住。杨廷和处置公允，并无“任情赏罚”之过。

今本《双溪杂记》并非足本，缺佚很多条目。张萱《西园闻见录》中记载了两条王琼的事迹，很可能出自《双溪杂记》已佚部分，其内容更属不经：

> 辛巳春，武宗南征还，驾驻通州。江彬拥边兵环卫，势极凶赫，召九卿入觐，都下又汹汹云：“江彬逆召九卿往屠焉，因行大事。”九卿凛凛，无敢诣觐。时王公晋溪为大司马，公曰：“予备位大臣，天威咫尺，敢不觐乎？”即诣通州觐。彬将掠夺九卿印，因行大事，公反佩印往，与彬欢如鱼水，竟不知彬何以致之。盖彬独扈跸，邪谋可逞；兵部尚书扈跸，将士旧属兵部，纵彬有邪谋，将士必不从。公居中阴制奸谋，并系将士之望，彬虽有逆谋，不得逞也。大臣制变之略，抑以智勇合德者能之。霍文敏曰：“江彬拥兵驻通州，人心实危，独立不惧惟晋溪一人。”
>
> 武宗末年，当弥留之际，杨石斋已定计擒江彬。然彬所领边兵数千为彬爪牙者，皆劲卒也，恐其仓猝为变，计无可出，因谋之于王晋溪，曰：“当录其扈从为巡之功，令至通州听赏。”于是边兵尽出，而江彬遂成擒矣。[②]

张萱称王琼慷慨觐见武宗，又给杨廷和提供了解决江彬爪牙的方案。但据《实录》记载，武宗到达通州的时间实际为正德十五年十月底，驻跸至十二月十日还京[③]，辛巳年（1521 年）春已回宫多时。此外，王琼独赴通州一事也早于召九卿觐见：

> （十月）庚戌，上至通州，兵部尚书王琼往迎见。琼亦与宸濠交通者，时京师喧传有旨收吏部尚书陆完及琼，二家惧，每夜以私藏散寄之邻旧。及上将还，琼假公务以往，因求救于江彬，事得释。未几，彬引荐，遂代完位。[④]
>
> （十一月）丁丑，太监魏彬传旨，令五府、六部、都察院、通政司、大理寺、鸿胪寺、锦衣卫、六科、十三道每衙门止留佐贰官一员在京，其余并内阁、皇亲、公侯驸马伯俱赴行在。时上久驻于外，京师汹汹传言江彬欲为变，及闻尽召诸大臣，人情益惧。[⑤]

可见，王琼独赴通州早在九卿觐见前一个月，二者间并无关联。《实录》称王琼此去是“求救于江彬”，较符合情理，张萱也明确提及王琼“与彬欢如鱼水”。此后不久，武宗就降手敕任命王琼接替陆完的吏部尚书一职。据此看来，应是江彬与王琼欢谈后向武宗推荐，故有此任

① 前揭《弇山堂别集》卷二六《史乘考误七》，第 473 页。

② （明）张萱：《西园闻见录》卷一五《机变》，《续修四库全书》第 1168 册，第 396 页。

③ “上还京。”《明武宗实录》卷一九四，正德十五年十二月甲午，第 3635 页。

④ 前揭《明武宗实录》卷一九二，正德十五年十月庚戌，第 3610 页。

⑤ 前揭《明武宗实录》卷一九三，正德十五年十一月丁丑，第 3622 页。

命。如果王琼真的有心在兵部“居中阴制奸谋”，便不会竭力谋求吏部尚书一职。张萱称王琼曾为杨廷和擒治江彬出谋划策，更加难以成立。武宗去世后，杨廷和不让王琼参与皇位继承的讨论，两人已经势同水火。[①]而王琼与江彬交好，人所共知：“时都督江彬得幸，琼阴与厚结，所言无不当。琼得以成功者，彬力也。”[②]杨廷和要擒治江彬，怎么会找自己的政治敌人兼江彬的同情者商量呢？笔者认为，张萱的记载很可能抄自《双溪杂记》，是王琼为自己洗脱罪名的粉饰之词，不足为信。

这里顺带要说明的是费宏的起复问题。自恢复宁王护卫起，费宏与其弟费寀便被迫致仕居家，平定“宸濠之乱”后仍未被起用。直到武宗去世，世宗即位，才在兵科给事中徐之鸾的推荐下复起。[③]有观点认为，武宗朝费宏未被起用是因为杨廷和担心自己的权力地位受到威胁，所以从中作梗。对此也有必要加以分辨。

世宗起用费宏的时间是正德十六年四月丙午，此时世宗刚刚即位，一切朝政大权尚在杨廷和手中，起用费宏无疑需要杨廷和支持。另一方面，上疏荐举费宏的给事中徐之鸾与杨廷和关系密切。徐之鸾，字瑞卿，正德六年进士，选庶吉士，散馆授刑科给事中，后改任兵科给事中。[④]该科庶吉士散馆授职由杨廷和主持，前文已有论及。徐之鸾曾屡次上疏讨论军事问题，尤其是要求赦免肃州兵备副使陈九畴，这与时任兵部尚书王琼产生对立：“看得兵科左给事中徐之鸾等所奏，大意谓……将见问犯人陈九畴赦其罪，复其任。”“揆之法律，九畴启衅失机，岂得无罪？今欲将九畴免罪，并欲复其官职，国典具存，实难轻贷。”[⑤]陈九畴一事关系到王琼与杨廷和、彭泽的政争[⑥]，可见徐之鸾政治立场与杨廷和一致，荐举费宏很可能也出自杨廷和的授意。

综上所述，武宗去世后，在稳定朝局、擒治江彬的方面，杨廷和的主要功绩是策划并说服宦官集团采取行动。当时江彬掌握一定军事力量，并与朝中大臣如王琼、宦官如张锐都有密切关系，具备发动变乱的实力，不能低估擒治江彬的政治意义。杨廷和在《视草余录》中公正叙述了宦官陈严、温祥、魏彬、张永等人的功绩；而王琼《双溪杂记》及张萱《西园闻见录》的相关记载均不符合史实，不应采信。此外，元老重臣费宏的起复也是在杨廷和的支持下实现的。

三 迎立世宗与继嗣主张

（一）迎立世宗的决策

武宗去世时既没有子嗣，也没有亲兄弟，选择谁来继承皇位成为了朝廷的头等大事。据《实录》记载，朝廷迎立世宗的决策过程如下：

---

① 前揭《明武宗实录》卷一九七，正德十六年三月丙寅，第3680页。

② （明）王世贞：《弇州史料》卷三〇《王琼传》，《四库禁毁书丛刊》史部第49册，第198页。

③ “召致仕大学士费宏照旧入阁办事。”《明世宗实录》卷一，正德十六年四月丙午，第42页。

④ 前揭《明武宗实录》卷七三、一〇七，正德六年三月丁丑、正德八年十二月辛亥，第1623、2192页。

⑤ （明）王琼撰，张志江点校：《晋溪本兵敷奏》卷一四《为整应兵以黠虏抑贪功以抚疲民事》，第533、535页。

⑥ 详情参见莫德惠：《明代正德朝政争考述：以王琼与杨廷和交恶为中心》，《明代研究》第32期，第55—93页；田澍：《彭泽与甘肃之变》，《西域研究》2004年第1期，第11—16页。

> 丙寅，上崩于豹房。先一夕上大渐，惟太监陈敬、苏进二人在左右，乃谓之曰："朕疾殆，不可为矣。尔等与张锐可召司礼监官来，以朕意达皇太后。天下事重，其与内阁辅臣议处。之前此事皆由朕而误，非汝众人所能与也。"俄而上崩，敬、进奔告慈寿皇太后，乃移殡于大内。是日传遗旨，谕内外文武群臣曰："朕疾弥留，储嗣未建，朕皇考亲弟兴献王长子厚熜，年已长成，贤明仁孝，伦序当立，已遵奉《祖训》兄终弟及之文，告于宗庙，请于慈寿皇太后，即日遣官迎取来京，嗣皇帝位，奉祀宗庙，君临天下。"又传慈寿皇太后懿旨谕群臣曰："皇帝寝疾弥留，已迎取兴献王长子厚熜来京，嗣皇帝位，一应事务俱待嗣君至日处分。"……初司礼监官以太后命，至内阁与大学士杨廷和等议所当立者。既定，入白太后取旨，廷和等候于左顺门。顷之，吏部尚书王琼排掖门入，厉声曰："此岂小事，而我九卿顾不预闻耶？"众不答，琼意乃沮。[①]

将杨廷和《视草余录》与《实录》记载进行对照，除武宗之遗言为口语外，另多出一些细节，但大体事实并无出入：

> 魏（彬）手持一纸授廷和，乃大行皇帝遗命："说与陈敬、苏进，我这病则怕好不的，你每与张锐叫司礼监来看我，有些好歹，奏娘娘与阁下计较天下重事要紧，不管恁众人事，都是我误了天下事了。"……臣廷和即扬言："且不必哭，亦且不必发哀。"遂取《皇明祖训》示诸司礼曰："大行皇帝未有后，当遵《祖训》兄终弟及之文，奉迎兴长子来即皇帝位。兵部选法，伦序相承，正是如此。可启请皇太后降懿旨，大行皇帝降敕旨，遣司礼监、皇亲、文武大臣各一员前去奉迎，即日启行，途中不可延迟。"
>
> 初，诸司礼来阁中，王吏部（琼）与王兵部（宪）邀于左顺门，欲偕来。诸司礼云："我辈奉有敕旨，无诸公事。"且云："朝廷亦无他事。"吏部扬言云："外面满街俱传言取白衣，安得无事？便叫科道来，此等事如何不与我辈会议？"诸司礼至阁中，具言之，且戒守阁门者勿纳一人。议定，奉所拟懿旨并大行皇帝敕书入，启毕出，就左顺门宣谕朝臣知之。众皆跃然大呼曰："天下事大定矣。"[②]

结合《实录》与《视草余录》，可将迎立世宗的决策过程总结为图 1。

图中实线为实际的决策流程环节，虚线则为外界所能看到的表象。从中我们可以得知，遗诏迎立世宗并非出自武宗的直接指示，而是武宗将"计较天下重事"的权力赋予内阁，阁臣再根据《皇明祖训》等典章与宦官共商后拟定的。这随即带来了两个问题：迎立"兴献王长子厚熜"的决策是否符合明代礼制？这一决策过程是否恰当，王琼等九卿有没有资格参与商议？

针对第一个问题，日本学者中山八郎认为依据《皇明祖训》应当迎立崇王朱厚燿而非朱厚熜。[③]其理由是《祖训》还强调了"嫡出主义"："凡朝廷无皇子，必兄终弟及，须立嫡母所生者，

① 前揭《明武宗实录》卷一九七，正德十六年三月丙寅，第 3680 页。

② 前揭《视草余录》卷下，第 497—498 页。

③ ［日］中山八郎：《再び「嘉靖朝の大礼問題の発端」に就いて》，《明清史論集》，东京汲古书院，1995 年，第 115—116 页。

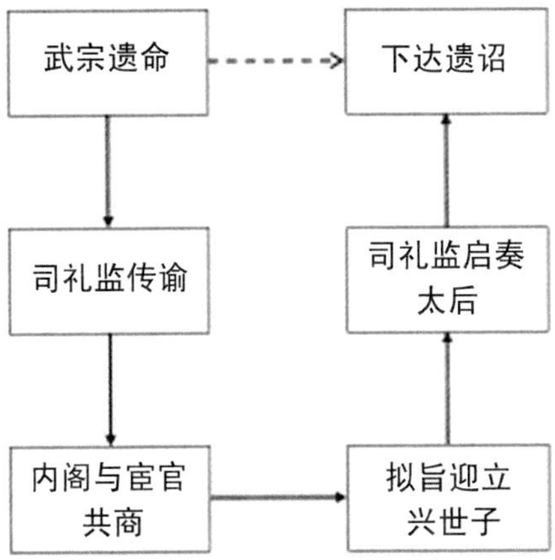

图 1　迎立世宗决策流程示意图

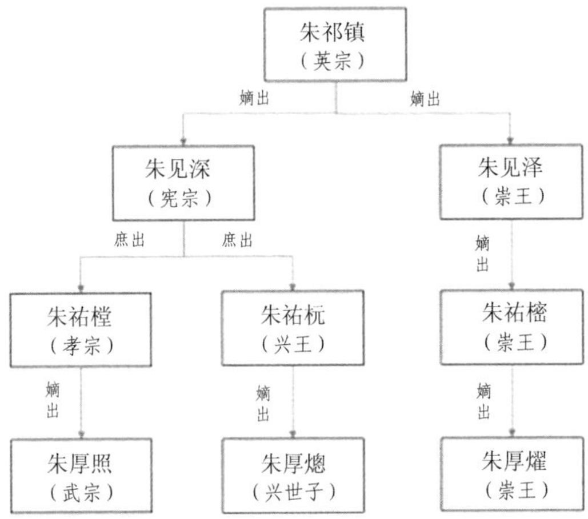

图 2　皇位候选人谱系示意图

庶母所生虽长不得立。”[①] 而朱厚燿是明英宗嫡子朱见泽的嫡孙，朱厚熜的父亲朱祐杬则是明宪宗的庶子，因此杨廷和拟旨时便不提“兄终弟及”的下文。[②] 为了更清楚地表示他的意见，参见当时的皇位候选人谱系示意图。（图 2）

中山八郎的意见能否成立？表面上看，崇王一系确实均为嫡出，而朱厚熜之父则为庶出。但实际上，这是中山氏对《皇明祖训》的过度解读。《祖训》所言“嫡出”是针对嫡庶之别而言，朱元璋的意图是防范有嫡出兄弟而另立庶出兄弟的情况。故《祖训》的规定是建立在皇帝有嫡出兄弟的前提之上，没有嫡兄弟时这一规定自然也就失效了。众所周知，明宪宗并无嫡子，明孝宗也是庶出，假设明孝宗无子，也应当由其庶兄弟继承皇位，而非其堂兄弟继承。中山八郎的解读显然不符合朱元璋的本意。杨廷和所拟遗诏中的“伦序当立”四字是《祖训》所未言但隐含的内容。按照宗法伦序，天子为大宗，但武宗无子且无兄弟，故杨廷和上推至宪宗之子孙中选择继承人。如按中山八郎的意见，就跳过了宪宗直接上溯至英宗，等于无视了宪宗的大宗身份，不符合礼法。故其“嫡出主义”理论不能成立，遗诏不提“兄终弟及”的下文不是杨廷和有意回避。

近年来还有观点认为，杨廷和应当为武宗立嗣，选取益王长孙朱载增继承皇位，以避免此后的“大礼议”之争。该观点实际上也是想当然，没有细审当时的历史场景。《祖训》中明言“朝廷无子，必兄终弟及”。既然武宗去世时无子，则大臣们必须按照兄终弟及的规则选择继承人，而无权为其立嗣，自然不可能让朱载增继承皇位。如果武宗尚在，确实可以过继的形式为自己立嗣。实际上，自正德九年起，朝臣便屡屡上奏请武宗建储：“陛下储嗣未建，宫坊尚虚，比年以来，两京大小群臣屡以为请，虽蒙涵纳，未见施行。”[③] 但武宗始终“未见施行”，最终才落得“无子”的结局。

① （明）朱元璋：《皇明祖训》，《四库全书存目丛书》史部第 264 册，影印明洪武礼部刻本，第 179 页。

② 前揭《再び「嘉靖朝の大礼問題の発端」に就いて》，第 115 页。

③ 前揭《明武宗实录》卷一三五，正德十一年三月甲辰，第 2682 页。

现在坊间有言论称杨廷和为首的内阁顾忌于益王家族三代俱在，人丁兴旺，不利于文官操纵皇帝，这更是无稽之谈。如以朱载增入继皇位，其祖、父作为藩王，并不能随同进京。一个4岁幼童进宫，岂不是更利于控制吗？杨廷和等人没有作此选择，恰好可以证明在为武宗立嗣和迎立新君的问题上，内阁并无私心，杨廷和迎立朱厚熜为新君的决策是完全正当的。

另一个问题是，杨廷和将吏部尚书王琼为首的九卿排除在迎立新君的决策过程之外是否合理？笔者认为只需要细读武宗留下的遗言，这个问题便可迎刃而解。前引武宗遗言中称："有些好歹，奏娘娘与阁下计较天下重事要紧。"所谓"天下重事"，便是指天下由谁继承这件大事，是迎立新君的委婉说法。武宗明令让"娘娘"即太后与"阁下"及内阁商议，是将选择继承人的权力赋予了太后和内阁。遗言中没有提到六部尚书等其他部院大臣，九卿自然是无权参与商议的。正是基于此，众宦官才能够拒绝王琼的参与："我辈奉有敕旨，无诸公事。"武宗的遗言先说给了陈敬、苏进两名宦官，然后魏彬、张锐、谷大用等宦官共同前去确认，没有杨廷和从中作伪的空间，自然也不是内阁有意独揽大权、排斥六部参与。

综上所述，杨廷和迎立世宗的决策符合明代典制，朱厚熜确为顺位最前的皇位继承人；决策过程按照武宗遗言进行，不存在内阁擅权的行为。

（二）继嗣主张的因由

朱厚熜继承皇位后不久，便发生了"大礼议"事件。该事件中皇帝执意要抬高亲生父亲的地位，不肯继嗣孝宗；杨廷和则坚持继嗣主张，认为朱厚熜应当认孝宗为父。关于"大礼议"事件的来龙去脉及政治影响，学界已有较多论著，此处不再赘述。[①] 但从儒家礼法角度分析"大礼议"是非得失的，主要是清代学者，较少现代研究。[②] 本文无意于再对"大礼议"孰是孰非进行居高临下的评判，而是从前述杨廷和迎立世宗决策中的礼法和典制依据出发，结合武宗去世时的特殊政治环境，尝试增进对杨廷和持继嗣主张的"理解之同情"。

清代儒者对"大礼议"有较为统一的认识，他们基本认为明世宗和张璁的行为"非礼"，但同时也认为杨廷和的继嗣主张并不妥当。[③] 他们对杨廷和的批评大致与张璁的论点类似："孝宗有武宗为之子，孝宗未尝无后也……今者不念无嗣之武宗，而重念有嗣之孝宗者，何欤？"[④] 即杨廷和的安排让武宗绝嗣，同样会导致太庙"昭穆相紊"。按照清儒段玉裁的观点，正确的伦序安排应当是让世宗降低辈分"父武宗"。[⑤]

以上批评从儒学和礼法角度出发无疑是有道理的，但过于注重理论，忽略了杨廷和所处的实际情况。正如前一部分所言，杨廷和为首的内阁并无替武宗立嗣的权力，而《皇明祖训》中

---

① 其中具有代表性的论著如：张显清《明嘉靖"大礼议"的起因、性质和后果》，《史学集刊》1988年第4期；田澍《嘉靖革新研究》，中国社会科学出版社，2002年；尤淑君《名分礼秩与皇权重塑——大礼议与明嘉靖朝政治文化》，台北政治大学历史学系，2006年；胡吉勋《"大礼议"与明廷人事变局》，社科文献出版社，2007年；胡吉勋《威权在御：明嘉靖初年的皇权、经世与政争》，中华书局，2021年。

② 如清代学者段玉裁作《明世宗非礼论》十篇，毛奇龄作《辨定嘉靖大礼议》二卷等，参见李晓璇《大礼议非礼——清代礼学家对"昭穆不紊"的认识》，《中国哲学史》2012年第4期。

③ 前揭《大礼议非礼——清代礼学家对"昭穆不紊"的认识》，第54—55页。

④ （明）张璁：《大礼或问》，《明伦大典》卷五，中国国家图书馆藏明嘉靖内府刻本，第9b—10a页。

⑤ （清）段玉裁：《经韵楼集》卷一〇《明世宗非礼论二》，《续修四库全书》第1435册，第119页。

又明确要求“朝廷无子，必兄终弟及”，一个“必”字就堵死了内阁操作的空间。明代的内阁并无相权，即便此刻能够代拟武宗遗诏，也不可能妄行己意，而必须在合法性上做到滴水不漏。正如杨廷和自述所言：“我朝内阁无宰相之权，予辈任此亦难矣。”[①] 既然遗诏引用了“兄终弟及”的典制条文，就不可能再去安排世宗“父武宗”，这是杨廷和等人面临的现实困境之一。

还有观点认为杨廷和所拟遗诏中“嗣皇帝位”的用语过于模糊，让世宗得以引申发挥，实现了“大礼议”的成功。实际上，在草拟诏书时，阁臣们曾对“嗣皇帝位”的用语有过讨论：

> 既而写奉迎敕稿，于“兴长子”下云“取来京，即皇帝位”。厚斋（梁储）云：“且不必如此说。”予云：“当作何辞？”厚斋方欲有言，予复云：“此行不可不正其名，凡写敕与臣下皆写官名。”周令中书云：“即皇帝位，正是官衔一般。”遂书之。[②]

杨廷和认为，在敕旨中写明“嗣皇帝位”或“即皇帝位”，是为了“正其名”，以宣告天下社稷有主。这种做法与武宗去世时的特殊政治形势有关，当时江彬作为武宗宠臣，手握兵权；他在内廷有亲家魏彬、死党张锐的支持；在外朝又有关系密切的吏部尚书王琼为盟友。这样的政治格局，极其类似于“夺门之变”前的形势，甚至更为危急：江彬的受宠程度超过石亨，王琼的地位权力也非徐有贞所能比拟，魏彬、张锐则类似于曹吉祥。杨廷和称：“窃念仓卒之际人怀二心，三二权奸多欲立其非次，以贪功避罪。”[③] 他的担忧不无道理，即使再次发生“夺门之变”的政治风险只有万分之一，也不是当时朝廷所能够承受的。如果诏书中不写明“即皇帝位”，只令世宗作为储君人选进京，则在世宗名正言顺继位前都可能横生枝节，这是杨廷和内阁面临的现实困境之二。因此，杨廷和认为必须说明谁是新的皇帝，以安稳人心，防范权力交接过程中出现动荡。

除了“正其名”外，杨廷和还试图加快世宗进京即位的速度：“遣司礼监、皇亲、文武大臣各一员前去奉迎，即日启行，途中不可延迟。”[④] 世宗当时作为兴王世子，尚在湖广安陆州（今湖北安陆市），使者前去宣诏再迎回北京需要一定时间。为此，杨廷和对奉迎世宗的人员百般催促：

> 予因语奉迎诸公云：“可即日启行。”谷、韦皆应以明日四鼓发，决不敢误也。又语崔都尉云：“公途中疾行，厚斋与毛公或行迟，慎勿相候也。”……厚斋又欲带两房属官各二员，云至彼欲有所传道。予云：“随行者多，途中供应烦劳。”厚斋云：“纵不用四人去，亦须二人去。”予曰：“必不得已，屠主事可也。”厚斋云：“屠多病不可去。”予曰：“屠信不可去，亦不须他人。”[⑤]

据《实录》记载，奉迎人员以正德十六年三月丙寅奉敕旨，次日丁卯出发，戊寅“诸臣至

① 前揭《视草余录》卷下，第498页。
② 前揭《视草余录》卷下，第497页。
③ 前揭《视草余录》卷下，第498页。
④ 前揭《视草余录》卷下，第497页。
⑤ 前揭《视草余录》卷下，第498—499页。

安陆”仅用时11天，可谓神速。[①] 这与杨廷和的催促应有一定关系。新君即位的时间每拖一天，发生政治动荡的风险都在加大，从杨廷和近乎不近人情的催促中，我们或可一窥这位老臣内心的焦虑不安。

总之，在武宗去世的特殊历史背景下，杨廷和面临着双重困境：一是需要兼顾儒家礼法与明朝祖制，二是需要避免权力交接过程中发生动荡。因此在遗诏中只能引用“兄终弟及”的条文，并让世宗“嗣皇帝位”而非作为储君进京。这些表面上的礼制“疏漏”，实际均有其产生的具体背景，不应为此而苛求古人。

四　结语

经过以上考证，我们大致可以还原明朝正德、嘉靖之际杨廷和治政施为的真实过程，简要总结如下：

在“宸濠之乱”爆发前，宁王通过贿赂武宗幸臣钱宁、陆完等人的方式，成功恢复了宁府的护卫，获取了发动叛乱的武力基础。杨廷和、费宏等阁臣虽然持反对意见，但恢复宁府护卫的命令最终以中旨的形式发出，没有经过内阁票拟，也不存在杨廷和独自拟旨的情况，王琼《双溪杂记》所载实为谣言。“宸濠之乱”即将爆发时，为尽可能以和平方式消弭变乱，避免战祸，杨廷和希望秘密派遣使者至江西宣谕，令宁王退还护卫，削弱其军事力量。但因为王琼的阻挠，最终变为公开派遣使者宣谕，宁王得以通过京城中的眼线提前得知情报，遂发动叛乱。宁王叛乱筹划已久，不存在王琼所言“激成之”的可能，杨廷和的处置是合理的。而在平定“宸濠之乱”的前后，杨廷和并未与王守仁发生龃龉，为王守仁封爵的旨意也是杨氏所拟定，不存在杨廷和阻抑王守仁的情况。

明武宗去世后，其生前幸臣江彬手握边兵，在内官中有张锐等人为盟友，在外朝又有王琼的支持，对最高权力的平稳交接造成了较大威胁。为防止政权产生动荡，杨廷和尽力争取内官群体的帮助，最终促使内廷形成捉拿江彬的统一意见。在魏彬、温祥等宦官实权派的支持下，朝廷成功擒治江彬，避免了动乱发生，实现了皇权的平稳过渡。

武宗去世前并未指定皇位继承人，而是将选择继承人的权力赋予了太后及内阁。在此过程中，杨廷和既需要兼顾儒家礼法与明朝祖制，又需要保障皇权顺利交接，面临双重困境。因此他虽然根据《皇明祖训》和儒家礼法的伦序要求选出了朱厚熜作为皇位继承人，但在诏书中留下了“嗣皇帝位”等语句，为后来“大礼议”的发生留下了隐患。清儒批评杨廷和在“大礼议”中不为武宗立嗣，这一批评是脱离历史实际的，忽略了杨廷和决策面临的现实困境。

由于王琼在嘉靖初年撰写了《双溪杂记》一书，流播广泛，导致上述史实长期未能得到澄清。但正如孙鑛所言：“公（杨廷和）在正德末，名汙但功有述。”[②] 我们通过回溯史源的方式，确定了对杨廷和治政施为的负面描述均以《双溪杂记》为祖本；再结合年代时间、职官制度等客观事实多方比对，发现《双溪杂记》的内容均为诬妄之词。该书是王琼“闲坐山中”，为打

① 前揭《视草余录》卷下，第498—499页。

② 孙鑛：《居业次编》卷二《重订视草余录序》，第153页。

击政敌杨廷和，而“久思得一奇因文致也”，目的是抹杀杨廷和的功绩并为自己开脱。[①]杨廷和在正德、嘉靖之际为政权稳定、最高权力平稳交接作出了巨大贡献，其治政施为出于公心，应给予高度评价。前述考辨能够辨别不符合史实的部分，达成“去伪存真”，凸显了史源学在明史研究中的重要价值。

除此以外，通过前述考证，我们也得以进一步还原当时明代中枢决策的具体面貌。以正德末年的杨廷和为例，他很难直接面见武宗，其决策建议除了书面表达外，往往需要通过“散本官”或司礼监太监向皇帝转达。因此，杨廷和既需要向作为“中间人”的宦官澄清利害关系，争取他们的理解和支持；也需要向宦官了解皇帝的想法，以更好地说服皇帝。例如前述“宸濠之乱”即将爆发时，武宗派“萧司礼等同至阁中”向杨廷和出示御史萧淮的奏疏，自己却不发一言。杨廷和只得向宦官询问：“上意云何？”宦官则回答：“着先生每处置。”[②]杨廷和随即向宦官阐述了自己的意见及如此处置的原因，再写揭帖呈上，最终才得到武宗允准。这些案例生动展现了内阁只有提议权而无决策权的尴尬处境，使我们得以从“活的制度史”角度观察明代中枢决策的基本面貌，值得研究者进一步注意。

（作者单位：中国国家图书馆博士后工作站）

① 孙鑛：《居业次编》卷二《重订视草余录序》，第152页。

② 杨廷和：《视草余录》卷上，第487页。

康熙帝与陋规

陈晓东

内容提要：在清代历史上，陋规问题就像幽灵一般，挥之不去。顺治时期百废待兴，汲取明朝加派而亡的教训，为稳固政权、树立形象，对陋规采取禁绝政策。到雍正时期陋规横行，国库亏空、民生凋敝，不得不施行陋规改革。不难看出，陋规在康熙朝经历了一个迅猛发展的重要时期，而这皆是与康熙帝的统治思想、陋规政策分不开的。本文拟从陋规政策之转变、控御手段之多元、陋规影响之深远三个部分，剖析康熙帝与陋规发展之间的关系。

关键词：康熙帝　陋规　政策转变　控御手段

在清代，陋规问题就像幽灵一般，盘旋于公案文牍及私家著述之中，挥之不去。清代统治者对陋规也采取过或禁止、或限制、或整顿合并等各种各样的措施，但是却从来未能将其杜绝或者纳入可以认可的范畴之内，可以说陋规是与清朝历史相始终的。研究陋规问题，其大者可以为清王朝终难逃崩解命运之重要客观原因，其小者亦可作为一个侧面，窥见清代各级官僚吏胥之间的人际关系和对政务处理的关系，看到其典章制度在实际运行中的作用。同时，清朝灭亡距今刚过百年，其官场风气的影响也非短期之内可以消除，研究陋规问题亦有可资借鉴之处。康熙朝陋规在清代陋规发展史上，同样也具有着重要的地位。自顺治时期的严禁陋规，到雍正时期不得不对陋规进行改革，陋规在康熙朝经历了一个重要的发展时期，笔者曾撰《康熙朝陋规述略》一文[①]，缕析陋规在康熙朝方方面面的情状。然王朝陋规的最终走向，在很大程度上取决于皇帝的陋规政策及其对陋规的控御。明晰此一问题，也是我们更好解析康熙朝陋规状况最为重要的密码。

一　陋规政策之转变

康熙帝对陋规的认识及其陋规政策，也经历了一个转变的过程。康熙朝早期，延续自顺治朝的禁绝政策，视陋规为秕政。其间，康熙帝亦曾大动干戈，对多征火耗的官员施以重罚。康熙中期以后，社会主要矛盾已经发生改变，为了应对日益严峻的财政压力，康熙帝对陋规的态度也在悄然起着变化，渐渐默许官员收受陋规。

（一）禁绝时期

康熙早期秉承顺治朝的政策，对陋规严行禁革。清军入关定鼎中原，开始一个新的封建王朝的统治。顺治元年七月，归顺清廷的明朝遗臣、时任天津总督的骆养性上疏，请求豁免明季

① 陈晓东：《康熙朝陋规述略》，《明清论丛》第十七辑，故宫出版社，2017年。

的加派钱粮，只征正额并火耗。对于他请求的豁免明季加派，朝廷认真考虑并予以实施。但对于并征火耗之议，遭到了当时执政的摄政王多尔衮斥责："官吏犯赃，审实论斩，前谕甚明，所启钱粮征纳每两火耗三分，正是贪婪积弊，何云旧例？况正赋尚酌蠲，额外岂容多取？著严行禁革，如违即以犯赃论罪。"①最终，并征火耗之议因朝廷极力反对而搁浅。骆养性所论并非无的放矢，作为前明遗臣，他无疑是考虑了明朝以来火耗存在的危害才有此建议。但当时清朝统治刚刚建立，南方尚有南明集团虎视眈眈，统一大业尚未完成，又由于是少数民族入主中原，巩固统治尤为艰难，因此统治集团亟需做出姿态，以表明自己新兴王朝"行仁政"的形象，同时也亟需给百姓以实惠，尽快取得他们的支持。而火耗作为正赋之外的"贪婪积弊"，自然会被统治者禁绝。在当时统治者看来，这是与加派、私派一样的害民秕政。

顺治元年十月初十日，顺治帝于皇极门颁即位诏书，提出"合行条例"共计55款。其中即有"有司征收钱粮，止取正数，凡分外侵渔秤头火耗、重科加罚巧取民财者，严加禁约，违者从重参处"之款。②同年规定："官吏征收钱粮私加火耗者，以［犯］赃论。"③顺治二年六月，以南京平定，颁诏大赦于河南、江北、江南等处，其中提到"自顺治二年六月初一日起，俱照前明会计录原额征解，官吏加耗重收或分外科敛者治以重罪。凡各派辽饷、剿饷、练饷、召买等项永行蠲免。即正项钱粮以前拖欠在民者，亦尽行蠲免"④。此后凡遇颁诏大赦，火耗每每皆在禁革、禁增之列，三令五申，不厌其烦。如顺治十一年以加上皇太后徽号礼成，颁诏天下，亦有"近来司府州县征收钱粮，天平法马太重，多加火耗，民受困苦。著该督抚司道等官严饬有司，务遵较定法马，不许私自增加，仍不时密察，违者指名参奏"⑤。当然，尽管朝廷明令禁止，然陋规的存在本就是为了补足制度的缺陷，体制的影响并不会因为一纸法令而终止，此时陋规不过是隐秘而行罢了。如顺治十一年，吏科给事中林起龙奏议地方陋规："到任之后，参谒上司，则备见面礼；凡遇时节，则备节礼；生辰喜庆，则备贺礼；题授保荐，则备谢礼；升转去任，则备别礼。一州县之大小，分礼物之多寡，以馈送之厚薄，定官评之贤否。"⑥

康熙朝早期，清廷继续贯彻顺治朝对陋规的禁绝态度。顺治十八年二月，户部议准：令浙江"督抚厘革一切勒索陋规"⑦。康熙四年三月，康熙帝谕户部："设官原以养民，民足然后国裕。近闻守令贪婪者多，征收钱粮，加添火耗，或指公费科派，或向行户强取，下至户借端肥己，献媚上官，下至户书、里长等役，恣行妄派，小民困苦，无所伸告，以后著科道官将此等情弊不时察访纠参。"⑧十二月，谕吏部等衙门："总督、巡抚皆系倚任重臣，必秉公清正、为下官表率，使民生得所，方副倚任之意。乃督抚反以馈送礼物为常例，称某州县上等、某州县下等，按定数目，公然收受。州县官员俱自民间派取、以致百姓困穷。嗣后各督抚如再不改

① 《清世祖实录》卷六，顺治元年七月甲午。

② 《清世祖实录》卷九，顺治元年十月甲子。

③ （清）王庆云撰：《石渠余纪》卷三，"纪耗羡归公"，《近代中国史料丛刊一辑》第75册，文海出版社，1966年，第299页。

④ 《清世祖实录》卷一七，顺治二年六月己卯。

⑤ 《清世祖实录》卷八四，顺治十一年六月庚辰。

⑥ （清）琴川居士著：《皇清奏议》卷七，林起龙"严贪吏以肃官方疏"，第十一页，光绪壬寅刻本。

⑦ 《清圣祖实录》卷一，顺治十八年二月辛巳。

⑧ 《清圣祖实录》卷一四，康熙四年三月壬辰。

此等弊端，仍然踵行，著科道官采访，指名纠参，定行从重治罪。若司道府厅各官仍取之州县、州县各官仍私派百姓者，著督抚不时严察参奏。若徇情不行参奏，经科道官纠参，或旁人出首，将不纠参之督抚一并从重治罪。"[①] 同年定"额外科敛许民控告之律"[②]。康熙七年六月，谕户部："向因地方官员滥征私派，苦累小民，屡经严饬，而积习未改，每于正项钱粮外加增火耗，或将易知由单不行晓示，设立名色，恣意科敛，或入私囊，或贿上官，致小民脂膏竭尽，困苦已极。朕甚悯之。督抚原为察吏安民而设，布政使职司钱粮，厘剔奸弊，乃其专责。道府各官于州县尤为亲切，州县如有私派滥征、枉法婪赃情弊，督抚各官断无不知之理。乃频年以来纠疏甚少，此皆受贿徇情，故为隐庇……至尔部收纳直隶各省解到钱粮，亦须随到随收，速给批回，毋得纵容司官、笔帖式、书办等勒索作弊，苦累解官。倘有违法，即行参奏。如不行严禁，察出，将堂司各官一并从重治罪。"[③] 康熙九年九月，又谕吏部、兵部："朕惟致治雍熙，在于大小臣工悉尚廉洁，使民生得遂，内外满汉文武官员各有职守，必律己洁清，屏绝馈受，乃能恪恭职业，副朕任使。近闻在外文武官尚有因循陋习，借名令节、生辰剥削兵民，馈送督抚、提镇、司道等官；督抚、提镇、司道等官复苛索属员，馈送在京部院大臣、科道等官；在京官员亦交相馈遗。前屡经严禁，未见悛改，殊违洁已奉公之义。兵民日渐困乏，职此之由。以后著痛加省改，断绝馈受，以尽厥职。如仍蹈前辙，事发之日，授受之人一并从重治罪，必不姑贷。"[④] 康熙十七年，定"州县剋取火耗上司徇隐之律"[⑤]。

尽管康熙帝一再严谕臣下禁绝火耗，但收效甚微，反而有愈演愈烈之势。康熙二十一年初，康熙帝与直隶巡抚格尔古德谈话中承认："但为总督、巡抚者贪婪居多。"[⑥] 康熙二十四年六月，广西道御史钱珏上疏参劾山西巡抚穆尔赛，称："陋弊相沿，厉民为甚者，莫如山西火耗。臣访闻太原府诸州县，每经征钱粮，有司既收入己之耗，而司道府厅又复多方需索，有司不得不加派于民。以致各州县收银，每两有加至三钱、四钱不等者。近闻晋抚穆尔赛曾经刊示传谕禁止，是知火耗之重而申饬也。然露章纠劾者寂然无闻，又何怪州县之视为具文，而贪饕成习耶。"[⑦] 康熙帝得知此事大为光火，令大学士、九卿回奏。其后钱珏遵旨指实陈奏："山西巡抚穆尔赛多加文水等县火耗，嫁女时索属官礼物；革职通判张谦交结该抚家人，妄诈属官财贿；布政使那鼐收兑多征银两。"[⑧] 康熙帝下令将穆尔赛以贪污罪处以绞监候，而在处理此案过程中，对穆尔赛有所回护的九卿等也都受到申饬。[⑨]

但康熙帝逐渐看到地方财政状况进一步恶化，意识到如果仍将禁绝陋规作为一项基本国策，不仅不能解决地方财政恶化以及吏治问题，相反可能会起到负面作用。而在此之前的康熙

---

① 《清圣祖实录》卷一七，康熙四年十二月初一日壬子。

② 前揭《石渠余纪》卷三，"纪耗羡归公"，《近代中国史料丛刊一辑》第75册，第299页。

③ 《清圣祖实录》卷二六，康熙七年六月戊子。

④ 《清圣祖实录》卷三四，康熙九年九月乙亥。

⑤ 前揭《石渠余纪》卷三，"纪耗羡归公"，《近代中国史料丛刊一辑》第75册，第300页。

⑥ 《康熙起居注》第二册，康熙二十一年壬戌二月十四日壬辰，中华书局，1984年，第825页。

⑦ 《清圣祖实录》卷一二一，康熙二十四年六月辛卯。

⑧ 《清圣祖实录》卷一二二，康熙二十四年九月辛未。

⑨ 《康熙起居注》第二册，康熙二十四年乙丑九月十五日壬申，第1355页；《清圣祖实录》卷一二三，康熙二十四年十一月庚午。

二十三年，清政府平定了三藩之乱，收复了台湾，基本上统一了全国，因而康熙帝有了更多的精力来考虑陋规问题。

（二）默许时期

康熙中期以后，康熙帝对陋规的态度发生了变化，由禁绝改为默许，允许官员在一定限度内收受陋规。

这一变化首先体现在康熙帝对一份奏疏的态度上。康熙二十四年九月，总漕徐旭龄条奏漕粮派索诸弊，九卿等议覆，应令徐旭龄将历年派索官员指名题参。这本是处理此事的标准操作，上年严惩的山西巡抚穆尔赛也是如此程序。但康熙帝却一改常态，谕大学士等："此等弊端相沿日久，必令指名题参，则后来督抚难于条奏矣。可著该督严加禁饬，务在遵行。"[①] 但同年十月，清廷却又规定："督抚保举、荐举府州县官，须令第一条，实填无加派火耗字样。"[②] 不难看出，此时康熙帝对于派索陋规者的态度已经发生了微妙的变化，处于一种摇摆的状态，对陋规虽未明言接受，却也不再是一味强调禁绝。

康熙二十七年正月，江西巡抚王隲、广东巡抚朱洪祚陛辞，康熙帝谕曰："巡抚为地方大吏，以操守为要，大法则小廉，百姓俱蒙福矣。"王隲奏曰："臣向在四川时，不取民间粒米束草，惟带一二家僮，往家中去盘费，不敢有私。"上曰："身为大臣，寻常日用岂能一无所费。若必分毫取给于家，势亦有所不能。但操守廉洁，念念从爱百姓起见，便为良吏。督抚中如两于成龙及范承勋，诚良吏也。为督抚者，在朕前皆能言之，及至地方，与所言往往不符。人贵始终如一……"王隲奏曰："臣当严禁属吏科派及词讼贿赂诸弊。"上曰："为大吏者亦须安静，安静则为地方之福。凡贪污属吏，先当训诫之，若始终不悛，再行参劾可也。"[③] 同年五月，江苏巡抚洪之傑陛辞，康熙帝再次强调："地方大吏，以安静为主。江南所取火耗闻虽不重，尔须洗心涤虑，一除积弊。凡事不可过于刻薄，然亦不宜罢软。"[④] 康熙二十八年九月十二日，浙闽总督兴永朝陛见，康熙帝问曰："湖南所收火耗何如？"兴永朝奏曰："臣严行禁革，已减七八分矣。臣焉敢欺皇上？若断绝外官火耗，则外任实在不能度日。"对此，康熙帝亦止曰"然"，表示认同。[⑤]

从以上事例我们可以看出，康熙帝对地方陋规的态度已经明朗化，对官员收受陋规也以其习惯性而予以默许。此后，康熙帝在很多场合都表示对官员收受陋规的默认态度。如康熙四十二年十二月，谕大学士等："闻各省火耗俱是加一，钱粮最少者唯有甘肃，通计正额共二十八万有奇，加耗亦止二万八千。州县官钱粮即少，加耗无几，不敷用者宜或有之，其余额赋皆多，如一州县正额有二三万，加耗即至二三千，宜敷用矣。"[⑥] 康熙四十六年三月南巡途中，康熙帝谕江南各地方官："江南钱银既多，火耗虽轻，断无不足养廉者。"[⑦] 康熙五十六

① 《清圣祖实录》卷一二二，康熙二十四年九月乙酉。

② 《清圣祖实录》卷一二二，康熙二十四年十月庚寅。

③ 《清圣祖实录》卷一三三，康熙二十七年正月丁酉。

④ 《清圣祖实录》卷一三五，康熙二十七年五月癸未。

⑤ 《康熙起居注》第三册，康熙二十八年己巳九月十二日乙巳，第1899页。

⑥ 《清圣祖实录》卷二一四，康熙四十二年十二月庚寅。

⑦ 《清圣祖实录》卷二二九，康熙四十六年三月戊寅。

年御门听政后，对大学士们说："陈瑸所奏两折，已交尔等。此事满保任巡抚时曾经奏过，即各省督抚亦曾具奏。此等皆系督抚应得之项，如此琐屑之事，亦来奏闻，有关大体，非庙堂之上所当议者。"[①]十一月，江西巡抚白潢上奏："巡抚衙门每年盐商有盐规银一万两……前任巡抚宋荦不收盐规，所有每包重七斤四两之盐，止许卖银九分五厘至一钱而止。迨巡抚收受盐规，盐价每包增至一钱一二分。近来巡抚除盐规之外，又有向盐商借贷者，致盐价每包增至一钱三四分不等，小民甚以为苦。奴才到任后，行令司道传唤商人公同面议，盐商等情愿减价……商民两称其便。所有盐规一万两可否收受，伏祈圣裁。"康熙帝朱批："此向可收。"[②]康熙五十七年，陕西巡抚噶什图奏报汛地节收饷银情形，康熙帝朱批："理应俱收。"[③]康熙六十一年，谕大学士等："火耗一项，特以州县官用度不敷，故于正项之外量加些微，原是私事。"[④]

康熙帝对陋规的这种态度，其中也包含了很多无奈的因素。康熙五十五年，山东巡抚李树德奏请准许收受知府以上节礼，以养家口、应酬。[⑤]前此李树德奏报地方事务时，康熙帝曾朱批："节礼一事，甚关名声，不可不慎。河南巡抚亦因节礼而坏名声。"[⑥]告诫让其慎收陋规。但不到一个月的时间，李树德便上奏请求收受，似乎是势所必需，但康熙帝只是批了个"知道了"，并未同意其请。其后御门听政时，康熙帝又提出来与臣下讨论："山东巡抚李树德折奏节礼，朕谕令勿收。伊奏云，家口甚重，如不收大吏节礼，难以资给。此正伊据实陈奏之处，原非汉人两三家口可比也。年羹尧两次出兵，并未动用正项钱粮，皆系伊自行料理。若无此项应得之物，何以措办？尔等拟签具奏。"[⑦]收会坏了声名，不收则诸事无所措办，如此两难，大学士们也无奈，提不出良策，便也没了下文。对于陋规，康熙帝也只能继续默许。

二　控御手段之多元

自康熙朝中期以后，随着朝廷陋规政策之转变，对收受陋规予以默许，无论中央、地方，抑或文官、武将陋规，其名色、数量虽没有明确规定，但默许并非无限度放任，康熙帝亦会根据其人、其时、其地之不同而有所区别，控御手段至为多元。综合康熙朝史料[⑧]，我们大致可以概括为以下几个方面：

---

① 《康熙起居注》第三册，康熙五十六年丁酉三月初九日甲子，第2368页。

② 中国第一历史档案馆编：《康熙朝汉文朱批奏折汇编》第8册，第2564条，《江西巡抚白潢奏为据实胪列巡抚衙门各项旧规折》，康熙五十六年十一月十三日。

③ 中国第一历史档案馆编：《康熙朝满文朱批奏折全译》，第3219条，《陕西巡抚噶什图奏报汛地节收饷银折》，康熙五十七年七月二十一日。

④ 《清圣祖实录》卷二九九，康熙六十一年九月戊子。

⑤ 《康熙朝汉文朱批奏折汇编》第7册，第2255条，《山东巡抚李树德奏奏请准许收受知府以上节礼以养家应酬折》，康熙五十五年十一月二十日。

⑥ 《康熙朝汉文朱批奏折汇编》第7册，第2255条，《山东巡抚李树德奏为恪遵圣谕益加留心折》，康熙五十五年十月二十七日。

⑦ 《康熙起居注》第三册，康熙五十六年丁酉三月初九日甲子，第2368页。

⑧ 康熙朝陋规史料具体情况，详见前揭《康熙朝陋规述略》一文。

（一）根据地方情况，将陋规限定在一定的范畴之内

康熙帝对官员收受陋规的默认，并不是无限度的，如火耗加一分“似尚可宽容”[①]。康熙四十八年九月，康熙帝曾对河南巡抚鹿祐说过：“所谓廉吏者，亦非一文不取之谓，若丝毫无所资给，则居官日用及家人胥役何以为生？如州县官止取一分火耗，此外不取，便称好官，其实系贪黩无忌者，自当参处。若一概从苛纠摘，则属吏不胜参矣。”[②]康熙五十五年，朱批直隶总督赵弘燮之奏折道：“外边汉官有一定规礼，朕管不得。”[③]康熙五十六年，康熙帝在苏州织造李煦奏折内朱批：“运使张应诏为人何如？”李煦上奏：“张应诏每岁用商人经费银数千两过日，就其目前而论，操守算好。”[④]康熙五十八年二月，江南提督赵珀上奏名粮数目：“查得前提督张云翼有一千余名，嗣后提督师懿德、穆廷栻、杜呈泗等俱于标下五营城守一营共有随丁马粮一百八十名、步粮一百八十名，并亲标金山、刘河、川河三营各有随丁步粮三十名，南汇、青村、柘林三营各有随丁步粮十名，共计四百八十名，每月饷银九百七十两有零，又节礼每节一千二百两有零。此系营伍相沿，前任各提督如此。”康熙帝朱批：“每月饷银收七百也就足用了，其外节礼可以不收更好。”[⑤]可见，在康熙帝的心目中，收受陋规是有一定限度的。在限度之内，虽收受陋规，仍可称为好官。

（二）鼓励官员奏报收受陋规的数量及用处，增强其透明度

康熙朝中期以后，随着奏折文书的创立，奏折成为皇帝与臣下联络情感、了解地方情况的重要手段。康熙帝经常在臣下的奏折朱批中，希望臣下能够将自己以及其前任、同僚、下属等收受规礼的情况奏明。如康熙五十三年于京口将军何天培奏折中朱批：“前任将军声名如何？”[⑥]于江西布政使白潢折中，询问“江西节礼如何？”[⑦]同时，臣下陛辞外任时，康熙帝也常常要求他们承诺奏报自己到任地方陋规收受以及支出情况。

对于上奏较为翔实者，康熙帝常常予以表扬和奖励。如康熙五十四年十一月，浙江巡抚徐元梦遵守前言，奏闻自己到任一年之内如何馈送、已馈送数目及用于何处，康熙帝阅后龙颜大悦，称赞他是“真满洲也，毫无隐瞒之处”[⑧]。康熙五十七年，陕西巡抚噶什图奏报汛地节收饷银，康熙帝朱批谓其“理应俱收”[⑨]。虽然臣下不可能将自己所得进项完全写进奏折上报皇帝，但

---

① 《清圣祖实录》卷二九九，康熙六十一年九月戊子。

② 《清圣祖实录》卷二三九，康熙四十八年九月乙未。

③ 《康熙朝汉文朱批奏折汇编》第7册，第2348条，《直隶总督赵弘燮奏为病已稍愈拟送章文璜回京供职折》，康熙五十六年二月二十五日。

④ 《康熙朝汉文朱批奏折汇编》第7册，第2384条，《苏州织造李煦奏陈查得运使张应诏操守算好才其平常折》，康熙五十六年四月初十日。

⑤ 《康熙朝汉文朱批奏折汇编》第8册，第2740条，《江南提督赵珀奏报提标鸟枪演放情形并请示空粮数量折》，康熙五十八年二月十二日。

⑥ 《康熙朝汉文朱批奏折汇编》第5册，第1675条，《京口将军何天培奏为遵旨奏报兵民情形折》，康熙五十三年十一月初六日。

⑦ 《康熙朝汉文朱批奏折汇编》第8册，第3043条，《江西布政使白潢奏请圣安折》，无年月。

⑧ 《康熙朝满文朱批奏折全译》，第2719条，《浙江巡抚徐元梦奏到任一年银数等情折》，康熙五十四年十一月二十五日。

⑨ 《康熙朝满文朱批奏折全译》，第3219条，《陕西巡抚噶什图奏报汛地节收饷银折》，康熙五十七年七月二十一日。

是通过这种方式，康熙帝对地方陋规有了较为深入的认识。康熙帝作顺水人情，准许臣下接受已然形成惯例之陋规，融洽了他们之间的关系，使其能够更为忠心地为朝廷服务。

（三）对收受陋规过多的官员，按情况进行查处惩罚或者分肥

第一，对年老、有功或能够及时悔改之官员，往往会从轻处罚甚至宽免。如康熙五十一年原任江南布政使宜思恭叩阍案内，牵涉到原任江南江西总督阿山、江苏巡抚宋荦索取节礼。主审此案的户部尚书张鹏翮请求将二人交部议处。而康熙帝却以“阿山、宋荦俱系年老大臣，著从宽免”[①]。康熙五十九年湖北布政使张文灿亏空案：“张文灿亏空库银十五万两有奇。当经查处追完银五万六千两，续又追出银一万六千两，实亏空银七万八千两零……先后共补完银十五万两，俱已实贮在库，并无亏空。查张文灿平时为人老实，居官不扰，亏空银一年之内全完，可否仰邀圣恩，免其参处。”一年之内完纳亏空十五万两纯属无稽之谈，也不过是“拆东墙补西墙”的把戏，康熙帝不会不清楚，但是他还是准许了臣下建议，只是“令本人告老辞去”[②]而已。

第二，对于行为恶劣的官员则严惩不贷、以儆效尤。如康熙四十九年五月，江南布政使宜思恭“于兑收钱粮时勒索加耗，又受各属馈送”，但他就没有阿山、宋荦那样的好运，而处以绞监候。[③]康熙五十年九月，大学士萧永藻察审四川加派案：“原任布政使卞永式征收钱粮，每两加派一钱二分，除送原任四川巡抚能泰等银二万二百两外，共计入已银二万七千四百两有奇。”加耗一钱二分并不为重，此时许多地方已加至四五钱；馈送上司二万两、自得二万余两亦不为多，此时许多人馈赠、入己动辄十几万两甚至几十万两。但最终卞永式被判绞刑，因已经病故而毋庸议。而能泰“身为巡抚，属官私派，不行觉察，又深受赃银”，处以绞监候。[④]

第三，对于与自己关系密切之官员则进行分肥，其主要方式是鼓励甚至索要官员捐助。在康熙朝奏折中，有关官员捐助的事例不绝于书，究其原因，是与康熙帝本人的态度分不开的。康熙朝初期虽然严禁加派，反对官员收受陋规，但其后迫于现实又不得不默许官员收受一定的陋规，但收受的“度”却只掌握在康熙帝一人手中，所以许多官员经常会借此之名上奏，恳请皇帝准许其收受某项陋规，以求得某种“合法”的地位。同时将所获陋规的一部分捐助军需或者兴办其他公共事务，更是一种既可讨得皇帝高兴，又可使自己收受陋规合理合法的借口。于康熙帝而言，不费一丝一毫国帑的情况下，解决了原本颇为头疼的财政、军政等问题，何乐而不为！所以康熙朝捐助之风越来越盛。

官员捐助的形式是多样的，下面予以分述。

第一，更新军需、襄助军务。如康熙五十九年，山东巡抚李树德上奏：“愿捐银一万二千两，提督学政、礼科给事中陈沂震愿捐银二千四百两，布政使王用霖愿捐六千两，按察使黄炳、督粮道佟世禄、济东道程光珠、登莱青道程之炜、济宁道宋基业、盐法道罗珍各愿捐银二千两，济南府知府张振伟、兖州府知府金一凤各愿捐银一千五百两，东昌府知府陶锦、莱州府知府耿纮祚各愿捐银一千两，登州府知府李元龙愿捐银八百两，盐运分司张承先愿捐银六百两，共捐

① 《清圣祖实录》卷二五二，康熙五十一年十一月庚子。

② 《康熙朝汉文朱批奏折汇编》第8册，第2846条，《署湖广总督满丕等奏为湖北布政使亏空全完请免参处折》，康熙五十九年正月二十八日。

③ 《清圣祖实录》卷二四二，康熙四十九年五月辛未。

④ 《清圣祖实录》卷二四七，康熙五十年九月癸卯。

银四万两之数。”以备购买驼只转运军粮。[①] 把全省知府以上各级官员都动员起来的，此外尚有江西巡抚佟国勷、直隶总督赵弘燮、河南巡抚杨宗义、云南巡抚甘国璧等。

第二，兴修水利、方便交通。康熙五十三年，广西布政使黄国材愿捐资修治当地之府江，“将水路危险恶石尽行凿去，岸上开路搭桥，建造塘铺”，历时三年，“共捐己资三万余两”方才竣工。[②]

第三，助修城垣。康熙五十四年，朝廷重修密云城，直隶巡抚赵弘燮上奏：“（愿将）历年未收之陋规一十八万两内，追一十三万七千余两，以补修城之正项。”[③]

第四，捐助牛具种籽，招民垦荒。康熙五十六年三月，署贵州巡抚白潢奏称，鉴于“黔省田地尚有荒芜”“民贫力乏，是以每年开垦无多”，署任后“即率同属捐备牛种，招民开垦”，用以扩大耕地面积。[④]

第五，其他。如苏州织造李煦捐银刊刻《大藏经》[⑤]，广州将军管源忠捐助以赈济灾民[⑥]等。

对于这些捐助，康熙帝总是仅作朱圈或者书“知道了”而安然接纳。对于某些与自己关系甚密或者捐助过多者，他也会予以酌减。如康熙五十二年，江宁织造曹颙将“盐差内剩余三万六千两”恭进，以备皇上“添备养马之需或备赏人之用”。康熙帝朱批：“当日曹寅在日，惟恐亏空银两不能完（近）[尽]，身没之后，得以清了，此母子一家之幸，余剩之银尔当留。况织造衙门费用不少，家中私债想是还有，朕只要六千两养马。”[⑦] 康熙五十七年，以西疆进剿添兵事，直隶总督赵弘燮奏称“愿捐马五百匹，每匹折价四十两，共银二万两，解交户部”，康熙帝将“五百匹”改为“二百五十匹”“银二万两”改为“银万两”。[⑧]

（四）重视榜样的力量：表彰清官、帮扶贫官

康熙帝对陋规的实际作用有着清醒的认识，所以他对清官也有着自己的定义：“为官之人，不取非义之财，一心为国效力，即为好官。或操守虽清，不能办事，无论谕旨批驳与部驳之事，积年累月，概不完结。似此清官，亦何裨于国事乎？”[⑨]“身为大臣，寻常日用岂能一无所费，

---

① 《康熙朝汉文朱批奏折汇编》第8册，第2844条，《山东巡抚李树德奏为东省职官急公捐助驼价事折》，康熙五十九年正月二十八日。

② 《康熙朝汉文朱批奏折汇编》第7册，第2292条，《广西巡抚陈元龙奏报接署总督印务前赴广东折》，康熙五十五年十二月十一日。

③ 《康熙朝汉文朱批奏折汇编》第6册，第1740条，《直隶巡抚赵弘燮奏为密云城工请准用盐商陋规银两折》，康熙五十四年三月初一日。

④ 《康熙朝汉文朱批奏折汇编》第7册，第2373条，《护理贵州巡抚白潢奏报垦过田亩数目折》，康熙五十六年三月二十八日。

⑤ 《康熙朝汉文朱批奏折汇编》第8册，第2888条，《河南巡抚杨宗义奏报嵩山会善寺创出石芝折》，康熙五十九年八月初六日。

⑥ 《康熙朝汉文朱批奏折汇编》第4册，第1297条，《广州将军管源忠奏报广东盗案并地方访察废弛情形折》，康熙五十二年三月二十五日。

⑦ 《康熙朝汉文朱批奏折汇编》第5册，第1489条，《江宁织造曹颙奏为恭进盐差余银折》，康熙五十二年十二月二十五日。

⑧ 《康熙朝汉文朱批奏折汇编》第8册，第2711条，《直隶总督赵弘燮奏为愿捐银买马匹折》，康熙五十七年十月初七日。

⑨ 《清圣祖仁皇帝圣训》卷四六，“饬臣工四”，康熙五十三年甲午十二月壬辰。

若必分毫取给于家，势亦有所不能。但操守廉洁，念念从爱百姓起见，便为良吏。”[①]康熙五十年三月，上谕大学士等曰：“夫官之清廉，只可论其大者。今张鹏翮居官甚清，在山东兖州为官时，亦曾受人规例。张伯行居官亦清，但其刻书甚多，刻一部书，非千金不得。此皆从何处而来者？此等处亦不必追究。”[②]康熙五十六年十一月，谕大学士等：“凡外吏居官虽清廉，然地方些微火耗，其势不能不取。即如大学士萧永藻之清廉，中外皆知。前任广东、广西巡抚时，果一尘不染乎？假令萧永藻自谓清官，亦效人布衣蔬食，朕亦将薄其为人。”[③]类似言论所在多有。

康熙帝大力表彰清官，将理学的君臣大义、存理遏欲作为宣传廉洁的重要工具。他说：“大凡人衣食可以自给，便宜知足，理应洁己守分”[④]“洁己澡躬，臣子之义，悖入悖出，古训所戒，子产象齿焚身之论最为深切著明，当官者亦铭诸座右”[⑤]。康熙二十六年，“以直隶巡抚于成龙真实清廉，无勉强虚假，介然自守，无所交游，特加太子少保衔，以为廉能称职者劝”[⑥]。康熙五十七年，福建巡抚陈瑸病故，康熙帝谕曰：“陈瑸居官甚优，操守廉洁。清官朕亦见之，如伊者，朕实未见，恐古人中亦不多得也。前任台湾道任内，所应得银三万两，并未入己，俱于修理炮台等公事动用。署总督印务时，应得银两亦未沾染。前来京陛见，曾奏称贪官不在所取之多寡，取一钱即与取千百万金等，必一钱不取，方可谓之清廉……今观其居官，实能践所奏之言，诚清廉中之卓绝者。似此不加表扬赐恤，何以示劝。著追授礼部尚书，凡祭葬立碑、予谥之处皆照尚书衔给与，并荫一子入监读书，以示朕优礼清廉大臣之意。”[⑦]但是陈瑸并不符合康熙帝心中的清官形象，而且若以陈瑸的标准作为清官的衡量尺度，恐怕当世尚找不出第二人。故当台湾爆发农民起义的时候，康熙帝就把所有的责任都推给了陈瑸：“凡武官不可责之过于清，如陈瑸之清，留祸于后官，以致台湾之反，其来有自。作大官者，须要得体，宽严和中、平安无事方好。若一味大破情面，整理一番，恐其多事而得罪者广。”[⑧]康熙五十八年，康熙帝于福建提督穆廷栻奏折内朱批：“闻得尔做官声名甚好，益加勉力。”[⑨]

康熙帝之褒扬清官，不过是为百姓树立一个偶像，造出一个个“青天”，安抚他们，让他们安于现状。同时也欲以其为榜样，带动整个官场，起到自我净化的作用。但由于对贪官的打击力度不够，而收效甚微。

康熙帝在表彰清官的同时，对于那些操守廉洁而贫困的官员也时常亲赐或令人予以资助，欲从另一方面为百官树立榜样。如康熙四十九年湖广提督员缺，康熙帝谕令：“此缺著荆州副

① 《清圣祖实录》卷一三三，康熙二十七年正月丁酉。

② 《清圣祖仁皇帝圣训》卷四六，“饬臣工四”，康熙五十年辛卯三月辛卯。

③ 《清圣祖实录》卷二七五，康熙五十六年十一月丙子。

④ 《康熙起居注》第三册，康熙二十七年戊辰二月初七日庚辰，第1726页。

⑤ 《清圣祖御制文第三集》卷二六《杂著》，《郑子产论重币》，《清代诗文集汇编》第193册，上海古籍出版社，2010年，第313页。

⑥ 前揭《石渠余纪》卷二《纪吏治》，《近代中国史料丛刊一辑》第75册，第158页。

⑦ 《清圣祖实录》卷二八二，康熙五十七年十一月乙酉。

⑧ 《康熙朝汉文朱批奏折汇编》第8册，第2945条，《江西提督高其位奏陈整营务留用兵粮折》，康熙六十年八月初一日。

⑨ 《康熙朝汉文朱批奏折汇编》第8册，第2838条，《福建提督穆廷栻奏请圣安折》，康熙五十八年。

都统俄伦特补授。闻其居官清廉，著该省督抚量加资助。”① 康熙五十七年十月，闽浙总督满保奏报巡抚陈瑸的病情，康熙帝朱批：“陈（魑）［瑸］乃好巡抚，太可惜了，特赐好人参二斤，交尔人带去。将此折子给他看并赏之，酌情服用。甚恐无效，病势加重，著谕知之。”② 除赏赐资助等形式，康熙帝也会通过委任肥缺的方法让其脱贫。如康熙三十九年谕大学士等：“观翰林官及庶吉士内有极贫者，衣服乘骑皆不能备。将此等查出，作何施恩，有益供职……翰林官员专司文翰，更无他事，各省学道员缺，应与郎中并差。”③

（五）时时颁布上谕朱批，儆醒诸臣

康熙帝还时常颁布上谕，或者在臣下奏折中朱批，告诫诸官要知足，不要苛求无度，以免不得善终，贻笑后人。康熙帝于闽浙总督郭世隆谢恩折内朱批：“朕抵山西、陕西看得，吏治大不如直隶省，加派之项亦颇多。以此观之，各省情形亦可大概知之。凡为官之人，理应洁身爱民，上则报答为官，下则耀祖光宗。虽远离京师，不可改其操守，理应各自勤勉……”④ 康熙四十三年三月，谕大学士等：“部院情弊，朕知之甚悉……朕日听万机，惟据其理而处之以公平，断不琐屑苛求。但诸臣当自知足，知足方不辱也。”⑤ 康熙四十八年，四川巡抚年羹尧陛辞，在向其交代完地方诸务后，康熙帝特又谕曰：“为督抚者，不请托在京之人便是好督抚。汉军中督抚如张长庚、白如梅、屈尽美、张自得、韩世琦、贾汉复等皆以贪污致富。五十年来，朕所目睹，今伊等子孙零落殆尽，可见做官不善之报。汝须念一丝一粒民脂民膏，得一钱须知从何处来，尔不可学从前汉军行事。总之，以安静为要耳。”⑥ 康熙四十九年五月，康熙帝在苏州织造李煦奏折内朱批：“以后凡各处打点费用一概尽除，奉承上司部费都免了，亦未必补得起盐差之亏空。若不听朕之金玉良言，后日悔之何及，留心尔身家性命、子孙之计可也。”⑦ 同年九月，又再次朱批李煦奏折道：“每闻两淮亏空甚是厉害，尔等十分留心，后来被众人笑骂、遗罪子弟，都要想到方好。”⑧ 同时，亦在江宁织造曹寅奏折内朱批：“两淮情弊多端，亏空甚多，必要设法补完，任内无事才好，不可（速）［疏］忽，千万小心！”⑨ 康熙五十五年十月，康熙帝于山东巡抚李树德奏折中朱批：“节礼一事，甚关名声，不可不慎。河南巡抚亦因节礼而坏名声。”⑩ 告诫署理江西提督吴郡：“尔等皆系行伍出身，汉文自然好，须存良心，做个名将，

---

① 《清圣祖实录》卷二四三，康熙四十九年八月庚寅。

② 《康熙朝满文朱批奏折全译》，第3264条，《闽浙总督满保奏报巡抚陈瑸病势折》，康熙五十七年十月初三日。

③ 《清圣祖实录》卷二〇〇，康熙三十九年七月乙未。

④ 《康熙朝满文朱批奏折全译》，第3786条，《闽浙总督郭世隆奏谢免罪留任者》，无日期。

⑤ 《清圣祖实录》卷二一五，康熙四十三年三月癸卯。

⑥ 《清圣祖实录》卷二三九，康熙四十八年十月己酉。

⑦ 《康熙朝汉文朱批奏折汇编》第2册，第672条，《苏州织造李煦奏谢弟李汶免养教习并赐资治通鉴刻板折》，康熙四十九年五月二十六日。

⑧ 《康熙朝汉文朱批奏折汇编》第3册，第735条，《苏州织造李煦奏报苏扬田禾收成米价并进晴雨册折》，康熙四十九年九月十一日。

⑨ 《康熙朝汉文朱批奏折汇编》第3册，第729条，《江宁织造曹寅奏谢复差巡视两淮盐政等情折》，康熙四十九年九月初二日。

⑩ 《康熙朝汉文朱批奏折汇编》第7册，第2255条，《山东巡抚李树德奏为恪遵圣谕益加留心折》，康熙五十五年十月二十七日。

地方军民安居乐业，何等体面。近闻闽省有许多事，提督声名亦就可知，公论难逃，夙夜留心！”[①]

三　陋规影响之深远

（一）官场风气进一步恶化，吏治败坏

陋规的存在，在一定程度上弥补了地方财政、官员俸饷不足的问题，有合理的一面，但是其危害不容忽视。陋规是官僚制度的腐蚀剂，它的存在将官僚集团结成一个关系网，令吏治败坏。

康熙中叶以后，官员结党营私，互相馈送，胥吏小官巴结上司，地方大吏结交京中权贵，就如同陋规的走向一样，层层上递。官员之间馈送陋规日益普遍，每个人都有一张关系网，相互交织，几乎所有人都不能逃脱陋规馈送这张网。早在康熙三十六年，鄂海初任陕西按察使时，康熙帝就曾对他说："初任外官者，每于朕前奏言洁清自身，以图报恩。及莅任之后，辄背其言。"[②]果不其然，鄂海到任后，也加入了向隆科多等权臣致送陋规的行列。雍正元年所处置之吴存礼馈赠案，吴存礼于康熙四十九年十月由四川布政使升任云南巡抚，康熙五十四年十二月改授江苏巡抚，雍正元年三月被革职。十余年中，他致送陋规的网络多达200余人，涉银44万余两，多者馈赠几万两，少者也有几百两。[③]就连以清廉闻名于世者，如张鹏翮、李光地等，也时时出现在下官送礼的名单之中。难怪康熙帝总在兴叹："部院中欲求清官甚难……若云今部院官员之中无品行不端者，朕不信也。"[④]康熙末年，仕风败坏已甚，尽管康熙帝认为："总督、巡抚、提督、总兵官等一切之事，皆无敢隐匿者。如有隐匿，朕即知之。"[⑤]但对于馈赠陋规达四十余万两的吴存礼，康熙帝亦曾评价说："巡抚吴存礼居官好，亦有才干。"[⑥]从中不难看出康熙帝所受蒙蔽不浅。而像吴存礼等人的案件要到雍正朝时才揭开，也恰恰说明了康熙朝仕风的没落，当时整个官场都处于腐败的泥淖之中。

官员致送陋规动辄几万两，日积月累而计至几十万两。这些银子从何而来？以他们本身的俸饷及所得规礼远远不敷此数，便不得不侵蚀国帑而造成亏空。亏空是指原属于国家钱粮的亏短和缺额。导致亏空的原因很多，而陋规是其最重要的原因之一。康熙帝曾谕大学士、九卿等："古人未尝无馈遗，即有馈遗，亦不过羔豚等物而已。今人礼物多用金钱，或取库银馈送，以致国帑亏空。"[⑦]一语道破规礼等与亏空的关系。官员为了孝敬上司、迎来送往，就不择手段，或重加火耗，或大行加派，以至侵挪官库钱粮，同时也借机分肥。"逢迎馈送，需索无已，又自奉奢靡，日久侵蚀而亏空随之"。[⑧]当时也有官员对规礼与亏空的关系作了分析，认为"亏

---

① 《康熙朝汉文朱批奏折汇编》第8册，第3046条，《署理江西提督吴郡奏请圣安折》，无年月。

② 王钟翰点校：《清史列传》卷一二《鄂海》，中华书局，1987年，第856页。

③ 《雍正朝汉文朱批奏折汇编》第31册，第368条，《署江苏巡抚尹继善奏呈吴存礼家人王国玺开出馈送借欠等项人名数目折》，无日期。

④ 《清圣祖实录》卷二三八，康熙四十八年五月丁酉。

⑤ 《康熙起居注》第三册，康熙五十六年丁酉十月二十三日癸卯，第2448页。

⑥ 《康熙起居注》第三册，康熙五十六年丁酉正月二十八日癸未，第2352页。

⑦ 《清圣祖实录》卷二四二，康熙四十九年四月丙午。

⑧ 《雍正朝汉文朱批奏折汇编》第4册，第397条，《贵州总兵赵坤奏钦遵上谕整饬苗务情形折》，雍正三年二月二十三日。

空之由未必专乎此，然既不能取给于家财，亦不能悉索于编户，那用钱粮势所必至”[①]，甚切肯綮。

颇具讽刺意味的是，朝廷规定上官对下级有盘库之例，又恰好为上官接受属下馈遗甚至索要馈遗创造了条件。同时馈送规礼的存在又使盘库之例形同虚设。“知府每当盘查，则州县备送下程酒席，馈送银两，名曰过山礼、盘查规礼、出结规礼；程仪之外致送地方所产之物，谓之土仪；以及骡马等类。如送银五百两，则外加十两，曰随封；加二十两，则曰双随。凡跟从家人、书门、皂快莫不各有馈赠，虽多寡轻重不等。而知府一行，州县多费无数，是以盘查本以杜亏空，反因之而生亏空。”[②]上官接受了下属的规礼，便不得不成为其保护伞，这样下属对亏空也无所畏惧，亏空便越积越多。

地方有因规礼等造成的亏空，中央各部院寺等官员也借陋规之名大肆侵蚀中央库银。康熙四十五年，工部尚书王鸿绪密奏户部银库侵蚀之弊：“访闻［户部］历年库上官吏颇有侵盗，兼有外解帑银，或四五千两或万余两，径不收入官库。”“外省解到银两库上平兑不足，行令补解，名曰挂平。大约解一百万两必兑折三四万两。俟补解到日，方发批回，其补解、挂平之银往往亦不入官库。若解官先于库上讲明，每十万出使费四千两，便免其兑折。约计一年解部银将及一千万两，则此项挂平使费便有三四十万两，归于库上，官吏之家上下分肥而已。十年以前尚有为畏惧，近年以来，公行无忌，皆因历来并无盘查交代之例。”[③]官员侵蚀毫无顾忌，所带来的国帑亏空、陋弊丛生。经清查，至康熙六十一年户部共亏空金近500两、银259.2万两、钱9000余串。[④]户部库存银数也从康熙四十八年的高点，猛跌约计2000万两。[⑤]从追令赔补年限上看，是从康熙三十一年开始的，这也恰恰是康熙帝对陋规态度、政策转变的时期。官场上的陋规，无形之中腐蚀官僚队伍，对仕风的恶化推波助澜。败坏的仕风又反过来促成陋规的进一步恶化。自康熙中期开始，仕风日下，官员贪污亏空成风，财政状况亦急转直下。

（二）官员收受陋规形成了一种恶性循环，导致了社会危机加深

顺治朝及康熙朝前期，朝廷实行禁绝火耗政策，官员无论贤廉与否，表面上都在禁绝火耗。这一时期，火耗征收都处于秘密状态，征收亦有限。康熙中期以后，随着康熙帝对陋规态度的变化，陋规及火耗的征收就处于半公开状态。州县官员为了满足自己的各种需求，火耗也就越征越多；然而他们征的越多，上官们的陋规要的便也越多；上官们要的越多，州县官员只好再

---

① 雍正朝汉文朱批奏折汇编》第1册，第652条，《吏部左侍郎黄叔琳奏请澄清吏治廉俭服官折》，用正月二十八日。

② 《雍正朝汉文朱批奏折汇编》第1册，第680条，《刑部右侍郎卢询奏陈营汛弊端折》，雍正元年八月十四日。

③ 《康熙朝汉文朱批奏折汇编》第1册，第215条，《工部尚书王鸿绪奏陈防止冒销钱粮办法并请盘查户库折》，康熙四十五年。

④ 《雍正朝汉文朱批奏折汇编》第2册，第659条，《和硕怡亲王允祥等奏请查三库钱粮请准亏空官员限内赔补折》，雍正二年四月十四日。

⑤ （清）魏源《圣武记·武事余记·兵制兵饷》：“康熙六十一年户部库存八百余万，雍正间渐积至六千余万。”云据阿桂奏疏。后世学者据此提出：“仅以户部库存银为例，康熙四十八年户部库存银超过5000多万两，但到了康熙六十一年，竟然只剩下800多万两。”这一说法是不准确的。据《上谕档》“乾隆四十年二月初九日第二条”载：康熙朝户部库存银数最高的确为康熙四十八年，为43767094两，但仍未超5000万两之数；虽然康熙六十一年数据缺失，然康熙六十年为32622421两，雍正元年为23711920两，分别比四十八年少了1100万、2000万两，考虑到它年的趋视，康熙六十一年户部实存银数应少于康熙六十年、多于雍正元年，合理推断应超过2500万两，可见远超800万两之数。

在火耗上打主意，于是火耗越征越多，陋规越收越多。

在康熙朝前期，各地火耗征收比例不尽相同，但基本都维持在一个较低的水准。如两江地方，“各州县收钱粮银时……视钱粮的多寡，每两取钱一钱至一钱五分不等”①。到了康熙朝后期，火耗征收中加三加四已属平常之事，多的甚至可以加七加八。如江苏地方“于州县钱粮，先是每两派二分五厘，后复派取五分”②；湖北地方“州县于正项之外，有每石私加三四钱至一两不等者”③；陕西地方“前征火耗银，有每两征三四钱，亦有每两征一二钱者；除火耗外，复有摊派之项，合计每两即有四钱余”④；广西地方“布政使收州县钱粮，每两加耗三分”⑤；四川地方有“地丁一两加至四五钱、七八钱者”⑥；山东、河南地方也是“火耗每两加八钱”⑦；而山西平遥县，全县除火耗银加四加五，共派银1.9万两外，又另为戏子派银一万六七千两，合起来等于是加九加十了⑧；湖南地方有加取火耗一向“视别省为独重”，再加上其他“无艺私征”“计每岁科派有较正额赋增至数倍者”⑨。火耗之重，已经到了无以复加的程度。当然，也有人奏报地方征收火耗甚轻者，如康熙五十一年，广西巡抚陈元龙奏报地方火耗，“大概实有加一或有不及加一，有至加一有余者”⑩；康熙六十年，广西巡抚高其倬奏报，“严饬各州县，钱粮二千以外者，火耗只许加一，其钱粮二千以下者……亦令照常规加一二征收”⑪；康熙六十一年，陕西巡抚德音奏报清查全省增耗银两数，“若钱粮多之州县，每两征一钱四五分至六七分，钱粮少之州县，每两征一钱八九分至二钱二三分不等”⑫。其真实性恐怕值得怀疑。

官员征收火耗之无度，造成许多地方民不聊生，百姓流转迁徙。“苛政火耗，民怨沸腾”“有司贪暴，驱民为盗”。于是广大百姓联合起来抗租、抗粮，有的还发展成为农民暴动，杀死官役，举起反清旗帜。据《清圣祖实录》所载，北方的直隶、山东、山西、河南等省和南方的江浙、福建、湖广、云贵等地“盗贼肆行”“聚众抢掠”。河南巡抚李锡、知府李廷臣、知县白澄、张育徽等人贪婪成性、私派滥征，激起民变，均被革职，发遣西宁军营效力。康熙六十年四月，台湾爆发了朱一贵起义，即是肇自驻台官员的贪赃枉法、巧取豪夺、剥民膏脂难以计数，就连

① 《康熙朝满文朱批奏折全译》第440条，《两江总督阿山奏报承审高成爵参劾案情形折》，康熙四十年九月初九日。

② 《康熙朝满文朱批奏折全译》第1520条，《两江总督噶礼奏参于准等克扣银两折》，康熙四十八年十一月初四日。

③ 《康熙朝汉文朱批奏折汇编》第2册，第507条，《湖广巡抚陈诜奏陈楚北地方情形折》，康熙四十八年五月二十八日。

④ 《康熙朝满文朱批奏折全译》第3629条，《陕西巡抚噶什图奏报垫补亏空钱粮折》，康熙六十一年八月初五日。

⑤ 《康熙朝汉文朱批奏折汇编》第7册，第2366条，《广西巡抚陈元龙奏报署总督印务期内事宜等情折》，康熙五十六年三月十九日。

⑥ （清）陈瑸：《陈清端公文集》卷四《条陈三·全川六要”》，乾隆乙酉兼山堂刻本，第2页。

⑦ （清）汪景祺：《读书堂西征随笔》，“西安吏治”，上海书店，1984年，第40页。

⑧ 《康熙朝汉文朱批奏折汇编》第1册，第218条，《工部尚书王鸿绪奏报会审袁桥参噶礼一案情形折》，康熙四十五年。

⑨ 《清圣祖实录》卷二一一，康熙四十二年二月丁亥。

⑩ 《康熙朝汉文朱批奏折汇编》第4册，第1144条，《广西巡抚陈元龙奏报广西地方事宜五款折》，康熙五十一年六月二十八日。

⑪ 《康熙朝汉文朱批奏折汇编》第8册，第2923条，《广西巡抚高其倬奏陈限制通省耗羡分数折》，康熙六十年五月初二日。

⑫ 《康熙朝满文朱批奏折全译》，第3595条，《山西巡抚德音奏为督催各州县偿还亏欠钱粮折》，康熙六十一年二月初八日。

康熙帝也不得不承认，此次起事“或为饥寒所迫，或因不肖官员刻剥”[①]。

康熙帝晚年虽已“洞悉”种种情弊，也曾采取过一些措施来整顿吏治、防止官员的贪暴，但其政治理念崇尚宽仁、无为而治，“生一事不如省一事，只管目前之计，恐后尾大难收，遗累后人，亦非久远可行”这样的理念，他贯穿始终，所以似乎收效有限。[②]许多官员根据地方的情况，对陋规问题提出了一些改革的措施。其中康熙六十年川陕总督年羹尧奏报陕西亏空情由，提出了“耗羡弥补亏空”之法，其理念与其后雍正帝所采用的“耗羡归公”之法颇为相近，似可视为清代耗羡归公之缘起。对此康熙帝仅批一“妥”字[③]，允许其按奏行事。虽然其火耗弥补亏空的范围仅限年羹尧辖下亏空官员，且由道府监收，但此法如能推广开来，不难冀收奇效。但第二年陕西巡抚噶什图与川陕总督年羹尧及布政使等商议后，奏请用通省火耗弥补亏空，这不过是年羹尧前奏的扩大推行版，然康熙帝大为光火，“尔等二巡抚昏聩受骗，布政使胆大，理应斩之”[④]。其后更是就此事多次公开晓谕诸臣，耗羡归公便也消弭于萌芽之时。或许在康熙帝内心，始终不愿担上加赋的骂名。

雍正帝即位以后，眼见中央地方库帑亏空严重，王朝内部弊端丛生，社会矛盾加剧，为了“措天下于泰山之安，理大清于磐石之固，造无穷之福以遗子孙”，在政治上、经济上开始针对陋规进行了一系列改革，其主要内容就是耗羡归公与养廉银制度，取得了积极的效果。吏治得以澄清，仕风焕然一新，贪污纳贿案件急剧减少。改善了国家的财政状况，充盈了国库，为国家财政的良性运行提供了坚实的基础。而民生方面，陋规改革后，耗羡归公，降低了火耗的征收比例，使得百姓缴耗有常，一改过去征收无度、滥行加耗的状况，“既不取捐于官，又不派及于民，数年以来民间竟不知有加派一款，上下各足，彼此相安”[⑤]。鉴此，后世有学者认为：康熙帝优柔寡断，惧于加赋的恶名，虽赢得了圣贤君主的美誉，但胆识、魄力反不如雍正帝。[⑥]但需要注意的是：“所有行为分析必须放到特定的情境中进行，也就是说，必须按照任何行为在具体社会和政治条件中实际显示的情形来思考分析这些行为。”[⑦]康雍二帝所处的历史情境并不相同，其统治理念亦有所差别，虽然从后世角度来看，雍正帝的陋规改革“破除千百年牢固之积习”，于吏治、国计民生皆有积极意义，但仅以此节作为评价一朝功过之准的，恐亦不免陷入偏颇之迷境。

（作者单位：中国第一历史档案馆）

---

① 《清圣祖实录》卷二九三，康熙六十一年六月癸巳。

② 《康熙朝汉文朱批奏折汇编》第1册，第84条，《江宁织造曹寅奏报禁革浮费折》，康熙四十三年十月十三日。

③ 《康熙朝汉文朱批奏折汇编》第8册，第2946条，《川陕总督年羹尧奏报陕西亏空情由折》，康熙六十年八月初一日。

④ 《康熙朝满文朱批奏折全译》第3629条，《陕西巡抚噶什图奏报垫补亏空钱粮折》，康熙六十一年八月初五日。

⑤ 中国第一历史档案馆编：《雍正朝汉文朱批奏折汇编》第12册，第771条，《河东总督田文镜奏覆圣训事宜并缴朱批五件折》，雍正六年七月十一日。

⑥ 董建中：《雍正陋规改革研究》，中国人民大学博士学位论文，1999年。

⑦ 瞿同祖著：《清代地方政府》，法律出版社，2003年，第2页。

雍正帝的用人之道

李国荣

内容提要：雍正帝以务实精神治天下，针对官场上虚诈、迎合、粉饰、浮夸等种种腐败顽疾，在选官用人上力倡重实行、看实绩，形成了独特的用人风格。他正是以这种求真务实的精神督率百官治国安邦，才在一定程度上革除了康熙末期遗留下的虚诈不实的官场积弊，并为乾隆初期的发展奠定了良好的社会基础，从而挽救和振作了中国历史上辉煌的康雍乾盛世。

关键词：雍正帝　选官用人　务实精神

雍正帝以务实精神治天下，针对官场上虚诈、迎合、粉饰、浮夸等种种腐败顽疾，在选官用人上力倡重实行、看实绩，形成了独特的用人风格。本文根据清代档案和有关文献，试对雍正帝的用人之道略作探研。

一　“只务实行，不在章奏”

清代官场上流行着这样一个术语，叫名实兼收。对此，雍正帝作了入木三分的阐释：“所谓名者，官爵也；所谓实者，货财也。”“今之居官者，钓誉以为名，肥家以为实，而云名实兼收。”[①]这种官僚“居之似忠信，行之似廉洁”，善于钻营，巧于仕宦，既捞到了实惠，又博得了美名；相反，“朴实无华，敦尚实治”的官员，却备受压抑和排挤。面对这种吏治败坏的状况，雍正帝针锋相对地提出新的名实观，这就是以“民歌舆颂”为名，以“奉公尽职”为实，谕示百官：“若外沽美名，别立名色，暗中巧取，断乎不可。”[②]（图 1）

雍正帝警告内外臣工：“沽名邀誉，乃居官之大患。”[③]为铲除官僚队伍虚诈不实之顽疾，雍正帝奋力整顿吏治。雍正元年，刚刚即位不久的雍正帝就颁发谕旨，严厉斥责朝中九卿大员官僚习气严重，身居高位却饱食终日，无所用心，每当坐班议事，或是“彼此推诿，不发一言”，或是“群相附和，以图塞责”。[④]雍正帝谕斥，似此理政，何益之有？为彻底改变这种观望附和的劣习，雍正帝将议事王大臣分为三班，遇事分头酌议，各拟意见，使朝臣必有所言，不得不言，失去附和机会。雍正帝还颁谕各省封疆大吏：“屏弃虚文，敦尚实政”[⑤]。告诫百官：“惟

---

① （清）蒋良骐：《东华录》雍正朝卷一，雍正元年正月辛巳，中华书局，1980 年。

② 中国第一历史档案馆编：《雍正朝汉文朱批奏折汇编》第 6 册，江苏古籍出版社，1989 年，第 279 页。

③ 《清世宗实录》卷九四，雍正八年五月壬辰。

④ 《东华录》雍正朝卷一，雍正元年九月戊戌。

⑤ 《清世宗实录》卷一五一，雍正十三年正月壬辰。

图 1 雍正帝读书像

图 2 鄂尔泰像

以实心行实政，重公忘私，将国事如身事办理。”[①] 反复训导臣工“做实在好官”[②]。

对臣工奏折中的粉饰浮夸和套话空文，雍正帝毫不客气地予以痛斥。当时官场陋习，各省文武官员凡初到任，必极言地方情形如何废弛，稍过数月，则必奏风习已如何整顿，以示政绩。对这类奏报，雍正帝尖锐指出：“只可信一半。”[③] 雍正三年八月，福建学政黄之隽具折谢恩，赞颂谕旨周详圣明。雍正帝朱批训斥：“凡百只务实行，不在文字语言。颂圣具文，朕实厌览。此数奏甚觉浮泛不实！”[④] 借用好年景称颂皇上圣德，是乖巧臣工的又一迎合花样。雍正十年四月，署陕西巡抚马尔泰奏报说，仰赖皇上洪福，今春风调雨顺。雍正帝批道：“仰赖洪福，类斯套话甚属无味。朕再三戒之，已是舌敝唇干，难道你没长耳目吗？”[⑤] 雍正帝告诫群臣：“凡事务实为要，粉饰、迎合、颂赞、套文陋习，万不可法。”[⑥] 那些想通过阿谀奉承博取雍正帝欢心的臣工，结果往往是受到呵斥。

雍正帝还为文武百官树立起“公忠诚勤，实心任事”的楷模。他所赏识的几位重臣，如田文镜、鄂尔泰、李卫等，都是以直言不讳、据实办事而得到特殊信任和格外擢用的。田文镜本是一个官位不高的内阁侍读学士，他引起雍正帝重视，是在雍正元年祭告华山回京复命时，将山西通

① 前揭《雍正朝汉文朱批奏折汇编》第 6 册，第 391 页。

② 前揭《雍正朝汉文朱批奏折汇编》第 8 册，第 168 页。

③ 台北故宫博物院编：《宫中档雍正朝奏折》第 18 辑，1977 年，第 474 页。

④ 前揭《雍正朝汉文朱批奏折汇编》第 5 册，第 874 页。

⑤ 前揭《宫中档雍正朝奏折》第 19 辑，第 625 页。

⑥ 前揭《雍正朝汉文朱批奏折汇编》第 7 册，第 585 页。

省荒欠情形如实激切敷陈。雍正帝认为，该员“直言无隐”“若非忠国爱民之人，何能如此？”[①] 遂加重用，将田文镜调任山西布政使。田文镜受宠而不迎合，凡事直言，更被雍正帝赏识，几年时间里官职累迁。云贵总督鄂尔泰，也是以“不计一身利害，大公忘我，致身于国”而得到雍正帝重用。（图2）雍正八年正月，湖南巡抚赵弘恩与路经长沙的鄂尔泰面谈如何居官理政，事后向雍正帝奏报说要效法鄂尔泰。雍正帝训导说，要学鄂尔泰，当知其根本，即“忠公二字”“以种种名利是非心居官为人，而欲效法鄂尔泰万万不能”[②]。深得雍正帝信任的浙江总督李卫，以严猛著称，他不苟同于官场积习，不徇私情，得罪不少权贵。这些人接连告状，雍正帝却说：李卫“粗率狂纵，人所共知”，但他却是“刚正之人”“朕取其操守廉洁，勇于任事，以挽回瞻顾因循视国政为膜外之颓风耳。”（图3）从这些被赏识的重臣身上，可以看到雍正帝着力提倡务实的良苦用心。

雍正帝考察百官重的是行，而不是言。他所关注的是文武大员们是否实实在在地干事，而不在于奏报是否勤，说的是否动听悦耳，用雍正帝自己的话说就是：“说得一丈，不如行得一尺。”[③]“只务实行，不在章奏。”[④] 内外官员一年应该具呈几次奏折，雍正帝的原则是，有事则奏，无事则免。他在给宁夏道鄂昌的一条朱批中明确谕示：“实有可奏之事，便一月两三次奏闻何妨；如无可奏处，便数年不奏亦不罪汝也。”[⑤] 葛森为雍正帝藩邸旧臣，任贵州布政使时，就因奏折过多而受到雍正帝责难：“路途远，若无应奏事件，何必塞责，徒劳往返。”若把不时呈报密折作为“挟制上司、恐吓属员之举，尤其不可”，这不过是“倚仗小才技弄聪明，非长策也”。[⑥] 雍正帝不仅要求百官减免不必要的折奏，对陛见面奏控制得也很严。雍正三年十月，署贵州巡抚石礼哈奏请陛见以聆听训旨。雍正帝批示：“道路甚远，不必无益之往来。”“若能实力遵行，胜来陛见十次也。”[⑦] 雍正帝对臣工强调的是，不要把心思放在勤作密报和进京陛见上，重要的是不欺不隐，实心办事。

雍正帝反复告诫内外百官，地方实情上达，是朝廷制定治国安邦行政措施的重要依据，故此“一切奏陈，务宜据实无隐，不可丝毫虚饰”。[⑧] 关于这点，雍正帝曾对湖南巡抚王国栋说：“朕之神仙伎俩，不过据汝等所奏，评公办理。”[⑨] 在广西巡抚郭鉷的一件奏折上，雍正帝谆谆告诫：“凡所奏地方事宜，务一字不欺不隐为要，一些粉饰含糊不得。”[⑩]

封建官场报喜容易报忧难，雍正帝要了解天下真实情况，对报喜亦报忧、敢讲逆耳忠言者多加褒奖。自雍正元年开始，翰林院检讨孙嘉淦屡上条陈，直言君过时弊，甚至弹劾皇亲。雍正帝对孙嘉淦不但不怪责，反而公开褒扬“服其胆”，谕示九卿“当以为法”。[⑪] 川陕总督岳

① 前揭《雍正朝汉文朱批奏折汇编》第18册，第462页。
② 前揭《雍正朝汉文朱批奏折汇编》第17册，第867页。
③ （清）鄂尔泰、张廷玉纂辑：《朱批谕旨》雍正二年二月二十二日石文焯奏折朱批。
④ 前揭《雍正朝汉文朱批奏折汇编》第4册，第74页。
⑤ 前揭《雍正朝汉文朱批奏折汇编》第15册，第583页。
⑥ 前揭《雍正朝汉文朱批奏折汇编》第20册，第654页。
⑦ 前揭《雍正朝汉文朱批奏折汇编》第6册，第300页。
⑧ 前揭《宫中档雍正朝奏折》第10辑，第533页。
⑨ 前揭《宫中档雍正朝奏折》第25辑，第871页。
⑩ 前揭《宫中档雍正朝奏折》第11辑，第747页。
⑪ （清）钱仪吉：《碑传集·孙文定公家传》，中华书局，2008年。

图 3 李卫像

图 4 岳钟琪像

钟琪也因为报忧而多次受到雍正帝夸奖。雍正三年五月，岳钟琪将他自西宁起程前往平凉沿途地方少雨干旱情形据实上奏，雍正帝朱批："凡地方事情，皆如此据实不加丝毫隐饰方合朕意。朕所望内外大臣者，即此一真字耳。"[①] 贪官污吏敛财的惯用手法是摊派克扣，岳钟琪将川陕两省乱摊乱派的名目开单汇总，共有三十余项，如实奏报朝廷。雍正帝夸赞岳钟琪毫不护短，御笔批示"此奏甚属公诚"。（图 4）

二 "不可迎合强作"

雍正帝认为，迎合与应付是官场上的顽疾。他颁谕指出，朝野上下流行的八面讨好、圆滑世故的官僚习气最为可恶，这种劣习实为"国家之大蠹，妨政败俗莫此为甚"。同时，斥责一些官衙大吏碌碌无为，对于奉旨事件只是敷衍，常常是"行一文书，出一告示，徒托空文，竟不见诸实事"。[②] 雍正七年，有御史李元直具呈一道奏折，痛陈廷臣一味苟且迎合："窃谓诸臣有牢不可破之陋习，曰迎合，曰畏葸。皇上以为可，无一人敢言其不可也；皇上以为不可，无一人敢言其可也。""是非得失，置之不论；功名富贵，苟且自全。以此任事，于国何补？"并进而直言，此种陋习"六部莫不然也"。雍正帝赞赏李元直直言无隐，认为他言中了朝臣不

① 前揭《雍正朝汉文朱批奏折汇编》第 4 册，第 914 页。

② 《东华录》雍正朝卷一，雍正元年十一月丁酉。

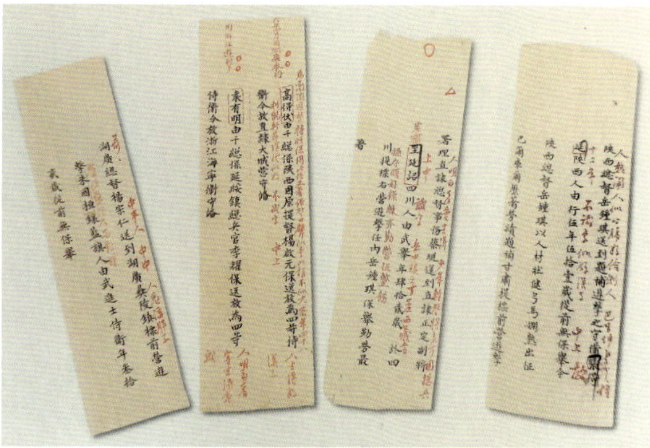

图 5 雍正朝官员履历片

图 6 《皇清职贡图》之“建昌土人”

实心任事的要害，召入内廷面谈，勉励他“嗣后仍尽言毋惧”。[1]（图 5）

雍正帝强调，处理政务一定要“因地制宜，化裁取当”[2]，为此要因时因事灵活用谕，而不可生搬硬套。登基后的第一年，雍正帝就颁谕说：朕一人所思固难周密，况天下各地情形不一，所发旨令如有与本地不够允协处，当自加损益，只要把实情入告便可。雍正初年，曾就兴办社仓、严查盗案、裁减官员往来供应三事向各省督抚遍发上谕。云南巡抚杨名时接谕后表示，定当秉遵料理。雍正帝嘱咐他不要牵强套搬：“朕虽如此谕，全在尔等封疆大吏度量土俗民情，相机徐徐而为之。有不可行无益处，即当据实明陈，不可迎合强作，亦不可阳奉阴违，令天下后世谈笑。凡事只务实为要。”[3] 雍正帝就此事又对湖广总督杨宗仁说：“各省风俗民情不一，如何一样行得来，总在尔等实心任事，相机而行。”[4]

雍正帝甚至要求内外大吏，不要因朝廷旨令而影响了自己的主见。他曾对湖北巡抚马会伯谈到：“朕凡所谕，皆因人因事，权宜而发，有合于彼而不合于此，有可行于此而不可行于彼者。”不能“随朕一时谕他人之谕，来惑自己主见”。进而指出，只有秉公报国，才会有“根本主见”[5]。对有些官员的专项请旨，雍正帝往往是谕以一般原则，具体该如何办理，则让官员们视地方情形权宜行事。四川提督黄廷桂进剿苗疆，请皇上“指示方略”。雍正帝朱批回复：“不可行小惠，当务大仁；不可用小术，当务大智。此用兵之根本。”接着谈到：“至于地方情形，进取机宜，挽运之筹划，将弁之调遣，皆在汝就近相机料理，朕不训谕也。”[6]（图 6）

值得一提的是，雍正帝对自己难以决断之事往往坦率承认，而不轻下结论草率颁谕，最终让熟悉情况的地方官员商酌处理。雍正四年，四川布政使佛喜奏请奖赏民人开垦田地。雍正帝

① （清）钱仪吉、缪荃孙、闵尔昌、汪兆镛编：《清代碑传合集》第 1 册，江苏广陵书社，2016 年。

② 前揭《宫中档雍正朝奏折》第 19 辑，第 556 页。

③ 前揭《雍正朝汉文朱批奏折汇编》第 2 册，第 568 页。

④ 前揭《雍正朝汉文朱批奏折汇编》第 2 册，第 712 页。

⑤ 前揭《宫中档雍正朝奏折》第 10 辑，第 702 页。

⑥ 前揭《宫中档雍正朝奏折》第 10 辑，第 702 页。

批复："朕实不达外吏之事，不便谕应与否也。"[①] 雍正六年，贵州提督杨天纵密陈黔省田赋情弊。雍正帝把这一奏折发给云贵总督鄂尔泰，命他与巡抚沈廷正会商料理，并说："朕原无定见也，卿斟酌次第为之。"[②]

雍正帝认为，凡事不考虑本地实际情况，只知遵旨而行并非良吏，实为庸才，而且这种官员往往是私心作怪。一次，湖南巡抚王国栋为驿站夫役应否裁减之事具折请旨，雍正帝这样批复："你不能定之事，朕在数千里之外，从未经外任之身，如何定其是否也？""若如此疑惑请旨，将来办理若有不妥协处，岂可以'曾请旨'三字卸过耳？"雍正帝毫不留情地指出，王国栋如此办事，实乃"视一身利害之念重，为国家办事之心轻矣！"[③] 雍正七年，朝廷曾颁旨令，各省每银一两，只许换大制钱一千文。云贵总督鄂尔泰认为，云南产铜铅有鼓铸，与他省不同，故以往每两银换大制钱一千四五百文应是适宜，遂决定一仍如旧，并上奏说："如此因地制宜，似为妥协。"云南巡抚沈廷正把鄂尔泰没有遵旨而行之事密报，雍正帝阅后批道："朕所谕者，直省通盘大局，而其间斟酌损益，又在汝等因地方情形料理。若遇你这般庸才，自然但以遵旨拗直作曲。"指出鄂尔泰较"汝等庸才迎合之道迥异"，斥责沈廷正惟"以一'是'字迎合"。沈廷正受到训斥立即回奏，自责愚蒙迟钝。雍正帝尖锐地指出："非迟钝，皆私心蒙蔽聪明耳。"并进而言之："鄂尔泰是为国家做官，如沈廷正乃为沈廷正做官，所以有霄壤之别也。"[④] 在雍正帝那里，因地制宜秉公直言者会得到赏识，生搬硬套极力迎合者则遭到斥责，他把尊重实际比一味迎上看得更重。

三 "去庸人而用才干"

雍正帝认为，为官者不干事或干不了事，不能治世安民，像个木偶摆设，这本身就是失职。雍正帝曾把守国法、无过错的官员分为两类，一种是听话顺从但平庸无为之辈，另一种是有才干胆识但往往难以驾驭。在两者之间，雍正帝的态度十分明确："去庸人而用才干。"

雍正帝曾说："庸碌安分、洁己沽名之人，驾驭虽然省力，恐误事。"湖南巡抚王国栋为官十几载，心有余而力不足，虽然"清、慎、勤"均可，但才识平平，殊不胜任，于是被雍正帝调换。直隶巡抚李维钧考察吴桥知县常三乐，其人为官清廉，无劣迹可言，但懦弱不振，请改任不理民事的教职，吏部以常三乐并无废弛实迹不予批准，奏请皇帝定夺。雍正帝毫不含糊地指出，常三乐居官软弱，实属溺职，应当参革。雍正七年，山东曹县知县王锡玠到任已有一年，虽无枉法之事，但他所承审的20余起命盗案件竟无一审结，亦未缉获一名人犯。雍正帝得报，以"玩愒废弛"失职之罪将王锡玠革职，并谕令严拿监禁，何时由接任官员将这些案件全部审结，何时再将王锡玠释放。这样，王锡玠竟因渎职坐了五年大牢。

雍正帝清除庸官毫不手软，而对有才干的人却是备加爱惜。他常对文武大员讲："凡有材

① 前揭《宫中档雍正朝奏折》第6辑，第442页。

② 前揭《宫中档雍正朝奏折》第10辑，第891页。

③ 前揭《宫中档雍正朝奏折》第25辑，第847页。

④ 前揭《雍正朝汉文朱批奏折汇编》第18册，第230页。

具之员，必有自信处。”故而“位居下僚敢与人不和”[①]。对这种不苟且附和的刚直之员，“当惜之、教之”，不可因见解不同就弃置不用，甚至加以摧残。为选拔真实人才起见，雍正帝大批裁减庸懦冗员，起用新人。针对保守势力的新人经验不足论，雍正帝屡屡作此比喻：“未有先学养子而后嫁者。”意为经验不足可在实践中学习，坚决主张擢用新进。至于某些官员以“尚未全面看透”而不愿举荐新人，雍正帝斥责说：“必待全面看透方保，则世间无堪举荐之人！”[②]雍正一朝，不少年轻有为的微员常常骤升大僚。如李卫三年之内，由云南驿盐道升任浙江总督，石礼哈由贵州威宁总兵直接出任广州将军，当时他们年龄都在40岁左右。与此相对照，对那些年迈无能的官员，雍正帝则通过勒退、休致等各种方式不时清退，由此保持了官员队伍的干练和行政的高效。

雍正帝常常谈到，人无完人，不可求全责备。雍正十年二月，署云贵广西总督高其倬上折谈到，云南昭通总兵徐成正尚属有才，办事亦颇勤慎，只是素来心胸狭隘，现正严切申饬。就此，雍正帝批复说：“徐成正人甚明晰，亦复干练，武员中之难得者。其性情狭隘，自是骄纵处，设或有之。然全材甚难，但为公为私，则些小过错，俱可训勉开导，去其短而引其长。”[③]雍正十年闰五月，湖南巡抚赵弘恩奏参辰永道王柔在地方料理苗疆事务多有不妥。雍正帝阅后批示：“王柔识见浅急，秉性刚直。然其勇敢效力，操守系难得之员，当宽容，训其不逮，惜其所长，用之可也，不必吹毛求疵。”[④]

雍正帝强调，对内外百官不能有成见，要用发展的眼光看人用人。他在给广东总督阿克敦的一纸朱批中说：“朕总就事论事，就人言人，实不预为成见。不及者，若肯奋勉改过，即是矣；去得的，若放肆自恃，则不是矣。”[⑤]雍正二年三月，在河道总督齐苏勒的一件谢恩折上，雍正帝批道：“你的声名近来不太好，但一切议论朕皆置之不闻。你若有，慎之；若无，则加勉。”齐苏勒接到朱批，立即表示要镂骨铭心，刻刻敬凛。雍正帝又勉励他：“人非圣贤，孰能无过。过而能改则无过矣。”[⑥]雍正二年五月，在河南布政使田文镜奏报举荐失当自请议处的折子上，雍正帝朱批：“倘错言人好，而不袒护，则算不得错……过而不改方为过也。”[⑦]雍正五年十月，江西巡抚布兰泰具折认错，就冒昧动支恩赏地方银两之事，保证一年内还清。雍正帝看到布兰泰诚恳改错，朱笔批示：“若知愧深悔，为终身戒，则极好之事。”[⑧]从“过而能改则无过”，到“过而不改方为过”，再到知愧改过“则极好”，雍正帝是给官员容错改错机会的。

雍正帝主张，任用官员须注重操守才识与实际需要，而不能循规蹈矩，“万不可拘泥一法一策也”。清朝部院大臣，原有出身满汉的区别，满员地位高于汉员。雍正帝却不拘这一成例，谕命将兼管吏户二部事务的汉人大学士张廷玉的班位，排在另一兼管部务的满人公爵傅尔丹之上。雍正四年，陕西三边地方营伍出缺，在该省一时没有合适人选。川陕总督岳钟琪上奏说，

① 《朱批谕旨》，雍正四年杨文乾奏折朱批。

② 《朱批谕旨》，雍正四年杨文乾奏折朱批。

③ 前揭《雍正朝汉文朱批奏折汇编》第21册，第912页。

④ 前揭《雍正朝汉文朱批奏折汇编》第22册，第439页。

⑤ 前揭《雍正朝汉文朱批奏折汇编》第10册，第614页。

⑥ 前揭《雍正朝汉文朱批奏折汇编》第2册，第977页。

⑦ 前揭《雍正朝汉文朱批奏折汇编》第3册，第48页。

⑧ 前揭《雍正朝汉文朱批奏折汇编》第10册，第825页。

四川员弁中多有屡经战阵堪任要职者，但按定制不能隔省调补，故不敢越例题请。雍正帝朱批“不必拘例”，并说“部议不准，朕可特旨允行”。[①]

在委官用人上，雍正帝力主因才致用、人地相宜。雍正帝认为，政有缓急难易，人有强柔短长，用违其才，虽能者亦难以奏效，虽贤者或致误公；用当其可，即中常之人，亦可以有为；因才用人，则为官者各施所长，政无废事。雍正二年，河南布政使田文镜上折，豫省各州县繁简不齐，多有才具平常之人任大县繁重之职，而才识颇优之员却委于偏僻小邑，不能才尽其用，请准酌情调整。（图 7）雍正帝阅后深以为然，谕准相机调换，务求“随才器使，各适其用”。雍正六年，四川建昌一带剿抚悉定，番民尽附版图，清政府决定在此新设宁远府，以加强管理，雍正帝拟以王绍文任宁远知府。川陕总督岳钟琪得讯奏报，宁远知府系新设之缺，驾驭抚绥职守甚重，膺此任者必须熟谙番情方可，而王绍文从未历任边疆，对苗民风情素无所知，且其性情刚直，于宁远知府一缺似不相宜。岳钟琪接着谈到，经查叙永同知杜士秀久任边陲，谙练番情，老成持重，为人地相宜计，请以杜士秀补授宁远知府，将王绍文于内地知府另行补用。雍正帝接此奏请，立即批复：“如此方是，人才原贵相宜，若用违其地，乃舍长就短也，岂不可惜。”可见雍正帝注重实际的用人风格。

“为治之道在于务实，不尚虚名”[②]。雍正帝在选官用人上的务实举措尽管有某些局限性，但这在虚诈成习的封建官场确有其闪耀火花的可贵之处。正是雍正帝以这种求真务实的精神督率百官治国安邦，才在一定程度上革除了康熙末期遗留下的虚诈不实的官场积弊，并为乾隆初期的发展奠定了良好的社会基础，从而挽救和振作了中国历史上辉煌的康雍乾盛世。雍正帝的用人之道给我们留下诸多启示与思考。

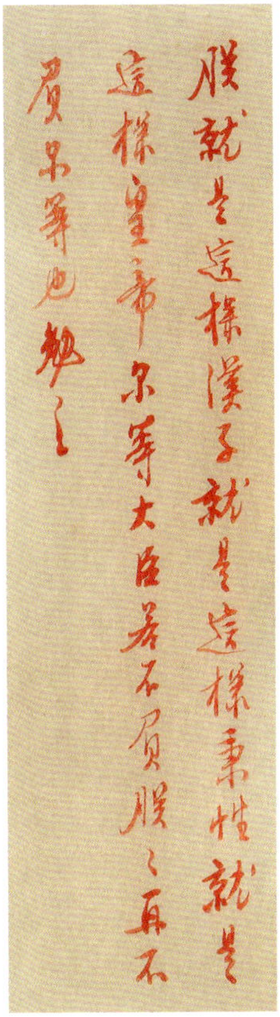

图 7　雍正帝在田文镜奏折上的朱批

（作者单位：中国第一历史档案馆）

① 前揭《雍正朝汉文朱批奏折汇编》第 8 册，第 426 页。

② 前揭《雍正朝汉文朱批奏折汇编》第 4 册，第 159 页。

实同形异：明代的题奏稿、题奏本与科抄

段晋媛

内容提要：明代的题奏稿、题奏本、科抄是在行政运行的不同阶段产生的不同公文类型，因三者内容几乎完全相同，最易混淆，故而放在一起讨论。题奏稿是在部门内部讨论确定一件政事的请示事项或者报告内容的过程中起草的题奏本的草稿，有拟稿吏、署名官、佥批官各负其责，行文采取“装叙”结构，经修改审定而成；题奏本是上呈皇帝御览的正式公文，在行文格式、版式和纸张使用等方面有严格的规定，且随着题本使用范围的扩大形成了公事用题本、私事用奏本的“公题私奏”格局；科抄是六科抄发奉旨公文给各部门的过程中产生的公文，其核心内容在于皇帝圣旨，由既是皇帝近侍又有监察职能的六科抄发，确保了政令统一，杜绝了圣旨被篡改，提高了行政执行效率，且使之成为各部门遵照执行的命令，也成为六科督查的依据。

关键词：明代　公文　题奏稿　题奏本　科抄

有明一代，在公文运作的过程中，百官章奏经历了从下至上，又从上发下的过程，虽然是同一件政事内容，但在公文运行，即政务提出、决策、办理的不同环节形成了呈文、题奏稿、题奏本、红本、科抄、行稿、平咨、札付、手本等不同类型的公文。随着文种的变化，公文的格式和公文中的核心内容，亦发生了从题奏稿、题奏本中的诉求，到红本、科抄中的圣旨，再到平咨、札付、手本中的办理意见的转移。而这些公文，不论在当时还是现在，都统称为“疏牍”“章奏”，混称混用，其中又以题奏稿、题奏本、科抄三者最易混淆。既有研究对明代公文的文种、格式、文风以及运作，乃至文牍之弊都有较多关注[①]，但对题奏稿、题奏本、科抄这三类公文，还缺乏深入的研究。本文拟以现存明代公文档案为主要研究对象，对这三类公文进行全方位的研究，以期获得更准确的认识。

一　题奏稿

题奏稿，顾名思义，是中枢部门缮写正式公文题奏本之前的草稿。政务运行过程中，题奏本作为正式公文通进，不再返回上疏部门，该部门从内廷接出的仅是六科所抄皇帝旨意，因此

① 参见赵彦昌：《论明清题本的格式》，《兰台世界》2010 年第 24 期；《题本制度考》，《档案学研究》2010 年第 4 期。陈龙：《经国序民：多维视域中的明代公文观》，社会科学文献出版，2022 年；《明代公文变革论》，南京师范大学博士学位论文，2007 年。禚荣原：《明代奏议研究》，长沙理工大学硕士学位论文，2008 年。肖虹：《明代公文理论研究》，南京师范大学博士学位论文，2017 年。颜丙震：《明代文牍之弊积重过程探析》，《齐齐哈尔大学学报（哲学社会科学版）》2013 年第 6 期。

题奏稿便成为该部门存档备查的唯一详细底本。如正德十年兵部尚书王琼确定武官安钦与袭何职，即是在参照《明会典》及“查各项题稿事例相同”后确定的。[①]其他如《度支奏议》《筹辽硕画》中也有通过查阅题稿档案来提出政务办理意见的记载，“查臣部远年题稿……”[②]“据先年题稿查得……”[③]等等。

现今所存题奏稿除作为历史档案收藏于中国第一历史档案馆、辽宁省档案馆等机构，后影印收录在《中国明朝档案总汇》中外，还有明人文集、奏议集中的编辑收录，以及近代以来台北“中研院”历史语言研究所《明清史料》等对档案原件的重录整理等。但题奏稿既经整理抄录，已非原貌，甚至与题奏本别无二致。如《明经世文编》中所收杨博《杨襄毅公职方题稿》[④]，嘉靖朝《吏部考功司题稿》所收嘉靖二十年十一月至二十二年五月间吏部考功清吏司所拟题稿[⑤]等，虽名为“题稿”，但在整理时删掉了题稿原有标志性语句，已与题本无异。还有些奏议集虽名为“题稿”“奏稿”，但章奏末尾已附有所奉圣旨，如《吏部考功司题稿》中的部分疏稿，夏言《南宫奏稿》所收其在嘉靖朝任礼部尚书时所上疏稿[⑥]，高拱《掌铨题稿》所辑其兼掌吏部事两年间所上疏稿[⑦]，赵志皋《内阁奏题稿》所收其在内阁时所上疏稿[⑧]，顾九思《掖垣题稿》所收其任户、礼、兵三科给事中时所上疏稿[⑨]，以及今中国国家图书馆藏收录明成化至弘治朝兵部部分疏稿的《题稿》[⑩]，收录嘉靖二十一年一件户部疏稿的《户部题稿》[⑪]，收录的嘉靖八年至十七年户部尚书梁材、李廷相等疏稿的《户部题稿》[⑫]等。这些所谓“题稿”“奏稿”确实是在题奏稿基础上整理辑录，但有些与题奏本无差，有些已是“题奏稿＋所奉圣旨”的形式，难以反映题奏稿书写的原貌。

题奏稿因是题奏本的拟稿，行文格式与题奏本一致，大致为：

> 某衙门某官臣姓某等谨
> 题／奏为某事。备事由云云。谨题请
> 旨（伏候敕旨，谨奏）／谨具题知。

---

① （明）王琼：《晋溪本兵敷奏》卷一四《为陈情乞恩分豁减革军功以图补报事》，《四库全书存目丛书》史部第69册，齐鲁书社，1996年，第415页。

② （明）毕自严：《度支奏议·堂稿》卷三《奉旨清查边饷增减缘由疏》，《续修四库全书》第483册，上海古籍出版社，2002年，第95页。

③ （明）程开祜：《筹辽硕画》卷四〇，《丛书集成续编》第243册，台北新文丰出版公司，1989年，第537页。

④ （明）陈子龙：《明经世文编》卷二七四《杨襄毅公职方题稿》，中华书局，1962年，第2888—2896页。

⑤ 《吏部考功司题稿》已经三次影印出版，分别是王春瑜主编：《中国稀见史料》第1辑第1—3册，厦门大学出版社，2007年；中华书局编：《明抄本奏议十种》第2—5册，中华书局，2013年；中国国家图书馆编：《原国立北平图书馆甲库善本丛书》第229册，国家图书馆出版社，2013年。

⑥ （明）夏言：《南宫奏稿》，《景印文渊阁四库全书》第429册，台湾商务印书馆股份有限公司，2008年。

⑦ （明）高拱：《高文襄公集》卷八至二一《掌铨题稿》，《四库全书存目丛书》集部第108册，齐鲁书社，1996年。

⑧ （明）赵志皋：《内阁奏题稿》，《四库全书存目丛书》史部第63册。

⑨ （明）顾九思：《掖垣题稿》，《四库全书存目丛书》史部第64册。

⑩ （明）佚名：《（兵部）题稿》，明抄本。

⑪ （明）佚名：《户部题稿》，明抄本。

⑫ （明）梁材、李廷相等：《户部题稿》，明抄本。

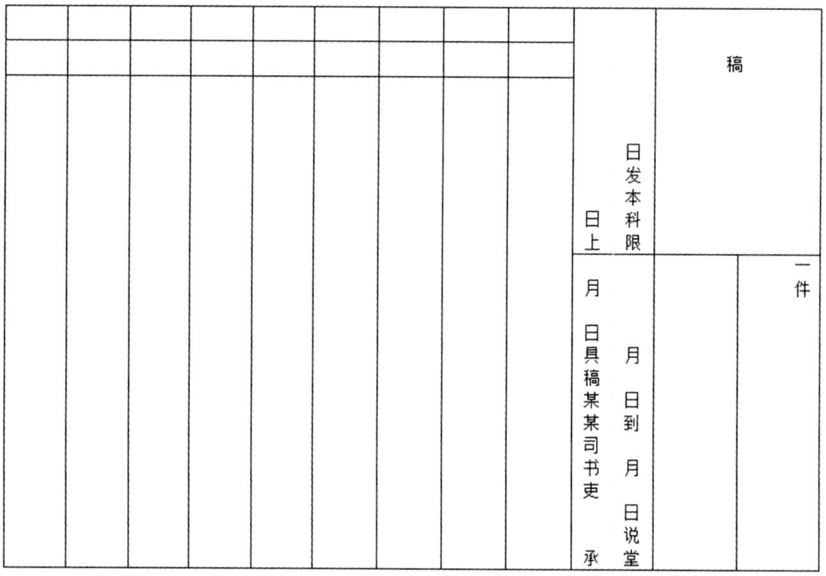

图 1　兵部题稿印刷纸样

某某（年号）某年某月某日某衙门某官臣姓某。[①]

《中国明朝档案总汇》中影印收录了相当数量的兵部题奏稿和少量礼部题奏稿，集中于天启、崇祯两朝，虽然难以从横向的不同部门、纵向的不同时期来观察题奏稿的发展变化，但亦可通过对比题奏稿类档案，对此类公文拟稿本身的书写形制概貌有所了解。

以兵部题奏稿为例，从现存题奏稿来看，兵部题奏稿应是事先印刷一批专门用来拟写题奏稿的纸张，有固定的印刷格式。（图 1）

从图中可以看出，题奏稿分为前后两部分。前部分类似于现今正式公文签发前的“签批单”，右上方写明该公文文种是“题”稿还是“奏”稿，并由堂上官在“稿”字之下批写“题”或“奏”字，左上方写明正式上题奏本的时间。右下方“一件”处标写题奏本“为某事”，左下方写明该件政务何时到达拟稿该司，何时写呈文呈堂，又何时草拟该题稿或奏稿，由某司书吏谁人承写。后部分即是题奏稿的主要内容，亦即之后的正式题奏本的内容。实际拟稿中，还有以下几个问题值得探究。

一是拟稿吏。题奏稿因是呈递到御前的公文草稿，需在拟稿时注明草拟书吏姓名，以负文责。按照《明会典》规定，中枢各部门以“政务繁简”确定吏员额数，如兵部有都吏 4 名、令史 23 名、典吏 120 名，吏部有都吏 4 名、令史 6 名、典史 33 名，且“例于农民、身家无过、年三十以下能书者选用”[②]。从万历三十四年吏部左侍郎杨时乔的追溯中可知，最初“凡章疏皆其自书写，以当该名之”，即谁书写、谁署名、谁负责。其后，“上疏、写疏、报堂、书写等类，以杂办

① 参见（明）申时行等纂：《（万历）明会典》卷七六《礼部·奏启题本格式》，《续修四库全书》第 790 册，上海古籍出版社，2002 年，第 381—382 页。另见《中国明朝档案总汇》所收题稿归纳。

② 《（万历）明会典》卷八《吏部·吏役参拨》，《续修四库全书》第 789 册，第 147 页。

十八月或自役、募役者代为之办”[①]，即到万历时，书吏的文书抄写职能已在很大程度上被杂办、自役或募役者所取代。

现存题奏稿档案中大量保留了这些书吏的姓名，他们专供抄、写，文字较为工整美观。但因这些书吏身份低微，且现存档案产生时间集中在明朝末年，各类文献对其记载颇少，仅能找到些许蛛丝马迹，以知晓其后续迁转。如兵部职方司书吏潘奇正[②]，《建宁府志》记载明代瓯宁县（今福建省建瓯市）最后一位县丞“潘奇正，山阴人，具崇祯年任”[③]，从名字、任瓯宁县县丞时间及职级来看，职方司书吏潘奇正或许后来任过瓯宁县县丞。再如周良赞、施中孚、陈三绶在崇祯二年都曾为兵部职方司书吏，后分别任潜山县（今安徽省潜山市）县丞[④]、清江县（今江西省樟树市）典史[⑤]、桂阳县（今湖南省桂阳县）典史[⑥]；张瑞鲤在崇祯三年为兵部武选司书吏，后于崇祯十一年任定远县（今安徽省定远县）典史[⑦]。从这些书吏的迁转来看，他们当不是杂办、自役或募役者；而书吏出吏任官后所任正八品地方县丞或未入流典史这类职官，亦未突破《明会典》正二品衙门吏员考满后授予正八品出身的规定。[⑧]

二是署名官。一件政事在中枢部门的提出，先以部门下内设机构长官，如六部各司郎中、都察院各道监察御史等的名义，以呈文上报本部门堂上官佥批同意，再行起草题奏稿。而题奏稿虽书以正官名义，实际仍是由各内设机构长官定稿后，在落款时间后署其姓名，再呈堂上官佥批。《明武宗实录》中都察院右副都御史王崇文小传中载，崇文曾任户部郎中，“诸司章奏及度支拟议，多定自其手”[⑨]。刑部尚书郑赐还以“吏部所书文移多谬误，郎中等官亦不省视”请治郎中等官罪[⑩]。由此可见，拟稿吏仅负书写之责，而署名官应负内容之责。

三是佥批官。题奏稿在呈文基础上而来，完成起草后，由堂上官分别在前部右上方“题稿”或“奏稿”下批写“题”或“奏”字。若题稿与为办理该题本所奉旨意的行稿黏连在一起，堂上官在对行稿进行佥批时，还在其之前批写的“题”字下批写“行”字。以天启六年兵部一件档案《兵部尚书王永光等为荐寿邦宁等顶补湖广九永守备等三员官缺事题行稿》为例，该件题行稿分别经过五位堂上官审批。[⑪] 查天启六年三月，除兵部尚书王永光外，（图 2）兵部堂上官尚有左侍郎刘遵宪、添设左侍郎郭允厚、右侍郎李春烨、添设右侍郎袁可立，似可认为该件题行稿即由此五位堂上官佥批。再如天启元年三月一件《兵部尚书崔景荣等为贵州新添参将邵允嘉疾笃不能赴任等事题行稿》，该件题稿有两对“题”“行”佥批，查该件政务办理的三月初

① 《明神宗实录》卷四二三，万历三十四年七月乙酉条，台北“中研院”历史语言研究所，1962 年校印本，第 7999 页。

② 《兵部尚书冯嘉会等为荐徐镇都顶补五军营左副将员缺事题行稿》，中国第一历史档案馆、辽宁省档案馆编：《中国明朝档案总汇》第 3 册，广西师范大学出版社，2001 年，第 262 号，第 233 页。

③ 康熙《建宁府志》卷一八《职官中》，清康熙三十二年刻本。

④ 康熙《安庆府潜山县志》卷七《职官》，清康熙十四年刻本。

⑤ 同治《清江县志》卷五《职官志》，清同治九年刻本。该志载施中孚于崇祯七年任清江县典史。

⑥ 同治《桂阳县志》卷一二《职官志》，清同治六年刻本。

⑦ 光绪《凤阳府志》卷六《秩官表》，清光绪三十四年刻本。

⑧ 《（万历）明会典》卷八《吏部·吏役参拨》，《续修四库全书》第 789 册，第 148 页。

⑨ 《明武宗实录》卷一八三，正德十五年七月乙亥条，第 3537 页。

⑩ （明）余继登：《典故纪闻》卷六，《元明史料笔记丛刊》，中华书局，1981 年，第 104 页。

⑪ 《兵部尚书王永光等为荐寿邦宁等顶补湖广九永守备等三员官缺事题行稿》，《中国明朝档案总汇》第 3 册，第 249 号，第 180 页。

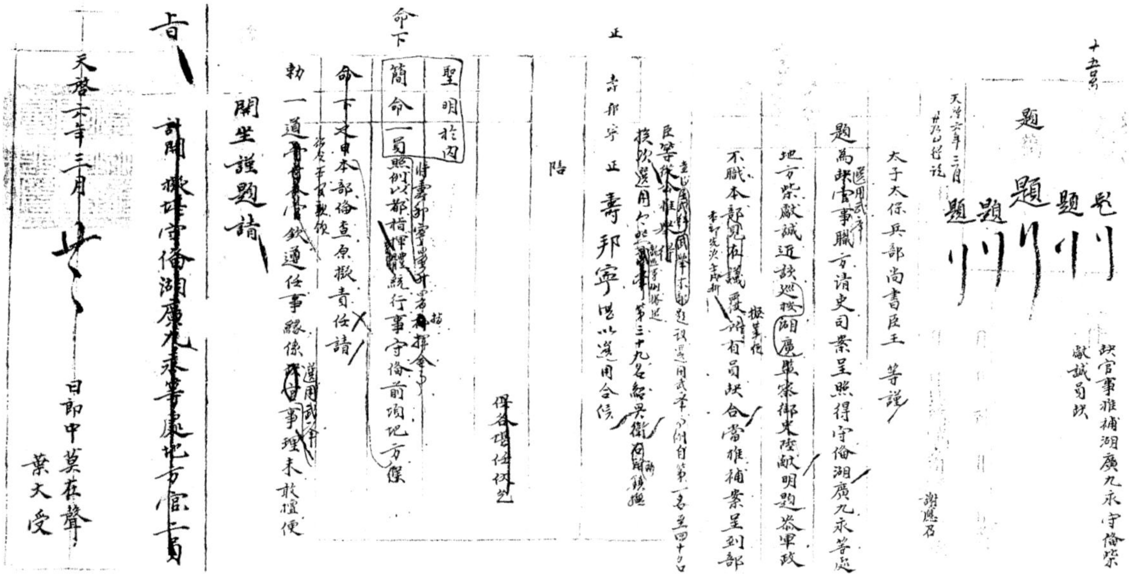

图 2　《兵部尚书王永光等为荐寿邦宁等顶补湖广九永守备等三员官缺事题行稿》之一

七日至十六日期间，除兵部尚书崔景荣外，仅有兵部左侍郎张鹤鸣在堂上，亦可认为该件题行稿由此二人佥批。[①] 但从其他题行稿看，似乎并非所有堂上官都对题行稿进行佥批，如天启二年一件《署兵部尚书为荐李甘来顶补湖广镇筸等处右参将员缺事题行稿》，公文行移的九月初二至十六日期间，部内堂上官除署部事左侍郎张经世外，尚有兵部添设左侍郎陈邦瞻、右侍郎吴仁度、添设右侍郎王之采，但该题行稿仅有两对“题”“行”佥批，题本既以张经世名义所上，有其佥批殆无疑问，而另一人为谁则难以确知。[②]

部院正官若同意题奏稿内容则批写“题”字，若有异议，则批写意见，重新拟写。正德时，御用监岁派料价不下五六千两，是弘治以前的数倍。嘉靖元年，工部所拟派物料的题稿已经由尚书李鐩、左侍郎刘永璜，以及右侍郎批写“题”字，付科写本。而李、刘二人先后致仕去，该清吏司请新任尚书赵璜首佥。赵璜阅后，认为派料大滥，于稿面上批“查弘治年间稿”，拒绝佥发，令书吏照弘治旧稿拟写，坚持按照弘治旧例佥派御用监料价，并将其余正德年间增派之数尽数革去。[③]

四是多部门会题。“会题”既有多部门“会议后上题本”“一起上题本”的意思，还有多部门“会议后一起上题本”的意思。政务办理中难免有涉及多部门一起办理的情况，就需要由主责部门与相关部门会商讨论，提出拟办意见，由主责部门拟写题稿上题本，且仅限于上题本。从现存档案及相关奏议来看，会题稿右首书“会题稿”，行文中的标志性语句为“某部等部某官臣姓某等谨题为某事”。如现存崇祯六年兵部一件会题稿档案，右首有“会题”二字，正文

① 《兵部尚书崔景荣等为贵州新添参将邵允嘉疾笃不能赴任等事题行稿》，《中国明朝档案总汇》第1册，第106号，第260页。

② 《署兵部尚书为荐李甘来顶补湖广镇筸等处右参将员缺事题行稿》，《中国明朝档案总汇》第1册，第113号，第297页。

③ （明）雷礼：《国朝列卿纪》卷六二《工部尚书行实·赵璜》，《四库全书存目丛书》史部第93册，第699页。

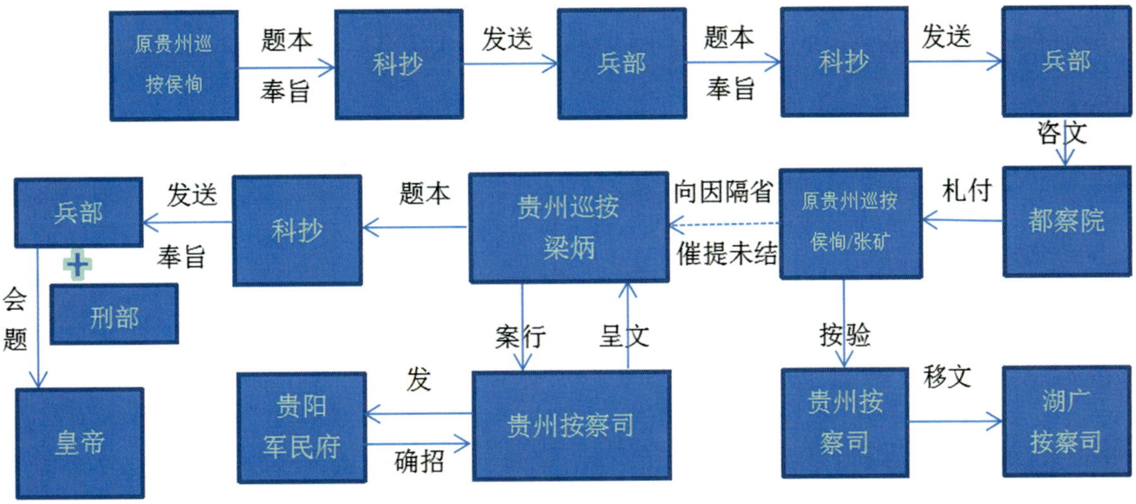

图 3　新升清平参将金章赴任违限事处理公文行移图

首句为“兵部等部尚书等官臣张（凤翼）等谨题为……”，正文中亦有“该臣等会同刑部尚书胡（应台）等议照……”等语句。[1] 会题稿虽由兵部执笔，仍需与刑部会佥，该件会题稿后还附有一张会佥名单，刑部尚书胡应台、左侍郎程注、右侍郎冯英分别在本人姓名下批写“题”字；兵部尚书张凤翼、左侍郎杨一鹏、右侍郎彭汝楠虽列名单之内，仍照一般题稿分别在题稿首页右首批写“题”字。

五是行文“装叙”结构。明代章疏行文普遍采取“装叙”结构，其特点是层层嵌套，逐次引用各级衙门就某件政事的描述和处理意见，为本衙门最终办理意见提供依据。以崇祯六年兵部一件《兵部尚书张凤翼等为请革职重罚迁延赴任之新升黔省清平参将金章事题行稿（缺行稿）》中的题稿部分为例。[2] 按照时间和案件处理走向，该件政事在公文行移上如图所示。（图 3）

事件之初，原贵州巡按侯恂上“为纠参观望违限将领并募兵骗饷虚冒之尤者乞赐重处以肃军纪事”题本，纠参违限逗留参将金章和骗饷募兵之马伦、张琳；熹宗下旨严查，科抄送兵部；天启三年七月十九日兵部上题本提出“将三弁分别纠处”，二十二日奉旨；兵部遵旨移咨都察院，都察院准兵部咨，札付贵州巡按查勘。时贵州巡按张矿按验，令贵州按察司查问，贵州按察司遂移文湖广按察司将金章提究。但“向因隔省，催提未结”，直到崇祯五年四月，新任贵州巡按梁炳清查旧案，重提此事，案行贵州按察司严行原籍提解；贵州按察司发贵阳军民府究拟确招，该府知县将金章招详呈报贵州按察司；贵州按察司将招状呈报贵州巡按。贵州巡按梁炳就查勘结果再上题本，崇祯六年十月十一日奉圣旨，令兵部知道。而本段所引此题稿，就是兵部奉此圣旨，与刑部会商后所拟的会题本草稿。

① 《兵部尚书张凤翼等为遵旨察核原任宣府龙门城守备温理侵贪银粮事题行稿》，《中国明朝档案总汇》第 13 册，第 1100 号，第 419—451 页。该件档案既然是会题稿，题名应当为《兵部等部尚书张凤翼等为遵旨察核原任宣府龙门城守备温理侵贪银粮事题行稿》。

② 《兵部尚书张凤翼等为请革职重罚迁延赴任之新升黔省清平参将金章事题行稿（缺行稿）》，《中国明朝档案总汇》第 15 册，第 1271 号，第 401—421 页。

事件发展如此，但题稿行文却并不会按时间顺序、事件发展先后而叙述。兹将该文行文主体架构及公文嵌套情况罗列如下：

1.兵部等部尚书等官张（凤翼）等谨题为纠参观望违限将领并募兵骗饷虚冒之尤者乞赐重处以肃军纪事，职方清吏司案呈，奉本部送兵科抄出贵州巡按梁炳题称……

2.……贵州巡按梁炳题称，案查天启三年十月内，前任按臣侯恂奉都察院勘札，准兵部咨……

3.……兵部咨，该本部题，职方清吏司案呈，奉本部送兵科抄出贵州巡按侯恂题前事，等因。奉熹宗皇帝圣旨……钦遵。

4.（熹宗皇帝圣旨）抄出到部，送司，案呈到部，为照……等因。天启三年七月十九日该本部具题，二十二日奉熹宗皇帝圣旨……钦遵。咨（都察）院。

5.备札（都察院札付）前来，遵奉在卷，向因隔省，催提未结。该臣于崇祯五年四月接管，逐一清查。按行贵州按察司严行原籍提解……等因。去后。

6.随据按察司经历司呈：蒙本司帖文……该按察使朱家民差人原籍湖广再三严提犯官金章到官，发贵阳军民府……

7.……今该府知府陈鸿恩将犯官金章招详前来……

8.（贵州按察司）覆加研审前情无异，合就依拟，具详招呈，问得……（贵阳军民府所呈金章拖延赴任情况）……致蒙侯御史行查……

9.……（侯恂）具疏为纠参观望违限将领并募兵骗饷虚冒之尤者乞赐重处以肃军纪事，内称……等因。

10.蒙部札院前来，已经前按院（贵州巡按）张矿按验，行（贵州按察）司即将金章提问，马伦等查究，该司查照发去原疏严究……该司随移文湖广按察司关拘金章到司……

11.蒙本司（湖广按察司）审看得……

12.呈详到臣（梁炳）……又奉总督朱都御史批……未声说明白，仰再查明报。又蒙本院宪票，行司将金章究拟，确招速报……

13.蒙此到（贵州按察）司，备牌仰（贵阳军民）府先将金章究拟，确招速报……

14.……该本府遵依行拘金章到官，审看得……等因。到司。

15.该本司覆看得……等因。

16.招详到臣，该臣会同贵州总督朱燮覆看得……既经司府究拟前来，相应题请，伏乞敕下该部，再加查核拟议，覆请定夺，行臣遵照施行。等因。崇祯六年十月十一日奉圣旨：该部知道。钦此。

17.钦遵。本月十二日抄出到臣部，送司，案呈到部。该臣部会同刑部尚书胡（应台）等看得……（谨题）。

兵部此题稿（1—17）源自贵州巡按梁炳题本及所奉圣旨（2—16），而梁炳题本又可分为三部分。第一部分（2—4）交代了贵州巡按收到都察院札付的过程，即该件政事办理之初原巡按侯恂纠参金章，接到都察院札付，令其查勘的过程；第二部分（5—11）为贵州按察司察究的过程及察究情况，此部分又分别嵌套了贵阳军民府招详（7）、原贵州巡按参纠题本（9）、该按察司原先收到札付及行移湖广按察司查勘的结果（11）；第三部分（12—16）为贵州巡按再行查勘并与总督会议后上题本，嵌套了贵州按察司（12—15）再行确招及处理建议，其中又嵌套了贵阳军民府审问情况及处理建议（14）。

总体来看，“装叙”结构层层嵌套，优势在于完整交代了某一件政事相关的各个层级的查勘情况、处理意见以及所奉圣旨，为当该题奏稿（本）为何而上，事实如何，为何如此办理提供了丰富而详细的依据。而劣势也很明显，题奏稿（本）格式固定，虽然不影响阅看者直接找到该题奏稿（本）最终要表达的部分，但层层嵌套，内容繁冗，结构混乱，若不仔细分辨，甚至拎不清谁嵌套着谁；且层层上报，各级对该件政务事实的描述大同小异，如该件题稿中，对金章违限赴任案件事实的陈述出现三次，分别在贵阳军民府第一次招状（7）、原贵州巡按侯恂参纠题本（9）、贵阳军民府再行确招速报（14）中，这也成为明代章奏冗文弊端的原因之一。故而高拱在神宗继位之初谏议其亲览章疏后再送票拟时，对各衙门章奏难以通篇逐句细览的问题，指出了此类章奏的阅读之法，“其中自有节要之法，如各衙门题覆，除前一段系原本之词，不必详览，其拟议处分，全在‘案呈到部’以后”。[①]

六是题奏稿的修改。题奏稿由各司书吏按本司意见起草，但并非拟稿即是最终稿，堂上官除对题奏稿进行佥批，亲自书写拟稿的具体日期，以及涉及人事任免、人员惩处等内容外，还会对拟稿进行批改。仍以《兵部尚书王永光等为荐寿邦宁等顶补湖广九永守备等三员官缺事题行稿》为例，该件档案包含三件题稿及一件行稿，三件题稿分别是兵部为荐寿邦宁、朱绶、王鳏顶补官缺所拟，内容及修改部分基本一致。此处以第一件题稿为例，按照堂上官修改意见，此题稿最后缮写的题本内容应当是：

> 太子太保兵部尚书王永光等题为选用武举事。
>
> 职方清吏司案呈，照得：守备湖广九永等处地方柴献诚，近该湖广巡按监察御史陆猷明题参军政不职，本部覆拟革任，所有员缺，合当推补，案呈到部。
>
> 臣等查得：本部先次壬戌科题议选用武举事例，自第一名至四十名挨次选用，今照新题事例，搭选第三十九名绍兴卫右所所镇抚寿邦宁堪以选用。合候命下，寿邦宁量升署指挥佥事，照例以都指挥体统行事，守备前项地方。本部备查原拟责任，请敕一道，札令本官钦领，钦遵任事。
>
> 缘系选用武举事理，未敢擅便开坐，谨题请旨。
>
> 天启六年三月廿二日郎中莫在声、叶大受

就此篇题稿修改前后对比来看，改之前内容强调因地方原守备以不职去官，守备空缺应补，按照程序推选两名，一名正选，一名陪选。改之后内容强调按照壬戌科武举新题准的选用事例，将第一名至四十名挨次选用。修改之前皇帝选择空间更大，是由“圣明于内简命一员”；改后删去此句，补充了明确的选举事例为按照名次“挨次选用”，并在题本内即言明“将寿邦宁量升署指挥佥事”，很大程度上限定了皇帝的选择。

七是特殊的题稿——塘报变题稿。塘报是明代传递前线军事情报的文书，有一定专业性，

① （明）高拱：《高文襄公集》卷三《纶扉外稿・特陈紧切事宜以仰裨新政疏》，第44—45页。

表 1　塘报改写为题稿对比

	塘报	题稿
首句	钦差巡抚山东等处地方督理营田赞理军务都察院右佥都御史王（永吉）**为稽察失城情形事**……	题**为稽察失城情形事**，职方清吏司案呈，崇祯十六年正月初九日准山东巡抚王永吉塘报，内称……
主体	**塘报内容**	**塘报内容**
末句	……**据此，理合塘报**。	……**据此，理合塘报**。等因，到部。理具题知。

说明：粗体部分为塘报与题稿内容相同之处。

绝大多数由兵部专办。从此类文书前后俱钤印信、有固定书写格式及后续兵部对其的处理等因素来看，塘报亦可视作地方行移兵部的上行公文的一种，目的是使该部获知前线军情。兵部收到塘报后，直接在塘报上添写内容，将塘报改写为题稿，进而缮写成题本，上呈御览。《中国明朝档案总汇》中收录多件此种做法的"塘报—题稿"，如《山东巡抚王永吉为稽察山东临清失城及被杀被毁等情形塘报》一件，由职方司改写，改写情况如下表对比所示。（表 1）

在塘报基础上改写的题稿，大多仅将塘报内容上报皇帝阅知，故以"理具题知"结尾，由兵部堂上官在此公文右首空白处佥批"题"字。直接在塘报前后添写题稿标志性语句，省去了将塘报内容全部重抄一遍的程序，既不影响塘报功能的发挥，而且极大地提高了公文写作效率。《中国明朝档案总汇》所收此类档案多集中出现于崇祯末年，因未见明朝其他时间塘报原件，不知是否也是如此操作。或许此类档案集中产生于战事日炽的崇祯末年，是兵部为提高行政效率而采取的一种应急之法也未可知。

二　题奏本

题奏本是臣民上疏朝廷最常用的公文文种，也是中枢各部院向皇帝上报政务最主要的形式。现存明代题奏本实物档案笔者尚未见到。《明清史料》《中国明朝档案总汇》中虽有大量档案命名为"题本""奏本"，但实际是"科抄"。《明清史料》在录文时为使该"题本"显得像题本，还将科抄首句"某部呈于某科抄出"几字缩小，缀于科抄抄到该部门日期之下。其他诸如明人文集、奏议集则皆是对题奏本内容的转录，如崇祯朝巡按江西监察御史王万象《巡按江西监察御史王万象题本》等[①]。有些虽名为"题本"，但仍是"题本 + 所奉圣旨"，如正统、景泰时先后任礼科给事中、礼部右侍郎李实的《李实题本》等[②]。还有《明经世文编》中对题本的收录，虽名为"题本"，但在辑录时删削了题本的标志性语句。

题奏本原件虽未知是否存世，但从《明会典》《读律琐言》等史籍的规定和绘制，亦可对题奏本的格式、版式、纸张大小等有所了解。兹对题奏本做一对比，以增进对题奏本的认识。

① （明）王万象：《巡按江西监察御史王万象题本》，《四库未收书辑刊》第 4 辑第 19 册，北京出版社，2000 年。
② （明）李实：《李实题本》，明抄本。

一是行文格式的规定。[①]奏本行文格式如下：

某衙门某官臣姓某等谨
奏为某事。备事由云云。今将原发事由照行事理，备细开坐，谨具奏
闻（伏候敕旨，谨奏）。
以上某字起至某字止，计字若干，纸几张。
右谨奏
闻。
洪武（印）年月日某衙门某官臣姓某
某官臣姓某

题本行文格式如下：

某衙门某官等官臣某等谨
题为某事。备事由云云。谨题请
旨 / 谨具题御。
某某（年号）某年某月某日某衙门某官臣姓某

二是版式、纸张大小的规定。明代对题奏本的版式和纸张大小的规定，嘉靖前仅见洪武十七年对奏本纸的规定，“凡奏本纸，高一尺三寸”[②]，其余不得而知。嘉靖八年，通政司左通政宋沧等条奏职业六事，前两事即是建议更定题奏本版式及纸张大小，“一言《大明律》后虽附载臣民题奏本式，而官尺、民尺、长短、广狭尚未分明，宜如法刊示，使不得以意增损；一奏本多小字，不便观览，宜令明整，与题本大略相似”[③]。世宗准宋沧奏请，“遵照《大明律》后附写尺寸，参以近年适中式样”，重新规定了题奏本版式：

奏本，每幅六行，一行二十四格，抬头二字，平行写二十二字。头行衙门官衔或生儒吏典军民灶匠籍贯姓名疏密，俱作一行书写，不限字数。“右谨奏闻”四字，“右”字平行，“谨”字“奏”字，各隔二字，“闻”字过幅第一抬头。“计纸字”在“右谨奏”前一行，与谨字平行差小，年月下疏密同前。

题本，每幅六行，一行二十格，抬头二字，平行写十八字。头行衙门官衔姓名疏密，俱作一行书写，不限字数。年月下疏密同。若有连名挨次，俱照六行书写。[④]

题奏本纸张大小《明会典》中没有规定，但可参见嘉靖间刑部山东清吏司郎中雷梦麟所著《读

---

① 《（万历）明会典》卷七六《礼部·行移署押体式》，《续修四库全书》第 790 册，第 381—382 页。
② 《（万历）明会典》卷七六《礼部·行移署押体式》，《续修四库全书》第 790 册，第 392 页。
③ 《明世宗实录》卷九七，嘉靖八年正月戊午条，第 2274 页。
④ 《（万历）明会典》卷七六《礼部·行移署押体式》，《续修四库全书》第 790 册，第 382 页。

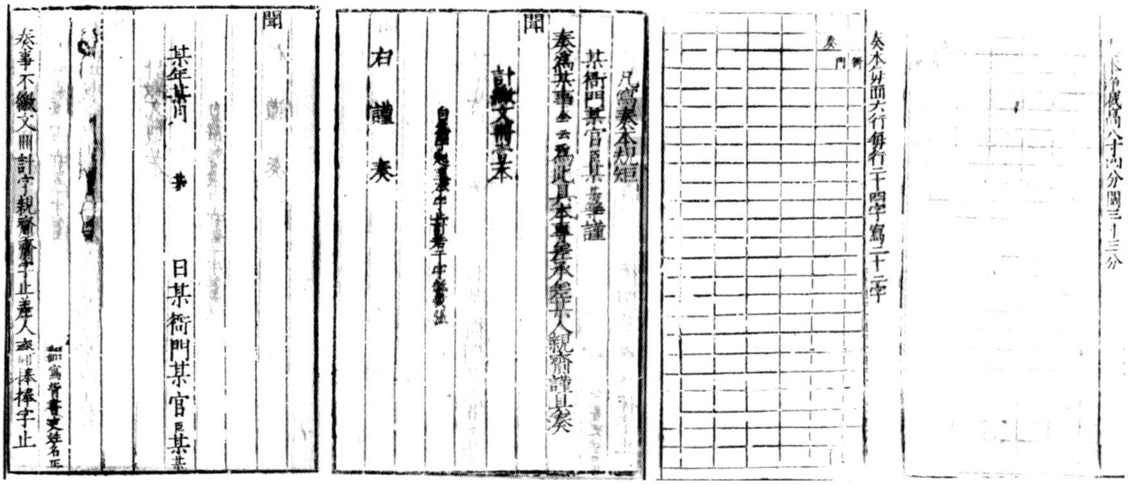

图 4　《读律琐言》奏本书写格式、版式、纸张大小

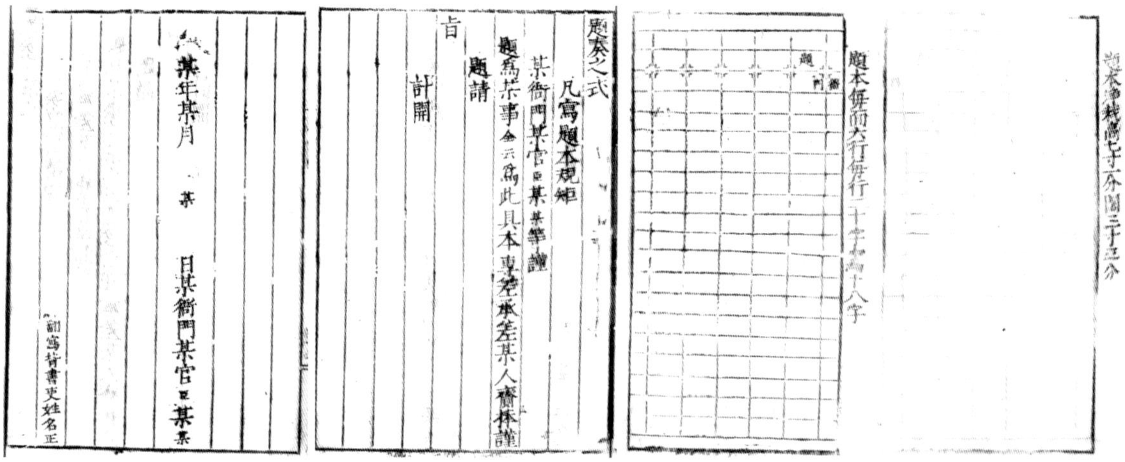

图 5　《读律琐言》题本书写格式、版式、纸张大小

律琐言》中的绘制及说明。[①] 兹将该书中题奏本的行文格式、版式、纸张大小的截图一并选录于此，以供参考。（图 4、5）

由该书的绘制及说明可知，嘉靖八年后，重新统一规范了题奏本版式和用纸。奏本纸尺寸为高八寸四分，宽三寸三分，较之洪武间所定高一尺三寸小了近一半；题本尺寸为高七寸一分，宽三寸三分，略小于奏本。可见，从明初到嘉靖朝，奏本的地位、庄重性有所下降，而题本的“简便性、速达性、处理的准确性”，使其使用范围逐渐扩大，最终形成“公题私奏”的格局。[②]

明初定制，“臣民具疏上于朝廷者为奏本”，永乐二十二年“令诸司有急切机务不得面陈

① （明）雷梦麟：《读律琐言》附录《题奏之式》，明嘉靖三十六年汪克用刻本，第 35—37 页。

② ［日］櫻井俊郎：《明代題奏本制度の成立とその変容》，《東洋史研究》第 51 卷第 2 号，1992 年。

者，许具题本投进”[①]。后以“在京诸司奏本不便”，公事改用题本。叶盛认为的“不便”有三：一是奏本“用长纸”，二是“字画必依《洪武正韵》”，三是“用计字数”。于是“舍郑重而从简便”，改用题本。然“公事若在外，并自陈己事，则仍用奏本”。[②]成化三年，巡按江西监察御史赵敔以“内外风宪等衙门地方行事，遇有急密事情及贪暴奸邪等项官员，欲行写本举奏，皆不熟韵式，未免寻人书写，不无泄露消息，实于政体不宜；及遇无人能写去处，有事尤为未便”，仍是因不通韵式无法撰写奏本，寻人代写又有泄露消息之虞。于是建议“除重事该写奏本，仍依韵式，不许有违；常事许写题本，惟用字画楷正，不必拘定式韵，从便书写”，即重事写奏本，常事写题本。礼部参考赵敔建议，提出：“除在外衙门照依一体具奏外，今京后官公差在外，应行事务，照例仍依韵式书写奏本；若有紧急密切事情，诚恐泄漏，许写题本，务要字画真楷，不许草率。”[③]并得到允准，但仅放开“京官公差在外的紧急密切事用题本”。弘治二年，南京刑部左侍郎阮勤援引前例，建议南京刑部、都察院“常行事务仍具奏本，若系会审参官紧急重务，各照前例，许写题本”[④]，但未知是否准允。然而从万历《明会典》“凡内外各衙门，一应公事用题本，其虽系公事，而循例奏报、奏贺，若乞恩、认罪、缴敕、谢恩并军民人等陈情建言伸诉等事，俱用奏本”的规定来看，不仅是在京，在外题奏本的使用也最终发展为“公题私奏”的格局。[⑤]

缮写完毕的题奏本，应封装后进呈。章奏实封入递，是早在洪武十年太祖为广言路而下达的旨意，“令天下臣民凡言事者，实封直达朕前”[⑥]。正德二年，亦曾强调“诏诸司应奏事宜及朝见辞谢人员，俱具题实封以闻”[⑦]。《读律琐言》亦对题奏本封皮有所绘制。（图6）封皮上写明该本为题本还是奏本，呈进时间、数量、呈进衙门和呈进官员，从通政司通进后，通政司可于公厅“开拆实封”，对题奏本检视分类、备照存案、

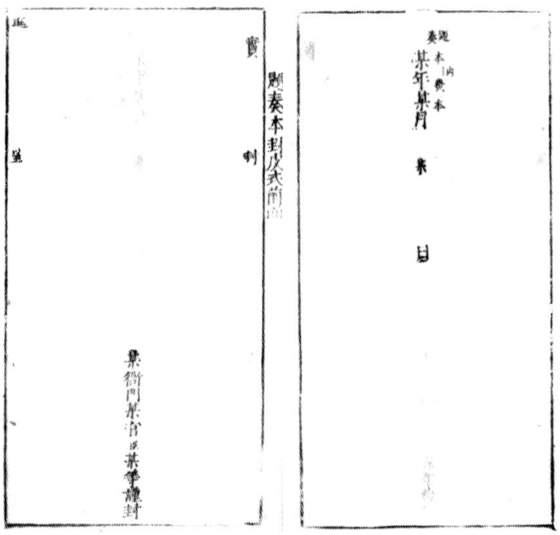

图6　《读律琐言》题奏本封皮前、后面

① 《（万历）明会典》卷七六《礼部·行移署押体式》，《续修四库全书》第790册，第381、382页。

② （明）叶盛：《水东日记》卷一〇《奏本题本》，《元明史料笔记丛刊》，中华书局，1980年，第114页。

③ 《中国明朝档案总汇》第85册《明代档册·第二册·京官公差在外遇有惊（紧）急密切事情许写题本例》，第113—114页。此件亦见于《皇明条法事类纂》附编第54号《京官公差在外遇有急紧密切事情许写题本例》，杨一凡主编：《中国珍稀法律典籍集成》乙编第6册，科学出版社，1994年，第104—105页。

④ 《中国明朝档案总汇》第85册《明代档册·第二册·南京刑部都察院系会审参官并紧急重务许写题本例》，第115页。此件亦见于《皇明条法事类纂》附编第58号《南京刑部都察院系会审参官并紧急重务许写题本例》，《中国珍稀法律典籍集成》乙编第6册，第112页，但亦未言明是否准允。

⑤ 《（万历）明会典》卷二一二《通政司·开拆实封》，《续修四库全书》第792册，第520页。

⑥ 《明太祖实录》卷一一三，洪武十年六月丁巳条，第1864页。

⑦ 《明武宗实录》卷二一，正德二年春正月丁酉条，第602页。

誊写略节缘由后，仍“将原来实封”[①]。司礼监文书房收进通政司、左顺门实封本章后，再由文书房掌文书开拆。[②]公文实封，避免了题奏本内容先于皇帝御览而泄露，引起舆论喧哗，对下一步政务的决策和执行带来的不利影响，也避免了上疏者被威胁的可能。

三　六科科抄

明代的六科科抄既指六科抄发奉旨公文这一职能，亦指在这一过程中形成的科抄公文。“凡内外所上章疏下，分类抄出”[③]“朝廷置给事中，所以出纳命令”[④]“命令之出，于汝纪之”[⑤]，皆是指六科抄发红本，将圣旨命令发送给各相关衙门执行的职能。而目前无论是科抄类档案的辑录，抑或使用到科抄的研究类专著、论文，对“科抄”的认识都有不足之处。

例如，《清代档案史料丛编》收录有一件崇祯朝公文档案，题名为《孙传庭题汉南募兵增饷事科抄》[⑥]，《中国明朝档案总汇》亦收录该件档案，题名为《陕西巡抚孙传庭为报汉南募兵数目并发过安家行粮事题本》[⑦]。同样一件档案，经句读整理的命名为“科抄”，而原件影印的反而命名为“题本”。从档案内容来看，公文中确实有相当大的篇幅为“孙传庭谨题为恭报汉南选募兵数并发过安家行粮以祈圣鉴事”，但命名者显然忽略了孙传庭题本后的圣旨。从明代中枢公文的流转程序来看，题本为从下所上之公文，尚未经圣旨批复；而题本经圣旨批复，经六科封驳无疑后，由六科抄发，形成“科抄”。该件档案当是产生于六科抄发奉旨题本的过程中，《清代档案史料丛编》中的命名无疑更为准确。除《清代档案史料丛编》中收录30篇崇祯朝科抄外，世存大量科抄档案或整理型文本，但仅见有《清代档案史料丛编》将之命名为“科抄”。其他例如《中国明朝档案总汇》命名为“某官某为某事题本”或“某官某为某事题本奉旨”，《明清史料》命名为“某科抄出某官某题本”[⑧]，《安南奏议》[⑨]《议处安南事宜》[⑩]两篇兵科科抄从科抄演变成两本书籍流传后命名为“奏议”，或径以题本之名命名，经辑录整理的孙传庭《孙传庭疏牍》[⑪]、毕自严《度支奏议》《饷抚疏草》[⑫]等命名为“某事疏”，皆未

① （明）佚名：《诸司职掌·通政司·开拆实封》，《续修四库全书》第748册，第778页。

② （明）刘若愚：《酌中志》卷一三《本章经手次第》，北京古籍出版社，1994年，第65页。

③ （清）张廷玉等：《明史》卷七四《职官三·六科》，中华书局，1974年，第1805页。

④ 《明宣宗实录》卷五七，宣德四年八月丁亥条，第1359页。

⑤ （明）邓士龙辑，许大龄、王天有等点校：《国朝典故》卷二六《御制官箴·六科箴》，北京大学出版社，1993年，第419页。

⑥ 中国第一历史档案馆编：《清代档案史料丛编》第六辑《孙传庭题汉南募兵增饷事科抄》，中华书局，1980年，第28号，第71—73页。

⑦ 《陕西巡抚孙传庭为报汉南募兵数目并发过安家行粮事题本（科抄）》，《中国明朝档案总汇》第30册，第2282号，第492—494页。

⑧ 如台北“中研院”历史语言研究所编《明清史料·辛编》中所收科抄，中华书局，1987年。

⑨ （明）不著撰者：《安南奏议》，《四库全书存目丛书》史部第49册。

⑩ （明）不著撰者：《议处安南事宜》，《四库全书存目丛书》史部第49册。

⑪ （明）孙传庭：《孙传庭疏牍》，浙江人民出版社，1983年。

⑫ （明）毕自严：《度支奏议》，《续修四库全书》第483—490册；《饷抚疏草》，《四库禁毁书丛刊》史部第75册，北京出版社，1997年。

能准确反映此类公文档案的真实内涵。传世史料命名多样，再加上《诸司职掌》《明会典》等明代典制体史书对科抄未有明确记载[①]，以致科抄不论是作为明代行政公文的文种，抑或作为公文运作的一个环节出现时，往往被忽视。有的学者虽然肯定“抄驳由六科”，但只论“驳”，不论“抄”[②]；有的只是简单提及六科通过科抄定限催督六部政务办理的职能[③]；有的虽然注意到了科抄，亦仅仅是对六科科抄职能的简单描述。[④]本节拟对明代科抄的内容格式、运行机制等基本情况进行细致梳理，深入探讨由六科抄发红本的原因和意义，分析科抄这一环节以及该环节中形成的科抄公文在保证政府行政效能上的关键作用。

（一）科抄的行文格式

尽管题奏本内容贯穿公文运作及政务运行的整个过程，是这一系列公文讨论的主体，但题奏本绝不等同于科抄，奉有皇帝旨意的题奏本，即红本在经六科抄发后，其格式、内容已发生明显变化。此处以题奏本格式与科抄格式进行对比，以获得对科抄更直观的认识。（表 2）

表 2　题奏本格式和科抄格式对比

	题奏本格式	科抄格式
起始	某衙门某官臣姓某等谨题 / 奏为某事	某部呈，于某科抄出，某衙门某官臣姓某谨题 / 奏，为某事
中部	备事由云云	题奏本内容，或全文抄录或节略
末句	谨题请旨（伏候敕旨，谨奏）	某某（年号）某年某月某日具题 / 奏。某月某日奉圣旨某
落款	某某（年号）某年某月某日，某衙门某官臣姓某	

说明：题奏本格式出自《明会典》，科抄格式来自存世多篇科抄对比判断。

仍以《孙传庭题汉南募兵增饷事科抄》为例，该科抄内容、格式如下：

起始：兵部呈，于兵科抄出，陕西巡抚孙传庭谨题为恭报汉南选募兵数并发过安家行粮以祈圣鉴事。

中部：陕西巡抚孙传庭就“陕西巡按王倓题为汉郡增饷添兵业有成议恳祈圣明严敕督抚力督将领募练精勇奠藩封事。六月初一日，奉圣旨：知道了。着该督抚严饬将领，上紧募练，务实成劲旅，以备战守，毋致临期张皇，该部知道”一事收到的咨文进行反馈所上的题本内容。

---

① 与之形成鲜明对比的是，《清会典》中有对清代六科科抄的明确规定：“凡科钞，中外疏章既上，旨下内阁，日以给事中一人诣内阁祗领，分致各科，备录谕旨及原疏，发所司奉行，豫定注销日期。事涉数衙门者，以主稿衙门为正钞，会稿及应关白之衙门为外钞。钞毕，别录二通，敬谨校对，钤盖印信。一送内阁，曰‘史书’；一贮科垣，曰‘录书’，岁终还原疏于内阁。”参见《清会典》卷八一《都察院》，《景印文渊阁四库全书》第 619 册，台湾商务印书馆股份有限公司，2008 年，第 757—758 页。

② 颜广文：《论明代公文运作制度》，《广东社会科学》1994 年第 2 期；张薇：《六科给事中制及对明代政治体制的监控和调节》，《武汉大学学报（社会科学版）》1989 年第 4 期。

③ 赵毅：《明代六科略论》，《社会科学辑刊》1988 年第 6 期。

④ 李福君：《明代皇帝文书研究》，南开大学出版社，2015 年。

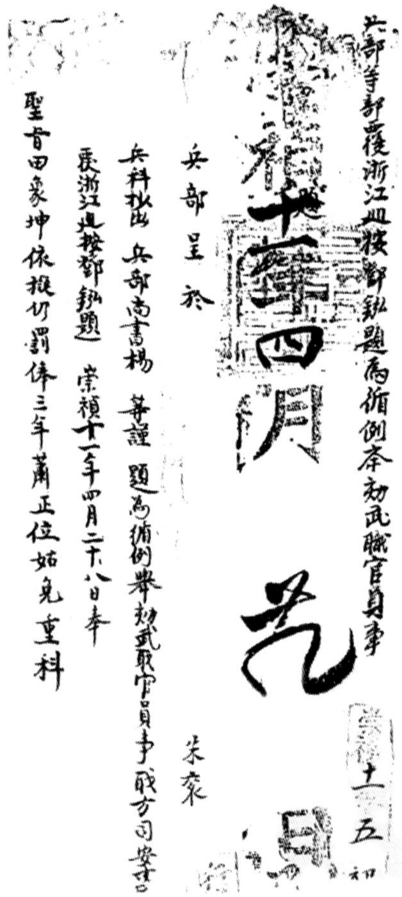

图 7　《兵部尚书杨嗣昌等为循例举劾武职官员事题本奉旨（科抄）》

结尾：崇祯十一年九月初七日，奉圣旨：该部知道。

除其他衙门所上题奏本奉旨，需详录题奏本内容发该衙门科抄的格式外，《中国明朝档案总汇》还保留有另有一种节略题奏本内容的科抄格式，将之命名为“题（奏）本奉旨”，此类科抄为本部所上题奏本奉旨，故而节略。以《兵部尚书杨嗣昌等为循例举劾武职官员事题本奉旨（科抄）》为例：[①]（图 7）

> 兵部呈，于兵科抄出，兵部尚书杨（嗣昌）等谨题为循例举劾武职官员事，职方清吏司案呈，复浙江巡按邓鈫题。
>
> 崇祯十一年四月二十八日，奉圣旨：田象坤依拟仍罚俸三年，萧正位姑免重科。

从题奏本格式与两种科抄格式对比可以看出，无论是否抄录题奏本内容，科抄与题奏本的关键区别在于是否奉有皇帝旨意。题奏本是自下而上，等待皇帝阅批，向皇帝请旨的公文，其关键内容在于臣下在题奏本中表达的诉求、意见和建议，“夫臣子建白，即未奉旨，总属空言”[②]，若无圣旨阅示，题奏本便没有起到上疏的目的，相当于一纸空文；而科抄则是皇帝批示完毕，自上而下，发给各部办理的公文，其关键内容在于皇帝圣旨，即便仅仅只是“知道了”三个字，也表示该题奏本得到了皇帝阅示，在一定程度上达到了上疏的目的，赋予了题奏本意义。有鉴于现今所存的题本、奏本、科抄等公文不论在辑录还是使用时，一概以“奏疏”视之，使用时应该注意分辨。若题奏本未知是否奉有皇帝旨意，不能直接视作题奏本诉求得到皇帝允准，按照题奏本诉求施行，只能用于说明当时存在此类情况。

（二）六科抄发程序

科抄既名为“科抄”，乃是“由六科分科抄发”之意。“国家定制，章疏奉旨者，必发六科，抄送各部，然后施行”[③]。按照明代中枢公文运作流程，六科抄发红本的一般程序是：六

---

① 《兵部尚书杨嗣昌等为循例举劾武职官员事题本奉旨（科抄）》，《中国明朝档案总汇》，第 30 册，第 2252 号，第 204 页。

② （明）吴亮辑：《万历疏钞》卷一〇《时禁移于防口人情愈加阨塞恳乞圣明亟通章疏以存清议疏（翁宪祥）》，《续修四库全书》第 468 册，第 483 页。

③ （明）叶向高：《纶扉奏草》卷一〇《催各科署印揭》，《续修四库全书》第 481 册，第 716 页。

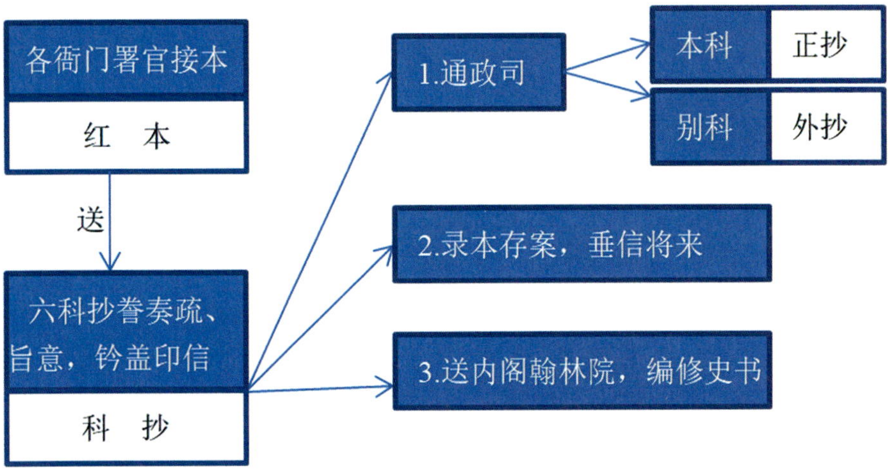

图 8 六科科抄流程图

科接到各该衙门属官送来的红本，封驳无疑后，“收发抄行”[①]，原红本收贮本科，抄本钤盖本科印信，即为科抄，再交通政司移送各部办理。“凡各衙门题奏过本状，俱附写文簿后五日，各衙门具发落日期赴科注销，过期延缓者参奏”[②]。科抄一般以五日为限覆奏，各衙门应在收到科抄五日内办结，赴六科注销。除下发办理外，科抄还需另抄两份，一份录本存案，以“垂信将来”[③]；一份送内阁翰林院，以备编修史书。其流程大致如图 8：

正确认识科抄的流程，还需分辨以下三个问题：

一是发抄时限。发抄时限是指接本送科后，各科抄写发送相应各部的时间。有学者认为，红本送到各科审核无误后，“于五日内抄送通政司下发有关部门执行”[④]。此类说法未见史料记载，且倘若抄发是五日，办理也是五日，显然是不合理的，怀疑是与五日内覆奏的规定混淆。崇祯朝兵科给事中凌义渠曾提到“监臣邓希诏之疏，于去年七月十五日亥时（21—23 时）接到，次日午时（11 时—13 时）抄发过部”[⑤]，再加上科抄到部，会在右首手写或钤盖“某某（年号）某年某月某日到”字样（后面简称为“抄到章”），以证明科抄何时发到该衙门，将奉旨时间与抄到时间相比较，亦可知发抄时限。以《兵科给事中申嘉言为遵旨摘参各司未完事件以清积案事题本（科抄）》为例，申氏题本奉旨在崇祯九年四月初十日，“抄到章”显示四月十一日即抄发到兵部。再统计其他科抄的两个时间，皆是前一日奉旨，第二日即抄发到各该

① （明）叶盛：《叶文庄公奏议·西垣奏草》卷四《题为防微杜渐事》，上海古籍出版社，2002 年，第 270 页。

② 《（万历）明会典》卷二一三《六科》，《续修四库全书》第 792 册，第 527 页。

③ （明）杨嗣昌撰，梁颂成点校：《杨嗣昌集》卷三一《乞查红本发给科抄疏》，岳麓书社，2008 年，第 443 页。

④ 王天有：《明代国家机构研究》，北京大学出版社，1992 年，第 58 页；李福君：《明代皇帝文书研究》，第 172—173 页。

⑤ （明）凌义渠：《奏牍》卷四《遵旨查明具奏疏》，《续修四库全书》第 493 册，第 57 页。

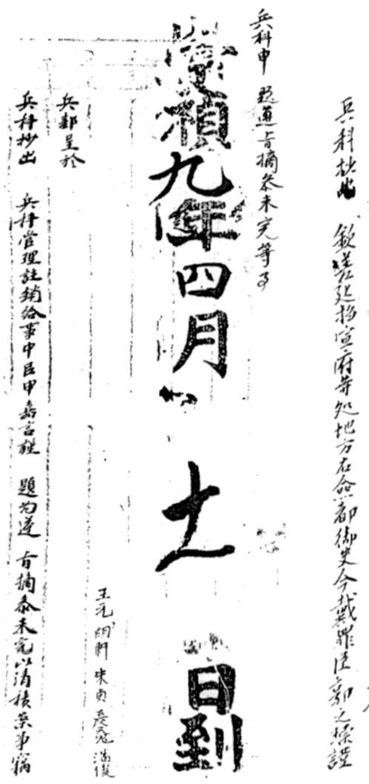

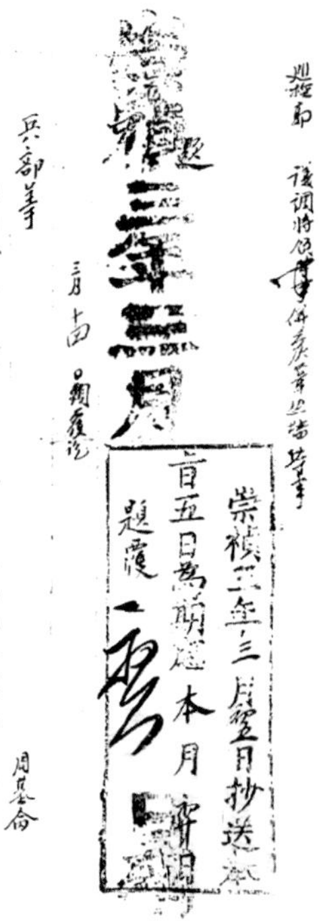

图 9（左）　《兵科给事中申嘉言为遵旨摘参各司未完事件以清积案事题本（科抄）》之“抄到章”

图 10（右）　《宣府巡抚郭之琮为议调将领并严葺边防等事题本（科抄）》之“定限章”

衙门。[①]（图 9）可见，六科从接到红本到发科抄应该相当及时。

二是科抄定限。科抄定限是指科抄从发下各部，到覆奏的时间。成化元年明令，“一应奏题本有旨意者，六部、都察院等衙门抄出，即明白覆奏发落，不许稽缓。若过五日不覆奏者，该科以闻”[②]。需要向上覆奏、向平级咨行的科抄，还会同时钤盖“某某（年号）某年某月某日抄送奉旨，五日为期，应本月某某日题覆（速覆、咨行等）”字样（后面简称为“定限章”），限定覆奏时间。以《宣府巡抚郭之琮为议调将领并严葺边防等事题本（科抄）》为例，该科抄“定限章”写明，“五日为期，应本月初十日题覆”[③]。（图 10）但实际上，从崇祯朝兵科都给事中凌义渠建议，若圣旨内有“速奏”字面，题覆不得过三日，最迟不得过十日，并得到允准的情况[④]，以及该科抄虽写明应于初十日覆奏，但实际上在十四日才覆讫的情况看，五日内覆奏仅仅是制度性的规定，实际办理过程中，或者由于事务繁杂一时难以办结，或者由于承办衙门拖沓延误，并不一定能在五日内覆奏注销。

三是正抄和外抄。“正抄之后，复有应发别科之外抄”[⑤]。正抄送该科所对应该部办理，外抄送圣旨所关涉的其他部门。如《兵部尚书杨嗣昌等为再议撤还防兵以息久劳事题本奉旨（科抄）》[⑥]，该科抄全文如下：

> 兵部呈，于兵科抄出，阁部杨（嗣昌）题为再议撤还防兵以息久劳仰恳敕给行盐以安众心事，职方司案呈，覆昌平太监魏国征题。
>
> 崇祯十二年三月十三日，奉圣旨：是，其所欠行盐，着户部补给。

---

① 《兵科给事中申嘉言为遵旨摘参各司未完事件以清积案事题本》，《中国明朝档案总汇》第 22 册，第 1750 号，第 63 页。

② 《（万历）明会典》卷四三《礼部·诸司奏事仪》，《续修四库全书》第 790 册，第 30 页。

③ 《宣府巡抚郭之琮为议调将领并严葺边防等事题本》，《中国明朝档案总汇》第 7 册，第 539 号，第 59 页。

④ （明）凌义渠：《奏牍》卷四《章奏有关紧密疏》，第 58—59 页。

⑤ 前揭《奏牍》卷四《遵旨查明具奏疏》，第 57—58 页。

⑥ 《兵部尚书杨嗣昌等为再议撤还防兵以息久劳事题本奉旨》，《中国明朝档案总汇》第 31 册，第 2238 号，第 327 页。

该科抄内提到的题本为兵部杨嗣昌所上，仍由兵科抄发，发兵部正抄。而圣旨中要求由“户部补给所欠行盐”，从原档案右首“户科外抄”四字可知，此科抄还同时发户科外抄，即由户科发给户部办理。从《中国明朝档案总汇》中非本部所上题本而发下的科抄详录题本内容来看，外抄当同时抄写题本内容，以使抄到部门明晓政务来龙去脉。（图 11）

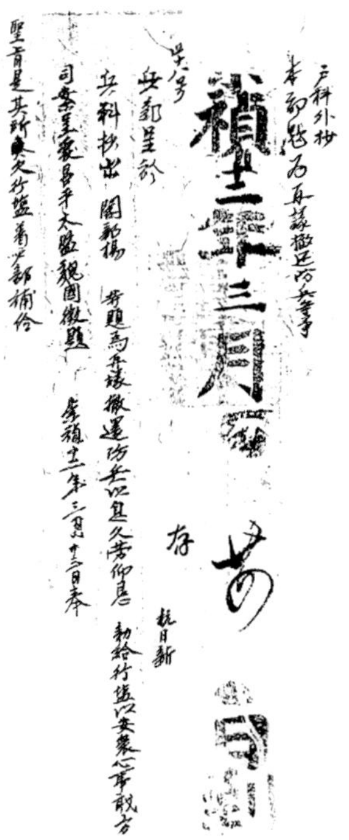

图 11 《兵部尚书杨嗣昌等为再议撤还防兵以息久劳事题本奉旨（科抄）》之户科发外抄

（三）六科发抄的意义

将红本抄发各部司办理，历来是公文流转中必不可少的环节，虽然只是一个小小的抄写环节，但在过程中最终形成了公开的、需要各部司遵照执行的圣旨命令，成为中枢公文流转的关键环节。在这一环节中，红本经手部门除六科外，最终通过掌四方章奏的通政司发给各部办理。那么，在制度设计上，为何是由六科而非通政司来抄发红本？且除六科、通政司外，担负中枢文书职能的还有内阁、翰林院、中书舍人等部门或职官，为何也不由其抄发？

首先来解释为何不由内阁、翰林院、中书舍人抄发。要理解由六科抄发而不由内阁、翰林院、中书舍人抄发的原因，需明确六科和内阁、翰林院、中书舍人负责的公文范围。题奏本奉旨之外，中枢产生的公文还包括诰、制、册、谕、书、符、令、檄等多种。《明会典》在规定翰林院“记注起居及编纂章奏”以编修史籍时，要求：“圣谕诏敕等项，令两房官录送记注；其各曹章奏，六科奉旨发抄到部，即全录送阁，转发编纂。”[①] 由此条史料入手，可以判断中枢公文的形成、传递大致分为两套体系。一套是除题奏本公文之外的诰敕等，此类文书由内阁及翰林学士起草进画，进稿毕，由“掌书写诰敕、制诏、银册、铁券等事”的中书舍人将拟稿缮写成正式文本，用印后，公布天下或遣使颁行。另一套就是奉旨公文，中枢公文由通政司、左顺门或御前奏进，皇帝御览，六部会议，内阁票拟，圣旨批复，六科封驳后，再由六科给事中抄写成正式文件，经通政司下发给六部办理。此即所谓“六科司喉舌，中书掌丝纶”。[②] 二者最大的区别在于，不论是公告天下的诏书，还是封赠百僚的诰书，此类公文更强调皇权的至高无上；而题奏类公文乃是时政所寄，更注重皇帝旨意的执行办理。公文性质的不同，职责分工的不同，是红本不由内阁、翰林院、中书舍人而由六科抄发的根本原因。

而通政司历来被视作“喉舌之司”，职责重点在于“出纳帝命，通达下情，关防诸司出入公文，奏报四方章奏，实封建言，陈情伸诉及军情声息灾异等事”[③]。洪武年间六科还曾短暂隶属于通政司之下，且“凡各科行移各衙门，俱经通政司转行”[④]，作为中枢题奏类公文传达到执行部门的最后一道关卡，由其抄发，似乎也无不可。但从职掌渊源及职官属性上看，由六科发抄

① 《（万历）明会典》卷二二一《翰林院》，《续修四库全书》第 792 册，第 620 页。

② （明）柯暹：《东冈集》卷三《赠尚宝卿朱公序》，《四库全书存目丛书》集部第 30 册，第 522 页。

③ 《（万历）明会典》卷二一二《通政使司》，《续修四库全书》第 792 册，第 519 页。

④ 《（万历）明会典》卷二一三《六科》，《续修四库全书》第 792 册，第 529 页。

更为合适。

职掌渊源方面。六科虽为明代初创，六科抄发红本的职能却是根源于六科正官给事中历代以来处理百官章奏的职能。给事中于秦汉初创，即有“平尚书奏事”“省诸奏闻”等文书职能。唐代给事中在封驳章奏的基础上，开始承担“凡制敕宣行，大事则称扬德泽、褒美功业，覆奏而请施行；小事则署而颁之”[①]的职责，此时给事中将经封驳后的皇帝旨意传达给有司办理的机制逐渐形成。宋、元给事中一度成为寄禄官，只在宋代元丰改制后短暂恢复过抄发奉旨公文的职能。及至入明，太祖朱元璋设立六科给事中，恢复了给事中“看详诸司奏本，及日录旨意”“如有特旨，皆纂录付外施行”的文书职能。[②]宣德时，宣宗多次强调“朝廷置给事中，所以出纳命令”[③]，肯定了皇帝命令的出纳要通过六科，而六科发出皇帝命令的方式，就是通过科抄。通政司的设立，乃是太祖以“政由水也，欲其常通”而设立，令其掌四方章奏，职在收发，确保上令达下、下情通上的顺畅和关防文移往来。

职官属性方面。明代给事中具有皇帝近侍和监察官的双重身份。一方面，作为皇帝近侍文官，“凡日朝，六科轮一人立殿左右，珥笔记旨”[④]，在一定程度上充当了秘书的角色，参与了中央各项行政事务的决策过程，知晓百官奏事及皇帝态度，能够较为准确地将皇帝旨意转达给执行部门。且六科在旨意下达前要对旨意进行封驳，封驳后，由其将奉有皇帝旨意的章奏抄写成正式公文抄发，较为便利。另一方面，作为监察官，给事中担负着对皇帝负责的“稽察六部百司之事”的监察职能。在履行文书职能时，除封驳外，给事中还需要通过限定科抄覆奏期限，进而以科抄为基准对各部公文办理情况进行督查，完结后予以注销。通政司虽列席日朝、参与大政，但在其中所起的作用并非文书处理职能；且其虽然可以对百官章奏格式及书面错误进行审核，但监督作用发挥有限，无权对奉旨公文的办理情况进行督查。

综上，由六科抄发红本来源于其正官给事中自唐朝以来抄发奉旨公文的职能，但关键在于其皇帝近侍和监察官的双重职官属性，特别是其监察职能的发挥。通政司虽掌出纳帝命、通达下情，但“喉舌之司”只是对它上传下达表象的描述。作为圣旨的最终抄写、转发机构，六科才是真正意义上的“喉舌”，通政司或只可称是“唇齿”。

由负有监察职能，且是皇帝近侍文官的六科给事中抄发章奏，意义重大。一是确保了政令统一。题奏公文虽经层层转递，但最终百官遵照执行的还是科抄，由六科一处抄发皇帝命令，既确保了政令的唯一性，也体现了对皇帝旨意的尊崇。二是有效杜绝了圣旨在转达中被篡改的现象。“事必下之六科，所无疑，始付之诸司。而事有不由六科者，虽有圣旨，诸司不敢奉行”[⑤]。红本经六科封驳，由六科抄出，才能得到公文办理诸司的认可，有效杜绝圣旨传递途中的改易和“内廷朦胧传送之弊”[⑥]。三是保障了政务执行效率。通过科抄定限，六科给事中得以对六

---

① （唐）李林甫等撰，陈仲夫点校：《唐六典》卷八《门下省·黄门侍郎·给事中等》，中华书局，1992 年，第 244 页。

② 《明太祖实录》卷八〇，洪武六年三月乙巳条，第 1449—1450 页。

③ 《明宣宗实录》卷五七，宣德四年八月丁亥条，第 1359 页。

④ 《明史》卷七四《职官三·六科》，第 1806 页。

⑤ （明）骆问礼：《万一楼集》卷二四《恭遇圣志励精人心喜跃僭效涓埃以赞盛大疏》，《四库禁毁书丛刊》集部第 174 册，第 331 页。

⑥ 《明神宗实录》卷五六六，万历四十六年二月甲午条，第 10652 页。

部百司执行圣旨决策的速度和质量进行督促检查，对“自隳职事，玩忽不遵，或议论纷嚣，致令掣肘误事”的情况进行纠察。[①] 由六科抄发的科抄，不仅是行政事务办理的依据，还成为督查的依据，同时具有了行政效用和法律效用。

题奏稿、题奏本、科抄是在行政运行的不同阶段产生的不同公文文种，尽管内容完全相同或相似，但其格式、目的、目标阅览者皆不相同。题奏稿是现今留存的明代题奏类公文档案的主要类型，是题奏本的草稿阶段，有拟稿吏、署名官各负书写、内容之责，是在不断修改完善的基础上形成的，目的是在部门内部讨论确定该件政事的请示事项或者报告内容，目标阅览者是各部院堂上官，也是各部门留存档案备查的底本；题奏本未知是否存世，是经各部门堂上官佥批以后呈进皇帝御览的正式公文，在行文格式上有较为严格的规定，是自外廷递入内廷的上行公文，目标阅览者是皇帝，以得到皇帝阅示为指归；科抄既指六科将题奏本所奉圣旨抄发给各部门这一行政行为，亦指在这一过程中形成的公文，由负有监察职能的六科抄发奉旨章奏，钤盖“抄到章”“定限章”，既成为各部门遵照执行的命令，也成为六科督查的依据。

（作者单位：北京市怀柔区档案馆）

① （清）孙承泽著，王剑英点校：《春明梦余录》卷二五《六科》，北京古籍出版社，1992年，第391页。

明嘉靖朝南直隶海防区抗倭战略探考

苏　辰

内容提要：明朝中叶，政治腐败，海禁严厉和新航路的开辟导致沿海走私贸易猖獗，演变成东南沿海的倭患，南直隶尤甚。倭寇大举侵扰南直隶沿海，攻陷城塞，杀戮居民，祸及东南及广东沿海。南直隶抗击倭寇，继承前期积极的海防政策，采取强化防区、设职扩权、划定信地、明晰责权之方略，选贤命将、屯兵控御、强化监军等举措，加强区域防御功能。南直隶抗倭历时15年，平息了倭寇，稳定了海防。

关键词：海江防御　嘉靖抗倭　东南沿海

南直隶地处江南，留都要地，人口众多，物产丰硕，连江濒海，系明朝的直隶战略要地。嘉靖中期，倭患危及江南。明廷承继前期积极的海防政策，视倭情设职、命将、扩权，强化防御区域、防御功能；整合浙直海防，提升抗倭水陆战力；增设兵备道，行监军之责；划定信地，巩固防御。本文分析梳理展现南直隶海防防区之特征与成效，进一步探考嘉靖一朝南直隶海防之全貌。

一　嘉靖倭乱，危机江南

所谓“倭乱”，即“倭寇之乱”。倭寇一般是指是从14世纪到16世纪在朝鲜和中国沿海，进行劫掠的由日本渔民、农民、商人、武士、浪人等组成的海盗集团的泛称。根据倭寇人员构成与规模，学界一般将其活动分为前后两期：前期为日本人，以掠夺朝鲜半岛为目标；后期有中国人，以劫掠中国沿海各省为目标。如学者郑樑生认为：“明代倭寇大致可析为前后两期，前期倭寇始于14世纪中叶，至16世纪中叶止，亦即从它之发生于高丽起，至嘉靖三十一年止。后期倭寇则为16世纪后半，亦即在嘉靖三十二年以后肆虐，使沿海州郡动荡不安达十余年之久者，而此一区分方式已成定论。”[①] 笔者倾向于学界根据每一时期的不同特点又进一步细分，将后期倭寇分为两期，把嘉靖倭寇定为中期，隆庆以后的海寇定为后期。本文涉及的是中期倭寇。

根据现有研究，学术界一致认为中期倭寇发生的原因是明朝严厉的海禁政策与新航路的开辟带来的海上走私贸易猖獗，两者发生不可调和的矛盾，最终演变为嘉靖年间东南沿海的倭患问题。[②] 本文认为嘉靖中期倭乱的形成有四个原因：

---

① 郑樑生：《中日关系史研究论集》（五），文史哲出版社，1995年，第1页。

② 戴裔煊：《倭寇海盗与中国资本主义的萌芽》，中国社会科学出版社，1982年；樊树志：《“倭寇”新论—以“嘉靖大倭寇”为中心》，《复旦学报》2000年第1期。

（一）吏治腐败是倭寇产生的根源

范中义认为，统治集团腐败是倭寇产生的主因。嘉靖中期，从皇帝到官绅，仗权兼并土地和逃避赋役，大量失地农民流亡，饥寒交迫，流民总数600万余。奸臣严嵩卖官鬻爵，官场贿赂成风。江南赤地千里，社会剧烈动荡，民穷盗起，小民沦为盗贼。其二是政治腐败导致军事衰落。嘉靖中期，大批海防官员贪生怕死，面对倭寇进攻，一战即溃。嘉靖三十二年，倭寇盘踞南沙（今崇明岛）五个多月，明朝军舰只列入海口周围，数月不能破敌，故意让一出口，纵倭寇出逃。嘉靖三十四年九月，督察军务侍郎赵文华率精兵在陶宅歼倭中贪生怕死，倭分兵迎战，明军大败，浙江领兵指挥邵昇、姚泓，直隶领兵千户刘勋战死，损失军士千余人。嘉靖三十五年四月，福山港水兵因把总指挥姜旦克扣军饷，贪婪残暴，全体水兵竟叛降倭寇，引其入内地抢掠。[①]

至嘉靖中叶，明廷的政治和军事腐败，致明初建立起的一套完整的海防体系几经废驰，特别是对明廷战略要地南直隶的海防造成极大危害，沿海卫所空虚，军屯制度破坏，军队法纪松驰，军士逃跑频发，军屯、水寨数量减少，舰船破损严重，海防形同虚设，致使海盗、流民勾结倭寇，壮大了倭寇的力量，导致倭患猖獗。

（二）“两役”大胜，难禁武力贸易

正德十三年，葡萄牙舰队抵达广东屯门，要求与明朝建立贸易关系，被广州地方官以葡萄牙（时称佛郎机）未列入朝贡国名单为由拒绝。后经贿赂，葡萄牙人打通各层关系，直通朝廷，故终正德一朝，葡萄牙人私据屯门，建屋筑寨，架设大炮，安然从事走私贸易，明武宗对此置若罔闻。正德十六年，明武宗死，嘉靖帝以藩王入京继位，明朝廷开始整顿广东夷务，葡萄牙人拒绝退屯门，并武力攻击中国水师，被中国水师击溃，史称“屯门之役”。嘉靖二年，葡萄牙人武力攻击广东沿海，爆发“西草湾之役”，再次被明廷击败。此两役虽然痛击了葡萄牙人，但其海上武力贸易依然有恃无恐。

（三）“争贡事件”成为嘉靖倭患的发端

14世纪中后期，日本进入南北朝时期。南北混战中，溃兵及破产农民，勾结九州不法商人和海寇，结伙流窜到中国沿海“走私”贸易和劫掠财物。明朝严厉的对外海禁政策，禁止私人从事海上贸易，只保留官方朝贡勘合贸易。浙江市舶司掌管对日本的检验勘合贸易。具体程序是：由京师礼部颁发日本勘合，日本贡使向明廷递国书、献方物、领赏赐，使节必须持有勘合，才可以在浙江市舶司所在地宁波与中国商人进行岸上贸易。勘合贸易使日本获利巨大。

嘉靖年间，日本关东、关西两大对立集团争夺明廷颁与的勘合贸易控制权，造成勘合贸易混乱。嘉靖二年五月，大内氏遣宗设谦道率三船赴明，细川氏得知消息后，凭借已经失效的“弘治勘合”派遣鸾冈端佐和宋素卿率领的一艘船前往明朝。宗设谦道的船先到，宋素卿的船随即到达。市舶司检验这两艘船时，发现勘合有新旧差异，于是便发生了真伪之争。宋素卿暗中向太监赖恩行贿，于是市舶司破例，推迟检查大内氏先期到达的贸易品，提前检查细川氏后到的贸易品。招待宴会时，故意把细川氏使节坐于大内氏使节的上座。两者因座次安排再次发生争

---

① 范中义、仝晰纲：《明代倭寇史略》，中华书局，2004年，第184—207页。

执，引发武斗。宗设谦道大怒，“与之斗，杀瑞佐，焚其舟，追素卿至绍兴城下，素卿窜匿他所免。凶党还宁波，所过焚掠，执指挥袁琎夺船出海。都指挥刘锦追至海上，战没”[①]。宗设谦道在返回日本途中，船遇强风，其中一艘船漂流到了朝鲜，在那里有30人被朝鲜驻军杀死，20人被活捉并献给了明朝。宁波事件被称为“争贡事件”，导致明朝进一步加强了海禁政策的执行力度，断绝与日本官方的勘合贸易，这成为嘉靖倭寇的诱因。明廷于嘉靖八年，撤销了浙江宁波市舶司。罢市舶、严海禁，导致海禁与反海禁斗争的激化。

（四）海防松驰致倭乱愈演愈烈

嘉靖朝的吏治腐败导致军事腐败，削弱了明朝前期建成的海防体系。南直隶的海防和江防呈颓废之势。一是海上卫所空虚，卫所屯地军士生计贫困，差役繁重，军队将领克扣军饷，缺额军粮；二是舰船严重破损；三是水军严重缺额；四是沿海水寨遭到破坏缩小了海上防御纵深，使近海沿线守备变成一线。南直隶海防空虚，海上防御设施遭损，舰船破旧，军士逃亡，是嘉靖年间南直隶倭寇猖獗的重要原因。葡萄牙、日本彻底失去了合法交易中国货物的渠道，对明贸易转入地下。当时葡萄牙人、日本人因在国内的经济需求得不到满足，于是产生了大量的倭寇、海盗和走私商人，他们公然劫掠中国沿海，使沿海民众生计困难。当地的狡猾之徒又勾结外人，由走私转向劫掠，寇盗之事频繁。明朝虽然组织武力讨伐，但倭寇之势越发猖獗。

嘉靖三十一年，倭寇大举入侵中国东南沿海。当年四月，“漳、泉海贼，勾引倭奴万余人，驾船千余艘，自浙江舟山、象山等处登岸，流劫台、温、宁、绍间（诸府），攻陷城寨，杀掳居民无数”。次年七月，“巡抚应天都御史彭黯、巡视浙江都御史王忬，各以倭寇出境、浮海东遁来闻。倭自闰三月中登岸，至六月中始旋，留内地凡三月，若太仓、海盐、嘉定诸州县，金山、青山、钱仓诸卫所，皆被焚掠。上海县、昌国卫、南汇、吴淞江、乍浦屿诸所，皆为所攻陷。崇明、华亭、青浦、象山、嘉兴、平湖、海盐（宁）、临海、黄岩、慈溪、山阴、会稽、余姚等县乡镇，焚荡略尽。向来（百年）所称江南繁盛安乐之区，骚然多故矣”。其中多为中国人，“盖江南海警倭居十三，而中国叛逆居十七也”。[②]嘉靖三十四年九月，倭寇入侵南京，“时贼势蔓延，江浙无不蹂躏。新倭来益众，益肆毒。每自焚其舟，登岸劫掠。自杭州北新关西剽淳安，突徽州歙县，至绩溪、旌德，过泾县，趋南陵，遂达芜湖。烧南岸，奔太平府，犯江宁镇，径侵南京。倭红衣黄盖，率众犯大安德门，及夹冈，乃趋秣陵关而去，由溧水流劫溧阳、宜兴。闻官兵自太湖出，遂越武进，抵无锡，驻惠山。一昼夜奔百八十余里，抵浒墅。为官军所围，追及于杨林桥，歼之。是役也，贼不过六七十人，而经行数千里，杀戮战伤者几四千人，历八十余日始灭，此三十四年九月事也”。[③]此倭患令留都极大震撼。嘉靖倭寇形成的时段，当以嘉靖三十二年为始。这场倭患到嘉靖四十五年为止，波及浙江、南直隶、福建、广东。

---

① （清）张廷玉：《明史》卷三二二，中华书局，1984年，第8348—8349页。

② 《明世宗实录》卷三八四，嘉靖三十一年四月丙子；卷四〇〇，嘉靖三十二年七月戊申；卷四〇三，嘉靖三十二年十月壬寅。

③ 《明史》卷三二二，第8353页。

二 设职命将，强化海防区域防卫职能

嘉靖中期，面对纵横江南、愈演愈烈的倭乱，明廷剑指直隶，制定新的海防战略，在南直隶的政体、军体和兵力诸方面推出一系列积极的抗倭防御方略。

（一）倭乱前的南直隶海防态势

嘉靖前的南直隶，在海防上采取如下防御策略：一是永乐继承明洪武年间积极的海防政策，防江、防倭一体，无常设化。在防御上坚持阵地防御，强调沿海各卫所防御倭寇侵略海岸的作用。二是永乐十五年，明廷统一了南直隶、浙江和福建的抗倭力量，设立了统辖三地海防力量的海道捕倭都指挥，以备倭为主，兼捕盗，平战兼顾。三是强化制衡监督机制。宣德以后，为防止封闭的军事系统腐败，南京设置兵部尚书参赞机务、守备武臣、守备太监文武协同、三足颉亢的监督机制。四是各守信地，分设提督备倭都指挥。正统年间倭寇侵扰减少，海道相安无事，沿海地区无须联合防御倭寇，仅需坚守信地，防御零星倭患。正统四年八月，明廷不失时机地对南直隶、浙江、福建三地分设提督备倭都指挥，称为“提督直隶扬州等处备倭都指挥”[①]。扬州备倭都指挥驻扎于江南金山卫，即“金山备倭”[②]，《明实录》中有“备倭扬州等处”“直隶扬州等处总督备倭”“总督直隶扬州等处备倭”[③]等等。正德朝后简称“扬州备倭”。五是建立文统武体制。在成化、弘治、正德年间，明廷针对南直隶外患少、内忧频发的特点，以巡江与江防为核心，统筹海防，在下江设置仪真守备，在上江设置九江守备，并逐步增加兵备道，监督守备营和提督营，以操江、巡江、南北巡抚统辖。至此，南直隶的镇戍营兵制和以文统武体制初步成型。六是永乐迁都后，南北巡抚兼督南直隶卫所。宣德五年，明廷对行政区划整合改革，在全国派遣五位巡抚，应天巡抚为其中之一，后江北又设凤阳巡抚，并赋两巡抚提督所辖地卫所军官操练及剿捕盗贼之权力。应天巡抚历经两次裁革，第一次裁革是天顺元年正月，英宗对户部、兵部大臣说：“朕新复位，凡百行事，当遵祖宗旧制，各处巡抚提督等官，是一时权宜添设，宜即将各官取回，其各处边备及军民事务，令总兵等官理之。事有不便及官有不法者，从巡按御史究治，重者奏闻区处。”景泰八年，武清侯石亨与宦官曹吉祥发动了“夺门之变”，扶立英宗朱祁镇复位，废景泰帝朱祁钰，排挤文臣，裁处各处巡抚。应天巡抚至天顺二年六月恢复，“升江西布政司左布政使崔恭为都察院左副都御史，俱支从二品俸……恭巡抚南直隶、督理粮储”[④]。第二次裁革是正德二年十月，太监刘瑾把持朝政，排挤文臣，“逮各边巡抚都御史及管粮郎中下狱”[⑤]。所裁不限于“各边”，也包括内地。裁革后，正德五年八月又得以恢复，“复设云南、贵州、山东、河南、山西、江西、郧阳、蓟州、保定、苏松、凤阳巡抚都御史各一员。先是巡抚为刘瑾所革，吏部以请得旨：此累朝定制，其复之。时右佥都

---

① 《明英宗实录》卷六三，正统五年正月丙寅；卷五八，正统四年八月戊戌。

② 《明武宗实录》卷六，弘治十八年十月乙卯；（明）闻人诠等修：《南畿志》，嘉靖十三年刻，第150页。

③ 参见《明英宗实录》卷三〇五，天顺三年七月辛巳；卷三三〇，天顺五年七月壬戌；《明武宗实录》卷一二二，正德十三年三月丁丑等。

④ 《明英宗实录》卷二七四，天顺元年正月辛卯；卷二九二，天顺二年六月丁卯。

⑤ 《明史》卷一六，第201页。

御史王哲巡视江西，遂改为巡抚”[①]。两次裁革仍未解决宦官、武官与文臣之间的权力争夺问题。

（二）紧扣倭情，命将扩权

嘉靖年间，江南倭寇纵横江南，造成当地生命、财产的重大损失。面对日益猖獗的倭患，明廷抗击倭寇，继承明朝前期积极的海防政策，围绕强化海防，对南直隶的军事体制进行改革重组，对东南沿海防御进行强化。

扩权命将。嘉靖八年八月，鉴于浙直海贼、盗贼、逃军混乱的情况，给事中夏言奏请明廷设江淮总兵官，由都指挥使崔文升为都督佥事充任，职务与操江武臣相同，但授权的级别更高，与操江都御史基本吻合。兵部复议指出：“南京故有武职大臣，专管操江，兼理巡捕，事权原重，防御江洋，正其职守。止缘敕内开载不专，内有掣肘之嫌，外无节制之权，徒拥虚名，事难责成。”[②]也就是说，操江武臣所得到的授权不如江淮总兵官之专。据成化二十年例，操江武臣实无节制地方府州及扬州备倭之权力。[③]设总兵官是为扩权，给江淮总兵官以节制和指挥权，不受南京守备节制。兵部认为，武操江的职守也是巡缉、防御江洋，增设总兵而武操江仍存，牵制难以行事，要求撤武操江。但嘉靖帝志在平倭，坚持保留武操江，强化职权，令武操江仍旧防御镇江等处江洋盗贼，而江淮总兵官则提督沿江诸郡。

临时命将。嘉靖八年八月首设江淮总兵官崔文。九年六月事平之后，崔文不再任总兵官，直接由总兵官改任为第20任武操江，江淮总兵官于此时裁撤。江淮总兵官是临时命将，事毕即罢，没有改变南直隶军事防御组织结构。嘉靖十九年六月，淤泥堵塞京口闸门，漕粮改民船输运，从孟渎入江绕道而过，海盗连连劫掠。面对新发倭情，重新设江淮总兵官，“给以旗牌敕符，俾驻扎镇江，提督沿江上下兵防，西自九江、安庆，东及淮、扬、苏、常诸郡，凡备倭、守备、卫所，及有司巡捕官，悉节制之”。复设江淮总兵官，使事权统一。据嘉靖十九年十一月丙辰条载，“崇明盗秦璠、黄艮等，出没海沙，劫掠为害”，江淮总兵官汤庆“因督率官军出海口，与贼战，贼拥二十八艘来迎敌，辄败去，追斩璠等二百余人，夺获二十艘，余党远遁。上嘉之，升庆署都督同知，操江都御史王学夔、巡抚都御史夏邦谟，各俸一级，余赉银币有差”。嘉靖二十九年六月，江淮总兵官因巡按直隶御史赵锦上奏而被裁撤，重新设置江淮总兵官，调整下属防区。最重要的是，调整了扬州备倭和仪真守备的防御区域和职能权限。嘉靖二十年五月，经兵科都给事中冯亮奏请，操江都御史王学夔勘复：“将江南金山备倭都指挥去总督职衔，专备倭兼捕盐徒盗贼，自应山龙潭巡检司，直至镇江、苏州、太仓、镇海、金山等卫，嘉兴、松江、吴淞、江阴、崇明、南汇、青村等所，皆属之。江北仪真守备都指挥，专禁捕盐徒盗贼，亦兼备倭衔，自六合县，至仪真、扬州、通州、狼山、海门及掘港各营寨，高邮、盐城、海州、东海等卫所，皆属之。其扬州府巡捕同知，令专驻瓜州，沿江防捕，不得擅离职守。”[④]金山备倭与扬州备倭的职责有两个不同之处：一是地位的下降。扬州备倭的全称为“总督直隶扬州等处备倭”，职位为总兵官。金山备倭职位只是“偏裨”。二是防守区域的调整。南直隶沿海海

---

① 《明武宗实录》卷六六，正德五年八月壬子。

② 《明世宗实录》卷一〇三，嘉靖八年七月戊午；卷一〇四，嘉靖八年八月癸酉。

③ 《明宪宗实录》卷二五八，成化二十年十一月戊戌。

④ 《明世宗实录》卷一一四，嘉靖九年六月己未；卷二三八，嘉靖十九年六月庚午；卷二四三，嘉靖十九年十一月丙辰；卷二四九，嘉靖二十年五月庚寅。

防属于扬州备倭管辖，又称“备倭”，有管下江“常州孟渎河至苏、松、通、泰沿海地方捕盗事”[①]。而金山备倭防区为下江南岸江海防。仪真守备的防御地位升级。根据成化二十年的记载，在下江缉拿盗贼时，仪真守备的防卫由扬州备倭和操江武臣控制。重建后，仪真守备与金山备倭地位相当，管辖范围扩大至下江江北沿海，进一步强化了下江江北的江海防御。

（三）调整海防，因势设将

嘉靖三十二年起，为防御倭寇进犯，南直隶为加强海防，因势密集调整海防官员的防区。当年夏，倭寇在浙闽受重挫后，北犯苏松。嘉靖三十二年五月，南直隶添设金山参将，驻地金山，“分守直隶苏松等处防海备倭”[②]。据万历《明会典》记载，因其防区为苏松二府，故又称苏松参将，即金山参将。“金山参将，旧以苏松参将驻金山，防御沿海柘林、青村、南汇、川沙一带。后改游击。万历二年改设，以刘家河参将移驻”[③]。根据万历《明会典》考证《明实录》，金山参将驻地存在变动：嘉靖三十八年正月之时，苏松参将已经移驻到苏州刘河。时任巡按直隶御史尚维持奏请苏松参将驻金山，常镇参将驻阳舍，上疏言：“吴淞、柘林、川沙、阳舍、孟河五处，均为苏、松、常、镇四府要害，吴淞旧有守御所，而四城未设专官，乞各铸给千户所印及注选仓大使一员，以司粮饷。其苏松参将，宜驻金山，督守柘林、青村、南汇、川沙诸处。常、镇参将宜驻阳舍，督守图山、孟河二地……请下抚按官议之。报可。”于是，同年十二月“添设金山卫游击将军一员，从巡抚应天都御史翁大立请也”[④]。嘉靖四十四年，巡按直隶御史温如璋建议裁撤金山游击，苏松参将复驻金山，未得同意。万历二年，应天巡抚宋仪望复建言苏松参将应移驻金山，将金山游击移驻刘河，裁革常、镇参将，改设守备驻杨舍。经户兵二部复议，朝廷采纳。苏松参将回驻金山后，又称为金山参将。万历二十一年五月壬戌“调延绥八卫游击赵龙于宁夏，升游击管神机五营李震分守金山参将”[⑤]。据乾隆《金山县志》载：“李震，万历年任。”[⑥]金山参将也称为苏松参将。据《明实录》检索，万历时期多称为金山参将，偶用苏松参将。

嘉靖三十二年五月，因海寇泊守宝山窥苏湖等郡，据海为险，乘风肆虐，威胁留都根本重地，南京兵科给事中贺泾向明廷奏请照嘉靖八年、十九年例暂设江淮总兵官，统管大江南北兵防。但最终“上命暂设副总兵一员，提督海防，应用兵粮，巡抚并操江官协议以闻。操江都御史敕书不必更换，余如所议。已，乃命分守福兴、漳泉参将汤克宽，充海防副总兵，提督金山等处”。海防副总兵，简称金山副总兵或江南副总兵。嘉靖二十九年以前，江南地区因倭乱设江淮总兵官，是临时命将出征，因势而设，统管江南地区，事平即撤。金山副总兵非是江淮总兵官演变得来。据《明史》记载：“镇守江南副总兵一人，旧系总兵官，驻福山港，后移驻镇江、仪真二处。嘉靖八年裁革。十九年复设，二十九年仍革。三十二年，改设副总兵，驻金山卫。四十三年移驻吴淞。”该条记载混淆了嘉靖二十九年以前两次被裁革的江淮总兵官与嘉靖三十二年设置的

---

① 《明武宗实录》卷四四，正德三年十一月己未。

② 《明世宗实录》卷三九八，嘉靖三十二年五月甲子。

③ （明）申时行等修，赵用贤等纂：《（万历）明会典》卷一二七，第659页。

④ 《明世宗实录》卷四六八，嘉靖三十八年正月壬午；卷四七九，嘉靖三十八年十二月庚申。

⑤ 《明神宗实录》卷二六〇，万历二十一年五月壬戌。

⑥ （清）常琬、焦以敬纂：乾隆《金山县志》卷三《职官二》，乾隆十八年刻本，第164页。

金山副总兵。江淮总兵官管辖长江南北两岸的江防和缉捕江洋盗贼，金山副总兵辖长江南岸的江防及剿平海盗、倭寇，统管浙直防务。金山副总兵是协助应天巡抚辖区内最主要的海防军事力量。两者防御重点和防区不同，因地势相连，金山副总兵兼统浙直海防力量。嘉靖三十二年八月，南直隶巡抚都御史彭黯等各上御倭方略，兵部议覆后，嘉靖帝多采纳。其中一款为："添设杭、嘉二府守备一员，属金山副总兵节制。备倭都司驻扎定海，兼辖定海、海宁二把总，屯兵控御。"[①] 如此时，汤克宽由管辖南直隶长江以南海防的金山海防副总兵变成了总管浙江和南直隶长江以南的浙直海防副总兵。金山副总兵此时称为浙直副总兵。嘉靖三十四年，因金山海防副总兵的任命，明廷"革金山备倭都司，改设参将一员于苏松，暂设参将一员于常镇"[②]。同年九月，原任副总兵署都督同知何卿充副总兵官，总理浙直海防。

嘉靖三十二年九月，为防倭，江北增设分守直隶通泰等处参将一员。嘉靖三十四年十一月，江南各将领纳入浙直总兵统辖。嘉靖三十七年六月，"命通泰参将署都指挥佥事邓城，充添设提督狼山等处副总兵官"[③]。狼山副总兵由江北通泰参将升格改设，"嘉靖三十三年，既设海防兵备副使，其时并建参将，为分守通泰海防。至三十七年，倭益甚，乃改参将为提督狼山副总兵官，与海防道相策应"[④]。九江至苏松的长江南北岸分布着一些兵营和卫所，由江南副总兵和狼山副总兵分管。沿江诸营分别为九江卫、南湖嘴营、安庆营、荻港营、游兵营、仪真水营、仪真陆营、瓜洲水营、瓜洲陆营、三江营、圌山营、巡江营、新江营、太平营等。其中，江营信地上自南湖营、安庆营、荻港营、游兵营，下至仪真营、瓜洲营、圌山营、三江营，列为巡江八营，为操江的主要信地管辖范围。

（四）增设参、游、守、把，防守重点部位

由于嘉靖三四十年代南直隶的重大威胁来自于倭寇的侵扰，明廷在调整海防区的同时，又突出重点防卫。主要是在三江口（扬州府）、圌山（镇江府）以下长江两岸及沿海一带的重点部位增设镇戍营兵和各级将领。

江北沿海逐渐增加了大河口把总（扬州府海门县境内）、周家桥把总（扬州府泰兴江边）、掘港守备（掘港场以东五十里，扬州府境内）和盐城参将（淮安府境内），仪真守备的信地已被划分。嘉靖三十七年十月，江北巡抚李遂奏请明廷调整了仪真守备和狼山副总兵的信地位置，"改定仪真守备信地，以新港至瓜、仪、六合，隶之江防，以天长南及江都、高邮隶之陆防，仍听狼山副总兵节制"[⑤]。从天长南到江都、高邮一带的陆防，原由仪真守备节制，此时归狼山副总兵指挥，仪真守备的信地缩至新港、六合、仪真、瓜洲江防等地。

万历《明会典》记载，驻南直隶的镇戍将领，属地明确。既有提督（即狼山副总兵），又

---

① 《明世宗实录》卷三九八，嘉靖三十二年五月庚午；卷四〇一，嘉靖三十二年八月壬寅。

② 《明世宗实录》卷四二四，嘉靖三十四年七月戊申；《明世宗实录》校勘记，第2259页。苏松参将当为前金山参将。遍检《明世宗实录》，金山参将仅于初设时出现一次，此后驻金山的参将只能查到苏松参将。

③ 《明世宗实录》卷四六〇，嘉靖三十七年六月乙酉，第7776页。

④ （清）阿克当阿等修、姚文田等纂：嘉庆《重修扬州府志》卷二三，《兵志二》，成文出版社，1974年影印本，第1556页；《明史》卷七六《兵志》。

⑤ 《明世宗实录》卷四六五，嘉靖三十七年十月丙寅。此条史料记嘉靖十九年分江南、北备倭信地有误，应是嘉靖二十年，见《明世宗实录》卷二四九，嘉靖二十年五月庚寅。

有镇守（即江南副总兵），更含参（分守二员徐州参将、金山参将）、游（刘家河游击将军一员），共五员，设于嘉靖间的四员（即狼山副总兵、江南副总兵、金山参将、刘家河游击将军）皆在此区域。守备六员，嘉靖间增设盐城、泗州、掘港、杨舍守备四员，其中盐城、掘港、杨舍三员守备此地，仅泗州守备镇守三江口、圌山以上，守祖陵兼防倭。在镇戍将领中，还有把总十三员，其中十员（川沙堡、柘林堡、刘家河、吴淞江、京口圌山、福山港、周家桥、东海、大河口、狼山水兵）皆嘉靖间增设，都分布在此区域。

三　整合直浙兵防，提升抗倭战力

嘉靖帝面对倭寇对江南地区生命财产造成的重大损失，对朝廷防御海防不力大为震怒。嘉靖三十四年二月，将时任兵部尚书聂豹免职罢官。同月，又遣赵文华祭告海神，令其带领官员亲临江南视察倭情，研定海防方略，提升抗倭战力。

（一）强化指挥力度，统筹水陆战力

随着倭患日益严重，为加强防御，浙直海防呈合镇趋势。嘉靖三十二年八月，南直隶巡抚都御史彭黯、南京御史宋贤等人各陈御倭方略。御史宋贤言五事，其中第一条提到南直隶设有金山副总兵，浙江却没有主将，奏请应设总兵统领两浙，“直隶金山卫，近设副总兵，浙东西俱设参将，第未有主将节制，宜设总兵一员统领之”。嘉靖三十四年八月，赵文华奏海防五事，其中提到：“浙直地势相连，互为唇齿，宜设正副总兵官二员，分驻金山、临山会安（要）之地，共守陈钱，而以参将分守马迹等三山，各督信地，则势成犄角。”由此，设立浙直总兵官势在必行。同年十一月，设总理浙直海防事务总兵官，由南京中府佥书署都督佥事刘远总理浙直海防军务。[①]嘉靖三十五年三月，经兵部尚书许论奏准，照各边镇例，确认浙直总兵官所辖下属及礼仪，并对总兵、副总兵的属地和职能进一步确权。[②]由此，南直隶江南海防纳入跨省镇守总兵的统一指挥中。

浙直合镇在防御上有效协同了浙江、南直隶水陆御倭明军的战力。嘉靖三十五年三月，因浙直总兵官刘远不谙水战，明廷将其罢免，同时起用俞大猷、卢镗分别充任镇守浙直总兵官、协守浙直副总兵，复董邦政原职，添注录用海防韩宗福等人。嘉靖三十八年正月，直隶巡按御史尚维持奏请浙直总兵移镇吴淞，居中调遣浙直兵力。经兵部复准，苏松、常镇二参将奉旨驻守，水陆协同，大大提升了战力。嘉靖四十三年六月，浙直总兵俞大猷与报效副总兵汤克宽兵临惠州海丰，调集兵力大败倭寇。“广东官军大破倭寇于惠州海丰县。倭初自福建流入广东，会两广、南赣各军门征调，汉土兵大集，乘其初至急击之。贼惧，悉奔崎沙甲子等澳，夺渔舟入海，遇暴风，舟皆覆溺，得脱者仅二千余人。留屯海丰、锡都，总兵俞大猷帅官军四面围之，相守且二月，

① 《明世宗实录》卷四〇一，嘉靖三十二年八月壬寅；卷四二五，嘉靖三十四年八月壬辰；卷四二八，嘉靖三十四年十一月戊申。

② 《明世宗实录》卷四三三，嘉靖三十五年三月戊辰。“总兵则曰镇守，屯临山；副总兵则曰协守，屯金山。遇警则不拘水陆，皆得从宜调度。其体统视巡抚，得节制各路参将。参将视兵备，节制守备以下。州县佐贰不得与副、参抗礼。”

贼食尽欲走，报效副总兵汤克宽伏兵大捕察窖口以待之。贼至伏发，贼乃大惊扰，克宽斩其枭帅三人。参将王诏等兵继进，贼遂大溃，擒斩千二百余人，各哨军前后所得零贼又一千余人，于是余倭无几，不复能军，散遁入山薮，各兵乃分道搜之。”[①]

（二）统帅六省兵力，水陆夹击倭寇

嘉靖二十六年七月，朱纨被明廷任命为浙江巡抚，并提督浙闽海防，主持抗倭。由于朱纨严海禁，触怒了地方权势，因而被诬陷自杀，海防遂被破坏，倭寇入侵南直隶，蔓延到山东。[②]为了整顿江南军事，整合六省备倭、剿倭，强化军事统一指挥，嘉靖三十三年五月，明廷又加命张经担任六省总督，兼都察院右副都御史，总督南直隶、浙江、山东、两广、福建等处军务，一应兵食，便宜处分。临阵之际不用命者，武官都指挥以下、文官五品以下，许以军法从事。同年十月，为聚力讨贼，张经被免参赞之职，改为右都御史兼兵部右侍郎，专司总督军务。同时任命南京吏部尚书周延代为兵部尚书参赞机务。此为设置跨省总督，调整协调六省抗倭力量。

张经总督统辖六省后，不辱使命，调兵遣将，进剿倭寇。“南直隶、浙江、福建为倭寇重点攻扰之地，亦为该总督重点统辖之地；其余山东、广东、广西三省为该总督调集兵马的兼辖之地，管辖不一定严密。”[③]嘉靖三十四年五月，倭寇四千余人北犯嘉兴，屯兵柘林，拟攻王江泾。张经命参将卢镗督保靖兵驰援嘉兴，卢镗率狼兵、土兵水陆夹击，大败倭寇于石塘湾。倭寇又向北流窜，副总兵俞大猷率兵自南出击，斩杀倭寇。倭寇连败后窜至王江泾时，卢镗率保靖兵在南截击，其他抗倭兵力分头并进，协同作战。在张经指挥下，王江泾一战，斩首倭寇1900余人，溺死者无数。

（三）任亲罢贤，文武内斗频仍

王江泾大捷后，各地狼兵、土兵已经集结，筑城完毕，乡军也自发组织御倭。不久，倭寇又侵扰南直隶、浙闽防御薄弱之地。嘉靖三十四年五月，总督张经遭严嵩、赵文华陷害，被赵文华弹劾下狱，由周琉取代任总督。“以侍郎赵文华，劾其畏巽失机、玩寇殃民故也。”[④]“上遣提（缇）骑逮经，而经则已大破贼，捷闻，上亦不释，论死西市，盖为严氏父子所治云。”[⑤]赵文华“又劾浙江巡抚李天宠罪，荐宗宪代，天宠亦论死。帝益以文华为贤，命铸督察军务关防，即军中赐之。文华自此出总督上，益恣行无忌。”[⑥]嘉靖三十四年六月，明廷改杨宜南京户部右侍郎为兵部右侍郎，接替周琉总督南直隶浙福军务，但二人先后都受赵文华节制。赵文华与胡宗宪私交颇深，欲用胡宗宪取代杨宜。嘉靖三十五年二月，杨宜被罢，吏部尚书李默推补王诰，受到严嵩、赵文华构陷，赵文华弹劾李默谤讪，嘉靖帝听信赵文华谗言，将李默下镇抚司拷讯，李默庾死狱中。同时，胡宗宪升兵部左侍郎兼都察院左佥都御史总督军务。同年五月，

① 《明世宗实录》卷五三五，嘉靖四十三年六月辛卯。

② 《明史》卷二〇五，第5403—5405页。

③ 靳润成：《明代总督巡抚辖区研究》，天津古籍出版社，1996年，第141页。

④ 《明世宗实录》卷四二二，嘉靖三十四年五月己酉。

⑤ 《明神宗实录》卷三四九，万历二十八年七月戊申。

⑥ 《明史》卷三〇八，第7921—7922页。

赵文华兼都察院右副都御史，提督浙直军务。胡宗宪总督浙直闽军务直至嘉靖四十一年，后被弹劾，其所遗浙直总督缺无人补充，而以都察院左副都御史赵炳然为兵部右侍郎兼都察院右佥都御史，提督军务，巡抚浙江。工部尚书赵文华在嘉靖三十五年五月至九月间，提督浙直军务。靳润成认为："在一个总督辖区内同时共存二总督，一为赵文华，另一为胡宗宪。但二督亦有分工……可见赵文华职责在于拱卫留都，其余地区主要归胡宗宪管辖。故两督一主管南直隶，一主管浙闽。"① 嘉靖三十四年五六月间，周珫总督的管辖区域缩减为南直隶、浙江、福建。嘉靖三十九年五月，胡宗宪出任总督浙直福建都察院后，请求确认统管三省、控制操江的权力，朝廷允许。

随着倭患渐息，嘉靖四十二年五月，巡抚浙江侍郎赵炳然上奏海防八事，其中提到："分统辖。浙直将官原设总兵一员，驻浙江定海，以统浙直陆水兵，而共以一总督节制之，但今总督既革，则浙直已为二镇，而巡抚浙江者于金山副总兵不得用之于陆，巡抚直隶者于定海总兵不得用之于海矣。自今宜画地分辖，在定海者止属浙江，在金山者止属直隶，各兼理水陆兵务，而有警则仍互相策应。"② 金山副总兵和浙直总兵原为浙直总督管辖，水兵原为浙直总兵官管辖。浙江与南直隶分为二镇后，浙直总督被裁革，金山副总兵不受浙江巡抚节制，定海总兵不受直隶巡抚节制，各统管水陆。南直隶单独设置金山副总兵，总兵与参将的职权增大，作为军事指挥官，对于辖区内的文官亦有节制之权，便于动员辖区内各方面力量协调作战，进一步加大了抗击倭寇能力。

（四）海江一体，巡抚兼理海防

嘉靖年间南直隶强化海江一体防卫，是海防的一个鲜明特色。有学者研究认为："嘉靖三十六年，倭寇侵扰江北，为了防止倭乱，又分漕运总督与凤阳巡抚为二，以原任提督操江右佥都御史李遂为凤阳巡抚。嘉靖四十年，巡按直隶御史陈志建议说，总督漕运与凤阳巡抚分开的结果，使总督漕运管理粮饷，而巡抚负责军事，这都是海寇为乱一时权宜之计，现在倭患渐息，请以总督漕运兼凤阳巡抚。结果二者又合而为一了。"③

嘉靖倭乱之前的海防和江防，在统率体制上实为一体。所谓操江都御史，是明成祖迁都北平后，为保卫留都安全，在新江口建立水操军以备患，命都御史指挥，专九江至苏松通泰一线防务平患。④ 嘉靖三十二年四月，巡视浙福都御史王忬条上海防事宜，要求"禁近海豪民通引倭夷，以绝祸本"，并"通行两广、南直隶巡抚、操江官，远行哨探，分布兵船，彼此夹攻"。五月，倭寇迫近留都根本重地，南京兵科给事中贺泾奏请暂设总兵官，赋予其海防权责。兵部复议后认为，在金山卫添设总兵官为宜，可节制沿海将领。操江都御史的海防权责，引起了兵部和嘉靖帝的分歧，最终明廷任命汤克宽为提督海防副总兵。此时巡抚是指应天巡抚和凤阳巡抚。嘉靖二十年取消了永乐以来统合南直隶沿海备倭的扬州备倭。倭患危害南直隶大江南北，操江都御史不堪海防重负。倭患告急，朝廷依然没有完全明确巡抚与操江都御史之间的海防权责。迫于倭患形势，沿海地区的巡抚不断寻求扩充兵权。六月，巡抚应天都御史彭黯、巡按御史陶承

① 前揭《明朝总督巡抚辖区研究》，第 142 页。

② 《明世宗实录》卷五二一，嘉靖四十二年五月庚辰。

③ 张哲郎：《明代巡抚研究》，文史哲出版社，1995 年，第 66 页。

④ 《重修扬州府志》卷二三，第 1541 页。

学等言“请得以便宜调山东、福建等处劲兵”攻剿倭寇。兵部复彭黯、陶承学“就近调处州坑兵一二千名，仍随宜募所属滨海郡县义勇乡夫分布防御，并请命王忬（时任巡视浙江都御史）互相应援，其应用兵船、粮饷、器械、火药，许征发在所支用”。七月，应天巡抚彭黯、浙江巡抚王忬以海防告急上报朝廷，“各以倭寇出境、浮海东遁来闻，倭自闰三月中登岸，至六月中始旋，留内地凡三月。若太仓、海盐、嘉定诸州县，金山、青山、钱仓诸卫所，皆被焚掠。上海县、昌国卫、南汇、吴淞江、乍浦屿诸所，皆为所攻陷。崇明、华亭、青浦、象山、嘉兴、平湖、海盐（宁）、临海、黄岩、慈溪、山阴、会稽、余姚等县乡镇，焚荡略尽。向来（百年）所称江南繁盛安乐之区，骚然多故矣”[①]。

同年七月，因南直隶“迩者海氛弗靖，臣等日阅彼中当事诸臣及南京府部科道章奏，凡夷寇交衅之由，群凶狡谲之态，党与分布之广，城池失陷之多，官民屠戮之惨，与夫兵将柔脆之实，国赋亏损之虞，祖宗根本重地惊惶、震撼之情，臣等深切殷忧。周爰咨度，求所以俾（裨）庙谟销（消）后患者”，兵科都给事中王国祯等人上奏：“乃命掺（操）江与巡抚协同行事，平居既苦于牵制，临事又易于推诿，非计之得也。宜稽往牒，相时宜酌定归一，以专任而责成之便。”王国祯等人认为操江与巡抚很容易推诿，奏请明廷赋予南直隶操江都御史或巡抚海防专任。明廷经权衡利害关系，在应天巡抚和凤阳巡抚于本职上兼海防事务，明确了应天巡抚和凤阳巡抚的海防权责。[②]嘉靖三十三年，倭乱进一步猖獗，明廷授予应天巡抚海防之权，提督军务。“总理粮储提督军务兼巡抚应天等府地方一员，永乐初，遣尚书往江南治水患，兼理农务。十九年，敕尚书巡抚畿甸，然未有专设。宣德五年，命侍郎总督税粮兼巡抚应天等府，始有专职。至景泰四年，定遣都御史。嘉靖三十三年，以倭警令应天巡抚都御史提督军务。当风汛时驻扎苏州，严督防守。”嘉靖三十六年，倭寇进犯江北，明廷将漕运总督与凤阳巡抚分为二职，将原提督操江右佥都御史李遂任凤阳巡抚，加提督军务。明朝法典将应天、凤阳巡抚“兼理海防”的权力，表述为“提督军务”，该权力是因“倭警”而添设的，“总理漕运兼提督军务巡抚凤阳等处兼管河道一员，永乐间设漕运武臣，至景泰二年，因漕运不继，特命都御史总督，与总兵参将同理其事，因兼巡抚淮、扬、庐、凤四府，徐、和、滁三州。成化八年分巡抚总督漕运，各设一员，九年复旧。正德十三年，又各设。十六年，复旧。嘉靖三十六年，以倭警添设提督军务巡抚凤阳都御史。四十年，会议归并，改总督漕运兼督军务巡抚凤阳等处地方。万历七年，加兼管河道”[③]。

屠大山为第一任应天巡抚兼提督军务。《明史》《张经传》云：“（应天巡抚）黄冈方任、上虞陈洙皆未抵任。任丁忧，洙以才不足任别用。而代以鄞人屠大山，使提督军务。苏、松巡抚之兼督军务，自大山始。”[④]考《明世宗实录》，屠大山任应天巡抚在嘉靖三十三年三月甲辰至八月丁亥。《明世宗实录》载：“改南京兵部右侍郎屠大山为兵部右侍郎，兼都察院右佥都御史，总理粮储，提督军务，兼巡抚应天。初，吏部请以江西右布政方任代应天巡抚彭黯，未任，以忧去。复以江西左布政陈洙代之。会彭黯被劾得罪，上命再推忠谨堪任者以闻。大学

① 《明世宗实录》卷三九七，嘉靖三十二年四月丙子；卷三九八，嘉靖三十二年五月庚午；卷三九九，嘉靖三十二年六月壬辰；卷四〇〇，嘉靖三十二年七月戊申。

② 《明世宗实录》卷四〇〇，嘉靖三十二年七月甲子。

③ 《（万历）明会典》卷二〇九，第1040页。

④ 《明史》卷二〇五，第5409页。

士严嵩言洙已升任。上曰卿谓代黯有人，不知其人才猷能胜黯否。且今地方危急，一日不容纵贼，又恐其人远不能猝至，奈何？卿可同尚书李默详议。李默因言苏松巡抚所辖一十二府州，地远不便兼辖，况当军兴之际，调兵转饷难责一人。请添设提督军务大臣一员，责之剿贼，而令巡抚陈洙专督粮饷。上曰总督与巡抚并设，未知当否。其再会同兵部详议以闻。于是李默等退，复与兵部诸臣计之，皆言兵粮两分，行事未便，不若依近年浙江添设提督军务都御史例，令提督巡抚合为一人，庶责任专而绩效可勉，其都御史陈洙暂令回籍候补。上以为然，因改大山于应天。应天巡抚兼提督，自大山始。"《明世宗实录》又载："南京兵科给事中贺泾奏应天巡抚都御史屠大山，衰病不堪重寄，乞谕令大山自图进退，或暂予告归，别选大臣忠壮有心计者代之。吏部覆请，诏许大山回籍，仍令巡按御史勘其有无托疾状以闻。"[①]可见，谕令卫所军操练和剿杀盗贼，不属于提督军务权力。提督军务，是军事将领指挥营兵作战，与总兵官、参将指挥军事作战相同。所谓"直隶东滨巨海，北亘长、淮，中贯大江，江南则为苏、松、常、镇诸郡，江北则为淮、扬诸郡，其势不能以相援也，故各有巡抚之设。在苏、松四府有防海、防江二者之责；在淮扬二府有防海、防江、防淮三者之责。"[②]应天巡抚和凤阳巡抚都是兼理海防，操江的海防权力和责任并没有被明朝撤销。此时三者都在浙直闽总督的控制之下。凤阳和应天两大巡抚与操江均受浙直闽总督控制，但他们在嘉靖抗倭中的军权并不完全一致。操江的海防权虽然没有被明廷废除，但南北两巡抚已将操江都御史的海防权责架空。因为地理原因，浙直闽总督直接指挥应天巡抚。凤阳巡抚相对独立。在嘉靖抗倭中，凤阳巡抚李遂因功勋卓著，被明廷升任为南京参赞机务兵部尚书。[③]

（五）增设兵备道，笃行监军之责

嘉靖南直隶抗倭期间，营兵制扩张，营兵统帅系统增设总、副、参、游、守、把。明廷为强化监督，文官系统也在相应的扩充兵权。在文臣总督和巡抚之下，增设兵备道，对于相应级别的营兵武官行使监军之权。兵备道的增设与武官副、参等的增设相适应，但军事统率权则相辅相成，由武官副、参、游、守等统帅营兵，文官兵备督领府卫州县的军舍与民兵。

嘉靖三十二年七月，因设置金山海防副总兵，相应设立海防浙江按察司佥事分理苏松等处，以罗拱辰、董邦政，添注浙江按察司佥事。[④]首任分理苏松等处海防佥事为董邦政。明廷又将苏松常镇兵备道分设为苏松兵备与常镇兵备。明人焦竑在《王公墓志铭》中云："乙卯（嘉靖三十四年），王崇古晋副使，饬兵常镇。常镇故无兵备，以倭患特专设云。"[⑤]又《明世宗实录》载，苏松巡抚曹邦辅亲督副使王崇古会集各部兵击倭。[⑥]则常镇兵备当设于此前不久。苏松兵备始见于正德八年。《明武宗实录》载："命苏松兵备副使谢琛、浙江佥事吴希由分管水利。"又载："升福建按察司佥事宗玺为江西副使，监察御史谢琛为浙江按察司副

① 《明世宗实录》卷四〇八，嘉靖三十三年三月甲辰；卷四一三，嘉靖三十三年八月丁亥。

② （明）郑若曾：《筹海图编》卷六《直隶事宜》，中华书局，2007年，第421页。

③ 《明史》卷二〇五，第5403页。

④ 《明世宗实录》卷四〇〇，嘉靖三十二年七月甲子。

⑤ （明）焦竑：《澹园集》卷二九，《王公墓志铭》，中华书局，1999年，第441页。

⑥ 《明世宗实录》卷四二五，嘉靖三十四年八月壬辰。

使。”[①]由此推断，苏松兵备副使可能始设于正德七年，而常镇兵备则可能始设于嘉靖三十四年。《明世宗实录》载：“苏松巡抚曹邦轴檄佥事董邦政、把总娄宇，以沙兵击浒墅关倭寇，歼之。初贼自宜兴奔苏州，会柘林贼为风飘旋者三百余，进据陶宅港。邦辅虑一贼合且为大患，乃亲督副使王崇古，会集各部兵扼其东路……”据《明世宗实录》记载，董邦政任职“苏松海防佥事”。嘉靖三十二年八月至嘉靖三十五年十月之间，苏松兵备任环，初系衔山东按察司佥事。据《明世宗实录》记载，王崇古为“常镇兵备”，而参照徽宁兵备道始设之例，常镇兵备则可能始设于嘉靖三十四年。嘉靖四十一年十月，明廷“裁革常镇兵备副使及松江府添注海防同知二员，以海寇渐宁故也。其常镇兵防诸务，令苏松兵备兼领之”[②]。万历二十年五月，明廷又复设常镇兵备。据查《江南通志》，常镇兵备首任为彭国光。[③]《明神宗实录》万历二十年五月，明廷“升……山东副使彭国光……为浙江右参政”，万历十八年八月，“南京给事中徐常吉请复设常镇兵备，上以官多民扰，裁革已久，已之”。因此，推断复设常镇兵备应该是在万历二十年。万历二十七年十一月，“调浙江按察使梁祖龄为湖广参政，备兵常镇”[④]。据《南京都察院志》记载，天启年间苏松兵备驻于太仓州，常镇兵备驻于江阴县，曾先后寄衔于湖广按察司副使、浙江参政。[⑤]

苏松常镇兵备管辖隶属于南直隶之苏、松、常、镇四府，及镇江卫、镇海卫、太仓卫、苏州卫与松江、吴淞江、崇明沙三所，同时又管辖浙江的个别卫所。[⑥]对于苏松常镇兵备所管辖浙江卫所的具体单位，《南畿志》中仅云“并设于境外者”。据文献记载，此“设于境外者”为嘉兴守御千户所（守御嘉兴中左所）。据光绪《嘉兴府志》所载，“正军有二，曰嘉兴守御千户所、曰海宁卫。嘉兴所设于郡城内，隶苏州卫”[⑦]。又载：“都察院题：巡视下江苏松等处御史黄正色，祖籍嘉兴守御千户所，旧隶苏州卫，相应回避。”[⑧]

对于江北，明廷则于嘉靖三十三年五月设整饬淮扬海防兵备，“调原任湖广按察司副使张景贤整饬淮扬兵备，专理海防。时海寇未靖，总督漕运侍郎郑晓，及直隶巡按御李逢时共疏请添设兵备一员，专住泰州，以防通、泰、海州海贼出入之路。吏部覆，从其请。因调景贤为之，仍列衔于湖广”[⑨]，职掌为“整饬淮扬海防江洋，仍分管扬州、仪真、高邮等卫，泰州、盐城、

① 《明武宗实录》卷九八，正德八年三月辛卯；卷九〇，正德七年七月戊子。

② 《明世宗实录》卷四二五，嘉靖三十四年八月壬辰；卷四三四，嘉靖三十五年四月庚戌；卷四〇一，嘉靖三十二年八月壬寅；卷四四〇，嘉靖三十五年十月庚子；卷四三〇，嘉靖三十四年十二月己亥；卷五一四，嘉靖四十一年十月乙卯。

③ （清）赵弘恩等监修、黄之隽等编撰：《（乾隆）江南通志》（四）卷一〇三，《景印文渊阁四库全书》第510册史部268，第90页。

④ 《明神宗实录》卷二四八，万历二十年五月丁亥；卷二二六，万历十八年八月壬午；卷三四一，万历二十七年十一月戊午。

⑤ （明）施沛：《南京都察院志》卷一二，《四库全书存目丛书补编》第73册，齐鲁书社，1997年，第353、356页。

⑥ 《南畿志》卷三《戎备志》，第152页；《（万历）明会典》卷一二八，第662页。

⑦ （清）许瑶光等修：《（光绪）嘉兴府志》卷三一，成文出版社，1970年，第753页。

⑧ 《明神宗实录》卷一九一，万历十五年十月丙子。

⑨ 《明世宗实录》卷四一〇，嘉靖三十三年五月庚戌。

通州等所，京操官军”[①]。嘉靖三十八年寄衔为浙江按察司按察使，“升浙江按察司副使刘景韶为按察使，仍管淮扬海防，叙录平寇功也”[②]。隆庆五年寄衔为浙江布政使司右参政，之后又寄衔于湖广。

明朝军镇以文统武体制确立之后，明廷并置文臣兵备与分守、协守一路的武臣参将、副总兵，成为惯例。增设常镇兵备的同时，又设置上江应天兵备副使一员。应天兵备始设于嘉靖三十四年七月，裁革于嘉靖四十一年九月。[③]兵备道的增设，强化了监军能力。嘉靖三十七年六月，因下江江防守备疏漏，相关府同知和有关守备指挥守御不严，致安庆黄佐被杀。为强化职守，明廷命九江兵备道节制池州、安庆，并扩其权责。

四 划定信地，巩固防御

嘉靖时期，南直隶的海防和江防独具特征。关于操江都御史与巡江南北巡抚信地划界的由来及具体划分，南直隶在巡抚层面不存在常制化的江防与海防的清晰区划。据万历五年刊刻的《江防考》和天启本《武备志》以及林为楷的著作中屡屡提到过“江防”“海防”“江海联防”[④]。实际上，江防和海防的划分，在操江都御史和南北巡抚的层面，即防区的层面，从来就不是一清二楚的。江防和海防，与其是说防区的划分，不如说是南直隶兵防的两种重要军事职能，但在防御的方略上，都是以防御牵动平倭，主要有以下三个特点。

（一）联动防御

南直隶兵防兼有城防南京、治安地方、保障漕运安全等职能。职能和防区不能直接划等号，但不同的防区对某项职能有侧重。如京营侧重城防，南抚侧重海防，操江侧重江防，北抚有时侧重海防，有时侧重漕运。江防和海防职能的运作，不是某一防区能单独完成的。就江防而言，需要南北巡抚、操江都御史联动。而海防，至少需南北巡抚联动。本文是以防区划分为主线的，职能只能作为副线。

操江都御史原本统管上自九江下至长江口两岸江海防。嘉靖中叶倭患突至，操江都御史管辖江防海防已力不从心。嘉靖三十二年七月，南京兵科都给事中王国桢上奏，使应天巡抚、凤阳巡抚获得了提督下江段即三江口、圌山至海口长江两岸营兵的“兼理海防”权力。南北巡抚实际上已掌握了下江段的兵防权，但明廷未明确去操江都御史之海防权力，仍要求操江都御史与南北两巡抚协同行事。在制度上，江防与海防未完全划分开。[⑤]

① 《（万历）明会典》卷一二八，第662页。

② 《明世宗实录》卷四七七，嘉靖三十八年十月癸亥。

③ （明）吴时来：《江防考》卷五，《兵部为请复重地宪臣以图治安事》隆庆六年七月初八日，《四库全书存目丛书》史部第226册，齐鲁书社，1996年，第175页；《（乾隆）江南通志》（四）卷一〇三，第90页。

④ 参见（明）茅元仪：《武备志》，《续修四库全书》第966册，上海古籍出版社，2002年；林为楷：《明代的江海联防——长江江海交会水域防卫的构建与备御》，《古代历史文化研究辑刊》四编第27册，花木兰文化出版社，2010年。

⑤ 《明世宗实录》卷四〇〇，嘉靖三十二年七月甲子。

对于御倭功罪，操江都御史与南北两巡抚是一体赏罚。如在嘉靖三十三年五月，经操江都御史史褒善奏请，明廷“增设把总官一员于泰兴县周家桥防守”；又如嘉靖三十四年十二月，“兵部覆巡按直隶御史张云路、徐敦、应天巡抚曹邦辅、提督操江史褒善勘明倭寇自浙江流劫徽宁、太平，直犯南京，转掠至苏州剿灭，经过地方诸臣功罪、失事”。嘉靖三十五年二月，操江都御史史褒善与应天巡抚、巡按直隶御史联名奏请，增设芜湖参将。但皇帝认为：“近来督抚诸臣不务实心任事，但思多设官司以分己责，况有官无兵，徒设何益，其参将所统三卫官军，实有堪补（备）操练者，其数几何，所司查明，另议以闻。”六月，操江都御史史褒善初“驻芜湖，闻有倭自浙西突至，即以是日驰往徽宁避之，［及至岁］，［倭］贼度江阴，过狼山，直抵瓜洲，至扬州宝应城，大掠皆江防地，官军无能御者”[①]。于是南京兵科给事中张师载论劾褒善选懦失职，遂坐免。由此可见，当时江北的扬州、瓜洲是“江防地”，位于江北通州海口的狼山也是“江防地”。

（二）分段防御

嘉靖二十五年十二月，时任提督浙直军务尚书的赵文华条陈防海事宜。针对倭患猖獗，明廷又随宜更设官员分职“以致事权不一、南北扞格，彼此推调”奏请将南京以下江海防防区划分三段：“自南京至仪真为上节，责之操江衙门，而会哨于仪真。自仪真至狼、福二山为中节，责之常镇仪扬参将、把总，会哨于狼、福，而巡江御史驻扎镇江，参辖之。自狼、福至金山卫江海相界为下节，责之通州、苏松参将、把总，而金山副总兵，常川会哨，巡江御史兼辖之。其各兵钱粮，各以所属巡抚料理。”[②]在此防区规划方案中，操江衙门的范围被明确限定在仪真以上，而南北巡抚的权力仍然限于后勤保障。中段为仪真至狼、福二山，属常镇、仪扬参将和把总管辖；下段为狼、福二山至海口，属通州、苏松参将和把总管辖，并与金山海防副总兵协同会哨。中下段和金山海防副总兵，均由巡江御史节制。

分中有合。嘉靖三十六年，凤阳巡抚李遂上奏操江负责拱卫留都，不宜以海防为主，且江海防防御分工不明确，容易使江南、江北两巡抚和操江都御史相互推卸责任，因此建议将江海防的管辖范围以圌山、三江口为分界。圌山、三江口以下属两巡抚的海防地区，操江无权过问；而圌山、三江口以上到九江是江防区域，由于留都南京和陵寝都在这一区域，所以朝廷仍令南北两巡抚和操江互相协助。“合无自今以后，以上自九江，下至江南圌山、江北三江会口为操江信地，如遇汛警，但在圌山、三江会口以下，专责南、北督抚严督将领，毕力堵截。圌山以上逼近留都，南、北督抚仍与操江互为援应，不许自分彼此，致失事机。”[③]

（三）信地防御

嘉靖四十二年八月，南京兵科给事中范宗吴上奏，经南京兵部会官议定及兵部奏准，正式划分南北两巡抚与操江信地，将圌山和三江会口作为分界点，分上下两段防御，上段属操江都

---

① 《明世宗实录》卷四一〇，嘉靖三十三年五月辛酉；卷四三〇，嘉靖三十四年十二月己亥；卷四三二，嘉靖三十五年二月甲午；卷四三六，嘉靖三十五年六月戊子。

② 《明世宗实录》卷四四二，嘉靖三十五年十二月癸卯。

③ （明）李遂：《李襄敏公奏议》卷一三《议复操江兵费事宜疏》，《四库全书存目丛书》史部第61册，齐鲁书社，1996年，第211—213页。

御史的江防辖区，下段为凤阳巡抚和应天巡抚的海防辖区。[①] 此举划界清晰，权责分明，促进了信地防御。天启《南京都察院志》云："自嘉靖四十二年奏分信地，操臣所辖者，上自九江，下至江南圌山、江北三江会口止矣。"嘉靖四十二年后，操江都御史不再涉及海防事务，以圌山、三江口为分界，以上属操江都御史的江防信地，以下隶属江南、江北巡抚管辖。"嘉靖壬子，癸丑间，适倭夷犯海上，凡苏、松、淮扬皆为寇穴，操江臣南北奔命为疲，势难周遍，于是朝议加两抚臣提督军务，与操江臣画地而守，圌山以下属江南抚臣，三江会口以下属江北抚臣，操江臣专督瓜镇以上江防。"[②] 于是，圌山、三江口以上江防由操江都御史管理，圌山、三江口以下海防由应天、凤阳两任巡抚专责管理。当然，无论江海联动防御或是分段、信地防御，都是为防御倭寇入侵，确保留都安全，因此促进了江海防御合作机制。这种分工合作的江海防御体制一直延续到明末。

五 结语

嘉靖朝倭患持续了十五年，祸及浙江、南直隶、福建、广东等地，给这些地区百姓的生命财产造成重大损失。为了打击日本海寇，明朝对东南沿海地区和南直隶的军事体制进行了调整和强化。嘉靖三十二年后，南直隶的军事防御体系进入了密集调整期，并在江南、江北设置了副总兵。嘉靖中期，倭寇频扰南直隶，在海江防重地，镇戍营兵加强，戍将职责加大，重点布于三江会口（扬州府）、圌山（镇江府）以下长江和沿海地区。

随着倭患日益严重，针对浙直沿海防御出现了合镇的趋势，强化指挥体制。嘉靖年间，南直隶的军事防御系统成为了浙直闽总督管辖的跨省战区，即镇的一部分。嘉靖三十三年五月，南京参赞机务张经总督南直隶、浙江、山东、两广、福建等省军事，设立了跨省总督，以节制六省军事力量，并协调统筹平倭。

南直隶的海防体制随行政体制同时改革强化。浙直总督原统辖金山副总兵和浙直总兵。嘉靖四十二年五月后，浙江与南直隶分设二镇，浙直总督被裁革，分镇之间，金山副总兵不受浙江巡抚节制，定海总兵也不受直隶巡抚控制，各统管水陆。南直隶单独设置金山副总兵。

在抗倭中，浙直闽总督掌控应天和凤阳巡抚及操江都御史，但他们的军事权力并没有完全协调一致。操江都御史的海防权虽然没有被明确废除，但事实上已经被凤阳和应天巡抚架空。凤阳和应天巡抚拥有不同的海防权力。由于江南在地理上与浙江联系紧密，镇戍营兵的守备是完全整合的，应天巡抚的权力直接受浙直闽总督的控制，凤阳相对独立。

抗倭时期，营兵制得到了扩大，增设建立了营兵统帅系统总、副、参、游、守、把等。命将扩权，强化了指挥职责，明晰了防御阵地；增设参、游、守、把，突出了重点防御；设置总兵官，协同指挥水陆战力；实行江海一体，巡抚兼理海防，文官系统的军事权力也相应扩大。赋予兵备

---

① 《明世宗实录》卷五二四，嘉靖四十二年八月丙辰。"以圌山、三江会口为界，其上属之操江，其下属之南、北二巡抚，万一留都有急，则二巡抚与操江仍并力应援，不得自分彼此"；亦规定："今后不系操江所辖地方一切事务，都御史不得复有所与"。范宗吴原疏，见《南京都察院志》卷三一，第 136—141 页；南京兵部复议，见《议复操江兵费事宜疏》，第 211 页—213 页。

② 《南京都察院志》卷一二，第 342 页；卷三六，第 354—355 页。

道具有监军相应级别营兵武官的权力，但其军事指挥权是相辅相成的。副、参、游、守等武官指挥统帅营兵，兵备则督领府、卫、州、县的军舍和民兵。

操江都御史最初管理着从九江到长江口两岸的江防和海防。到嘉靖中期，随着倭寇的入侵，操江都御史已无力控制江海防。嘉靖四十二年八月，为了适应抗倭需要，明确划分了南北巡抚和操江都御史的信地、权力和责任。南、北两巡抚的海防信地与操江都御史的江防信地以圌山和三江口为界。操江都御史不再过问沿海防务，江防信地以圌山、三江口为界，以上是操江都御史管辖，以下是江南和江北巡抚管辖，实现了海防和江防的互相促进。这种分工合作的江海防御体制，一直延续到明末。

本文系鞍山师范学院博士科研启动基金课题“留都南明弘光政权速亡的军事因素探讨”（项目编号：21b09）的阶段性研究成果。

（作者单位：鞍山师范学院人文传播学院）

论清代新疆文庙祭祀的起源发展及历史意义

许冰彬

内容提要：本文通过考察清代新疆文庙的起源与地区分布，分析文庙祭祀的特点，探讨了其逐渐发展直至盛行全疆的原因和历史意义。清朝利用文庙与官学互为一体的组织结构，通过教育宣传和庄严肃穆的礼制向当地民众树立了中央权威和国家意志，在大力推行文庙祭祀的过程中，试图构建出政治、文化和精神自觉认同的体系，从而加强西北边陲的治理和守备，巩固边疆统一。

关键词：清代新疆　文庙　祭祀　文化认同

《左传》有言："国之大事，在祀与戎。"《礼记·祭统》云："凡治人之道，莫急于礼。礼有五经，莫重于祭。夫祭者，非物自外至者也，自中出生于心也。心怵而奉之以礼，是故唯贤者能尽祭之义。"我国为统一的多民族国家，清朝康雍乾三朝皇帝花费七十余年时间，最终完成了对新疆的平叛与统一。不同于汉、唐统治西域的管理模式，清朝政府不再施行羁縻制，而是采用直接军政管理，如设立"总统伊犁等处将军"，简称伊犁将军，统领全疆军政事务，并根据全疆各地的不同特点，建立了适应当地实际情况的管理体制。同时大力加强了宣传教化，在各城镇建祠立庙，派遣官员定时致祭，正式将国家祭祀礼仪传入，不断从文化典制方面进行潜移默化，增强了新疆与中原地区的联系和对中央政府的向心力，从而加强西北边陲的治理和守备，以巩固边疆统一。

《新疆图志》载："新疆僻处西徼，商周以前，阻于声教；汉唐而后，类皆以羁縻为事。自高宗纯皇帝大奋厥武，南回北准悉隶职，方建置神祠，湔涤陋俗，而祀典于是乎肇兴。"[①] 其中，文庙祭祀制度在新疆的全面推行就是一个重要举措。文庙祭祀早在唐代就初步形成了系统的礼仪制度，被列入国家官方祭祀活动。《大唐开元礼》详细记载了文庙祀典中斋戒、馈享、行礼等重要仪程，对后世具有重要的参考价值。清人庞钟璐也编纂了《文庙祀典考》，全书五十卷，内容翔实、体例完备、图文并茂，全面记录了清朝历代皇帝对文庙祭祀的上谕以及各种礼器、陈设、乐舞、仪轨、流程等典制，对于了解清代文庙祭祀礼制发展演变具有重要意义。新疆重新回归版图之后，清朝不遗余力地加强了文化认同方面的措施，为了巩固统一，稳定人心，强化儒家传统思想的主导地位，在新疆地区建设文庙并推行文庙祭祀典礼势在必行。目前，学界对新疆文庙相关的研究无论是数量和内容上都很薄弱[②]，主要集中于乌鲁木齐文庙，或者偏向于汇集资料，而探析清代新疆地区文庙修建的缘起以及文庙祀典的发展和意义，对于探讨儒家

① （清）王树枏等纂、朱玉麒等整理：《新疆图志》卷三六，上海古籍出版社，2015 年，第 648 页。

② 参见崔广庆：《清代新疆地方志所载文庙汇考》，《新疆地方志》2020 年第 4 期；魏长洪：《乌鲁木齐文庙历史说》，《新疆地方志》2001 年第 3 期；杨梅花、赵鸣、张新果、韩卫民、武文丽：《乌鲁木齐文庙风格的地域化探析》，《古建园林技术》2015 年第 4 期等。

文化在西北边疆地区的推广和传播以及中华民族大一统观念的形成和巩固等各方面具有重要研究价值。

一　新疆文庙祭祀的起源

中国古代皇权社会非常重视以礼治天下，自汉武帝时期以来，儒家礼制道德思想便逐渐成为统治阶层所信奉的主流文化和治国纲领。而“礼”的核心内容可分为三个方面，“上事天，下事地，宗事先祖而宠君师，是礼之三本也”[①]，即“天地”“先祖”“君师”，显而易见，文庙祭祀便属于其中的“君师”之礼。因此，文庙祭祀活动不仅是单纯地对先师孔子的祭祀，而是成为国家树立文化权威、控制思想文化、引导社会风气的一种形式，被认为是“治之本”。随着皇权和国家政治力量不断提升孔子的政治地位，历朝文庙祀典不断加以完善、传承和创新，逐渐演变成一种规模庞大又礼仪完备的国家正祀，并颁行全国各地遵照施行。而清代是少数民族建立的政权，因此更加注重儒家道统的支持，对文化的正统性问题十分重视，因此更加尊孔崇儒，大力兴建文庙，每年隆重祭祀，甚至边疆地区也不例外。

清代新疆地区最早兴建的文庙设在乌鲁木齐。乾隆三十四年，驻地办事大臣温福等上奏获准“设立学校并建文庙。迪化、宁边二城岁销春、秋二祭银四十五两零。查文庙尚未修建，现照敦煌县之例，暂行搭棚致祭”[②]。可见，由于此时文庙尚未修建，权宜之下只好仿照敦煌成例，因陋就简，暂且搭棚举行祭祀仪式。这种状况在纪晓岚的诗作里也有反映：“炉烟袅袅众香焚，春草青袍两面分。行到幔亭张乐地，虹桥错认武夷君。”诗后自注：“部议两厅建文武庙，因兵力未暇修举，至今张幔以祀。”[③]“青袍”本是学子所穿之服，这里应该是参加文庙祭祀活动的儒生。“文武庙”，文庙就是祭祀孔子的孔庙，武庙原指岳王庙，明清以来将祭祀关羽的庙称为武庙，这里指的就是关帝庙。乾隆二十八年七月，乌鲁木齐河上架设了一座“虹桥”，即今之西大桥的前身，这是一种大跨度的木制拱桥，利于船只航行。武夷君是福建名山，山峦起伏，景色秀丽，纪晓岚在这里将二者做了一个夸张的对比，其实是在说文庙和武庙的祭祀帐篷太多太大，以至于错认成连绵起伏的群山了。这首诗描写的是，由于乌鲁木齐文庙和武庙尚未建成，人们只好搭起帐篷进行祭祀。尊孔崇儒是清政府维护自身统治的重要手段，也是文化认同、礼仪教化政策的核心；祭祀关羽则是为了纪念平定叛乱、国家统一的武功。事实上，这也是清政府为了安定边境、巩固权力而采取的一项刚柔相济的措施。纪晓岚还有一首诗写道：“初开两郡版图新，百礼都依故事陈。只有东郊青鸟到，无人箫鼓赛芒神。”诗后自注：“百礼略如内地，惟未举迎春之典。”[④]“两郡”指的是乌鲁木齐新旧两城，新城为乾隆三十二年九月竣工的迪化新城。这首诗描述了乾隆时期乌鲁木齐地区的祭祀情况。可见，新疆虽然地处边陲，但平定叛乱之后，在祭祀方面基本遵循了清政府的典制规定。这也说明清王朝在边疆行使权力的深度。虽然字里行间略有一丝遗憾，如“迎春之典”尚未举行，但这都无妨大局。随着清朝

① （清）王聘珍：《大戴礼记解诂》，中华书局，2008 年，第 17 页。

② 郭院林主编：《清代新疆政务丛书》第三册，凤凰出版社，2019 年，第 89 页。

③ （清）纪昀著，郝浚等注：《乌鲁木齐杂诗注》，新疆人民出版社，1991 年，第 32 页。

④ 《乌鲁木齐杂诗注》，第 36 页。

中央政府经营开发新疆的不断深入，促进民众对内地的文化认同，各种祭礼典制必将在当地广泛推行下去。

乌鲁木齐新城建好之后，清政府也开始加紧筹备文庙的建设事宜。由“文庙岁支祭祀银四十五两，于四十二年八月始祭”[①]可以推测，至乾隆四十二年八月，乌鲁木齐文庙已经建成并可以正式使用了。具体位置可以参考清人永保《乌鲁木齐事宜》的记载：“（满城巩宁）文庙一座，坐落东关厢街东，迪化州学正衙署一所，旁文庙。”[②]这应该是清代新疆地区的第一座文庙。至此，祭孔大典也有了正式的行礼场所，具有重要的开创意义。遗憾的是，这座文庙后来在同治年间毁于战火，遗迹荡然无存。清末左宗棠再次平定新疆之后，光绪四年，由镇迪粮务兵备道周崇传承修，地点设在城西大街（今乌鲁木齐市天山区前进路）。该文庙经过不断修缮，一直延续至今，也是目前新疆境内仅存的一座具有完整建筑群的文庙，它不仅体现了清朝巩固边疆的举措和进行新城建设，而且也是内地文化在边疆地区传播的物化象征，对于研究孔子文化和儒家思想在新疆的传播与推行具有重要的历史意义。[③]

二 清代新疆文庙祭祀的发展

（一）清代新疆文庙的建设与分布

新疆末代巡抚袁大化在《祀典志序》中说：“西域前此无祀也，祀亦不能典也。”[④]然而随着清代在新疆建城驻军、屯垦戍边，全疆社会秩序逐步稳定，经济文化不断发展，继乌鲁木齐文庙建成之后，大部分府、县也都开始兴建文庙，传播儒家传统思想文化，对于新疆地区多民族之间的交往交流交融起到了促进与推动作用。根据学者的统计，“清代新疆四道三十九县（州府厅），绝大多数都建设了文庙，反映了清代儒学文化在新疆发展的盛况”。[⑤]为方便查阅对照，特整理列表如下：

（二）新疆文庙的特点

通过上述表格对比，可知北疆地区文庙建设相对较早，规模也较大，如乌鲁木齐、巴里坤县、霍城县等在乾隆、道光年间都已建设文庙，而南疆地区的文庙相对建设较晚，规模也小一些，大多都是在清朝末年新疆设省之后才大规模兴建，这可能也与南北疆人口、经济、文化发展不平衡有关。具体有以下两个特点。

第一，从祭祀方面来看，《新疆图志》所记载的众多祀典中，排在首位的就是文庙典礼，可见其地位极其重要。文庙祀典作为一种综合性的国家祭祀仪式，其子系统包括文庙建筑制度、祭祀制度、配从制度和附祭制度、乐舞制度等，这些制度由朝廷统一颁布并在全国各地文庙实施。文庙祀典的不断发展与完备反映了传统社会对儒家文化的认同和推崇。同时，文庙祀典的礼仪

---

① （清）王聘珍：《大戴礼记解诂》，中华书局，2008年，第17页。

② （清）王聘珍：《大戴礼记解诂》，中华书局，2008年，第17页。

③ （清）王聘珍：《大戴礼记解诂》，中华书局，2008年，第17页。

④ 《新疆图志》卷三六，第658页。

⑤ 前揭《清代新疆地方志所载文庙汇考》。

表 1　清代新疆文庙一览表

地区		时间	地点	出处
镇迪道	迪化县（今乌鲁木齐）	不早于乾隆四十三年	在东关厢街东，迪化州学正衙署旁，后迁至城西大街。	《乌鲁木齐事宜》《新疆图志》
	绥来县（今玛纳斯）	光绪二十年	在城北大街，知县高晋昌就旧有玛纳斯协署改建。	《新疆图志》
	阜康县	光绪二十二年	在城东关正街，知县任兆觐建。	《新疆图志》
	奇台县	同治十二年	在城东街，督办新疆军务大臣景廉创建，光绪二十三年知县朱熿重修。	《新疆图志》
	吐鲁番直隶厅	光绪十七年	在城东南隅，同知彭绪瞻建。	《新疆图志》
	鄯善县	光绪六年	在城北大街，辟展巡检周文荆建。[①]	《新疆图志》《鄯善县乡土志》
	库尔喀喇乌苏（今乌苏市）	光绪二十五年	在城西街，同知土廷赞建。	《新疆图志》
	哈密直隶厅	光绪初年	老城东门，坐北向南。进庙门，东西又厢房，上殿供奉孔子之位，内外均为红墙；后迁至城西南郊一里，光绪十八年，副将肖元亨重建。	《新疆图志》
	镇西直隶厅（今巴里坤县）	乾隆三十七年	在城西南隅，同治十一年，乌鲁木齐都统景廉重建。	《新疆图志》
	孚远县		未设文庙。	
	呼图壁		未设文庙。	
	昌吉县		乾隆四十二年陕甘总督曾上奏请求修建文庙，但最终无果。	《清高宗实录》
伊塔道	绥定县（今霍城县）	道光十二年	在惠远城东北隅，光绪十八年，知府潘效苏、知县邓以潢同建。	《新疆图志》《清德宗实录》
	精河直隶厅（今精河县）	光绪二十六年	在城西北隅南向，同知刘澄清建。	《新疆图志》
	宁远县（今伊宁县）		未设文庙。	
	塔城		未设文庙。	

① 据崔广庆先生考证，鄯善县只建有文昌宫，或者出于节省经费而未建设文庙，祭孔活动就在文昌宫举行，而《新疆图志》误将在文昌宫举办的祭孔活动视为在文庙举行，所以就多出鄯善县有文庙的记载。

地区		时间	地点	出处
阿克苏道	温宿府	光绪三十四年	在城南门，兵备道潘震建。	《新疆图志》 《温宿府乡土志》
	温宿县		未设文庙，祭孔之礼在县署设位祭拜。	《温宿府乡土志》
	柯坪县	光绪三十年	在署东南古白杨树边东向，县丞王廷襄建。	《新疆图志》 《柯坪县乡土志》
	拜城县	光绪十三年	在城西北隅，知县杨廷珍建。又一说在县东街。	《新疆图志》 《拜城县乡土志》
	库车直隶州	光绪二十六年	在城东南大街，同知彭绪瞻建。又一说在州治迤西。	《新疆图志》 《库车州乡土志》
	乌什直隶厅	光绪三十三年	在城东门，同知胡赐福建。	《新疆图志》
	焉耆府	光绪三十四年	在府署东偏，知府张铣建。	《新疆图志》 《焉耆府乡土志》
	轮台县、若羌县、沙雅县	光绪三十年	甘肃新疆巡抚潘效苏曾奏设，终未建成。	《新疆图志》 《清德宗实录》
	新平县		未设文庙。	
喀什噶尔道	疏勒府	光绪十五年	在城西北隅，知州蒋诰建。宣统元年，知府王炳堃重修。	《新疆图志》
	莎车府	光绪十八年	地点不详，由莎车直隶知州潘震、副将陶生林建。	《新疆图志》
	和田直隶州	光绪四年	在回城，提督董福祥建。	《新疆图志》
	洛浦县	光绪三十一年	在县署迤西，知县陶甄建。①	《新疆图志》 《洛浦县乡土志》
	巴楚县	不详	衙署右建文武庙。	《巴楚县乡土志》
	蒲犁直隶厅、皮山县、伽师县	光绪三十年	甘肃新疆巡抚潘效苏曾奏设，终未建成。	《清德宗实录》
	英吉沙县	光绪十一年	同知刘嘉德承修文昌庙在城东北隅，然未有文庙。	《新疆图志》 《英吉沙尔厅乡土志》
	叶城县、于田县	不详	设有文庙，地点不详	《30年代新疆卡格里克（叶城）县社会风貌的回忆·庙宇》 《新疆游记》
	疏附县		未设文庙。	

① 据崔广庆先生考证，《新疆图志》误将洛浦县太庙迎神牌位祭孔视为文庙祭孔。

制度也表达了最高统治者对儒家文化信仰和伦理纲常等价值观的鼓励。

新疆文庙起初由乌鲁木齐都统为主祭官，每年春秋二季，亲率文武官员三跪九叩首，朝服恭祭。新疆建省之后，则由巡抚担任主祭官。祭祀的具体内容非常详细，包括崇圣祠、大成殿牌位陈设以及大成殿释奠礼、文庙乐章、祝文等具体内容。崇圣祠，原为明嘉靖九年于大成殿后设立的启圣祠，主要祭祀叔梁公。清雍正元年，雍正帝下诏封孔子先世王爵，又追溯了伯夏公、加叔公、祈父公、木金父公，五代合并祭祀，并更名为崇圣祠，新疆文庙沿用其制。崇圣祠的祭祀礼节基本与大成殿相同，"正献官诣五圣王各位前行礼，其四配两庑，均系分献官行礼，亦无饮福受胙，所有迎神、上香、初献、羹帛、亚献、终献、撤馔、送神、望燎礼节，俱如正殿"[①]。

光绪三十二年，文庙典礼升列大祀，皇帝亲临致祭时行饮福受胙礼，于大成门外增中、左、右三门，正殿改用黄幄玉爵，晋十笾改为十二笾，十豆改为十二豆，舞佾六改为舞佾八。其余直隶、各省地方官员致祭时，主祀、陪祀者入门升殿，登降皆由右，不饮福受胙，以示对皇帝的尊崇，新疆文庙亦遵行不违。另外又特别规定："各官至下马牌，均由西右门进。行礼时，亦由右阶上下，不得擅行东左门及东阶。特专记之，俾无陨越。"[②] 由此也可以看出新疆地方官员的认真谨慎，不忽略任何礼仪上的微小细节。大成殿释奠礼，遵照礼部颁行的礼节原文抄录；乐章采用《钦定文庙乐谱》，其余祭器、乐律、乐器、舞容，均按照《皇朝祭器乐舞录》施行。据学者统计，《新疆图志·祀典卷》中文庙典礼祭祀动词的数量和频次都非常高，各种相关动作 72 种，词频 433 次，其中排在前 5 位的分别是赞（60 次）、叩首（49 次）、献（42 次）、跪（37 次）、兴（37 次）。[③] 由此可见，新疆虽然距离京师非常遥远，但是对于列入国家正祀的文庙典礼来说，还是相当隆重和谨慎的。文庙祭祀礼仪严格遵守了中央政府颁布的典礼制度，整个过程肃穆庄严，行礼程序十分完备。

第二，除了祭祀功能之外，新疆文庙也沿袭了内地"庙学合一"的体制，地方官学依托于文庙，成为主政官员重要的文教业绩。如奇台县官立第一简易识字学塾、官立第六初等小学堂，分别由知县童淦、杨芳炽设立，堂舍均借用文庙。温宿府官立第一、第二汉语学堂，"在治城文庙内，知府彭绪瞻设立，兼简易识字学塾"[④]。这种庙学融合的格局，通过教学灌输和礼仪感化，将学校教育和文庙祭祀礼仪紧密结合，在学习中耳濡目染，对当地士子接受传统儒家思想和增强国家文化认同方面具有潜移默化之功效。文庙祀典作为国家正祀，其规范化、制度化的礼仪规程在形式上强化了儒家的独尊性和神圣性。同时，文庙作为地方官学，也是一种社会教育的重要载体，其神圣的仪式对文士学子树立了榜样和模范，从而对他们的社会行为产生广泛影响。通过这些仪式，儒家理念也可以渗透到具体的社会生活中，反过来也保持了儒学价值观的坚定性和长久性。

---

① 《新疆图志》卷三六，第 650 页。

② 《新疆图志》卷三六，第 656 页。

③ 马蕾：《新疆图志·祀典卷·文庙典礼中动词探析》，《黑河学院学报》2020 年第 7 期。

④ 《新疆图志》卷三九，第 717 页。

三　新疆文庙祭祀的意义

黄进兴先生曾指出："孔庙兼有正统文化宣导者与国家教育执行者的双重功能。申言之，京师立庙，有别于原初孔庙，政治意图特为凸显。但为维持奉祀之正当性，圣裔设立仍不可或缺。是故，不免染有家庙的残余性格。相对的，地方孔庙纯是遂行国家政教措施，而无此顾虑。这使得孔庙完全脱离家庙性质，正式融入国家祭祀系统，成为官庙之一环。"[①] 由于国家政治力量的不断介入，祭孔活动逐渐成为一种规模庞大而完备的国家祭祀仪式，其内涵也从对孔子的祭祀扩展为树立文化权威、控制思想文化、引导社会风气的一种形式。由于清代皇帝不断提升先师孔子的地位，祭孔活动的重要性得到进一步提升，并逐渐成为文庙祀典的重要组成部分。清代新疆文庙的功能，就是代行国家文化政教措施，作为官方正祀在当地推广和实施具有重要的历史意义，具体如下。

第一，清代新疆文庙及其祭祀活动对于树立中央政府权威，加强国家统治力量具有重要的意义。在古代皇权社会，建祠立庙具有严格的限制和规定，也是国家和皇帝的专项权利，其他人不能随意逾越。新疆地区通过修建文庙和举办隆重的官方祭祀活动，正是代表中央政府向地方官员和民众传达了皇权的神圣威严。这些具体的仪式有助于实现儒家思想观念的制度化，将国家所推崇的儒家道德价值观和伦理纲常思想潜移默化地渗透到基层社会，从而维护地方政府的统治和管理。尤其是在战乱频繁、统一初定的新疆地区，随着统治权力的重建，清朝统治者需要尽快确立其在该地区政治、经济、文化等领域的权威性，尤其是要在边疆建立一个与中央王朝统治相适应的文化权威体系，从而使自身的合法性得到充分认可，以达到巩固其统治的目的。而文庙可作为地方政府与民众之间的连接点，官方通过修建文庙的批准权与举办祭祀活动的话语权向民众传达中央政府的神圣威严，并通过隆重庄严的祭祀场景来强化这一形象，促进地方官员和民众对中央王权的认可和接受。在一定程度上，清朝统治者通过文庙信仰将政府所倡导的儒家伦理纲常思想传达给下层社会，并通过文庙典礼树立中央政府权威，以儒家礼教规范世道人心，引导当地民众文化和精神方面的国家认同，从而巩固国家统一。

第二，清代新疆文庙及其祭祀活动对于增强国家文化认同的意义重大。国家文化认同是稳定战后新疆地区的重要因素，特别是新疆地域广阔，多民族长期交错聚居于此，政治、宗教、文化多元发展，再加上地处西北边陲，距离京师较远，战后形势和局面都非常复杂，迫切需要加强中央政府的感召力，从治统和道统两方面争取当地民众的支持，尤其是国家文化方面的高度认同。而文庙和孔圣人就是道统的象征，儒家伦理道德纲常文化的导向，对于消除敌对情绪、稳固统治基础、争取民心等发挥着巨大的作用。因此，清王朝统一新疆之后，必须在尊重当地各民族文化习俗和宗教信仰的基础上，采取潜移默化的文教措施来增强国家文化认同感，从而巩固国家统一、维护边疆地区稳定。正如《礼记·王制》所说："修其教，不易其俗；齐其政，不易其宜。"清朝在新疆修建文庙，也是多元文化背景下"以礼正国"的重要政教举措。从本质上说，就是通过文庙祭祀先师孔子，传达国家意志、传播儒家传统道德思想，稳定民心，将国家治理体系引入新疆，培育当地民众的国家文化认同感，从意识形态的层面增强对中央政府的凝聚力和向心力。

---

① 黄进兴：《圣贤与圣徒》，北京大学出版社，2005年，第35页。

第三，清代新疆文庙祭祀对加强民族团结、促进民族融合发挥了重要的作用。我国是一个统一的多民族国家，维护民族团结可谓中华民族共同体得以巩固和壮大的基石，清代也不例外。新疆地区是一个多民族聚居的地区，不同民族之间的文化差异容易导致矛盾和冲突，文庙祭祀通过官方礼仪规范，融合各民族文化特色，促进了不同民族之间的交流和融合，从而有助于维护民族团结。清代统治者也认识到为了确保国家统一和边疆稳固，必须加强各民族之间的交往交流和交融，加强民族团结和凝聚力，文庙及其祭祀活动就起到了一个纽带或桥梁的作用，通过国家祀典庄严肃穆的礼仪，不断宣扬推崇儒家核心思想与道德观念，逐渐稳定了民心。人们在共同祭拜的过程中凝聚了共同的价值观和信仰，增强了社会凝聚力和认同感，特别是在多元文化和多民族的新疆地区，文庙作为一种儒家文化符号和价值观的代表，有助于促进各民族之间的交流融合，确保社会秩序稳定。

第四，清代新疆文庙也是地方官学兴起和发展的重要标志，见证了儒家文化在新疆的推行和传播，对当地教育的发展和文化的融合发挥了巨大的价值。其“庙学合一”的体制将教育和礼仪活动相结合，多民族官员和文人学士通过制度化、规范化的程序聚合起来，不仅宣扬推广了儒家忠君爱国、三纲五常等传统文化思想，也为当地培养了大批经世致用的人才，客观上起到了推动民族文化交融、维护民族团结、保障社会稳定、促进经济发展的重要作用，在一定程度上为中华民族共同体意识的形成奠定了思想基础，对于新疆地区“多元一体”的文化体系形成也具有重要意义。

第五，新疆文庙祭祀有开启民智、移风易俗、维护和平之功效。《新疆图志·祀典》中说：“西域以荒芜榛狉之乡，见伐鼓考钟之治，尤足以鼓吹乎休明，感化乎风俗。雍容升降，靖肃鱼顽，诚有销兵气于无形，启文明于未艾者。爰举先师及各先贤、先儒崇祀年月、位次暨礼节、祝祠、乐歆、佾舞于左，昭其敬也。”新疆地处西北边陲，战略位置极其重要，常年战乱不断，民众深受其苦。新疆巡抚袁大化曾称：“粤稽我高宗纯皇帝再振王师，一平准部。凡在高山大泽，俱隶秩宗；曾经设伏屯防，胥加享祀。于是拓疆万里，建置四十城。设郡县以崇封，行乎政教；悉郊庠之宏启，化以诗书。至光绪三十有二年，我德宗景皇帝稽古右文，升至圣先师孔子列为大祀。此在关内声明文物之地，犹欣欣向荣、秩然望治平之盛，矧以避陋遐荒，值斯典礼，有不山川草木为之精神一振者哉？此所为大书特书而不容已也。至如山川坛庙、名臣祠宇、春秋会社载诸会典者，或以崇德，或以报功，均寓意于向明，允足昭其诚恪。吾将见嚣陵之气，潜销于酒醴笙簧；仁爱之风，感触乎趋跄揖让。则数年、数十年后，此都人士必且默化其呿呿吁吁，而为鱼鱼雅雅，萃然臻人文之盛，而观治化之成也，岂仅神道设教而已哉！”[①] 由此可见，新疆文庙之设立并非简单祭祀先师孔子，它明显带有国家层面的意志，要感化风俗，消弭兵燹，启发文明，大兴仁爱之风，最终达到人文之盛、治化之成的大美新疆。

四　小结

清代新疆地区具有复杂的民族构成、多元的文化信仰，社会经济形态也相对落后，因此其

① 《新疆图志》卷三六，第658—659页。

地的主流意识形态也呈现出复杂多变的地域化特征。对于清政府如何有效治理边民、巩固统一疆域提出了挑战。因此，清政府从乌鲁木齐新城开始修建文庙，努力推广儒家的礼制秩序以及伦理纲常等教化思想，扩大儒家道德文化的覆盖范围，引导当地民众对中央王朝的文化认同。新疆文庙具有地方官学和礼仪建筑等多方面的优势，可以利用其天然便利的教化功能，传播和弘扬儒家传统文化思想，促进多民族交往交流交融，逐步形成牢固的中华民族共同体意识。新疆文庙从乌鲁木齐首创，最后发展到南北疆几乎所有州县，儒家礼制文化辐射全疆，对于巩固统一、稳定边境发挥了重要作用。因此，清代新疆文庙祭祀不仅是一种重要的宗教和文化活动，也是一种潜移默化的教育和引导，对于树立中央政府权威、维护民族团结、加强国家文化认同以及促进新疆本地的社会稳定和谐发展和儒家礼制文化传承都具有重要的意义。

综上所述，新疆文庙祭祀活动作为一种传统的仪式，承载着新疆地区特有的文化特征和历史记忆，为国家统一、边疆稳定发挥了重要作用。在当代，虽然社会发展已经发生了巨大变化，但文庙祭祀活动仍然承载着重要的文化价值，对于传承和发展中华民族的传统文化具有重要意义。人们参与文庙祭祀活动，重温历史记忆，感受传统文化底蕴，增强对自身文化传统的认同感和社会凝聚力，有助于在新时代一体多元文化背景下继续保护和传承新疆地区珍贵的历史文化遗产。

本文为故宫博物院科研课题“清代国家祭礼与在新疆的推行与演变”项目（KT-2019-01）阶段性成果，得到北京故宫文物保护基金会学术故宫万科公益基金会专项经费资助。

（作者单位：故宫博物院研究室）

清玉牒移贮史事考

金　路

内容提要：本文结合新公布历史档案、故宫博物院藏文物及官修文献史料，细致考订皇史宬所存玉牒于嘉庆十二年前后辗转迁贮景山寿皇殿的具体细节和原因，并认为转贮缘由涉及皇史宬的容量和玉牒的双重属性，与寿皇殿的建筑特点亦关系紧密。

关键词：谱牒 户籍 档案 皇史宬 寿皇殿

清代皇室对玉牒（以下除特指某朝代皇家谱牒，简称清代皇家谱牒为玉牒）的纂修和贮藏极为重视，纂修完成后均以隆重的礼仪进呈皇帝御览，始能尊藏收贮。有清一代，玉牒涉及多次改贮的情况，都与帝王旨意相关。以往认识中，已有学者探讨大玉牒正本始缮三部藏于皇史宬、宗人府和礼部，后改为两部藏于皇史宬和盛京敬典阁。[①]至于皇史宬所藏之玉牒，光绪朝《钦定大清会典》记载，玉牒在"皇史宬行（礼恭）奉尊藏"，而光绪朝《钦定大清会典事例》中又有玉牒"移贮"寿皇殿之东、西室的记载。[②]对此，一些研究者产生了玉牒始终存于皇史宬的误解。[③]但也有学者认识到"原藏皇史宬之清代玉牒，嘉庆十二年移存景山寿皇殿"，且在考证玉牒存址时，亦提及嘉庆十二年玉牒移存景山寿皇殿耳殿衍庆殿和绵禧殿。[④]

然而玉牒如何由皇史宬转至寿皇殿贮藏，以及究竟为何如此，却依然有许多待考之处。本文在前人研究的基础上，依据官修史书，结合中国第一历史档案馆（以下简称"一史馆"）藏清宫档案、故宫博物院藏文物、古籍等线索，以玉牒作为皇家户籍档案和家谱的双重属性为视角，以其所存贮清宫建筑的情况为切入点，重新梳理玉牒自皇史宬转贮寿皇殿的详情，剖析其转贮的两方面缘由。

对该史事细致分析得出的相关认识，不仅有助于理解玉牒存贮流变中重要环节的内涵及意义，亦有助于深化对玉牒贮藏制度变迁的整体认识，以期对玉牒所涉史实溯本求源，丰富清史研究，敬请方家指正。

---

① 陆可平、张虹：《清代玉牒如何运至盛京》，《满族研究》2006年第1期，第75—78页。

② 《大清五朝会典》第16册，线装书局，2006年，第1、222页；《钦定大清会典事例》第六册，台湾新文丰出版公司，1976年，第5062页，第十二册，第9365页。

③ 秦国经：《石室金匮皇史宬——我国现存最古老最完整的皇家档案库房》，《中国紫禁城学会论文集》第六辑上，紫禁城出版社，2007年，第276—308页。

④ 李鹏年：《皇史宬——我国古老的档案库》，《故宫博物院院刊》1979年第4期；李宇：《清代玉牒纂修新考》，《历史档案》2021年第4期。

一　文物、史料所见玉牒转贮

（一）玉牒迁移的明确记载

有关玉牒由皇史宬转存寿皇殿的明确记载，见于多种清宫文物，可见“兹事体大”，意义非凡。相关史料包括：

1. 皇史宬碑亭中竖立的“御制重修皇史宬碑”

御碑亭作为皇史宬唯一的清代建筑，兴建于清嘉庆十二年重修皇史宬时，亭内有御制重修皇史宬碑一通，上镌《重修皇史宬记》。（图 1、2）

2. 故宫博物院藏碧玉《御制重修皇史宬记》册

该册木质封面题“谟烈光昭”，内页碧玉质地，1 册 10 片，每片长 21.9 厘米，宽 14.2 厘米，厚 5 厘米。该册在故宫博物院藏品档案的登记号为故 104508[①]，参考号为丽一三七五（库 329）[②]，为清宫旧藏。（图 3）

图 1　皇室宬正殿

图 2　皇室宬御碑亭

图 3　故宫博物院藏碧玉《御制重修皇史宬记》册

① “故”字是故宫博物院文物系统的编号字头，以清宫旧藏与遗存为主，亦有非常少量的民间传世与考古发掘捐赠拨给故宫博物院的文物。

② 参考号，即溥仪被驱逐出宫后，由清室善后委员会点查故宫内各宫殿物品给予的千字文编号。点查后编为《故宫物品点查报告》。据上述参考号查得，该玉册为文宁恭写，贮藏于紫禁城内“古董房”库房。

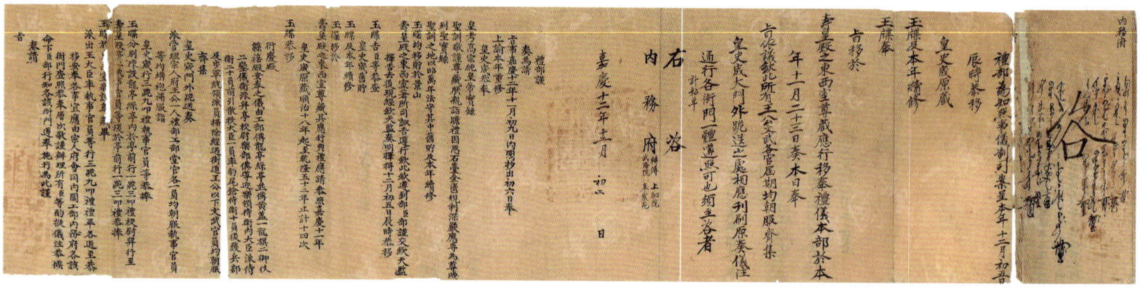

图 4　嘉庆十二年十二月初二日礼部咨文

图 5　《钦定大清会典图》之《寿皇殿图》

图 6　寿皇殿旧影，摄于 20 世纪初

图 7　衍庆殿

3. 嘉庆帝御制《重修皇史宬记》[①]

4. 一史馆藏嘉庆十二年十二月初二日礼部咨文

该咨文记录了嘉庆帝下旨将原藏皇史宬的玉牒移送寿皇殿，涉及具体时间、移送目的地等信息。[②] 包含礼部咨文在内，以上四者与《清仁宗实录》所述一致。[③]（图 4）

以上史料表明，嘉庆十二年十二月初五日将皇史宬原藏及当年续修玉牒移贮景山寿皇殿之东西室，即衍庆殿和绵禧殿。（图 5–7）

（二）玉牒迁移的辗转经过

内务府档案中记载了玉牒由皇史宬分批移贮寿皇殿东、西室的经过。[④] 如前述礼部致内务府咨文，记载了嘉庆帝颁旨将皇史宬玉牒移贮寿皇殿的部分细节：

> 礼部为知照事。
>
> 仪制司案呈，本年十二月初五日辰时，恭移皇史宬原藏玉牒及本年续修玉牒，奉旨移于寿皇殿之东、西室尊藏……

① 故宫博物院编：《清代御制诗文集清仁宗御制文等二种》第一册，海南出版社，2000 年，第 139—140 页。

② 中国第一历史档案馆藏内务府档案：《礼部为恭移皇史宬原藏玉牒并嘉庆十二年续修玉牒于寿皇殿东西室尊藏等官齐集跪送刊刷原奏仪注事致内务府等》（档号：05-13-002-000094-0031）。孙丹、张佳爱：《清代玉牒形制概述》，“皇史宬”微信公众号，2021 年 9 月 29 日。

③ 《清仁宗实录》卷一八七，清嘉庆十二年十一月初六日癸卯。

④ 前揭中国第一历史档案馆藏内务府档案（档号：05-13-002-000094-0031）。

然而，皇史宬玉牒移贮比咨文中更加复杂，在咨文的附件中，礼部的奏折较为详细：

> 礼部谨奏，为请旨事。
>
> 嘉庆十二年十一月初九日内阁抄出初六日奉上谕：本年重修皇史宬，恭奉皇考高宗纯皇帝实录、圣训敬谨尊藏，朕亲诣瞻礼。因思石台金匮规制深严，应专为尊藏列圣实录、圣训之地，以昭万年法守。其中旧贮及本年续修玉牒，均移贮于景山寿皇殿之东、西室……臣等恭查，皇史宬旧贮玉牒及本年续修玉牒移于寿皇殿之东、西室尊藏。其应行典礼，应请参照嘉庆十一年皇史宬原藏顺治十八年起至乾隆五十二年止，计十四次玉牒恭移衍庆殿、绵禧殿安奉之仪。

梳理礼部、宗人府、内务府档案，兹将皇史宬所藏玉牒移贮经过列表如下：

表 1　皇史宬所藏玉牒移贮历程表

时间	具体内容
嘉庆十一年八月初七日	为移贮典礼勘察皇史宬。
嘉庆十一年八月十六日	为移贮典礼拟勘察寿皇殿。
嘉庆十一年十一月	十八日上报，题请核查移贮的进呈仪注时发现，乾隆五十三年移贮宗人府玉牒至寿皇殿仅为口谕，暂无移贮流程前例可循。
嘉庆十一年十二月底	移贮顺治十八年至乾隆五十二年玉牒（第一批）至寿皇殿。
嘉庆十二年十月二十八日	题请确定嘉庆十二年玉牒恭览仪注。
嘉庆十二年十一月初七日	嘉庆十二年玉牒进呈御览，恭送皇史宬。
嘉庆十二年十二月初二日	谕：旧贮及本年续修玉牒均移贮于景山寿皇殿之东、西室。此次参考嘉庆十一年例移贮，计划十二月五日辰时执行。
嘉庆十二年十二月初五日	钦天监择得旧贮及本年续修玉牒（第二批）恭移至寿皇殿东、西室吉日为嘉庆十二年十二月初五日辰时。
嘉庆二十三年四月初九日	为嘉庆二十二年纂修的玉牒告成、御览，择得吉日，拟送至寿皇殿贮藏

资料来源：中国第一历史档案馆藏内务府、宗人府和内阁档案。（档号：05-13-002-000092-0152、05-13-002-000093-004、05-13-002-000094-0183、05-13-002-000094-0018、05-13-002-000094-0023、06-02-004-000002-0005、02-01-005-023276-0024）

从表 1 可知，皇史宬所藏玉牒移贮寿皇殿前后经过辗转复杂，大体分为三步：

一是顺治十八年至乾隆五十二年（1661—1787 年）的 14 份玉牒移贮寿皇殿。根据前述礼部致内务府咨文所提，“嘉庆十一年皇史宬原藏顺治十八年起至乾隆五十二年止，计十四次玉牒恭移衍庆殿、绵禧殿”，嘉庆朝以前的 14 份玉牒已于嘉庆十一年末先行移贮寿皇殿东西室。①

① 不含康熙五十四年玉牒。

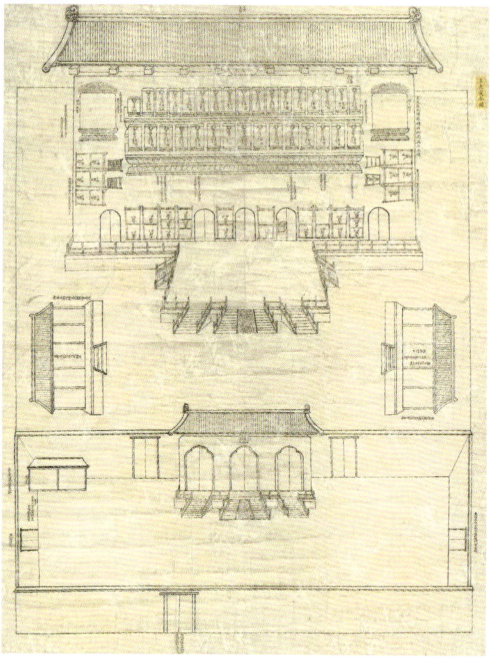

图 8　皇室宬全图

其具体时间应在嘉庆十一年十一月十八日宗人府核查移贮进呈仪注之后。因此，其移贮时间应在嘉庆十一年十一月十八日至十二月底之间。

二是嘉庆十二年玉牒送至皇史宬。由内务府档案可知，嘉庆十一年十一月始修的玉牒，于嘉庆十二年十一月初七日告成后进呈御览，于同日贮藏皇史宬。

三是嘉庆二年、十二年玉牒移贮寿皇殿。乾隆五十二年至嘉庆十二年间修成玉牒，有嘉庆二年、十二年两份[①]，从“钦天监择得旧贮及本年续修玉牒恭移至寿皇殿东、西室，吉日为嘉庆十二年十二月初五日辰时”判断[②]，这两份玉牒于嘉庆十二年十二月初五日一同移送寿皇殿。

此后，嘉庆二十二年玉牒告成，经御览仪式直接送至寿皇殿贮藏[③]，自此成为定例。一史馆藏内务府与宗人府旧整来文和说堂稿中，嘉庆二十三年及以后历次纂修玉牒送至寿皇殿贮藏的记载较为完整。此系列档案[④]说明，自嘉庆十二年起，经道咸同三朝至光绪三十三年，历次所修玉牒均恭贮于寿皇殿。《故宫物品点查报告》中“寿皇殿部分”可附证，直至 1926 年清室善后委员会点交时，寿皇殿东西室内依然存放着玉牒：

> 寿皇殿在景山后，为明旧名。清乾隆时重建。康熙以次各帝遗像悬供于内……绵禧庋藏汉满文谱牒巨柜，密列，弗克逐一点查，则汇编为一号焉……
>
> 五二三红漆大木柜，一个。
>
> 五二四红漆大木柜，四十九个。（原签注大清宗族谱牒未开视在绵禧殿）
>
> 五二五黄漆大木柜，四十三个。（内盛清汉文牒档未开视在衍庆殿）[⑤]

---

① 该玉牒实为嘉庆元年起修，三年十月十七日告成藏贮皇史宬，也有研究中表述为嘉庆元年玉牒。

② 中国第一历史档案馆藏宗人府档案：《钦天监为嘉庆十二年重修皇史宬恭奉皇考高宗纯皇帝实录圣训尊藏选择吉日移贮玉牒事》（档号：06-02-004-000002-0005），原纪年“嘉庆十二年”。

③ 嘉庆二十二年玉牒为嘉庆二十二年五月四日起修，嘉庆二十三年四月九日告成藏贮寿皇殿。参见中国第一历史档案馆藏内阁档案：《礼部尚书题为恭修玉牒告成行礼事宜请旨事》（档号：02-01-005-023276-0024），原纪年“嘉庆二十三年三月二十九日”。

④ 见中国第一历史档案馆藏宗人府档案（嘉庆二十三年档号：6-01-002-000107-0022，道光三年档号：6-01-001-000791-0007，道光七年档号：6-01-002-000214-0018，道光十七年档号：6-01-001-000789-0061，道光二十七年档号：6-01-002-000216-0016，道光二十八年档号：6-01-001-000789-0132，咸丰七年档号：6-01-002-000325-0022，光绪三年档号：6-01-001-000791-0006，光绪二十三年档号：6-01-001-000791-0085，光绪三十三年档号：6-01-001-000496-0282）。

⑤ 清室善后委员会编：《故宫物品点查报告》第六编，第一册“寿皇殿部分”，1929 年刊行，第 46 页。

档案中不但记录1926至1929年玉牒尚存于寿皇殿，还明确指出存装大清宗族谱牒的红漆大木柜50个、黄漆大木柜43个。[①] 其中，贮藏宗室黄册的黄龙柜存于衍庆殿，盛放觉罗红册的红龙柜存于绵禧殿，共93个。（图8）

二 玉牒迁出皇史宬解析

（一）皇史宬容量堪虞

建于明嘉靖时期的皇史宬被称为金匮石室，作为档案库，其设计别致，坚固耐用，通风且防火防潮，因此明清两朝均庋藏重要皇家档案。关于嘉庆十二年的修葺原因，嘉庆帝《重修皇史宬记》与前述一史馆档案相得益彰，提到：

>……我世祖章皇帝定鼎燕京，因其旧制，恭藏实录、圣训、玉牒，一脉相承，万世永保，猗欤盛哉。
>
>正中石室内石台尊藏五朝宝帙，兹恭编皇考高宗纯皇帝圣训三百卷、实录一千五百卷告成，琅函充积，振古烁金，诚未有之盛典也。石室围墙及黄瓦，历年既久，不免风雨剥落，爰命所司量加修葺，红垣画栋，焕然一新。诹吉恭奉圣训、实录全部分贮金匮，入室尊藏，而旧贮玉牒，敬移于景山寿皇殿之东西室，用抒诚敬而昭法守。……金匮排列石台较五朝倍之，予小子瓣香九叩瞻仰……

表面看来，皇史宬修缮是因为“石室围墙及黄瓦历年既久，不免风雨剥落”，因此嘉庆帝命人将其修缮一新。事实上，皇史宬进行的修缮不止如此。根据档案所记，正殿室内所筑石台在乾隆时改建前后两台，置32个金匮、20个龙柜。[②] 此次嘉庆帝下令将石台“展宽修葺”并为一台，置至少102匮。[③] 且将两配殿改建仿照石室规制。[④] 显然，修缮的目的是扩展存放空间，以备今后多置金匮。[⑤]

（二）三种档案规模倍增

嘉庆帝之所以为皇史宬扩容，是因为面临实录、圣训和玉牒存放空间严重不足的问题。嘉庆十二年前后，恰逢三种清代宫廷最为重视的档案告成、送贮皇史宬，即《大清高宗纯皇帝实

---

① 另有一说认为绵禧殿宗室玉牒“凡四十四匮”，参见王强主编：《近代博物馆文献丛编》第六册《北平故宫博物院文献馆一览》，凤凰出版社，2016年。

② 中国第一历史档案馆藏乾隆朝《皇史宬全图》显示有：31个大金匮，1个小金匮；16个大龙柜，4个小龙柜。

③ 《清仁宗实录》卷一八三。嘉庆朝《皇史宬排架图》见《北平故宫博物院文献馆一览》。

④ 《清仁宗实录》卷一八三、一八七。

⑤ 考虑到中国第一历史档案馆藏光绪朝《皇史宬金匮图》中光绪朝重新排列，至少能置141匮，再结合1926年寿皇殿红黄龙柜合计93个的体量，嘉庆朝不做调整势必无法容纳。

图 9　玉牒外封

图 10　玉牒内页

录》《大清高宗纯皇帝圣训》（以下简称乾隆朝实录、圣训）和嘉庆十一年十一月十九日起修、嘉庆十二年十一月初七日告成的玉牒（以下简称嘉庆十二年玉牒）。同时，这三种档案的规模较之前成倍增长。因此扩修皇史宬，玉牒移贮寿皇殿，是嘉庆帝解决皇史宬存贮空间紧张问题的措施，也是面临存贮空间有限难以“辨昭穆，序爵禄”的无奈之举。

首先，乾隆朝实录、圣训体量庞大，卷数更为清朝之最。乾嘉时期皇史宬图显示，存于皇史宬正殿使用的金匮有 32 个。相较之，嘉庆朝时存有 102 个。[1] 可见皇史宬两种档案的装具成 3 倍增长。《重修皇史宬记》中提到，乾隆朝实录、圣训“较五朝倍之”。经笔者查证，前五朝实录卷数总共 678 卷、圣训共 108 卷。[2] 乾隆朝分别为 1500 卷和 300 卷，卷数相当于前五朝之和的 2 倍。乾隆帝成年即位，在位时间长，且“丰功大业”“文德武功”，因此实录、圣训体量和数量可观不足为奇。（图 9、10）

其次，嘉庆十二年玉牒的总页数涨幅迅猛，导致体量倍增。乾隆五十二年五月二日起修的玉牒增至 9000 余页。[3] 嘉庆十二年玉牒共 60000 余页，较嘉庆二年玉牒增加了 5800 余页。[4] 嘉庆十二年玉牒总页数几乎为乾隆五十二年玉牒页数的 7 倍。自清朝始修玉牒至嘉庆朝，移送至皇史宬的正本尺寸约横 50 厘米、纵 90 厘米，如此增长，可以想象其体量将何其惊人。[5] 其原因有二，一是乾隆朝宗室、觉罗枝繁叶茂，人员增长迅速；二是乾隆四十三年，乾隆帝曾下旨为除籍宗室恢复宗籍，将其给予红带，连同后裔附于黄册，其中涉及家族颇多。子孙绵延，家族壮大，让乾嘉两朝帝王欣喜欣慰，与此同时，他们不得不开始考虑玉牒存贮空间问题。

最为重要的是，此后三种档案的数量和体量将愈加庞大，期望皇朝统治“千秋万代”的嘉庆帝势必考虑如何为子孙后代准备更加充足的存贮空间。因此，嘉庆帝将“规制深严”的皇史

① 参见中国第一历史档案馆藏乾隆、嘉庆两朝皇史宬图。

② 前揭《石室金匮皇史宬——我国现存最古老最完整的皇家档案库房》，第 277—278 页。

③ 中国第一历史档案馆藏内务府档案：《宗人府为奉旨议叙恭修玉牒告成之督催官掌四川道监察御史吴熊光等员事致内务府》（档号：05-13-002-000477-0111），原纪年“乾隆五十三年十二月二十一日”。

④ 中国第一历史档案馆藏内阁档案：《大学士庆桂题为会议玉牒全书告成请将督率各官议叙事》（档号：02-01-03-08757-002），原纪年“嘉庆十三年五月初五日”。

⑤ 前揭《清代玉牒纂修新考》。清前期玉牒一般在长 88—90 厘米、宽 49—52 厘米，道光朝后微降。

图 11　寿皇殿东、西室黄红漆大柜

图 12　皇室宬金匮，摄于 20 世纪 20 年代

宬定为“专为尊藏列圣实录、圣训之地”，而玉牒则转贮他所。

玉牒移出皇史宬改贮寿皇殿，有效地缓解了档案增多与贮藏地空间有限的矛盾。本次移贮调整了玉牒存贮地点，扩充了存贮空间，也为皇史宬续存的实录、圣训预留出大量空间，令三种档案均得以妥善保存。同时，皇史宬和寿皇殿东西室可存放三种档案的金匮、龙柜成倍增加。据考证，皇史宬所存金匮从乾隆朝的 32 个，经嘉庆朝的 102 个，增至光绪朝的 141 个。[①] 相较乾隆朝放置玉牒的龙柜 20 个[②]，1926 年清室善后委员会点交寿皇殿东、西室内保存玉牒的红漆、黄漆大柜共 93 个。[③] 直至清末，两地的存贮空间才几近饱和。[④]（图 11、12）

三　玉牒移贮寿皇殿考辨

从档案可知，嘉庆帝本次移贮玉牒的目的地，实是效仿乾隆帝在乾隆五十三年将宗人府玉牒移贮至寿皇殿的思路。从嘉庆十一年内务府来文中可见：

> 臣等谨查，恭移玉牒典礼，例无明文。乾隆五十三年恭移宗人府原藏玉牒，于绵禧殿内安供，未经知会臣部办理，是以并无成案可循。随经咨查宗人府，据覆称，当时系军机[处]

---

① 中国第一历史档案馆藏乾隆、嘉庆、光绪朝皇史宬图。

② 乾隆朝皇史宬图中绘有 16 个大玉牒柜和 4 个小柜。

③ 红漆大木柜 50 个、黄漆大木柜 43 个。本文按 43 个计算。另有一说认为绵禧殿宗室玉牒“凡四十四匮”，见《北平故宫博物院文献馆一览》。

④ 故宫博物院藏玻璃底片中可见皇史宬正殿内金匮密集，空间局促。1926 年点交寿皇殿东、西室内玉牒时，充箱盈柜，“巨柜密列”，以至到了“弗克逐一点查”的地步。参见《故宫物品点查报告》第六编，“点查寿皇殿情形”，第 1 页。

口传谕旨，遵即恭送安供，并无存有档案可稽。等语。[①]

可见，在乾隆五十三年，宗人府原藏玉牒曾移贮寿皇殿。[②]但因乾隆帝“口传谕旨”交办事宜，无文字档案留存，便“无成案可循”。尽管如此，这仍被嘉庆帝关注，成为玉牒由皇史宬移贮寿皇殿的参考。下面试从玉牒的双重属性以及寿皇殿的建筑功能进行分析判断，以明晰选择寿皇殿作为目的地的合理性。

（一）历代皇家谱牒的双重属性

自古以来，身份识别有两种方式。国家层面利用户籍档案作为政治手段管理民众，宗族或家庭则采取制作谱牒的方式。皇家谱牒的特殊之处在于兼具户籍档案和家谱的双重性质。清代帝王至亲即宗室、觉罗的身份被称为“宗籍”，也说明玉牒兼具双重属性。这有助于我们理解分析皇家谱牒存贮的本质，进而分析其移贮的逻辑。

中国古代政治社会史中，单个人的身份资料称为名籍，户籍则是合户多人的身份资料档案。[③]实则为一种以家为单位的国家档案，一般分多份置各地档案库专存，设专人保管。[④]谱牒，亦称家谱、族谱、族系、族姓昭穆记等，是古代记述氏族世系的书籍。[⑤]民间家谱修成，一般保存在祠堂（或家庙等祭祖建筑），以及宗族人手中。[⑥]祠堂是组织修撰、管理和保存家谱的机构，因此对祠堂的记载亦在家谱中具有特殊而重要位置。[⑦]

有关宋以前皇家谱牒如何存贮，学界普遍认为尚未明确记录。宋代的《皇宋玉牒》纂修乃与史册（日历、圣政记、宝训）并重。宋仿唐制，设置玉牒管理机构宗正寺，并先后于宗正寺建属籍楼、玉牒殿，以藏帝籍玉牒正本，宫中藏副本便于“帝王听政之暇省觉”。《宋史》记载：“阁上以奉太宗御书、御制文集及典籍图画、宝瑞之物，及宗正寺所进书籍、世谱。”[⑧]由收贮建筑的陈设可知，宋代玉牒既有作为谱牒存于其管理机构和留存宫中随时备查的实际功能，也成为宋皇室珍藏档案之一。明沿宋制，明代实录曾记载玉牒纂修完成后藏于皇史宬。[⑨]至清代，顺治末年修成的一份玉牒直接与实录、圣训等典籍一起存入档案库皇史宬。直至嘉庆十二年，玉牒自皇史宬迁移至寿皇殿之东西室。因此，皇家谱牒不外乎作为档案或家谱保存，存于档案

---

① 前揭中国第一历史档案馆藏内务府档案（档号：05-13-002-000093-0042）。

② 还有多份档案共证，参见故宫博物院编：《钦定宗人府则例二种》，海南出版社，2000 年，第 11 页。另外，光绪朝《大清会典事例》卷一中的宗人府条目可为附证。

③ 王海威：《中国户籍制度——历史与政治的分析》，上海文化出版社，2006 年，第 1 页。

④ 《周礼》中记录了分级登记的户籍或名籍最终以三年为期汇总进献周王，拜受后庋藏于天府（掌祖庙宝藏者）。历经秦汉由丞相府或御史府保管户籍，魏晋南北朝归户曹存于仓库，十六国保存在宫内后，隋唐时期规范为地方、中央多地保存，专人保管，皇帝不时亲览，此制延续至两宋和明清之际。参见宋昌斌《中国古代户籍制度史稿》，三秦出版社，1991 年，第 42—134 页。

⑤ 《辞海》，上海辞书出版社，1979 年，第 918 页。

⑥ 来新夏、徐建华：《中国的年谱与家谱》，商务印书馆，1997 年，第 139—141 页。

⑦ 纪古芳：《家谱文化与家谱编修研究》，凌零出版社，2020 年，第 72 页。

⑧ 一说“阁”仅为龙图阁。前揭《石室金匮皇史宬——我国现存最古老最完整的皇家档案库房》。另一说认为先后存于龙图、天章、宝文三阁，前揭《中国古代的户籍档案》。

⑨ 《明世宗实录》卷三〇五，嘉靖二十四年十一月十五甲戌。

库或存于家庙等专门建筑中。

（二）寿皇殿的祭祖建筑功能

寿皇殿由一组园林建筑群转化为祭祖建筑群的沿革，已有相关专家细致讨论。[①] 寿皇殿祭祖肇始于雍正元年，初为供奉圣祖康熙皇帝的“神御”。乾隆元年《奏销档》记世宗御容恭奉于此。为展孝思，乾隆帝于乾隆九年至十四年，照安佑宫形制对寿皇殿进行移建改制。乾隆十五年六月，在正殿两边添建衍庆、绵禧两座耳殿，形成现有格局，成为定制。

寿皇殿在乾隆时期被皇帝钦定为原庙，是具有特殊地位的祭祖建筑，这一特点不容忽视。原庙之制最早建自汉高祖，为便于祭祀祖先，建原庙于另处。其“原”为“再”“别”之意，即原庙是太庙的复制，亦为祭祀祖先的场所。[②]《清朝通典》吉礼卷六中，乾隆帝专门对所建原庙进行系统说明，其中“寿皇殿”条目紧跟“奉先殿”列出，整体内容详实而丰富，还包含《御制重建寿皇殿碑文》。[③] 该条目可见乾隆帝对原庙溯源、历数雍乾二帝令在寿皇殿供奉御容、奠献行礼的言行，并表述寿皇殿的功能定位、礼制定例等：

> （臣）等谨按，杜典宗庙门历叙唐以前庙制，即附载原庙于内，以其事本略，故无专条。至唐宋以后，别庙之建，神御之奉，典制递增……至崇奉圣容之礼，则寿皇殿、恩佑寺、安佑宫、永佑寺先后建立宫中、苑中。神御式凭，如亲陟降，洪惟世宗宪皇帝孝思垂则，礼展家庭，我皇上继述心虔，追隆世德，恭绎御制各碑记，仰见仁孝诚敬之心，无乎不达，煌煌巨典，有非前代原庙之制所能拟其万一者矣。兹恭纪寿皇殿于前，即恭纪恩佑寺、安佑宫、永佑寺于后，与奉先殿典礼并隆焉……
>
> 御制重建寿皇殿碑记曰：“予小子既敬循寿皇殿之例，建安佑宫于圆明园，以奉皇祖皇考神御……盖寿皇在景山东北，本明季游幸之地，皇祖常亲射较士于此。我皇考因以奉神御，初未择山向之正偏，合閟宫之法度也……中峰正午，砖城戟门，明堂九室，一仿太庙而约之。盖安佑视寿皇之义，寿皇视安佑之制，于是宫中苑中皆有献新追永之地，可以抒忱，可以观德。……则寿皇实近法宫，律安佑为尤重……”

皇家家谱存于非同一般的祭祖建筑寿皇殿，合乎常理。首先，从礼制仪典和祭祀流程看，寿皇殿更为满足帝王时常临幸的要求。清代的太庙祭祀，体现帝王至高无上，礼部所涉典礼严肃繁复，一年仅有5次大型祭祀。作为原庙的寿皇殿，则祭祀频繁，如雍乾两帝规定每遇圣诞、忌辰、元旦、令节，皇帝都亲诣寿皇殿“展谒奠献先帝御容”。乾隆时又定制“遇谒陵、省方、启跸、回銮皆行礼于寿皇殿”。如此频繁的祭祀，其仪轨很难做到太庙祭祀那般盛大与繁缛。内务府将寿皇殿祭祀流程相对简化，明确无外姓臣子共同供奉。[④] 这样，虽位于畅春园的恩佑寺、

---

① 周悦煌、张凤梧、宋愷：《景山寿皇殿历史沿革及营缮考》，《故宫博物院院刊》2020年第10期。

② 杨宽：《中国古代陵寝制度史研究》，上海古籍出版社，1985年。

③ （清）嵇璜、刘墉等：《清朝通典》，浙江古籍出版社，1988年，第2287—2296页。

④ 张小李在清代皇帝宗庙制度相关研究的系列论文中，对太庙及其原庙，特别是寿皇殿的原庙功能、祭礼有清晰的论断，参见张小李：《清代皇帝原庙制度初探》，《故宫学刊》第14辑，故宫出版社，2015年，第301—322页；《清代太庙祭祀礼仪略论》，《明清论丛》第16辑，故宫出版社，2016年，第233—246页。

圆明园的安佑宫、避暑山庄的永佑寺也是奉祀圣祖、世宗御容的原庙，但其只在清帝巡幸时随时奉祀，未成定制。

其次，从建筑位置和形制看，寿皇殿较为特殊，地位重要。从建筑所处方位看，宗庙祭祖建筑向居于偏东方向，而乾隆十四年，乾隆帝将寿皇殿移建至“中锋正午”的中轴线上，体现其较高的建筑地位。从建筑形制看，乾隆帝将其扩建至“明堂九室”，建为等级最高的黄瓦重檐庑殿顶，左右添建两山殿（也称耳殿）。以上足以体现寿皇殿成为与祖先最为贴近、离大内最近的仅次于太庙的献新追永之地。乾隆帝对其十分重视和推崇，认为“盖安佑视寿皇之义，寿皇视安佑之制，于是宫中、苑中皆有献新追永之地”①。作为与宫中奉先殿相比又一座与祖先最为亲近的“献新追永”之地，将记录宗族开枝散叶的玉牒收贮于该殿，是十分贴切的。

其三，从建筑陈设上看，寿皇殿主要藏有历代帝王之御容等先祖之物。“别庙之建，神御之奉……至崇奉圣容之礼”表明，清承唐宋以来之制，原庙的主要功能即为供奉御容，以展尊崇列祖列宗之情。雍乾两帝令寿皇殿不断尊藏圣祖以降列圣、列后御容，以祈“宛然在目”，可面对面地“追想音容”。此外，殿内还有帝后在世时使用过的日常随身生活用品，甚至还有先皇留存的罕见旧物。②

以上表明寿皇殿实为皇帝“孝思垂则礼展家庭”之所，要营造与祖先亲近的追思气氛。“式衷庙祫之仪，斯协家庭之制”贮藏玉牒，不但可时时寄托思念，便于祈求祖先护佑国家和战事顺利，还可随时向祖先汇报后世子孙的延绵不绝。

四　结语

玉牒移贮事关皇族宗籍记录的保存，历来倍受帝王重视。受惠于文物、古籍、历史档案和文献史料，多重证据对本研究大有裨益、缺一不可。总体而言，本文首次探寻出玉牒由皇史宬移出和转贮至寿皇殿的具体细节及其原因：

第一，因嘉庆帝谨慎法祖的理念和作风，嘉庆十一年至嘉庆十二年十二月初五日，原存于皇史宬的玉牒和嘉庆十二年修成的玉牒共16份，由嘉庆帝尊其父乾隆帝先例，分两批、三个步骤移至景山寿皇殿耳殿衍庆殿和绵禧殿。而下届玉牒告成，原有的存贮玉牒仪制才发生永久性调整。

第二，实录、圣训和玉牒三种档案激增，即便扩修皇史宬，嘉庆帝依然面临存贮空间无法承载的问题，由此迫不得已将玉牒改贮至寿皇殿。此次移贮是档案激增和贮藏空间有限的客观矛盾与帝王主观意向共同作用的结果。原存于档案库皇史宬的玉牒，按其旨意移至地位特殊的原庙寿皇殿。

第三，玉牒移至寿皇殿本质上与玉牒兼备户籍档案和谱牒的双重属性有关，由档案库皇史宬改贮原庙寿皇殿是合乎常理的。

---

① 前揭《清朝通典》，第2292页。

② 关于清代寿皇殿陈设，《清朝文献通考》《大清五朝会典》《总管内务府现行则例》《钦定礼部则例》，历朝起居注，特别是故宫博物院藏清室善后委员会编《故宫物品点查报告》等文献中多有涉及。

以上案例表明，玉牒存贮非一成不变，与其双重属性相辅相成。这不仅需全面研究相关文物与档案史料，而且要动态地考察其每一阶段存贮建筑的功能情况。利用多种一手史料严谨、详尽地对玉牒存贮史事阐幽抉微，解决官修史书之间的矛盾，从而使玉牒贮藏制度流变的关键环节更为明晰，更有助于梳理出玉牒贮藏制度相对客观的整体面貌。

本文为2022年度国家社会科学基金重大项目《清代宫藏民族交往交流交融文物与史料整理研究》（项目编号：22&ZD230）的阶段性成果。

（作者单位：故宫博物院图书馆）

乾隆朝宗室觉罗婚嫁恩赏事件探析

徐春峰

内容提要：清代皇族婚丧恩赏银两的发放始自康熙朝，最初仅限于贫困宗室，至乾隆元年始惠及觉罗群体，其后直至王朝覆灭方告终结。宗室觉罗的婚丧恩赏，实际上涉及清代各时期满洲皇族社会的生死大事。通过档案所记载的乾隆朝宗室及觉罗两个群体的婚嫁恩赏事件，对其娶妻和嫁女进行统计和分析，可以初步了解恩赏事件所涉及宗室觉罗的旗分、年龄、婚嫁对象、家庭背景等细节，进而于乾隆朝婚嫁喜事之中考察皇族恩赏制度及其当时皇族社会之大概情形。

关键词：宗室　觉罗　婚嫁　恩赏制度　乾隆朝

清代皇族最初的婚丧恩赏，康熙朝时称作"宗室周急银两"，实际上即为贫乏宗室专项婚丧费用[①]，至乾隆元年始惠及觉罗群体。宗室觉罗婚丧"恩赏银两"，又称"恩赐银两"[②]，档案中满文作"kesi menggun"[③]"kesi Sang ni menggun"[④]或"kesi isibure menggun"[⑤]等。

关于清代恩赏制度方面的研究，以往多是在考察八旗制度或生息银两等问题时提及。如韦庆远先生关于"生息银两"制度兴衰过程的系列研究，都提及红白事恩赏银。[⑥]其后，学人多以"赏恤制度"或"红白事恩赏银"为名，限定于某些地区、群体等内容的研究。如《康雍乾三朝八旗官兵赏恤制度》论述这一时期八旗官兵红白事恩赏银的发展和变化[⑦]；《清代盛京旗人红白事恩赏银述论》梳理了红白事恩赏银设立、来源，恩赏对象及赏银数额，恩赏银发放与管理以及清代后期的变化等内容[⑧]；《〈黑图档·咸丰朝〉视域下红白事赏银的变迁》着重考察盛京旗人红白事恩赏银在咸丰朝前中后期各阶段的变化[⑨]；《清代红白事赏银作用浅析》直接述及

---

① 雍正朝《大清会典》卷一《宗人府·凡例》，清雍正十年武英殿刊本。

② 《正白旗满洲都统为正白旗闲散宗室英海之妻病故请领恩赐银两事》，乾隆二十四年，中国第一历史档案馆馆藏宗人府全宗档案（档号：06-01-001-000001-0117）。以下所引均为该馆收藏的"宗人府档案"。

③ 《宗人府左司为宗室哲陈之妻病故请恩赏银两事》，雍正十三年八月初六日（档号：06-02-007-000146-0028）。

④ 《管理正蓝旗满洲都统事务兼宗人府宗正裕亲王［广禄］为正蓝旗闲散宗室吾龄阿领取立产恩赏银两回赎祖遗广渠门外大郊亭村地亩事致宗人府咨呈》，乾隆二十一年四月（档号：06-01-001-000001-0011）。

⑤ 《管理镶黄旗满洲都统事务和亲王［弘昼］等为镶黄旗闲散觉罗那尔太嫁孙女请领恩赏银两事致宗人府咨呈》，乾隆三十年（档号 06-01-001-000003-0061）。

⑥ 生息银两系列研究均收于韦庆远《明清史辨析》，中国社会科学出版社，1989 年。又有《论"八旗生计"》《论"八旗生计"（续）》，《社会科学辑刊》1990 年第 5、6 期。

⑦ 郭春芳：《康雍乾三朝八旗官兵赏恤制度》，《满族研究》2006 年第 3 期。

⑧ 张楚南：《清代盛京旗人红白事恩赏银述论》，辽宁大学 2012 年硕士学位论文。

⑨ 宋雪婷：《〈黑图档·咸丰朝〉视域下红白事赏银的变迁》，《兰台世界》2021 年第 1 期。

宗室觉罗及八旗官兵等的红白事赏银制度沿革及其作用[①]；拙作《清代宗室觉罗婚丧恩赏银两初探——以宗人府档案为例》和《清代宗室觉罗婚丧恩赏档案及其史料价值》，则侧重于清代皇族群体的婚丧恩赏研究，主要考察“宗室觉罗婚丧恩赏银两”的发放阶段及数量等，并探讨其档案的史料价值。[②]此外，未见有清代宗室觉罗具体婚丧恩赏事件的研究。

本文拟据中国第一历史档案馆藏宗人府档案记载，以列表统计的方式，对乾隆朝婚嫁恩赏事件所涉及的宗室觉罗群体信息以及恩赏银两数量等方面进行梳理和分析，从而进一步考察清代皇族恩赏制度及其相关内容。

一　宗室觉罗娶妻恩赏事件

清代宗室与觉罗同为皇族，因与皇帝的亲疏远近不同，其恩赏银两数量也不相同，故此统计恩赏事件时，将宗室和觉罗划分为两个群体来描述，其下又将娶妻和嫁女恩赏事件单独罗列，最终分为四表：表 1、表 2 为娶妻恩赏事件，表 3、表 4 为嫁女恩赏事件。又因所依据的档案所保存的现状，其宗室婚嫁恩赏事件的最早时间为乾隆二十三年，觉罗婚嫁恩赏事件最早时间则为乾隆二十四年。再，宗室婚嫁恩赏银两始于康熙年间，觉罗婚嫁恩赏银两则从乾隆元年开始，乾隆朝宗室觉罗婚嫁恩赏银两数量并无变化，即宗室婚嫁恩赏一百两，觉罗婚嫁恩赏二十两。本文限于篇幅，将宗室觉罗婚嫁事件截取至乾隆三十年。

据档案所载，乾隆二十三年至三十年宗室娶妻恩赏 31 例，乾隆二十四年至三十年觉罗娶妻恩赏 24 例。其中，娶妻之宗室与觉罗的年岁、生辰、娶妻时间及对象、恩赏银两数目等情形具体如表 1、表 2。

表 1　宗室娶妻恩赏事件统计

序号	宗室娶妻恩赏事件	年岁	生辰	娶妻时间及对象	恩赏银两
1	镶红旗闲散宗室多明阿娶妻	19	乾隆五年庚申十月十四日戌时生	乾隆二十三年八月十六日娶镶蓝旗满洲固山伯起图佐领下笔帖式那敏之女为妻	一百两
2	镶蓝旗闲散宗室扎克桑阿娶妻	19	乾隆六年辛酉七月初六日卯时生	乾隆二十四年六月初十日娶正红旗满洲何太佐领下那拉氏三等护卫富森之女	一百两
3	镶白旗闲散宗室海兴阿娶妻	20	乾隆五年庚申九月初六日子时生	乾隆二十四年十二月初二日娶妻正蓝旗蒙古班迪佐领下朱姓闲散安常之女	一百两
4	镶黄旗护军参领兼佐领宗室武得理娶妻	43	康熙五十七年十月二十九日辰时生	乾隆二十五年三月初八日娶本旗峻德佐领下已故闲散鲁占之女	一百两

① 张雪瑞：《清代红白事赏银作用浅析》，《卷宗》2016 年第 4 期。

② 徐春峰：《清代宗室觉罗婚丧恩赏银两初探——以宗人府档案为例》，《清宫史研究》第 11 辑，文化艺术出版社，2013 年；《清代宗室觉罗婚丧恩赏档案及其史料价值》，《满学论丛》第 11 辑，辽宁民族出版社，2022 年。

序号	宗室娶妻恩赏事件	年岁	生辰	娶妻时间及对象	恩赏银两
5	镶蓝旗闲散宗室奕赞娶妻	22	乾隆五年庚申正月十四日丑时生	乾隆二十六年十二月二十一日娶本旗满洲爱明阿佐领下护军参领永善之女	一百两
6	正蓝旗闲散宗室博尔霍苏娶妻	18	乾隆九年甲子十月十六日未时生	乾隆二十六年十二月十一日娶正白旗满洲那林佐领下那拉氏头等护卫那汉太之女	一百两
7	镶黄旗护军参领兼佐领宗室武德里娶妻	45	康熙五十七年十月二十九日辰时生	乾隆二十七年六月二十九日娶妻正黄旗包衣花尚阿管领下原任护军校委署章京富德之女	一百两
8	镶白旗三等护卫宗室国升阿娶妻	35	雍正六年戊申十一月初十日寅时所生	乾隆二十七年七月初四日娶妻正蓝旗满洲敖善佐领关姓原任三等侍卫元保之女	一百两
9	镶红旗闲散宗室白凤娶妻	20	乾隆八年癸亥十一月十五日卯时生	乾隆二十七年闰五月二十五日聘定本旗满洲色克佐领下六品官四十三之女那拉氏为妻，八月二十四日娶	一百两
10	正蓝旗三等侍卫宗室定昌娶妻	19	乾隆十年乙丑正月三十日未时生	乾隆二十八年九月十三日娶正黄旗满洲都统归肃道完颜姓常安之女	一百两
11	正蓝旗闲散宗室朱隆厄娶妻	18	乾隆十一年丙寅十月初四日子时生	乾隆二十八年四月十一日说定十二月二十七日娶镶黄旗蒙古固山那燕佐领下图姓骑都尉色勒之女	一百两
12	正黄旗闲散宗室胡图凌额娶妻	23	乾隆六年辛酉岁次三月初四日寅时生	乾隆二十八年十二月十二日娶正黄旗满洲额尔金泰佐领下原任冠军使宁海之女为妻	一百两
13	镶蓝旗闲散宗室厄尔德穆娶妻	19	乾隆十一年丙寅四月二十四日卯时生	乾隆二十九年九月初八日娶正红旗满洲德成佐领下工部笔帖式特忒之女富查氏	一百两
14	镶蓝旗闲散宗室广增娶妻	27	乾隆三年戊午七月十二日卯时生	议聘本旗富兴佐领下已故原任同知图兴之女，乾隆二十九年十二月十三日娶	一百两
15	镶红旗奉恩将军宗室福宁阿娶妻	20	乾隆十年乙丑二月初七日酉时生	乾隆二十九年七月二十六日娶镶黄旗全保管领下内务府护军统领兼御膳房尚膳正陶住之女	一百两
16	镶蓝旗闲散宗室书翰娶妻	19	乾隆十一年丙寅正月二十六日辰时生	乾隆二十九年十二月二十四日娶正黄旗蒙古长松佐领下姓祖八品笔帖式书宁之女	一百两
17	正蓝旗闲散宗室爱新禄娶妻	17	乾隆十三年戊辰十二月初八日辰时生	乾隆二十九年八月十六日娶镶白旗满洲达兴佐领下原系马甲元明之女	一百两
18	正蓝旗闲散宗室和勒通额娶妻	17	乾隆十四年己巳三月二十五日卯时生	乾隆二十九年四月十三日说定正白旗满洲包衣海福佐领下王家哈拉候选同知王臣柱之女为妻，三十年二月初三日娶	一百两

序号	宗室娶妻恩赏事件	年岁	生辰	娶妻时间及对象	恩赏银两
19	镶白旗闲散宗室诚满娶妻	22	乾隆九年甲子二月三十日巳时生	乾隆三十年二月十八日娶妻正白旗蒙古萨郎阿佐领下原任护军校推郎阿之女	一百两
20	镶白旗闲散宗室法丰阿娶妻	20	乾隆十一年丙寅正月十九日寅时生	乾隆三十年六月二十八日娶妻正白旗蒙古讷漠赫佐领下原任副都统音积纳之女	一百两
21	镶红旗闲散宗室登德恒娶妻	27	乾隆四年己未九月初一日亥时生	乾隆三十年八月二十七日娶镶红旗满洲五甲喇伊尔当阿佐领下已故马甲何德之女罗氏为妻	一百两
22	镶白旗闲散宗室春明娶妻	22	乾隆九年甲子六月十八日子时生	乾隆三十年十二月二十日娶妻，所娶系正蓝旗包衣德奇佐领下张佳氏原任把总色克图之女。	一百两
23	镶红旗闲散宗室鄂勒活图娶妻	21	乾隆十年乙丑九月十七日亥时生	说定镶红旗满洲固山布占佐领下已故员外郎巴代之女那氏为妻，乾隆三十年十二月二十六日娶	一百两
24	镶红旗闲散宗室涛僧厄娶妻	21	乾隆十年乙丑正月二十八日未时生	今聘定本旗满洲固山凌玉佐领下刑部员外和隆额之女关氏为妻，乾隆三十年四月初十日娶	一百两
25	镶白旗闲散宗室赫尔吉图娶妻	20	乾隆十一年丙寅二月初七日寅时生	乾隆三十年八月初二日娶镶黄旗满洲永德佐领下马佳氏领催额尔登布之女	一百两
26	镶蓝旗闲散宗室彭团娶妻	35	雍正九年辛亥七月初一日亥时生	说定镶红旗满洲乌尔太佐领下都察院笔帖式已故穆尔太之女富查氏，乾隆三十年三月二十二日娶	一百两
27	正白旗闲散宗室敖善娶妻	41	雍正三年乙巳十月二十五日戌时生	续说妻系镶白旗蒙古木尔泰佐领下原任同知五三太之女，乾隆三十年三月十三日娶	一百两
28	镶红旗闲散宗室和尔松额娶妻	24	乾隆七年壬戌二月十三日戌时生	聘定镶红旗满洲固山四甲喇七圣保佐领下原任参将齐山之女同额氏为妻，乾隆三十年十月十三日娶	一百两
29	镶红旗闲散宗室双保娶妻	34	雍正十年壬子五月二十一日酉时生	说定正白旗满洲旗分宗室凤池佐领下护军富宁之女为妻，乾隆三十年八月十六日娶	一百两
30	镶蓝旗闲散宗室永穆娶妻	23	乾隆八年癸亥九月二十二日午时生	乾隆二十四年三月初六日奉旨，着镶白旗满洲武鹏额佐领下已故二等侍卫明宝之女赏指本族中闲散宗室永穆为婚，乾隆三十年三月二十二日娶妻	一百两
31	正白旗闲散宗室敖尔合巴娶妻	20	乾隆十一年丙寅六月二十九日未时生	乾隆三十年七月初九日娶妻镶白旗满洲永福佐领下原系亲军木克登额之女	一百两

表 2 觉罗娶妻恩赏事件统计

序号	觉罗娶妻恩赏事件	年岁	生辰	娶妻时间及对象	恩赏银两
1	正黄旗护军觉罗巴尼布娶妻	26	雍正十二年甲寅八月初十日卯时生	乾隆二十四年六月十八日娶镶红旗包衣穆忒布佐领下已故亲军朝刚之女	二十两
2	镶黄旗闲散觉罗代号娶妻	26	乾隆二年丁巳八月十四日卯时生	乾隆二十六年十二月二十七日娶妻本佐领下领催阿尔景阿之女	二十两
3	镶黄旗闲散觉罗明曾娶妻	46	康熙五十六年八月十七日子时生	乾隆二十七年七月二十九日娶妻本旗仁和佐领下原系护军存住之女	二十两
4	镶白旗闲散觉罗永庆娶妻	20	乾隆八年癸亥五月初四日申时所生	乾隆二十七年七月初四日娶妻正白旗满洲富元佐领下粘杆拜唐阿富成之女	二十两
5	正红旗闲散觉罗伦泰娶妻	25	乾隆三年四月二十一日午时生	乾隆二十七年八月初三日娶镶蓝旗蒙古都统佐领下原任参领多尔占之女	二十两
6	正红旗闲散觉罗平德娶妻	32	雍正十年五月十九日申时生	乾隆二十八年十一月十二日娶镶蓝旗满洲穆隆阿佐领下已故领催伊同阿之女	二十两
7	正蓝旗闲散觉罗续住娶妻	21	乾隆八年正月初五日卯时生	乾隆二十八年七月十二日娶本旗克生厄佐领下厄尔登厄之女	二十两
8	正蓝旗闲散觉罗常有娶妻	24	乾隆六年五月十一日未时生	乾隆二十九年六月十一日娶镶红旗满洲固山黑达色佐领下护军牙鲁太之女	二十两
9	镶白旗亲军觉罗巴英娶妻	22	乾隆八年癸亥五月十五日未时生	乾隆二十九年十二月初三日娶妻本旗苏冲阿佐领下护军佟古善之女关氏	二十两
10	镶黄旗闲散觉罗倭诺娶继妻	56	康熙四十八年己丑七月初九日酉时生	乾隆二十九年十二月二十日续妻镶黄旗汉军金光药佐领下原任骁骑校程荣之女	二十两
11	镶黄旗闲散觉罗刘保住娶妻	19	乾隆十一年十月十七日辰时生	乾隆二十九年六月十一日娶正黄旗满洲马什佐领下原系护军吉会之女为妻	二十两
12	镶黄旗闲散觉罗官成娶妻	19	乾隆十一年丙寅四月二十三日申时所生	乾隆二十九年十二月二十日娶妻正白旗包衣明福管领下郎中清保之女	二十两
13	镶蓝旗文举觉罗成贵娶妻	42	雍正元年癸卯二月十一日辰时生	乾隆二十九年十一月十八日娶妻正红旗满洲王府长史□□之女	二十两
14	镶蓝旗闲散觉罗开亮娶妻	19	乾隆十一年丙寅三月初七日申时生	乾隆二十九年十二月初三日娶正红旗满洲何玉佐领下已故马甲额勒浑之女为妻	二十两
15	镶黄旗闲散觉罗海常娶妻	19	乾隆十一年八月初四日卯时生	乾隆二十九年十二月十三日娶正白旗满洲松陵佐领下三等侍卫哈清阿之女为妻	二十两
16	正黄旗闲散觉罗德格登额娶妻	25	乾隆五年庚申六月初一戌时生	乾隆二十九年十月十六日娶本旗七明阿佐领下骁骑校色冷厄之女为妻	二十两
17	镶蓝旗闲散觉罗德奎娶妻	27	乾隆四年己未正月三十日寅时生	乾隆三十年三月初六日娶到镶红旗满洲德兴额佐领下领催星色之女	二十两
18	为镶红旗闲散觉罗安住娶妻	27	乾隆四年己未二月初七日寅时生	乾隆三十年七月初八日娶镶蓝旗满洲福代佐领下领催达烟泰之女年十九岁为妻	二十两

序号	觉罗娶妻恩赏事件	年岁	生辰	娶妻时间及对象	恩赏银两
19	镶黄旗闲散觉罗石全娶妻	21	乾隆十年乙丑二月初一日午时生	乾隆三十年九月初八日娶妻本旗明通佐领下原系领催哥图浑之女	二十两
20	镶红旗文生员觉罗米山太娶妻	22	乾隆九年甲子二月初七日丑时生	乾隆三十年九月十一日娶镶白旗汉军张公臣佐领下领催王国英之女为妻	二十两
21	镶蓝旗佐领兼给事中觉罗明善娶妻	37	雍正七年己酉四月二十八日寅时生	乾隆三十年七月初八日迎娶正白旗汉军石永佐领下笔帖式石敏之女为妻	二十两
22	镶蓝旗闲散觉罗海亮娶妻	18	乾隆十三年戊辰正月二十六日卯时生	乾隆三十年九月十八日娶本旗佛尔清额佐领下印务参领观音保之女	二十两
23	正黄旗闲散觉罗威太第三子觉罗学生文质娶妻	19	乾隆十二年四月二十三日巳时生	乾隆三十年九月初八日娶本旗满洲那翰佐领下原任户部笔帖式木腾厄之女	二十两
24	镶蓝旗闲散觉罗永德娶妻	21	乾隆十年乙丑正月初八日丑时生	乾隆三十年九月二十一日娶正红旗满洲班塔哈佐领下护军七十九之女为妻	二十两

二 宗室觉罗嫁女恩赏事件

与娶妻恩赏事件相比，现存乾隆朝档案中记载的宗室觉罗嫁女恩赏事件数量相对要少一些。其中，乾隆二十三年至乾隆三十年宗室嫁女恩赏20例，乾隆二十四年至乾隆三十年觉罗嫁女恩赏11例。其宗室及觉罗女之年岁、生辰、聘嫁时间及对象、恩赏银两数目等情形具体如下表3、表4。

表3 宗室嫁女恩赏事件统计

序号	宗室嫁女恩赏事件	年岁	生辰	聘嫁时间及对象	恩赏银两
1	镶蓝旗闲散宗室能德二姐出聘	27	雍正十年壬子六月初五日巳时生	正黄旗包衣金鉴佐领下拜唐阿舒隆阿为婿，乾隆二十三年八月初五日娶	一百两
2	镶白旗奉恩将军宗室普禄长女出聘	19	乾隆八年癸亥三月二十四日卯时生	乾隆二十六年十二月初八日聘与正白旗满洲和里辉佐领下关姓捐纳监生录德	一百两
3	正蓝旗闲散宗室成照嫁女	19	乾隆八年癸亥十二月二十九日丑时生	乾隆二十六年十二月二十一日聘给正白旗满洲舒楞额佐领下闲散富昌为妻	一百两
4	正白旗闲散宗室元成之女出嫁	21	乾隆六年辛酉九月十六日酉时生	乾隆二十六年十二月十四日出嫁镶黄旗满洲富景佐领下三等侍卫富察新	一百两
5	正白旗闲散宗室会魁之女出嫁	15	乾隆十二年丁卯四月二十四日寅时生	乾隆二十六年十二月十六日出嫁镶黄旗满洲富住佐领下闲散满洲英绅	一百两
6	镶白旗笔帖式宗室朔岱七妹出聘	21	乾隆九年甲子十一月十一日卯时生	乾隆二十九年八月十六日聘与镶黄旗满洲国柱佐领下白姓闲散舒昌为妻	一百两

序号	宗室嫁女恩赏事件	年岁	生辰	聘嫁时间及对象	恩赏银两
7	镶蓝旗宗室奉国将军书贤之妹昌恒次女苏永出聘	24	乾隆六年辛酉八月十七日申时生	乾隆三十年正月十六日聘娶给正蓝旗满洲景泰佐领下男永为婚	一百两
8	正蓝旗闲散宗室彭韬第二女出聘	15	乾隆十五年庚午正月十七日寅时生	乾隆二十九年十二月十八日出聘与镶白旗满洲良泰佐领下闲散满洲德楞额	一百两
9	正白旗闲散宗室普永嫁女	16	乾隆十五年庚午六月初六日巳时生	乾隆三十年六月十一日聘与本旗诺苏肯佐领下马甲牛永	一百两
10	镶红旗闲散宗室明元嫁女	17	乾隆十四年己巳十二月二十四日亥时生	乾隆三十年九月二十四日嫁与镶红旗蒙古固山伊拉气佐领下都司伊思哈之子前锋常福为妻	一百两
11	镶白旗宗人府理事官宗室恳特第四女出嫁	17	乾隆十四年己巳八月十六日寅时生	乾隆三十年十二月初八日出嫁，聘与本旗讷清额佐领下库鲁氏闲散满洲穆特布	一百两
12	镶红旗闲散宗室保禄嫁妹	23	乾隆八年癸亥三月初六日丑时生	乾隆三十年二月初六日给与镶蓝旗满洲朱隆厄佐领下工部库使布恒厄为妻，乾隆三十年八月初十日娶	一百两
13	镶蓝旗闲散宗室和尔进第四女出嫁	23	乾隆八年癸亥四月十六日巳时生	本旗汉军尚为深佐领下武举人尚为保，议定于乾隆三十年十二月二十六日出聘	一百两
14	镶蓝旗闲散宗室明和之妹出聘	27	乾隆四年己未十月二十九日未时生	许定镶红旗满洲秀山佐领下候缺笔帖式恭凌安为婿，乾隆三十年十二月初八日出聘	一百两
15	镶红旗副护军参领宗室扎布东阿嫁妹	21	乾隆十年乙丑九月十三日辰时生	给于镶黄旗蒙古善福佐领下甘肃宁夏总兵官富永之子闲散路保为妻，择乾隆三十年八月初十日娶	一百两
16	镶红旗闲散宗室常伦第三女出嫁	24	乾隆七年壬戌十一月二十三日酉时生	聘与镶白旗满洲固山普兴佐领下护军多西那之子马甲德义为妻，于乾隆三十年九月初八日娶	一百两
17	镶蓝旗闲散宗室窝和臣第三女出聘	23	乾隆八年癸亥五月十七日未时生	议聘于本旗满洲佟明佐领下护军从格，乾隆三十年九月二十一日出嫁	一百两
18	正红旗二等镇国将军弘福第四女出聘	16	乾隆庚午十五年四月十一日戌时生	于乾隆二十九年正月初二日奉旨，指与阔尔沁台吉多尔济虎之子未受职之台吉德克吉忒为妻，乾隆三十年十二月初八日聘给	一百两
19	正白旗闲散宗室惠昌嫁女	16	乾隆十五年庚午八月二十六日寅时生	乾隆三十年八月二十七日聘与正蓝旗蒙古常禄生佐领下官学生为妻	一百两
20	镶蓝旗闲散宗室弘暹第五女出嫁	15	乾隆庚午十五年十月三十日酉时生	乾隆二十九年正月初二日奉旨指赏喀尔沁公拉布坦之子辅国公拉扎蒲为室，乾隆二十九年十二月十三日娶过	一百两

表 4 觉罗嫁女恩赏事件统计

序号	觉罗嫁女恩赏事件	年岁	生辰	聘嫁时间及对象	恩赏银两
1	正红旗帖写笔帖式觉罗吴兰太第二女扎秦珠出嫁	25	雍正十三年己卯十月二十五日寅时生	乾隆二十四年七月初十日出嫁正黄旗满洲吴尔青厄佐领下马甲苏明	二十两
2	正黄旗满洲觉罗护军得兴厄之女出聘	17	乾隆十年十二月二十二日丑时生	乾隆二十六年十二月二十六日出聘与本旗善福佐领下圆明园护军双亮为妻	二十两
3	镶红旗笔帖式觉罗那丹金之女聘嫁	17	乾隆十一年丙寅十月十一日寅时生	乾隆二十七年八月初三日聘嫁与正白旗海福佐领下闲散刘皆为妻	二十两
4	镶蓝旗护军觉罗廷玉之妹出聘	24	乾隆六年辛酉七月二十六日巳时生	乾隆二十九年八月二十九日出聘给与本旗五十三佐领下护军关宁为妻	二十两
5	镶黄旗文举人觉罗奎福嫁女	18	乾隆十二年八月二十三日午时生	乾隆二十九年十二月十六日聘给本旗福住佐领下西陵防御明德之子马甲庆恩	二十两
6	镶黄旗帮办笔帖式觉罗双保长女出嫁	25	乾隆五年庚申五月二十八日戌时生	乾隆二十九年六月二十二日出嫁，聘与本旗中和佐领下马甲花沙布	二十两
7	镶蓝旗闲散觉罗福明阿长姐福玉柱出聘	21	乾隆九年甲子五月二十八日申时生	给与正红旗满洲永安佐领下护军常保柱为妻，乾隆二十九年六月十一日出聘	二十两
8	镶黄旗闲散觉罗明保嫁次女	15	乾隆十六年七月十八日卯时生	乾隆三十年十一月初六日聘给本旗定住佐领下马甲皂君保为妻	二十两
9	镶蓝旗闲散觉罗常德之女纳丹珠出聘	29	乾隆二年丁巳闰九月十一日丑时生	乾隆三十年八月二十二日出聘给与正红旗满洲庆智佐领下步军尉吉永为妻	二十两
10	镶黄旗闲散觉罗那尔太嫁孙女	17	乾隆十三年戊辰八月二十八日子时生	闲散觉罗七十八之次女二妞妞，乾隆三十年九月十八日出嫁，聘给镶白旗汉军常才佐领下闲散王进住	二十两
11	正黄旗闲散觉罗巴勒嫁第四女	18	乾隆十三年岁次戊辰四月十九日午时生	乾隆三十年四月初四日出嫁	二十两

如上表所示，现存档案中记载乾隆二十至三十年宗室觉罗婚嫁恩赏事件共 86 例，其中宗室娶妻 31 例，觉罗娶妻 24 例，宗室嫁女 20 例，觉罗嫁女 11 例。于此可知，同时期的宗室婚嫁恩赏事件多于觉罗；而在宗室和觉罗两个不同群体中，娶妻恩赏事件数量都高于嫁女。而这种结论是否基本上符合乾隆朝当时宗室人口多于觉罗、皇族男性人口多于女性的记载，还要进一步参考玉牒等档案进行具体的统计研究。

三　宗室觉罗婚嫁恩赏事件之分析

清代的宗室觉罗婚丧恩赏银两，其领取和发放有一套固定程序。这个过程中，由族长、佐领、参领层层上报后，其所属的八旗都统要将具体的婚丧事件行文宗人府进行办理。在八旗都统行文宗人府的文书中，尤为详细地记载了宗室觉罗的身份、年龄以及三代等信息，以及个人或族内经佐领、参领逐级呈报事件的过程等内容。通过宗人府档案所记载的宗室觉罗婚嫁恩赏事件的分析，可知乾隆朝皇族的婚嫁及恩赏的具体情形。

（一）宗室觉罗婚嫁恩赏事件之嫡继

乾隆朝时，宗室娶妻嫁女均为一百两，觉罗娶妻嫁女则为二十两。与此相对应，乾隆朝宗室觉罗婚嫁恩赏事件，仅有为数很少的娶妻恩赏档案明确提及所娶之妻的嫡继。如：正白旗闲散宗室敖善41岁，乾隆三十年三月十三日娶"续说妻系厢白旗蒙古木尔泰佐领下原任同知五三太之女"[①]，56岁的镶黄旗闲散觉罗倭诺，乾隆二十九年"十二月二十日续妻，续得镶黄旗汉军金光药佐领下原任骁骑校程荣之女"[②]。

其余档案则是根据内容或者宗室觉罗的岁数，大致推断其所娶之妻的嫡继。如43岁的镶黄旗护军参领兼佐领的宗室武得理，"乾隆二十五年三月初八日娶本旗峻德佐领下已故闲散鲁占之女"[③]，两年后，45岁时又于"乾隆二十七年六月二十九日业经娶妻，所娶正黄旗包衣花尚阿管领下原任护军校委署章京富德之女"[④]。虽然具体的汉文名字不同，但从旗佐及三代等信息可以看出系一人。[⑤] 即使排除年龄的因素，也至少可以判断武得理第二次所娶应为继妻。

另外，娶妻恩赏事件中，也有零星的年轻宗室续娶的记载。如20岁的镶白旗闲散宗室赫尔吉图，乾隆三十年八月初二日娶"镶黄旗满洲永德佐领下马佳氏领催额尔登布之女"，在请领恩赏银两时提到"嫡妻于二十九年十月十六日病故"[⑥]。

因此，在乾隆朝宗室觉罗婚嫁恩赏事件中，除极少数情形外，大多档案内容都较少提及皇族娶妻之嫡继。当然，这与当时宗室觉罗婚嫁恩赏银两数量没有出现道光朝之后的嫡妻继妻之别，应该有很大的关系。

---

① 《正白旗满洲都统为正白旗闲散宗室敖善娶妻请领恩赏银两事致宗人府咨呈》，乾隆三十年（档号：06-01-001-000003-0090）。

② 《管理镶黄旗满洲都统事务和亲王[弘昼]等为镶黄旗闲散觉罗倭诺娶妻请领恩赏银两事致宗人府咨呈》，乾隆二十九年十二月十四日（档号：06-01-001-000002-0102）。

③ 《管理镶黄旗满洲都统事务和亲王[弘昼]等为镶黄旗闲散觉罗倭诺娶妻请领恩赏银两事致宗人府咨呈》，乾隆二十九年十二月十四日（档号：06-01-001-000002-0102）。

④ 《管理镶黄旗满洲都统事务和亲王[弘昼]为镶黄旗鸟枪护军参领兼佐领宗室武德里娶妻请领恩赏银两事致宗人府咨呈》，乾隆二十七年七月（档号：06-01-001-000002-0021）。

⑤ 武得理娶妻恩赏的两件档案中，名字分别为武得理、武得礼、武德里，满文名为uderi；所属均为镶黄旗头甲喇"护军参领兼佐领"；父祖名字均相同，其祖已故"闲散宗室松柱，父原任佐领永贵"。

⑥ 《署理镶白旗满洲都统印务和亲王[弘昼]等为镶白旗闲散宗室赫尔吉图娶妻请领恩赏银两事致宗人府咨呈》，乾隆三十年六月（档号：06-01-001-000003-0087）。

（二）宗室觉罗婚嫁恩赏事件之年岁

在乾隆朝宗室觉罗婚嫁事件中，绝大多数都未明确提及娶妻之嫡继及大龄女性是否再嫁的情形，故仅对所列事件进行基本统计：

宗室娶妻恩赏事件共31例，其中年龄最小为17岁娶妻者2例；人数最多为20岁娶妻者6例，超过总数的19%；次之为19岁娶妻者5例，为总数的16%还多；余者22岁娶妻3例，18岁、21岁、23岁、27岁、35岁娶妻各2例，24岁、34岁、41岁、43岁、45岁娶妻均为1例。现有恩赏事件中，宗室娶妻平均年龄为24.19岁；若扣除40岁以上娶妻者3例，即敖善41岁续妻、武德礼43岁娶妻和45岁续妻，则28例宗室娶妻平均年龄为22.18岁；再次扣除30岁以上娶妻者3例，即镶白旗三等护卫宗室国升阿35岁娶妻①、镶蓝旗闲散宗室彭团35岁娶妻②、镶红旗闲散宗室双保34岁娶妻③，则25例宗室娶妻平均年龄为20.68岁。最后扣除20岁镶白旗闲散宗室赫尔吉图续娶，则24例宗室娶妻平均年龄为20.71岁。（见表5）

觉罗娶妻恩赏事件共24例，其中年龄最小为18岁娶妻者1例；人数最多为19岁娶妻者5例，近总人数的21%；次之为21岁娶妻者3例，近总人数的13%；余者22岁、25岁、26岁、27岁娶妻各2例，20岁、24岁、32岁、37岁、42岁、46岁、56岁娶妻均为1例。现有恩赏事例中，觉罗娶妻平均年龄为26.38岁；若扣除掉40岁以上娶妻的3例，即镶蓝旗文举觉罗成贵42岁娶妻④、镶黄旗闲散觉罗明曾46岁娶妻⑤、镶黄旗闲散觉罗倭诺56岁续妻⑥，则21例觉罗娶妻平均年龄为23.29岁；再次扣除掉30岁以上娶妻的2例，正红旗闲散觉罗平德32岁娶妻⑦、镶蓝旗佐领兼给事中觉罗明善37岁娶妻⑧，则19例觉罗娶妻平均年龄为22.11岁。（见表5）

---

① 《署理镶白旗满洲都统印务[博清额]等为镶白旗三等护卫宗室国升阿娶妻请领恩赏银两事致宗人府咨呈》，乾隆二十七年七月（档号：06-01-001-000002-0024）。

② 《署理镶蓝旗满洲都统印务[四达]等为镶蓝旗闲散宗室彭团娶妻请领恩赏银两事致宗人府咨呈》，乾隆三十年（档号：06-01-001-000003-0089）。

③ 《管理镶黄旗满洲都统事务和亲王[弘昼]等为镶黄旗帮办笔帖式觉罗双保之女出嫁请领恩赏银两事致宗人府咨呈》，乾隆二十九年（档号：06-01-001-000002-0156）。

④ 《镶蓝旗满洲都统亲王固伦额驸[色布腾巴勒珠尔]等为镶蓝旗文举人觉罗成贵娶妻请领恩赏银两事致宗人府咨呈》，乾隆二十九年（档号：06-01-001-000002-0121）。

⑤ 《管理镶黄旗满洲都统事务和亲王[弘昼]为镶黄旗闲散觉罗明曾娶妻请领恩赏银两事致宗人府咨呈》，乾隆二十七年八月（档号：06-01-001-000002-0027）。

⑥ 《管理镶黄旗满洲都统事务和亲王[弘昼]等为镶黄旗闲散觉罗倭诺娶妻请领恩赏银两事致宗人府咨呈》，乾隆二十九年十二月十四日（档号：06-01-001-000002-0102）。

⑦ 《署理镶蓝旗满洲都统印务[期成额]等为镶蓝旗三祖之后佐领兼给事中觉罗明善娶妻请领恩赏银两事致宗人府咨呈》，乾隆二十八年十一月（档号：06-01-001-000002-0077）。

⑧ 《正红旗满洲都统为正红旗闲散觉罗平德娶妻请领恩赏银两事致宗人府咨呈》，乾隆三十年（档号：06-01-001-000003-0039）。

表 5 宗室觉罗娶妻年龄统计

恩赏事件	17岁	18岁	19岁	20岁	21岁	22岁	23岁	24岁	25岁	26岁	27岁	32岁	34岁	35岁	37岁	41岁	42岁	43岁	45岁	46岁	56岁	平均
宗室娶妻	2	2	5	6	2	3	2	1			2		1	2		1		1	1			24岁
觉罗娶妻		1	5	1	3	2		1	2	2	2	1			1		1			1	1	26岁

宗室嫁女事例共20例，其中年龄最小为15岁出嫁者3例，与16岁、21岁、23岁出嫁者相同，各占总数的15%；其余17岁、19岁、24岁、27岁出嫁者均为2例。在现有恩赏事例中，宗室女出嫁平均年龄为19.95岁。觉罗嫁女事例数量最少，共11例。其中年龄最小为15岁出嫁者1例；人数最多为17岁出嫁者3例，超过总人数的27%；余者18岁、25岁出嫁各2例，21岁、24岁、29岁者均为1例。在现有恩赏事例中，觉罗女出嫁平均年龄为20.55岁。（见表6）

表 6 宗室觉罗嫁女年龄统计

恩赏事件	15岁	16岁	17岁	18岁	19岁	20岁	21岁	22岁	23岁	24岁	25岁	26岁	27岁	28岁	29岁	平均
宗室嫁女	3	3	2		2		3		3	2			2			20岁
觉罗嫁女	1		3	2			1			1	2				1	21岁

据此统计可知，在乾隆朝宗室觉罗婚嫁恩赏事件中，平均年龄宗室嫁女大于觉罗嫁女，觉罗嫁女大于宗室娶妻，宗室娶妻大于觉罗娶妻，这应该能够基本反映这一时期的宗室觉罗婚嫁年龄的特点。

需要说明的是：上述统计的宗室觉罗婚嫁年岁，按照档案记载，均是以年头计算的，即所谓的“虚岁”。如，镶红旗闲散觉罗多明阿，乾隆二十三年八月十六日娶镶蓝旗满洲固山伯起图佐领下笔帖式那敏之女为妻，“今年十九岁，系乾隆五年庚申十月十四日戌时生”[①]。正蓝旗闲散宗室彭韬第二女，乾隆二十九年十二月十八日出聘，“本年十五岁，乾隆十五年庚午正

① 《镶红旗满洲固山为镶红旗闲散宗室多明阿娶妻请领恩赏银两事致宗人府咨呈》，乾隆二十三年八月（档号：06-01-001-000001-0093）。

月十七日寅时生”[①]。

（三）宗室觉罗婚嫁恩赏事件之身份

宗室觉罗婚嫁对象的选择，和民间或者其他官员家庭“抬头嫁女，低头娶妇”的情况不同。从当时的身份上来说，作为社会上层的宗室觉罗，最终无论娶妻还是嫁女，都是与皇族以外的群体进行联姻。具体来讲，宗室觉罗的婚嫁对象的“门户”如何？其婚嫁者本人或者承办事人，其父祖甚至是叔伯兄弟的身份如何？其婚嫁对象是同属满洲的本旗还是他旗，抑或是蒙古及汉军？这些具体的内容，可以分别从娶妻和嫁女恩赏档案记载中寻得究竟。

娶妻恩赏事件中，主要有娶妻之宗室或觉罗的出生年月日及其父祖三代等身份信息。

宗室娶妻者 31 例，其中镶黄旗武得理两次娶妻，计作 30 人。从旗分来看，镶红旗 8 人，镶蓝旗 7 人，镶白旗 6 人，正蓝旗 5 人，正白旗 2 人，镶黄旗及正黄旗各 1 人。从身份来看，闲散宗室 26 人，约为总人数的 87%，占了绝大多数。非闲散宗室，除武得理任护军参领兼佐领外，三等护卫、三等侍卫及奉恩将军各 1 人。宗室所娶之妻 31 人中，属满洲八旗的 22 人，镶红旗 6 人，镶黄旗、镶蓝旗、镶白旗为 3 人，正黄旗、正红旗、正白旗各 2 人，正蓝旗 1 人，占总数的近 71%。余者蒙古八旗 6 人，正白旗 2 人，正蓝旗、镶黄旗、正黄旗、镶白旗各 1 人，超过总数的 19% 还多；包衣 3 人，正黄旗、正蓝旗、正白旗包衣各 1 人，约为总数的 10%。

宗室所娶之妻的身份或者说是家庭背景，则比较复杂。可以看到，在档案表述中，宗室所娶之妻的家庭情况基本上都是以其父亲的身份来进行，无论妻父是否在职或者在世。因系各旗都统所报，故旗分及佐领等信息也同时具备。如：在这些宗室联姻的对象之中，文职有 10 人，不到总数的三分之一。其中，笔帖式 4 人，1 人明确品级为“八品笔帖式”[②]，另外 2 人分别为都察院和工部笔帖式；同知 3 人，2 人原任 1 人候选；员外郎 2 人，为已故员外郎、刑部员外郎；六品官 1 人。武职（含旗务）占绝大多数，为 17 人。相较与文职最高五品职官的情形，武职内有原任副都统[③]、内务府护军统领兼御膳房尚膳正[④]、护军参领[⑤]、原任参将[⑥]各 1 人，均为二品、三品高官。侍卫 2 人，原任三等侍卫和已故二等侍卫各 1 人；护卫 2 人，分别为头等及三等；护军校 2 人，其中 1 人为“原任护军校委署章京”；马甲 2 人，闲散 2 人。原任把总、原任冠军使、

① 《管理正蓝旗满洲都统裕亲王［广禄］等为正蓝旗闲散宗室彭韬之女出聘请领恩赏银两事致宗人府咨呈》，乾隆二十九年（档号：06-01-001-000002-0161）。

② 《镶蓝旗满洲都统亲王固伦额驸［色布腾巴勒珠尔］等为镶蓝旗闲散宗室书翰娶妻请领恩赏银两事致宗人府咨呈》，乾隆二十九年（档号：06-01-001-000002-0144）。

③ 《署理镶白旗满洲都统印务和亲王［弘昼］等为镶白旗闲散宗室法丰阿娶妻请领恩赏银两事致宗人府咨呈》，乾隆三十年六月十二日（档号：06-01-001-000003-0012）。

④ 《镶红旗满洲固山为镶红旗奉恩将军宗室福宁阿娶妻请领恩赏银两事致宗人府咨呈》，乾隆二十九年（档号：06-01-001-000002-0143）。

⑤ 《镶蓝旗满洲都统亲王固伦额驸［色布腾巴勒珠尔］等为镶蓝旗闲散宗室奕赞娶妻请领恩赏银两事致宗人府咨呈》，乾隆二十六年十二月（档号：06-01-001-000001-0150）。

⑥ 《镶红旗满洲固山为镶红旗闲散宗室和尔松额娶妻请领恩赏银两事致宗人府咨呈》，乾隆三十年（档号：06-01-001-000003-0091）。

护军、原系亲军、领催各1人；有爵位者1人，为骑都尉。另有1人仅有姓氏，为“归肃道完颜姓”[①]。

觉罗娶妻者24人，从旗分来看，镶黄旗7人，镶蓝旗6人，正黄旗3人，镶白旗、正红旗、正蓝旗、镶红旗各2人。从身份来看，闲散觉罗19人，为总人数的79%还多。其中，有觉罗学生文质为闲散觉罗威太之三子，计入闲散之列。此外，护军、亲军、文举人、文生员各1人；另有1人，“佐领兼给事中觉罗明善”为身兼八旗事务及官员双重身份。觉罗所娶之妻24人中，属满洲八旗的18人，镶黄旗、正黄旗、镶蓝旗、正红旗各3人，正白旗、镶红旗各2人，正蓝旗、镶白旗各1人，占总人数的75%。汉军八旗3人，镶黄旗、镶白旗、正白旗各1人，占总人数的12.5%。包衣2人，正白旗、镶红旗包衣各1人；仅有1人镶蓝旗蒙古。

在觉罗联姻的对象之中，文职有3人，郎中1人，笔帖式2人。其余19人皆为武职或旗内事务，参领2人，分别为原任参领及印务参领；领催6人，已故及原系各1人；护军5人，原系护军2人；骁骑校2人，其中1人为原任；三等侍卫、粘杆拜唐阿、已故亲军、已故马甲各1人。有1人仅有旗佐父名信息，为正蓝旗“克生厄佐领下厄尔登厄”[②]。另有1人为王府属官即“王府长史”[③]。

在宗室觉罗嫁女恩赏事件中，主要有承办人的生年月日及其父祖三代等身份信息，这些承办人绝大多数为宗室觉罗女子的父亲、兄弟。

宗室嫁女者20人，从旗分来看，镶蓝旗6人，正白旗、镶红旗各4人，镶白旗3人，正蓝旗2人，正红旗1人。从身份来看，闲散宗室14人，占总人数的70%。其他6人中，有爵位者3人，其中奉恩将军2人，镇国将军1人；宗人府理事官1人；副护军参领1人。在此需要说明的是：宗室20人中，14人为出嫁女的父亲，其他6人包括闲散宗室能德[④]、笔帖式朔岱[⑤]、奉国将军书贤[⑥]、闲散宗室保禄[⑦]、副护军参领宗室扎布东阿[⑧]则为出嫁女的兄弟。宗室女的婚嫁对象中，满洲八旗13人，镶黄旗、正白旗、镶白旗各3人，镶蓝旗2人，镶红旗、正蓝旗各1人。2人为指婚，均为科尔沁蒙古（原档为阔尔沁、喀尔沁）；蒙古八旗3人，镶黄旗、镶红旗、正蓝旗各1人；正黄旗包衣、镶蓝旗汉军各1人。

---

① 《管理正蓝旗满洲都统事务裕亲王[广禄]等为正蓝旗三等侍卫宗室定昌娶妻请领恩赏银两事致宗人府咨呈》，乾隆二十八年九月二十九日（档号：06-01-001-000002-0078）。

② 《管理正蓝旗满洲都统事务裕亲王[广禄]为正蓝旗闲散觉罗续住娶妻请领恩赏银两事致宗人府咨呈》，乾隆二十八年（档号：06-01-001-000002-0079）。

③ 《镶蓝旗满洲都统亲王固伦额驸[色布腾巴勒珠尔]等为镶蓝旗文举人觉罗成贵娶妻请领恩赏银两事致宗人府咨呈》，乾隆二十九年（档号：06-01-001-000002-0121）。原档内容残缺。

④ 《署理镶蓝旗满洲都统事务和亲王[弘昼]等为镶蓝旗闲散宗室能德之姐出聘请领恩赏银两事致宗人府咨文》，乾隆二十三年（档号：06-01-001-000001-0095）。

⑤ 《署理镶白旗满洲都统等为镶白旗笔帖式宗室朔岱聘妹请领恩赏银两事致宗人府咨呈》，乾隆二十九年（档号：06-01-001-000002-0106）。

⑥ 《镶蓝旗满洲都统亲王固伦额驸[色布腾巴勒珠尔]等为镶蓝旗宗室奉国将军书贤之妹出聘请领恩赏银两事致宗人府咨呈》，乾隆二十九年（档号：06-01-001-000002-0130）。

⑦ 《镶红旗满洲固山为镶红旗闲散宗室保禄嫁妹请领恩赏银两事致宗人府咨呈》，乾隆三十年（档号：06-01-001-000003-0037）。

⑧ 《镶红旗满洲固山为镶红旗副护军参领宗室扎布东阿嫁妹请领恩赏银两事致宗人府咨呈》，乾隆三十年（档号：06-01-001-000003-0080）。

宗室觉罗嫁女恩赏事件中，婚嫁对象的身份信息与娶妻恩赏事件的记载不同。在档案中，宗室女的婚嫁对象仅有5人有女婿父亲的姓名职官，如：甘肃宁夏总兵官富永之子闲散路保[①]、护军多西那之子马甲德义[②]、都司伊思哈之子前锋常福[③]、阔尔沁台吉多尔济虎之子未受职之台吉德克吉忒[④]、喀尔沁公拉布坦之子辅国公拉扎蒲[⑤]，其他则并无其父亲身份信息，因此宗室女联姻的家庭情况选择以女婿的身份进行统计。宗室女婿中，闲散6人，5人为闲散满洲，1人为蒙古八旗闲散；科尔沁蒙古2人，1人为未受职之台吉、1人为辅国公；马甲2人；余者三等侍卫、护军从格、汉军武举人、蒙古八旗前锋、包衣拜唐阿、关姓捐纳监生、蒙古八旗官学生[⑥]、候缺笔帖式、工部库使及男爵[⑦]各1人。

觉罗嫁女者11人，以旗分来看，镶黄旗4人，镶蓝旗3人，正黄旗2人，正红旗、镶红旗各1人。从身份来看，闲散觉罗5人，超过总人数的45%。其他6人中，笔帖式3人，1为帖写1为帮办，护军2人，文举人1人。此处需要说明的是：这里的觉罗20人绝大多数为出嫁女的父亲，有3人是出嫁女的兄弟，如护军觉罗廷玉嫁妹[⑧]、闲散觉罗岱明阿嫁堂妹[⑨]、“过继之子闲散觉罗福明阿”嫁长姐[⑩]。唯有1例为祖父嫁孙女，“闲散觉罗七十八之次女二妞妞”出嫁，“此事伊亲祖闲散觉罗那尔太承办”[⑪]。

觉罗女的婚嫁对象中，满洲八旗9人，镶黄旗3人，正黄旗、正红旗各2人，正白旗、镶蓝旗各1人；镶白旗汉军1人；无旗分信息者1人。与宗室嫁女的情况相同，觉罗女的婚嫁对

---

① 《镶红旗满洲固山为镶红旗副护军参领宗室扎布东阿嫁妹请领恩赏银两事致宗人府咨呈》，乾隆三十年（档号：06-01-001-000003-0080）。

② 《镶红旗满洲固山为镶红旗闲散宗室常伦嫁女请领恩赏银两事致宗人府咨呈》，乾隆三十年（档号：06-01-001-000003-0082）。

③ 《镶红旗满洲固山为镶红旗闲散宗室明元嫁女请领恩赏银两事致宗人府咨呈》，乾隆三十年九月（档号：06-01-001-000003-0022）。

④ 《署理正红旗满洲都统事务简亲王[丰讷亨]等为正红旗二等镇国将军弘福嫁女请领恩赏银两事致宗人府咨文》，乾隆三十年（档号：06-01-001-000003-0103）。

⑤ 《署理镶蓝旗满洲都统印务[四达]等为镶蓝旗闲散宗室弘暹嫁女请领恩赏银两事致宗人府咨文》，乾隆三十年（档号：06-01-001-000003-0111）。

⑥ 《正白旗满洲都统为正白旗闲散宗室惠昌嫁女请领恩赏银两事致宗人府咨呈》，乾隆三十年（档号：06-01-001-000003-0105）。原档汉文“官学生”后无人名，参满文 alban tacikvi juse fuking，可知官学生名字音译为“福清”或“福庆”。

⑦ 《镶蓝旗满洲都统亲王固伦额驸[色布腾巴勒珠尔]等为镶蓝旗宗室奉国将军书贤之妹出聘请领恩赏银两事致宗人府咨呈》，乾隆二十九年（档号：06-01-001-000002-0130）。参满文 ashan i hafan yongki，原档汉文“男永起”应为“男爵永起”。

⑧ 《署理镶蓝旗满洲都统印务[富良]等为镶蓝旗护军觉罗廷玉之妹出聘请领恩赏银两事致宗人府咨呈》，乾隆二十九年（档号：06-01-001-000002-0108）。

⑨ 《署理镶蓝旗满洲都统副都统为镶蓝旗闲散觉罗常德之女出聘请领恩赏银两事致宗人府咨呈》，乾隆三十年（档号 06-01-001-000003-0056）。

⑩ 《镶蓝旗满洲都统亲王固伦额驸[色布腾巴勒珠尔]等为镶蓝旗闲散觉罗福明阿长姐福玉柱出聘请领恩赏银两事致宗人府咨呈》，乾隆二十九年（档号 06-01-001-000002-0158）。

⑪ 《管理镶黄旗满洲都统事务和亲王[弘昼]等为镶黄旗闲散觉罗那尔太嫁孙女请领恩赏银两事致宗人府咨呈》，乾隆三十年（档号：06-01-001-000003-0061）。

象中只有 1 人有父亲的姓名职官，即“西陵防御明德之子马甲庆恩”[①]。因此所谓觉罗女联姻的家庭情况也是以女婿的身份进行统计。觉罗女婿中，马甲 4 人，护军 3 人，1 为圆明园护军；步军尉 1 人；闲散 2 人，1 为满洲，1 为汉军；无身份信息者 1 人。[②]

在以上婚嫁恩赏事件中，宗室觉罗以闲散人数居多，其有爵有职者比例较少。其娶妻之宗室 31 人，闲散 26 人；娶妻之觉罗 24 人，闲散 19 人。嫁女之宗室 20 人，闲散 14 人；嫁女之觉罗 11 人，闲散 5 人。宗室觉罗的姻亲情况则恰恰相反，有爵有职者较多，闲散为少数。其中，宗室娶妻明确提及姻亲闲散者 2 人，觉罗娶妻则无姻亲闲散；宗室觉罗嫁女姻亲闲散的比例高于娶妻，宗室嫁女闲散者 6 人，觉罗嫁女闲散者 2 人。而整体比较，宗室觉罗本身闲散的比例远远高于姻亲。由此可见，作为当时身份尊贵的皇族，在娶妻和嫁女时还是有一定的选择的。

此外，宗室觉罗的姻亲大都集中在满洲八旗内，平均超过了总数的 70%。宗室觉罗在满洲八旗之外联姻的群体则略有不同：宗室娶妻主要是蒙古八旗，觉罗娶妻则是汉军八旗居多；宗室嫁女也主要是蒙古八旗和科尔沁蒙古，觉罗嫁女则因数量较少而难以论断。

（四）宗室觉罗婚嫁恩赏事件之女子

在宗室觉罗恩赏事件中，婚嫁所涉及的女子信息较少，提及所娶之妻多为“某某之女”，如：镶白旗闲散觉罗永庆于乾隆二十七年七月初四日娶妻，“所娶正白旗满洲富元佐领下粘杆拜唐阿富成之女”[③]。在 31 例宗室娶妻事件中，仅有 7 名女子提及姓氏，24 例觉罗娶妻事件中则无。（见表 7）

表 7　宗室娶妻姓氏统计

宗室	白凤	厄尔德穆	德恒	鄂勒活图	涛僧厄	彭团	和尔松额
所娶之妻	那拉氏	富查氏	罗氏	那氏	关氏	富查氏	同额氏

大多数时候，出嫁的宗室觉罗女子仅仅是作为承办人的女儿或者姐妹而被提及身份信息，只有少数的女子有序齿或名字。其中，宗室女 20 人中序齿者 10 人，有名字的仅 1 人；觉罗女 11 人中序齿者 7 人，有名字的 4 人。（见表 8）

① 《管理镶黄旗满洲都统事务和亲王 [弘昼] 等为镶黄旗文举人觉罗奎福嫁女请领恩赏银两事致宗人府咨呈》，乾隆二十九年（档号：06-01-001-000002-0110）。

② 《正黄旗满洲都统为正黄旗闲散觉罗巴勒嫁女请领恩赏银两事致宗人府咨呈》，乾隆三十年四月（档号：06-01-001-000003-0108）。

③ 《镶白旗满洲都统 [兆惠] 等为镶白旗闲散觉罗永庆娶妻请领恩赏银两事致宗人府咨呈》，乾隆二十七年（档号：06-01-001-000002-0039）。

表8 宗室觉罗嫁女序齿或名字统计

宗室嫁女	能德二姐	朔岱七妹	书贤之妹昌恒次女苏永	彭韬第二女	恳特第四女	和尔进第四女	常伦第三女	窝和臣第三女	弘福第四女	弘暹第五女
觉罗嫁女	吴兰太第二女扎秦珠		廷玉之妹富僧次女	双保长女	福明阿之姐牛尔浑长女福玉柱		明保次女	常德之女纳丹珠	七十八次女二妞妞	巴勒第四女

总之，清代皇族婚丧恩赏银两的发放始自康熙朝，最初仅为周济贫乏的宗室。至乾隆元年始发放觉罗婚丧恩赏银两，其间曾惠及大多数宗室觉罗群体，直至王朝覆灭后方告终结。宗室觉罗的婚丧恩赏银两，实际上涉及清代各时期满洲皇族社会的生死大事。通过档案所记载的乾隆二十三至三十年宗室及觉罗两个群体的婚嫁恩赏事件，对其娶妻和嫁女分别进行统计和分析，可以初步了解恩赏事件所涉及宗室觉罗的旗分、年龄、婚嫁对象、家庭背景等细节，进而从“生死”之“生”这一个方面，于乾隆朝婚嫁喜事之中考察皇族恩赏制度及其当时皇族社会之大概情形。

（作者单位：中国第一历史档案馆）

古学复兴与明代诗文复古
——兼论前后七子之别

赵　博

内容提要：明人在谈及前七子诗文复古时，常常喜欢使用“古学”一词。“古学”与“今学”相对，指称更早一段时期的学术，同时也指代科举以外的学问。明代人使用“古学”常表示科举以外的经史诸子以及诗文。在传统的学术体系中，六艺承载道体，是学术之根柢，统关史学、诸子、诗文。在“古学”的背景下，以古文辞为突破口，从而“以文求道”成为前七子诗文复古的逻辑取向。吴中地区的“古学”不主义理，偏重文辞、考据，后七子直承吴中的学术传统，是前后七子的重要差别。

关键词：古学　明代诗文复古　前后七子　吴中

翻阅明人文集不难发现，时人论及弘、正之际的学风时常谈到“古学”，李梦阳《答周子书》有言“当是时，笃行之士翕然臻向，弘治之间古学遂兴”[①]。钱谦益在《列朝诗集小传》中提到李何的诗文复古时亦称古学，所谓“献吉唱为古学，吴人厌其剿袭，颇相訾嗷”[②]。然而对于前七子而言，诗文复古并不是他们的最终理想，以文求道实为鹄的，黄省曾在与李梦阳书中说：“不复古文，安复古道哉？”[③]李梦阳于此亦有论述“夫追古者，未有不先其体者也”[④]。可见，由古文而古道，成为前七子复古运动的逻辑走向，因而简单从文学的角度讨论前七子诗文复古则有失该全，古学与前七子诗文复古有着内在的逻辑关系。[⑤]本文将从古学的概念、古学与文辞以及吴中古学等几个方面，对这一问题进行深入探讨。

一　“古学”概念与明人文集中的古学

（一）“古学”概念

“古学”的“古”是一个相对概念，一谈“古”自然会想到“今”，以不同的“今”为参照点，“古”的所指也就不同了。在汉代，历经战乱秦火，传统典籍丧失殆尽，汉人重修经术，筵请旧儒，将他们口耳相传的经义书之于竹帛，成为当时学术的主干，即“今文经学”；随后

① （明）李梦阳：《空同集》卷六一，明嘉靖十一年刻三十一年增修本。

② （明）钱谦益：《列朝诗集小传》丙集，上海古籍出版社，1983年，第321页。

③ （明）黄省曾：《五岳山人集》卷三〇，明嘉靖刻本。

④ 前揭《空同集》卷五一。

⑤ 前七子：李梦阳、何景明、徐祯卿、边贡、康海、王九思、王廷相。后七子：李攀龙、王世贞、谢榛、宗臣、梁有誉、徐中行、吴国伦。

孔壁遗书、杜林漆书等经书古本陆续被发现，这些典籍从字体到字句篇章、经义说解都和当时盛行的今文经学有很大差异，相对汉朝的“今学”而言，以这些古本为依据的学问便被称作“古文经学”，也作“古学”。如汉何休《春秋公羊传序》所言：“是以治古学、贵文章者，谓之俗儒。”[①] 又如汉许冲《上说文解字书》所言：“臣父故大尉南阁祭酒慎，本从逵受古学。”[②] 汉以后国家重新陷入战乱，传统儒学逐渐式微，援老庄释儒成为一时之风尚；同时随着释氏传入，佛教大兴，庙宇林立。隋唐统一后，儒生们有感于当时儒教的衰微，再提“古学”，这时的“古学”是相对于魏晋以降的玄学以及佛老而言的，因此魏晋之前的先秦及汉代学术都属于唐人所称的“古学”范畴之中。如《旧唐书·韩愈传》：“愈自以孤子，幼刻苦学儒，不俟奖励。大历、贞元之间，文字多尚古学，效杨雄、董仲舒之述作，而独孤及、梁肃最称渊奥，儒林推重。”[③] 而到了宋代，除了先秦、两汉，即便是魏晋之学也成为了“古学”所指称的对象，如《宋史·戚纶传》有言：“纶少与兄维以文行知名，笃于古学，喜谈名教。”[④] 明承袭宋元以降的理学，对于当时人来说程朱理学是“今学”，而与之相对应的“古学”自然是指理学产生以前从先秦到汉唐的学问。清人所谈的“古学”则是讲阳明心学、程朱理学以前的学问。清末以及民国时期随着西学的泛滥，“古学”一下涵盖了整个数千年的传统学术，当时的“古学保存会”便是这一涵义。

明确了“古学”的时间范围，下面我们讨论一下“学”所包含的具体对象。四部分类法起源于魏晋时期的荀勖，到《隋书·经籍志》正式确立。此后经、史、子、集不仅仅是一个目录学的分类，而代表着传统的学术体系。从广义上讲，“古学”便可指代整个传统学术，如章学诚所言：“至阮孝绪撰《七录》，惟技术、佛、道分三类，而经典、纪传、子兵、文集之四录，已全为唐人经、史、子、集之权舆。是集部著录，实仿於萧梁，而古学源流，至此为一变，亦其时势为之也。”[⑤]

在传统学术中，儒学是核心，因此从狭义上讲，“古学”当指贯穿儒家教义的经史六艺，如上文所举何休、韩愈、戚纶的例子都是指代经学。史家之职在于秉笔直书，刘知几用“才、学、识”来概括治史所应具备的素养。章学诚在这“三长”之上又加一条“史德”，而所有这些都是在儒家教化的大背景下完成的，所以狭义的“古学”也指代传统意义上的史。如章学诚所言：“魏晋以来，著作纷纷，前无师承，后无从学。且其为文也，体既滥漫，绝无古人笔削谨严之义；旨复浅近，亦无古人隐微难喻之故；自可随其诣力，孤行於世耳。至於史籍之掌，代有其人，而古学失传，史存具体。”[⑥] 儒家的诗教讲求温柔敦厚，“乐而不淫，哀而不伤”，符合这一要求的诗文仍然可以被划归为狭义“古学”的范畴中，“集文虽始于建安，魏文撰徐、陈、应、刘文为一集，此文集之始。挚虞《流别集》，犹其后也。而实盛于齐、梁之际；古学之不可复，盖至齐梁而后荡然矣”[⑦]。

---

① （汉）何休：《春秋公羊传》卷端，清阮元十三经注疏本。

② （清）段玉裁：《说文解字注》，上海古籍出版社，2009年，第785页。

③ （后晋）刘昫：《旧唐书》卷一六〇，中华书局，1975年，第4195页。

④ （元）脱脱：《宋史》卷三〇六，中华书局，1976年，第10104页。

⑤ （清）章学诚：《文史通义》，中华书局，1961年，第179页。

⑥ 前揭《文史通义》，第150页。

⑦ 前揭《文史通义》，第22页。

综上，“古学”所指称的对象是相对于当时而言更早一段时期的学术，而它所指代的范围既可以是广义的经史子集，也可以是符合儒家教义的经史六艺。这里需要说明的是，科举产生以后，士人举子纷纷埋头经义、博取功名，因此在宋元明清这几个朝代，“古学”还特指科举以外的学问，会出现“科举”与“古学”对举的情况。如（王安石）安石以为：凡士未官而事科举者，为贫也；有官矣而复事科举，是侥富贵达而已，学者不由也。公闻之，遽弃科举，一意古学。[①] 此外，由于汉代治“古学”必先从考据、文字入手，才能疏通文句，清代乾嘉考据尊奉汉学，因此“古学”有时也会特指考据之学，如清代李斗的《扬州画舫录》所言：“阎若璩，字百诗，山西太原人。侨寓山阳，举博学鸿词不用，用力古学，著有《古文尚书疏证》《四书释地》……身后子学林聚其未成之书为《潜邱札记》。”[②]

（二）明人文集中的古学

通过上文的分析，我们对于“古学”概念有了一个基本的了解，接下来就考查一下在明人论述中“古学”的具体所指。

首先，古学可指经史六艺。凌云翰在《送维扬顾伯琛序》中有言：“维扬顾伯琛之为临安训导也，将行请赠以言，为朝夕勖。盖其父昔以判府为友，予不敢靳也。夫临安据山川之胜，故有学宫圣世师古学，兼大小经史六艺，咸隶焉。”[③] 张弼的《奉政大夫四川按察司佥事张公墓表》一文中所涉也就是这个概念：“庐陵孙公鼎任府学教授，聘为弟子员时，御史彭公祖期提学得其文，曰畹年少才赡，当是远器，丁父忧，起，复肆志古学，诸经史必穷究，作用处不徒记诵也。”[④]

其次，古学是指科举以外的传统学问，正如祝允明所言：“今为士，高则诡谈性理、妄标道学以为拔类；卑则绝意古学、执夸举业谓之本。”[⑤]《列朝诗集小传》吴宽一条中的“古学”更是具体到了不同于制艺时文的古文辞：“宽，字原博，长洲人。为诸生，蔚有闻望，遍读左氏、班、马、唐、宋大家之文，欲尽弃制举业，从事古学。”[⑥]

再次，古学有时也可被理解为探究义理之学，如何塘在谈论湛甘泉时所说：“弘治、正德之间，甘泉湛先生与一二同志独以古学为倡，天下之士翕然称之曰：甘泉先生，今之道学也。”[⑦]

除以上诸说，在明人文集中“古学”被理解作诗文的概念是最常见的，比如李梦阳《朝政倡和诗跋》中所言：“诗倡和莫盛於弘治，盖其时古学渐兴，士彬彬乎盛矣，此一运会也。”[⑧]《列朝诗集小传》说：“自李空同倡为剽拟古学，偭背师门，秦人康、王辈，失职訾毁。”同样是《列朝诗集小传》，在康海、何景明、黄省曾、王九思等的条目中提到复古诗文运

① （宋）朱熹：《崇政殿说书荥阳吕公》，《三朝名臣言行录》卷八，四部丛刊影宋本。

② （清）李斗：《扬州画舫录》卷一〇，中华书局，1960年，第242页。

③ （明）凌云翰：《柘轩集》卷四，清光绪二十二年刻本。

④ （明）张弼：《张东海先生集》卷四，明正德刻本。

⑤ （明）祝允明：《祝氏集略》卷一二，明嘉靖三十六年刻本。

⑥ 前揭《列朝诗集小传》丙集。

⑦ （明）何瑭：《何文定公文集》卷二，明万历四年刻清道光二十八年补刻本。

⑧ 前揭《空同集》卷五八。

动时也都是用的“古学”一词。[①]

二 “古学”与六艺古道

（一）六艺古道

据以上分析，古学指科举以外的经史诗赋以及诸子杂谈，涵盖了传统学术的各个面向。在古学复兴的浪潮下，明成化、弘治之际的士子已将自己的目光转向了四书五经以外的史汉诸子等其他说解。首先，在儒学方面出现了白沙、甘泉的性气之学；其次，当时的士大夫广泛阅读理学以外的众多书籍，来扩充自己的知识，钱福就曾批评理学家“名物不分，而高谈性理；制度莫识，而任作礼乐”[②]。时下的书籍刻印可反映这一学风，黄卓越在《明中后期文学思想研究》中提到：“李梦阳即负责辑刊过《贾子》《阮嗣宗诗》《白鹿洞志》《陆谢诗》《文选增定》等，何景明负责辑刊过《古乐府》《学约古文》《雍大记》《汉魏诗》《汉纪》等，黄省曾校刊有《择善篇》《王逸注楚辞》《申鉴注》《老子玉略》等。”[③]

孔子之前，学在官府，此后周道衰微，官学散落民间，孔子素王述训，整理传统典籍，所集结之文本即为我们所说的六艺。六艺为载道之文，儒家将之纂辑阐发、传于后世，是传统学术之源。《汉书·艺文志》称儒家“祖述尧、舜，宪章文、武，宗师仲尼”，并以六艺为教科书，所谓“尊六艺而奉以为经，则又不独对传为名也”[④]。关于这一点，在明代人的文章中多有论及，如黄省曾言：“仲尼诞兴，神明洞睿，以观研乎众象；道德隆峻，以仔任乎三才；蓄览鸿广，以陶钧乎品教。玉振金声，阐范六籍，文章性道，弘设四科，洙泗之英彬彬如也。由是砥躬炳业者式之为矩获，体物贲藻者崇之为鼎吕。盖质文虽殊名而本末，乃同条者也。”[⑤]

可见，以六艺为经、统关道体，则是传统为学一以贯之的宗旨，所谓“经不明则道不行”[⑥]。同时，六经之学应沿袭孔子之教化，而不是科举之学，“故学必孔子，学不孔子不以学。故不专于文辞而文辞自无不优矣，不局于举业而举业自无不擅矣，是学之道而古之学也”。[⑦]因为儒家所谈的真正学问是每个人内在的德行修养，孔子所传习的三代之学也正是仁义贤善，“学问之宗在圣贤性善仁义之说，固孟氏所以愿学孔子，而继伏羲周文之统者”[⑧]。

六经为学问之正途，然而史籍亦可补足经义、广闻见。李梦阳在《战国策序》中谈到史的

---

① 前揭《列朝诗集小传》丙集，第275、313、314、321、323页。康海条“德涵于诗文持论甚高，与李献吉兴起古学”；王九思条“既而康、李辈出，唱导古学，相与訾謷馆阁之体，敬夫舍所学而从之，于是始自贰于长沙矣”；黄省曾条“献吉唱为古学，吴人厌其剿袭，颇相訾警”；何景明条“仲默初与献吉创复古学，名成之后，互相诋諆，两家坚垒，屹不相下”。

② （明）钱福：《钱太史鹤滩稿》卷三，明万历三十六年刻本。

③ 黄卓越：《明中后期文学思想研究》，北京大学出版社，2005年，第38页。

④ 前揭《文史通义》，第28页。

⑤ 前揭《五岳山人集》卷二四。

⑥ 前揭《空同集》卷四九。

⑦ （明）胡缵宗：《鸟鼠山人小集》卷一二，明嘉靖刻本。

⑧ （明）方大美：《游梁书院记》，《开封府志》卷一一，清同治二年本。

作用时说："自秦籍之焚也，三代之迹芜矣。是策也，国列政具，巨晤细胪，人详物丛，采之足以备史，资之足以弘识，记之博洽，谈之奇诡，故曰迹事者该。"[①] 史官制度是传统史学的主要起源，金毓黻《中国史学史》有言："吾国最古之史家即为史官。盖史籍掌于史官，亦惟史官乃能通乎史学，故考古代之史学，应自官始。"[②] 良史秉笔直书，是古时对史官的基本要求。因而章学诚继刘知几史家之"才、学、识"之后，提出"史德"。所谓"史德"，即"著书者之心术""君子之心"。这样的德行，直接关系到史家是否可以秉笔直书，客观地删汰品评，所谓"善善而恶恶，褒正而嫉邪"。有关史德的培养，章学诚说："吾则以谓通六艺比兴之旨，而后可以讲春王正月之书，盖言心术贵用于养也。"可见通过六艺比兴、儒家教化、春秋笔法的习修，遵循三代之道的仁义之德方可养成，所谓"经纬古今，折中六艺"[③]。由于史为经之资补，学者们会考迹于诸史，探寻古道、三代之政，以补三代文献之不足。薛应旗《遵岩文粹序》中就谈到当时学者对于《史记》《汉书》的重视："何之言犹或近于理道，李则动曰：史汉史汉。"[④]

关于经、子之间的关系，顾璘在《会心编序》中讲得非常透彻，经为根，子为体，无经不成学，无子不成体，经子参证方可周全："不根六经无以成学，不参诸子无以成体。诸子者，文之变也，上世之事简而大，后世之事详而纤，故文体由之，譬之衣服、宫室。"[⑤] 章学诚在《文史通义》中对诸子与六艺之间的关系有过详细阐述。春秋战国以来国运衰祚，"六艺道敝""治学分而诸子出"，百家学派各执一端，其源头终归为六艺。所谓"战国之文，奇邪错出，而裂于道，人知之；其源皆出于六艺，人不知也"。而诸子百家又肇起后世之文，即"后世之文，其体皆备于战国"。因而，诸子百家所阐发的义理，无论其说解如何怪诞，由于源出六艺、三代之道，必执道之一端，终有其合理之处，以折中圣人之道："道体无所不该，六艺足以尽之。诸子之为书，其持之有故而言之成理者，必有得于道体之一端，而后乃能恣肆其说，以成一家之言也。所谓一端者，无非六艺之所该，故推之而皆得其所本；非谓诸子果能服六艺之教而出辞必衷于是也。"[⑥] 因而，时人认为对于诸子百家可以择善而从，资益经义，所谓"书契以来，人文渐朗，孔子斯为折中之圣，自余诸子悉成一家之言，体物杂撰，言辞各殊，君子不例而同之也，取其善焉已而"[⑦]。类似诸子的产生，文集之盛也源于六艺下放、诸子百家的争鸣，所谓"夫治学分而诸子出，公私之交也；言行殊而文集兴，诚伪之判也"。文辞章句的敷衍源出儒家之经义、史家之传记，以及诸子之论辩："子史衰而文集之体盛，著作衰而辞章之学兴……经学不专家，而文集有经义；史学不专家，而文集有传记；立言不专家，而文集有论辨。"因而即便学已衰微，通过推敲文辞，依然能够窥见传统同学之端倪，通达三代之道，所谓"苟有好学深思之士，因文以求立言之质，因散而求会同之归，则三变而古学可兴"[⑧]。

对于文与学的关系，明代人在文章中多有论及。并着重强调孔子阐范六籍，道寓于其中，

① 前揭《空同集》卷四九。

② 金毓黻：《中国史学史》，商务印书馆，2007年，第5页。

③ 前揭《文史通义》，第144—146页。

④ （明）黄宗羲：《明文海》卷二四〇，中华书局，1987年，第2481页。

⑤ （明）顾璘：《息园存稿文》卷一，明嘉靖十七年刻本。

⑥ 前揭《文史通义》，第16页。

⑦ （明）何景明：《何大复先生集》卷三二，明万历五年刻本。

⑧ 前揭《文史通义》，第17、179页。

为文章之根本。因而由六经以习文，由文而通达六经，成为这个时期为学的重要取向，正如顾璘《文端序》所言："文始于六经正学也……至荆学乃命教授杨奇逢，取《易传》《尚书》《礼记》各数篇以为准的，次四书长篇，始及于西汉，其究至程朱诸先生文而止抄为一编，付李守士翱刻之，用布于诸郡学宫，题曰文端。端，始也、正也，引其始以归于正，将不由是乎？俟其自得必知取全书，优而游之以臻大成，庶几为天下之正学，道固在其中矣。"[①] 文取法六艺，诗则直承《诗经》，在当时的社会中，诗并非是简单的休闲娱乐，它担负着教化民众的作用。情志和乐，感化民心，此根源于礼乐治天下的传统。诗教所下达的情志则应符合"道"的要求，所谓："自古圣王以礼乐治天下，三代文质出于一也，世之盛也；典章存于官守，礼之质也；情志和于声诗，乐之文也。迨其衰也，典章散，而诸子以术鸣。"[②]

综上所述，明代成化、弘治年间开始的诗文复古运动不仅是一个文学命题，而是以传统儒家经典为标的、全方位的文化复兴。古文辞则是其中一个重要切入点，究其根本，则在于六艺古道。

（二）以文求道

在传统的学术语境中，文不能简单地理解为文学这样一个艺术形式，"文以载道"永远是传统士人撰写文章的宗旨。文与道相辅相成，无法分割。《文心雕龙·原道》称文之起源乃尧舜周孔仿自然之道，敷写文章，垂范后世，即"爰自风姓，暨于孔氏，玄圣创典，素王述训；莫不原道心以敷章，研神理而设教"。文是先哲传道的载体，道是文章的核心，所谓"道沿圣以垂文，圣因文而明道"[③]。纪昀将之概括为两点"文以载道"与"文原于道"，前者为当然，后者为本然。[④] 明代士人对这一点有充分体认。他们在文章中谈到文为情志的外化，内感于物，悟得道体，外敷陈为章，只有真正得"道"的文章才是正宗。所谓"夫文者，所以阐发性灵，叙诏伦则，形写人纪，彰泄天化，物感而言，生声谐而节会，乃玄黄之英华，神理之自然也"。[⑤] 可见为文之要"贵得肯綮"，否则不过是一些雕虫小技，正所谓"使不志道以充其质，终自小耳"[⑥]。因此，由文及道成为士人穷其一生而追法的目标，正所谓"夫言者，心之声；文者，言之章者也。士自始学以及于其老，莫不唯道焉"[⑦]。黄省曾是李梦阳的学生，他在《寄北郡宪副李公梦阳书一首》中对前七子习修古文、反求古道的内在理路阐发透彻，是考察前七子复古诗文运动本质的重要文献，其文曰：

> 省曾伏迹南海，企怀高风久矣。念自总发以来，好窥览古坟，窃希心于述作之途。缘此道丧绝遐阔，学士大夫皆安习庸近，迷沿瞽习，上者深饾诡结，下者纵发放吐，此騄骥

---

① （明）顾璘：《凭几集续稿》卷二，文渊阁四库全书本。

② 前揭《文史通义》，第20页。

③ 范文澜注：《文心雕龙注》，人民文学出版社，2008年，第2页。

④ （"自汉以来，论文者罕能及此。彦和以此发端，所见在六朝文士之上……文以载道，明其当然；文原于道，明其本然；识其本乃不逐其末。"参见范文澜注：《文心雕龙注》，第3页。

⑤ 前揭《五岳山人集》卷二五。

⑥ （明）王廷相：《王氏家藏集》卷二七，明嘉靖刻清顺治十二年修补本。

⑦ （明）康海：《康对山先生集》卷二九，明万历十年刻本。

所以空群而和玉所以希贵也。悲夫悲夫，不复古文安复古道哉？圣代鸿泽流沛，人文大彰，故河精岳秀、凤彩星华，乃钟萃于先生。[①]

文中谈到黄省曾自己的求学经历，曾“好览古坟”，然而时下无真学，人们不过是“安习庸近”“迷沿瞽习”，李梦阳一出，人文大彰，以复古文来追复古道，所谓“不复古文安复古道哉”。此言深得李梦阳之精髓，李梦阳自己于此亦有类似论述：“夫追古者，未有不先其体者也。然守而未化，故蹊径存焉。”[②]文为体，道为实，由体而实，由古文而古道，由此复古诗文运动的逻辑走向便已了然。

关于诗文复古的时间界限，在当时人的文集中也有讨论：“唐虞三代礼乐敷教，诗书弘训、义旨温雅、文质彬彬，体之则德植，达之则政修，实斯文之会极也。汉魏而下，较诸古昔殊矣。厥词繁、厥道寡、厥致辩、厥旨近，日趋于变。”[③]文中以汉魏为界，汉魏以前的三代之教儒雅、文质彬彬、立德达政，为人文之极，所谓“斯文之会极”，是时人所宗奉之祖。汉魏以降的文风则日趋冗繁、诡辩，不达要旨。因而古学的下限应当止于齐梁，所谓“古学之不可复，盖至齐梁而后荡然矣”[④]。对于齐梁文风，崔铣在文章中也有类似论述，称自魏晋以来“文其蔽矣”。辞藻堆砌但不知所云，所谓“其词衍而晔如，其意寂如也”；立意纷然但去道甚远，所谓“其意纷而挺如，其道驳如也”，因而“君子鄙之”“为不足学焉”[⑤]。可见，在他们看来，并非早于明代的都可拿来学习，只有六艺古道才是古学、古文辞的取法对象。在此语境下，我们就不难理解前七子提出的“文必先秦两汉，诗必汉魏盛唐”[⑥]。

五　吴中古学

谈明代古学，吴中是绕不开的。吴中自古为人文渊薮，唐诗中有“吴中盛文史，群彦今汪洋”[⑦]的描述。明代人亦有类似的论述，如“古今称文献则首三吴矣，而吴之才至国朝而尤盛”[⑧]。因而早在前七子复古文学运动之前，吴中地区便出现了崇尚古学的传统，并且自有其特点。钱福《合刻南峰先生全集序》言：“于书无所不好、无所不窥，博览冥搜，饮食都废……不喜宋人议论，而于考亭尤多掊击。又最恶近世学术，不然其说。”[⑨]这一论述道出了吴中之古学的两大特点：一是对宋学提出质疑，二是博杂。

其一，祝允明在《学坏于宋论》提到学术在宋代发生变化，所谓“凡学术尽变于宋，变辄

① 前揭《五岳山人集》卷三〇。
② 前揭《空同集》卷五一。
③ 前揭《何大复先生集》卷端。
④ 前揭《文史通义》，第22页。
⑤ （明）崔铣：《洹词》卷六《研冈缶音序》，明嘉靖赵府味经堂刻本。
⑥ （明）王九思：《渼陂续集》卷中，明嘉靖刻崇祯补修本。
⑦ 陶今雁：《唐诗三百首详注》，江西人民出版社，1980年，第37页。
⑧ （明）胡应麟：《少室山房全稿》卷八六，清道光三十年刻光绪十八年重修本。
⑨ 前揭《明文海》卷二五二，第2643页。

坏之”。汉唐以来的注疏之学，“宋人都掩废之”。然而宋人之学“精密弘博”，并不能只去辨析义理，所谓“非空言可强辩也”[①]。说明当时吴中文人已开始反思宋学之弊。这里所谈的宋学，主要是宋代研求性命的义理之学。文征明亦有类似的论述：

> 宋之末季，学者习于性命之说，深中厚貌、端居无为，谓足以涵养性真，变化气质，而究厥所存，多可议者。是虽师授渊源，惑于所见，亦唯简便日趋、偷薄自画，假美言以护所不足，甘于面墙而不自知其堕于庸劣焉尔。呜呼！玩物丧志之一言，遂为后学深痼，君子盖尝惜之。[②]

宋人之学虽“足以涵养性真，变化气质”然而终为玩物丧志之一言，贻害后学，对此文征明亦论及：

> 自朱氏之学行世，学者动以根本之论，劫持士习，谓六经之外非复有益，一涉词章，便为道病。言之者自以为是，而听之者不敢以为非，虽当时名世之士，亦自疑其所学非出于正而有悔。却从前业小诗之语，沿讹踵敝，至于今渐不可革。[③]

除了对于宋学的反思，吴中之人对于宋学影响下的文辞创作也进行了反思。唐龙曾说到：“吾悲夫斯人之徒，大谬于是非也，何也？文词，义而已矣；名实，华而已矣。吾以语诸人，乃莫不曰：善。夫道固大者也，一或及之，则瞠目而骇者，掩口而笑者，捧腹而悱者，抵掌而讥者，兢兢而起。”[④]明代人在谈到“文词”多指“时文”，文中“文词”与“名实”并举，并谈到提学官，所以此处所论即时文。[⑤]

其二，除了对于宋学以及时文的反思，吴中之人为学博贯淹通，四书以外于经史子集无所不览，即便是野史杂谈、巷议小说，也都是他们的涉猎范围。吴宽《旧文稿序》自述云：

> 宽年十一，入乡校，习科举业。稍长，有知识，窃疑场屋之文排比牵合，格律篇同之，使人笔势拘絷，不得驰骛，以肆其所欲言，私心不喜。时幸先君好购书，始得《文选》读之，知古人乃自有文。及读《史记》《汉书》与唐宋诸家集，益知古文乃自有人，意颇属之。[⑥]

吴宽虽是制艺大家，然从其就学来看，除举业以外，于史传、文选多所研习，这点与吴中地区的治学风尚不无关系。文征明也曾谈到吴中之人为学的博杂：“公年甫十八即能自奋于学，诵读穷昼夜不休，群经子史若《国语》、左氏诸书，读之殆遍。下笔为程文，俊发蹈厉，不为

---

① （明）祝允明：《祝氏集略》卷一〇，明嘉靖三十六年刻本。

② （明）文征明：《甫田集》卷一七，明末刻清递修本。

③ 前揭《甫田集》卷一七。

④ （明）唐龙：《渔石集》卷二，明嘉靖刻本。

⑤ “明人仅称‘文词’时，多指‘时文’，此处‘文词’与‘名实’连言，且赠言之对象为提学官，尤当指时文无疑。”参见简锦松：《明代文学研究》，台湾学生书局，1967 年，第 131 页。

⑥ （明）吴宽：《匏翁家藏集》卷四一，明正德三年刻本。

时俗陈烂语，一时曹耦咸退让。”[①]

此外，吴中之人不但博览，更在此过程中追求乐趣，这亦是吴中古学的一大特点：

> 且其宅居江湖间，不减甫里之胜。宾客满座，樽俎常设，谈笑之际，落笔成篇。随物赋形，缘情叙事，古今诸体，各臻其妙。溪峰渚月，谷霭岫云，形迹若空，姿态倏变。玩之而愈佳，揽之而无尽。[②]

可见，同样是古学复兴、文学复古，吴中地区自成一派。主要表现为少谈性理，更关注于“学”本身。在传统的治学体系中，主要分为义理、考证、文章三大类，正如姚鼐在《述庵文钞序》中所言：“余尝论学问之事有三端焉，曰：义理也、考证也、文章也。”[③]章学诚也有类似的论述：“义理存乎识，辞章存乎才，征实存乎学。”[④]这里的“学”即考据之学。在传统的学术体系中，吴中地区主文辞、考据，所谓“夫文以阐乎学，学以博乎文”[⑤]。这样的学风一直延续到清代，乾嘉时期有“吴派”与“皖派”之争，对义理的态度是其中一个重要分歧。

后七子以王世贞为核心，吴中地区成为交游中心，其诗文创作直承吴中学术传统。[⑥]他们一方面强调诗歌创作要陶铸真性情，王世贞有“性情之真境”[⑦]，谢榛谈诗歌“直写性情”“诗贵乎真”[⑧]，在文章中也会使用“性灵”一词，比如“诗以陶写性灵，抒纪志事而已”[⑨]。但另一方面则不同于袁宏道、屠隆。后七子避谈性命，王世贞称：“役心成迹，强性之情，孰与吾渔？”[⑩]胡应麟在文章中也批判性命之学为天下祸，即“彼空谈性命者，将自愧自艾之不暇，而诐淫邪遁，不得以说为天下祸矣”。胡应麟之所以对于性命之学有如此严苛的批评，是针对当时非难文章学问的一个回应，可以看出时人在文章学问与义理之间的取舍与分歧：“明养士二百余载，理学、事功无论，亦有文与学名者，与亦有能兼此二端者，与近世有诋文章学问为枝叶而托之乎性命者，以核于周公仲尼之道。”[⑪]

前七子则强调以文求道，文辞是手段、探求性命义理才是为学的终极目标，主要参与者在后期纷纷转向性理之学，便能很好说明这一点。心学集大成者王阳明，早年曾参与前七子的诗文酬唱。王廷相回忆复古诗文创作为“随众致力词藻”，称其为“浪过”，认为“体道之学缓急有用于世”“君子之学不可昧其本末先后之序也”[⑫]，强调不能沉溺于辞章而舍本逐末。王

---

① 前揭《甫田集》卷二六。

② 前揭《匏翁家藏集》卷四三。

③ （清）姚鼐：《惜抱轩文集》卷四，清嘉庆刻本。

④ 前揭《文史通义》，第 109 页。

⑤ （前揭《少室山房全稿》卷一〇〇。

⑥ “尤其因为王世贞活动其中，此际的吴中地区也成了后七子文学集团新老文友结交往来、聚会切磨的一个据点。”参见郑利华：《前后七子研究》，上海古籍出版社，2015 年，第 380 页。

⑦ 丁福保：《历代诗话续编》，中华书局，2006 年，第 1015 页。

⑧ 前揭《历代诗话续编》，第 1137、1152 页。

⑨ （明）王世贞：《弇州山人续稿》卷一六八，明万历刻本。

⑩ （明）王世贞：《弇州山人四部稿》卷一，明万历五年世经堂刻本。

⑪ 前揭《少室山房全稿》卷一〇〇。

⑫ 前揭《王氏家藏集》卷二七。

廷相的反思虽有些偏激，但前七子在后期的学术转向可见一般。

综上，由于吴中地区一以贯之的学术传统，学术取向不同，应该是前后七子的一个根本差异。

六　结语

以“古学”为切入点，跳出文学史的研究范式，回归到传统学术的话语体系中，我们可以看到明中期开始的诗文复古并不是一个简单的文学现象，而是传统学术复兴的重要一环。以诗文复古为发端，一些士人进而精研性命义理，另一些则对文辞、考据覃思深究，共同勾勒出明弘、正以来的学术图景。

（作者单位：珠海科技学院）

刍议清中期文人的金石鉴赏活动
——以金涂塔为例

黄爱民

内容提要：清中期金石学家黄易，曾将分别于乾隆四十一年和乾隆五十九年所得的两份金涂塔拓本，并翁方纲、阮元等多家题跋合装为一册，即《金涂塔合装册》，这是我们管窥清中期文人金石鉴赏活动的第一手资料，题跋的字里行间再现了当时文人鉴赏金石的情形。他们从文字及器型入手，对金涂塔加以考鉴，对铭文书法、史实载录，以及金涂塔的形制等多有论及。由此，我们得以了解当时文人是从何入手考鉴金石的，这为今人开展金石鉴赏活动提供了参考。类似的金石鉴赏活动在当时已内化为文人生活的一部分，彼此因金石而订交，友情也随鉴赏活动的增加而升温，而金石鉴赏活动的最终目的还在于对金石的守护。

关键词：黄易　金涂塔　题跋

黄易（1744—1802 年），字大易、大业，号小松、秋庵，别署秋景庵主、散花滩人、莲宗弟子等，仁和（今浙江杭州）人。作为清中期著名的金石学家，他一生多次外出访碑，途中若遇出售的古铜镜、古钱币等物，或顺道购买。时与友人互赠金石拓本，或受托互为题跋。黄易因金石鉴赏结交的朋友中，既有翁方纲、阮元那样的朝中显宦，也有何飞能一类名不见经传的文人，但无论身份如何，他们对金石之学都有着相同的志趣爱好。现藏于故宫博物院的《金涂塔合装册》，系黄易旧物，清末流归崇恩所有，1956 年入藏故宫博物院。是册收录了黄易先后于乾隆四十一年和乾隆五十九年所得的两份金涂塔拓本，由黄易亲自手装为一册，并附以上诸家及黄易其他友人的题跋数段。他们从文字、器型入手，对金涂塔加以鉴赏，对金涂塔的铭文、形制等均有考证。这些题跋皆是精心之作，文中引经据典，条陈分明，对金涂塔作了多方面的探究。通过梳理题跋，我们能够具体而直观地了解当时文人的金石鉴赏活动。

一　题跋

（一）附于乾隆四十一年所得金涂塔拓本后的题跋

1. 黄易题跋

宋周晋仙金涂佛塔歌：白石招我入书斋，使我速礼金涂塔。我疑此塔非世有，白石云是钱王禁中物。上作如来舍身相，饥鹰饿虎纷相向。拈起灵山受记时，龙天帝释应惆怅。形模还自流沙至，铸出今回更精致。钱王纳土归京师，流落多在西湖寺。钱王本是英雄人，白莲花现国主身，蛇乡虎落狗脚朕，何如红袍玉带称功臣。天封拆开即退听，两浙不闻笳鼓竞。

归来佛子作护持，太师尚父尚书令。一枚传到白石生，生今但有能诗声。同袍方外铦师兄，哦诗礼塔作佛事，同喫地炉山芋羹。何曾薰陆绮床供，但见相轮铜绿明。哦诗礼塔犹未毕，芦叶低飞山雨湿。

朱太史竹垞书钱肃王造金涂塔事：寺塔之建，吴越武肃王倍于九国，按《咸淳临安志》：九厢四壁诸县境中，一王所建已盈八十八所，合一十四州，悉数之且不能举其目矣。当日尝于宫中冶乌金为瓦，绘梵夹故事，涂之以金，合以成塔。鄱阳姜尧章得其一版，乃如来舍身相，阳谷周晋仙赋长歌纪其事，有云："钱王本是英雄人，白莲花现国主身。蛇乡虎落狗脚朕，何如锦袍玉带称功臣。"考罗平僭号，王遗董昌书曰："与其闭门作天子，九族涂炭，不若开门作节度使，终身富贵无忧。"晋仙即演其词，使闻者足戒。此诗人之善于取材者。已乡人蒋尔龄亦得一版作"放下屠刀，立地成佛"。相以施城东白莲寺僧。吾友周青士所目击曾以语予，及予归田则尔龄、青士皆逝，询之寺僧坚不肯承，真迹不可复睹，遂书其事，附录晋仙之诗，冀此瓦未铄，好古之君子或一遇焉。

乾隆乙未五月与姚竹似访桐乡，金云庄赠此瓦拓本，佛象之下二豕类放下屠刀事，岂即白莲寺僧物欤？云庄云："瓦在禾中秀才家，行将归我。好古如竹垞且未见其迹，吾辈得之可谓幸矣。"丁酉二月黄易书。

2. 翁方纲题跋

钱王瓦闻晋仙诗，朱检讨苦觊见之。一瓦云落白莲寺，是耶非耶吾弗知。四王三世八十载，十四州塔八万奇。宝所保俶留不得，黄妃语记讹黄皮。俶也上体祖父志，合什赞叹经尾词。幽州殿军著臣节，不独献纳完城池。绘象何必梵夹事，桑麻鸡犬皆恬熙。白衣相光来入梦，踏钱牛儿当是谁。夭斜阴款记乙卯，多宝山石劖同时。象之碑目未搜採，吊古且复思姜夔。铁幢铁券不可拓，大书已勒东坡碑。吾尝手剔南汉塔，城东芜绝古冢基。岂如杭人念遗物，一瓦一字犹宝持。术奇那必执欧史，从来仁暴皆人为。模糊赫号广倍寸，檐铃仿佛湖风吹。黄书张赠同日至。一月印出千潭奇。禾中秀才待亲访，书报钱七今无迟。乾隆四十二年五月一日北平翁方纲。

3. 周震荣题跋

乾隆丙申冬，钱唐小松上舍出示吴越王金涂塔瓦搨本，高扶寸，广二寸，上稍杀，绘佛像八，约略可辨。其阴刻"吴越国王钱宏俶敬造八万四千宝塔乙卯岁记"十九字。按乙卯为周世宗显德三年，自武肃至忠懿，三世四王。越五年庚申，宋受命。太宗端拱元年，忠懿王朝京师，国王薨，葬洛阳，国除，屈指建塔时三十三年矣。《曝书亭集》谓：俶"于宫中冶乌金为瓦，绘梵夹故事，涂之以金，合以成塔。鄱阳姜尧章得其一版，阳穀周晋仙赋长歌。"嘉兴白莲寺僧，二藏其一，访之不得见。今上舍又得拓本于桐乡金氏，则此瓦流传尚不绝。欧阳《五代史》称，钱氏常重敛其民以事奢僭。考吴越兼有两浙仅及百年，尊崇象教，焕浮图寺宇之观不可更仆类，今阅千年矣。其创造年月可考者，唐光化则无垢院；后梁开平则真圣观三佛石，贞明则上方多福院释迦舍利塔，龙德则瑞像寺、玉虚观；后唐天成则垂云院、惠照寺、惠因寺、瑞龙寺、恩德院，长兴则昭庆寺、报慈寺，清泰则千春龙册寺、瑞龙院、金地寺；石晋天福则无着塔、菩提院、十三间楼、石佛院、寿星院、净空寺、广严庵、资严院、观音殿、光福院、柳洲寺、法雨寺、水心寺、南高峰塔、荣国寺、六通寺、甘露寺、资贤寺、广济院，开运则玛瑙宝济院、智果观、观音院、宝积院、普向院、灵鹫寺、净化院、荐福寺、仁寿寺、龙华宝乘院、灵泉院；后汉乾祐则慈圣院；后周广顺则兴福保清院、清修寺，显德则金轮院、大佛寺、净慈寺、瑞相院、西莲瑞相院、栖真院；宋建隆则界石院，乾德则观音院、应天院、千光王寺、看经楼、香积院、兴庆院、静虑庵、定慧庵、云楼寺、南宝塔寺、天龙寺，开宝则报光院、兴福院、善庆寺、雷峰塔院、香龛总持寺、广法院、天柱寺、奉庆院，太平兴国则崇庆院香刹、法云祖塔院；其他若大仁寺、胜果寺、嘉泽庙、庆忌塔、鹫峰禅院、灵隐寺北高峰塔、冷泉亭、五百罗汉院、法喜寺门经幢、天竺看经院、灵芝寺罗汉堂、水月寺、理安寺、南果园六和塔、上清宫、兴庆寺、释迦院、石佛院，则不可稽其修建日月，其不能记忆及湮没者不知其几。欧阳氏之言岂无徵乎？然自忠懿八洛不返，百姓讴思，筑保叔塔在石甑山顶。忠懿为忠献之弟，文穆之次子，故云叔也。虽上行下效，习俗使然，而祖、父、兄弟保一境于干戈日寻之世，真人既出，稽首归命，视南汉刘氏、楚马氏、蜀王氏、南平高氏，其仁暴何如此！瓦一小物，不足轻重，好古者流连咏叹，且多在大江以南，虽以比将军之大树，可也。作七古一首以复于上舍：

凤凰山前万松零，碧波云鹤空遗亭。表忠观但存二石，金涂塔况余千龄。深宫五夜范金土，西域如来留影形。白莲迹古僧难问，白石斋倾诗可听。家山梦远桐乡好，雅事人传翠墨灵。坐想临安千载上，笃生异人五季丁。弩却胥涛楼叠雪，衙排石笋山围青。万姓依王王佞佛，佛身千亿万穹冥。蜀汉同时纷割据，触蛮一角悲燐萤。丛丛谁衣山头锦，戚戚终怜牛角觪。翠钿紫陌春花辇，私第黄金海物瓶。还乡唱罢王孙去，保叔崔巍月入棂。乌井荒祠遗老拜，北邙宿草东风醒。君去更寻握发殿，苍苔败瓦或有功臣型。丁酉春正二十又二日，大风，尘凝乃席，笔如悬锤，手腕不能运动，知我者不以波磔绳我可也。嘉善周震荣。

4. 何飞能题跋

钱王作塔金涂瓦，敛怨为德蓄陶冶。一朝纳土来汴京，北邙烟花遍青赭。塔颓瓦亦恣飘零，传来一片白石生。晋仙诗句清且飘，铺陈象教何铿鍧。转瞬江山时势换，巨笔峥嵘表忠观。刻石犹难保不亏，区区一瓦谁为玩。岂知宝蓄自有人，千年犹为搨其真。怀古深情那可道，荒凉铜雀搜荆榛。

小松居士世家子，风流儒雅无与比。装成拓本忆涂金，芳春恨满西湖水。

金涂瓦歌，南溪何飞能。

5. 程晋芳题跋

射潮之弩铁券书，武肃遗迹今存无。文孙建塔铸塔瓦，拓本宛靓金涂涂。佛容模糊略可辨，兽像驯扰如堪呼。岂其听经在林莽，摆脱杀戮开顽愚。此非白莲寺僧所藏弆，亦非晋仙句里所仿摹。分明一片好烟雨，入手翠剥山云肤。其背有文肖隶古，岁在乙卯开范模。姓名深刻示恭敬，下编人字为合符。南朝四百八十寺，侈想要遣百倍逾。宝石宝俶费研考，此塔倘在王宫隅。是年长虹贯楼殿，从晋伐虢嗟哉虞(吴越备史乙卯岁周世宗敕王会兵击金陵)。火轮小儿兆见矣，金轮广被奚为乎。山河瓦全人玉立，衮衣赤舄中朝趋。亿人兆人免兵革，王与佛力交匡扶。虽云奢侈厥功大，欧公诮议毋乃迂。近闻表忠观初本，出土照耀钱唐湖。楷书端正字绝小，不似摹本肆弗拘。后先迭出果盛事，寸绿大可联碑趺。仁人事事足千古，创制奚必追昆吾。新安程晋芳。

6. 朱琰题跋

五代十国兵未戢，临安一隅偏安集。至今人思吴越王，关心旧物谨收拾。不然塔瓦冶金涂，聚敛民财委残劫。胡为得此竟护持，皈依不在佛僧法。四王三世八十年，真主一出土早纳。东朝安堵十四州，那惜金钱供渔猎。晨钟暮鼓喧十方，聒耳不必军钲急。保土功勋信足夸，穹碑文为表忠立。昔年赐券范铁书，天台孙支藏什袭。圣帝南巡到浙江，念旧挥毫为题匣。王家功德重人间，一瓦流传偶相及。试看遗迹在西湖，宝所还称保俶塔。琰。

（二）附于乾隆五十九年所得金涂塔拓本后的题跋

1. 黄易题跋

此金涂塔凡四面，山阴陈君广宁所藏，闻归朱中丞石君，贡于天府矣。司马达甫搨赠，黄易识，甲寅五月。

2. 阮元题跋

右五代吴越国王钱宏俶金涂塔，自四角至底高今营造尺四寸二分。据表忠谱图，上有塔，顶高三寸，相轮七级，除四角亦与塔身同高三寸，故彼图统计高六七寸也。以今天平等之，重三十五两。宏俶，字文德，武肃王镠之孙，元瓘之子，佐之弟。薛居正《五代史》：汉乾佑元年，胡思进废琮迎俶立之，是为戊申岁。兹塔造于乙卯，为俶嗣立之八年，周之显德二年也。吴任臣《十国春秋》：俶本二字名，以犯宋宣祖偏名，史乃单行，今塔款二名益可证矣。俶造塔云“八万四千”者，《南史》云：“阿育王塔，即铁轮王。王阎浮提一天下，佛灭度后一日一夜，役鬼神造八万四千塔，此即其一。”又《杂阿含经》曰：“阿育王问大布施于诸比邱尊者，云：‘愿于一日一念之中起八万四千宝塔。’一时俱成。”又《谈苑》载：“钱镠说曰：‘释迦真身舍利塔见于明州鄞县。’阿育王所造八万四千，而此震旦得十九之一也。太宗命取舍利禁中，度开宝寺地造浮屠十一级，以藏舍利。”据此三说，则俶所造不过剌取梵典成语，具以阐发先志，未必当时实有此数。此塔与南宋姜尧章所藏，及释憨山所记之二塔不同，亦与周清士所见之一版作“放下屠刀，立地成佛”者不合，当别是一塔矣。此塔完好工致。宏俶名字显然，一望知为忠懿之物，使朱竹垞见此必无武肃之误。乾隆五十七年海宁陈骑尉广宁以赠安徽巡抚朱石君师，师于次年寄至京师，命元考之如右，并系以诗。[①]晋仙居士、白石翁，哦诗礼塔书斋中。当年此塔世已罕，何期手拓金涂铜。金铜治塔合四片，宝像昙花开面面。顶出觚稜窣堵空，款字三方皆可见。国称吴越王姓钱，敬造塔八万四千。已从阿育敬三宝，乙卯奉朔犹周年。迄今龙集岁癸丑，物寿八百三十九。黄金剥尽相轮催，本来面目仍长久。摩挲面目识金仙，珠林崖虎诸慈天。月光宝首尸毗肉，捐舍念比金刚坚。钱塘金锡贱如土，官民造塔多戊午（萧山夏承铸铜塔监军节度使造像塔皆戊午后此三年）。不似中原少货泉，尽毁金身付炉鼓（乙卯造塔之岁为周显德二年，是年周尽毁铜佛像铸钱）。比邱七级顷时成，震旦东南施众生。一塔即具一功德，如来随放金光明。梵夹劫尘成往事，可怜铁券镌金字。玉册锦袍归大梁，惟有浮屠镇山寺。白莲寺句采山词，惜无款识空吟诗。氈椎我喜得全相，愿示小长芦钓师。仪征阮元。

（三）后人补加的题跋

除以上诸家题跋外，还有两段后人分别于道光十三年、咸丰八年补加的题跋。按时间先后顺序抄录如下：

1. 道光十三年题跋

周青士过白莲寺观铜塔，诗云：铜塔如片瓦，镕铸何工巧。隆起栏楯形，图识尚可了。知是五代物，厥惟钱王造。是类万有千，聚散不可保。几历兵火灾，存者今已少。蒋生偶获之，什袭逾重宝。施舍镇精庐，此意实微渺。诵公喜我至，出示光尚皎。洼处填黄金，显见诸相好。屠儿额偏广，下放刀杖小。一者既若斯，诸馀皆可晓。自注云：塔是钱镠时故物，蒋子僧果得之，施镇此寺。

周青士，初名筠，改名篔，别字筜谷，嘉兴布衣，自题其且云：似士不游庠，似农曾读书。似工不操作，似商谢奔趋。立言颇突兀，应事还觕（粗）疏。饥冻不少顾，吟诗作欢娱。蒋处士，名岍，字僧果，皆竹垞先生旧友也。道光癸巳立秋后五日，墨乡补书，时年七十又五。

2. 咸丰八年题跋

此册即汉三公碑、南汉光孝寺铁塔文于丙辰夏日同见于兖郡，以索价过昂未能收弆。今复阅兵来兖，与光孝塔文重遇于张太守衙斋，因述前事，即承举以相赠，且云："物各有主，宜得所归。"太守多情，洵堪嘉尚，而金石交契、翰墨因缘，其中遇合似亦有定数者存焉。惜三公碑一册，不知今落谁手，傥得仍还旧观，殆我佛所说不可思议，不必定作是想，亦不必竟绝此心也。咸丰八年三月十九日透雨，二十三日复雨，麦卜有秋，欣慰书此，玉牒崇恩。

---

① 朱珪寄给阮元的拓本，和黄易于乾隆五十九年得到的拓本都拓自同一座金涂塔，因此阮元的题跋在此也适用。

二 金石鉴赏

以上诸家，在跋文中用大量笔墨阐述了与金涂塔有关的时代背景和人物故事，跳出了就物论物的局限，使人们对金涂塔的认知更为丰满。但在跳出此种局限的同时，又不能摒弃对金涂塔的考鉴。任何金石鉴赏活动最终的落脚点都必须是金石，通过鉴赏使人们对金石的认知更为深入、全面。通过题跋，我们能够获知当时文人在鉴赏金涂塔时，对其铭文和形制多有关注。

民国金石学家马衡先生所著《凡将斋金石丛稿》开篇既言："金石者，往古人类之遗文，或一切有意识之作品，赖金石或其他物质以直接流传至于今日者，皆是也……其虽无文字而可予吾人以真确之印象者，如手写或雕刻之图画，明器中之人物模型及一切凡具形制之器物等，皆有意识之作品也。"[①] 这段话言明了金石所涉的两个重要方面，一为遗文，即文字，二为器型，这也正是翁方纲等人考鉴金涂塔时的着手点。

（一）文字

翁方纲在《自题考订金石图后》使用一问一答的方式阐述了金石文字考鉴的两个重要维度："客曰：然则考金石者，岂其专为书法欤？曰：不为书法而考金石，此欺人者也。彼固曰：以订证史籍为专务耳。夫金石之足考经正史，固然已。"[②] 即金石文字的考鉴当以书法和勘史为落脚点，金涂塔亦不例外。

1. 书法价值

阮元在《揅经室集》中说："书法未有不托金石以传者。"[③] 金石是书法得以流传的重要载体，其上的文字因为当时人所作，故能真切地呈现当时文字的原貌。《金涂塔合装册》中收录的两座金涂塔皆为乙卯岁所造塔，其上有铭文"吴越国王钱弘俶敬造八万四千宝塔，乙卯岁记"，共十九字。虽然铭文内容一样，但书风迥异，当是不同人所书。两座金涂塔，一刻"人"字款，一刻"保"字款，或以字款作为编号顺序。（见图 1、图 2）

"人"字款金涂塔的铭文笔画宽肥，古朴浑厚，如程晋芳所评："其背有文，肖隶古。""保"字款金涂塔的铭文字体纵长，遒劲挺拔，更多楷法。从字的结构和书风看，铭文不似名家所书，可能出自当时铸造金涂塔的工匠之手，虽笨拙，却也质朴可爱。

2. 以金石证史

诸家题跋中有将"钱弘俶"写作"钱宏俶"的，金涂塔铭文中作"钱弘俶"。金涂塔上的铭文为钱弘俶造塔时所作，当不会有误。此种情况并不鲜见，阮元在《山左金石志》中就以"汉石洛侯黄金印"举例，"惟以'石洛'为'原洛'，'刘敬'为'刘敢'，'元狩'为'元鼎'，盖传写而异，据此足正班氏之误。金石之有裨史学如此。"[④]

阮元还考证了民间仿造金涂塔一事："钱塘金锡贱如土，官民造塔多戊午（萧山夏承铸铜塔监军节度使造像塔皆戊午后此三年）。不似中原少货泉，尽毁金身付炉鼓（乙卯造塔之岁为

① 马衡：《凡将斋金石丛稿》，中华书局，1977 年，第 1 页。

② 翁方纲：《复初斋文集》卷六，清李彦章校刻本，第 62 页。

③ 阮元：《揅经室集》，四部丛刊景清道光本，第 334 页。

④ 阮元：《山左金石志》卷六，清嘉庆刻本，第 47 页。

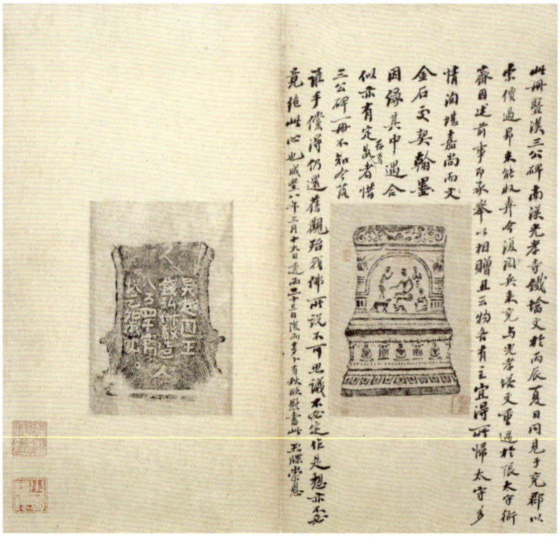

图 1

图 2

周显德二年，是年周尽毁铜佛像铸钱）。”这是指周显德二年，后周因缺乏铸币的原材料而不得不熔毁铜佛铸币。与此同时，身处江南的钱弘俶却能够恣意铸造金涂塔。三年后，吴越地区官私皆能仿效钱弘俶前举造塔，可见当时吴越国之富有。而吴越地区的富庶与当时稳定的政治环境是密不可分的。钱氏祖孙三代尊奉中原，力保吴越地区的安宁，钱弘俶更为保一方百姓免受战火荼毒，入京朝见宋太祖，后又迫于形势，于宋太宗太平兴国三年再度入朝，并纳土归宋。

（二）器型

宋人周文璞作《金涂佛塔歌》，其中“上作如来舍身相，饥鹰饿虎纷相向”一句，以及阮元题跋中所说“黄金剥尽相轮催，本来面目仍长久。摩挲面目识金仙，珠林崖虎诸慈天。月光宝首尸毗肉，捐舍念比金刚坚”，都是在描述金涂塔的形制。金涂塔为方形，由塔座、塔身、塔顶三个部分组成。塔座为须弥座式样，每面刻有四尊坐佛，中间以柱隔开，似佛龛造型。塔身四周刻有佛本生故事，如“萨埵太子舍身饲虎”“月光王施首”“尸毗王割肉贸鸽”“快目王舍眼”等。塔顶四角各有一山花蕉叶，中立塔刹相轮。黄易于乾隆五十九年所得金涂塔拓本再现了金涂塔的面貌，比较难得的是山花蕉叶部分也得以保留。（见图 3、图 4）

翁方纲在题跋中说吴越国共传了四王三世八十载，实际上吴越国先后历经钱镠、钱元瓘、钱弘佐、钱弘倧、钱弘俶五位君主执掌，只不过钱弘倧遭遇政变被废，其弟钱弘俶被迎立为新君。周震荣在题跋中详尽考证了在钱氏统治下，不同年号时期吴越地区所建寺院、佛塔、庙宇的名称，意在指出铸造金涂塔虽为钱弘俶的创举，但并非一时兴起而为，乃是家族宗教信仰传承的再现。钱弘俶之父、文穆王钱元瓘曾于后晋天福四年将一座小型铜塔舍入飞霞寺（位于今浙江台州），此塔由基座、塔身、塔檐、塔刹四部分构成，中有相轮。金涂塔在结构上与此塔有相似之处。钱弘俶在铸造金涂塔时，应当是参考了前代所造佛塔，并加以创新。

图 3

图 4

（三）猜想

对于一些不确定的问题，文人们会提出自己的认识，留待后人进一步考证。如程晋芳和朱琰题跋中所涉“保俶塔”乃是在杭州西湖北侧的宝石山上修建的祈福宝塔，意在希望赴京朝见宋天子的钱弘俶能够平安归来；翁方纲题跋中所言“宝所保俶留不得，黄妃语记讹黄皮”，则是指与保俶塔相对而立的雷峰塔，初名“黄妃塔”，翁方纲认为“黄皮塔”系“黄妃塔”的讹传，但并未具体阐明缘由。或许是因为钱弘俶著有《黄妃塔碑记》，使得翁方纲有此想法。

三　结语

清人李威在所撰《又从游记》中强调了金石文字的重要性：“独金石文字，历久如新，一可宝也；篆隶变革之源流，了然可见，二可宝也；名物杂陈，词义兴贵，可以翼经传注疏家言，三可宝也；轶事无传，史篇多误，断碣残碑恒资考证，四可宝也。”[①] 概括来说，即金石文字便于流传，可供后人考察书体之演变、事物名词之确指、史实之正误。清中期文人亦是从这几个方面入手对金涂塔的铭文作了考鉴，并兼及器型。对金石的鉴赏以文字为重点，以书法和勘史为归依，这方面的考订长篇大论。相对来说，器型反而易受忽视，在金涂塔的题跋中，仅黄易、阮元两家有所提及。此非孤例，如西周中期重器曶鼎，历来文献对其全形缺乏详细记录，但对铭文记载甚详，在实物不知所踪的情况下，其全貌已不得而知。

以上以金涂塔的鉴赏为例，结合题跋，分析了当时文人的金石考鉴情况。需要注意的是，金石鉴赏，对于清中期文人来说，并非只在一器一物的考鉴，而是成为其日常生活的重要组成部分。首先，金石鉴赏不仅可以发生在朋友之间，也可以是结交朋友的一种手段。《复初斋文

① 钱仪吉：《碑传集》卷四十九，清道光刻本，第 1003 页。

集》曾载翁方纲语："钱塘黄小松与予初未识面，乃以元氏《三公山碑拓本》邮书相寄，欧阳、赵所未见也，赋诗谢之。"[①]可知，翁、黄之间的友谊始于《三公山碑拓本》，二人虽未谋面，却可托物明志，因志趣相投而订交。翁方纲是乾隆十七年进士，官至内阁大学士，而黄易则是通过捐纳的方式步入仕途，止步于正五品衔的奉政大夫，两人之间的差距不可谓不大，能够成为挚友，多赖金石之好。翁方纲在黄易过世后，亲为其作小传，称："今日石墨论交，惟予知君最深者。"[②]黄易交友甚广，实在得益于当时文人圈子里盛行的金石鉴赏活动。黄易姻亲潘庭筠，在他为黄易所作《墓志铭》中称黄易："积碑即多，因与诸家考订，以期羽翼经史，四方知交若申铁蟾兆定、武虚谷仪、钱献之坫、张芑堂燕昌、赵晋斋魏、江秬香风彝交相印证。"[③]其次，对金石的守护成为一种坚定的信念，不一定由子侄等亲人来缵承，也可能是一道进行金石鉴赏的友人。王宗敬在其为黄易所作小传中称黄易过世后，"其子元长投效河南为簿，性聪颖，惟不能肖先志。婿李君，一富家郎，亦不知外舅所重，恐将来珍藏古物尽就沦亡，则数千年考据所归，古今来名人心血，一旦聚而歼□，所系甚大……承其志者，不在子而在友，亦书画金石之幸也"。[④]黄易在嵩洛间访碑时，其女婿还曾陪同一道前往，但金石之缘实难强求，非重金石者不能妥为守护。慨叹之余，亦使人警醒，凡流传于今世之物，无不是前人尽心竭力守护之结果，我辈当以此为楷模，为文脉之传承绵延尽忠守则。

（作者单位：故宫博物院书画部）

① 翁方纲：《复初斋文集》，民国嘉丛堂丛书本，第135页。

② 杨国栋：《黄易年谱初编》，山东画报出版社，2017年，第281页。

③ 前揭《黄易年谱初编》第278页。

④ 前揭《黄易年谱初编》第283页。

雍正从皇子到皇帝咏月诗作的情志意蕴

冯印淙

内容提要：雍正帝胤禛的代表诗作收录在《世宗宪皇帝御制文集》中，共540余首，其中复见率极高的咏月诗，与诗作者的个人经历相关。“月”蕴含阴柔、容韧、皓皎和变化等丰富的特征，契合胤禛的志怀与审美取向，并对其形成潜移默化的性格塑炼。同时，咏月是适合入选“御制文集”的诗作题材，无论从皇子到帝王身份的转变，还是从《雍邸集》到《四宜堂集》的创作积累，胤禛诗作中可见对“月”的仰慕和颂赞始终呈现。然而，由于贵胄及至“天子”的身份和所处的时代不同，“御制文集”中胤禛诗作视角具有独特性。咏月诗对胤禛的储位之争中的阴柔和登基后帝王的志怀自得蕴含其中。

关键词：雍正　咏月　御制文　《雍邸集》　《四宜堂集》

《世宗宪皇帝御制文集》（以下简称“文集”）收录的胤禛诗作表达精致、格调优雅，内容丰富、用典有据，体现其中国传统文化素养。皇子时代的诗风恬淡，继位后的诗作则多天子视角。诗言志，诗作的题材、字词、意境，甚至格律、韵脚等，都渗透着作者的审美风格与志怀特质。按照清代御制文集的编纂体例，诗作的收录以创作年代为序[①]，故而在研究其文学价值的同时可与史料文献互参。以往对于“文集”中胤禛诗作的学术探讨，主要集中在对其诗进行文本分析和考证考订。具体来说，涉及胤禛诗作的关注、点评、注解、整理、创作年代、主题、诗歌倾向、审美价值、文学继承、创作情感的发微等方面。[②]这些研究成果为本文的研究提供了便利和基础，本文以“文集”中的咏月诗为例，试图从创作的角度领悟作者的诗情由来，结合其人生经历和入选“文集”的时空考量，探讨其隐含的情志意蕴，揭示其从贵胄到帝王的情怀。

---

① 朱赛虹主编：《清代御制诗文篇目通检》，同心出版社，2007年，第2页。

② 公望：《雍正皇帝的诗文》，《社会科学辑刊》1990第1期；佟春林：《论雍正诗歌中的重农思想》，《满族研究》2004年第2期；吴蔚：《雍正文学思想研究》，河北大学出版社，2013年；杨一男：《雍正御制诗研究》，中央民族大学出版社，2016年；郭倩梦：《清世宗〈雍邸集〉创作情感发微——以康雍父子亲情及世宗兄弟关系为例》，《古典文献研究》2021年第1期；魏建勋校注：《雍正诗文注解》，辽宁古籍出版社，1996年；朱赛虹主编：《清代御制诗文篇目通检》，同心出版社，2007年；郑欣淼：《清代康、雍、乾三帝与诗歌评议》，《故宫博物院院刊》2020年第10期；董文成主编：《清代满族文学史论》，中国文联出版社，2000年；赵志辉主编：《满族文学史》，辽宁大学出版社，2012年，第144—147页；吴凤春：《儒释道三家思想在圆明园景群中的体现》，《中国紫禁城学会论文集（第二辑）》，紫禁城出版社，1997年，第238—242页。

一　“文集”诗作中咏月诗的分析

总览“文集”中540余首诗作（组诗中每一首均计数），“月”字的出现频率极高，达150余首、190余次。其中120余首诗作中的“月”字，实指或泛言“月亮”；另30余首诗作中出现的“月”字，含义为岁月、月份（如二月、五月、七月、八月等），或与前后字组成借指（卿月）、特指（挂月岩、得月台、印月池等）的用法。上述统计，有的诗作中既含有“月”字，又含有“月”的别称；此外，还有十余首诗作不含“月”字，但有“月”的别称。本文以“咏月诗”称之。

（一）天上之“月”相关词汇梳理和分析

按照诗作在“文集”的出现顺序，含“月”的词语有：月照、新月、月夜、月朦胧、月下、春月、月影、月光、皓月、月殿、灯月交辉、秋月、月更清、寒月、对月、初月、月明、日月、边月、月傍、穿帘月、中秋月、今夜月、明月、今月、月色、弦月、天边月、月正圆、心月、月落迟、月一轮、月上迟、月面、月涌、月夜、月满桥、初月、乘月、月满坛、待月、月上弦、风月、月圆、月更辉、壶中月、窗月、筛月、月团圞、迟月、月槛、柳月、梅月、松月、竹月、月黄昏、梧月、好月、山月、池月、楼月、船月、宴月、花月、醉月、月射、檐头月、月槎、带月、月上、月升、步月、迎人月、看月、棹月、月满、赏月、新吐月、仲秋月、月穿绿柳、花月、笼月、月穿云、日往月来、月轮、月镜、月初盈、月穿竹籞、朗月、纤月、月华、月满襟、月穿雁字、玩月、月挂、月移、禅月、月建寅等。其中，“日月”出现约10次，含义在虚实之间；“心月”，意为心性，亦含比喻，出现在“性天融会无今古，心月圆明彻太虚”“心月双圆镜，湖天一色秋”“长空神妙合，心月会双丸”等句中；“风月”或有隐喻，其余所指皆与天上之月有关，且其中一些词汇不止出现一次，如对月、待月、月影等。[①]在通读“文集”胤禛诗作时，能明显感受到这些带“月”词汇的重复出现。当然，也可以按照构词法和词性的角度，将这些词汇分类，更能体现对一个吟咏对象的多样表述方式，并从中体会创作时的心情和意境。

此外，有很多词汇是“月”的别称，散见于“文集”诗作，如：桂影、玉盘、金波、清光、一镜、溢彩、流辉、轮、飞镜、皎镜、冰镜、素娥、蟾影、桂轮、皓魄、银蟾、练光、玉镜、圆璧、蟾魄、露华、晶辉、一钩、皎洁、黄金阙、碧玉宫、半轮、素练、素影、一轮、晴辉、晶辉、蟾宫、雪鸟、金鳞等。其中，“金波”出现6次，“一轮”出现6次（3次为数量词修饰“月”、另3次借代“月”），桂影、冰镜、桂轮、皓魄、练光、玉镜、蟾宫、蟾影等，不止一次出现。这些代称，更是吟咏月亮的曼妙言词，单从字面看，就足以给人想象的空间和美学的感受。

“文集”诗作中，以“清光”描述“月”共11次。诗的创作中，对一个题材的吟咏和对一个词汇使用的重复率越高，越能说明作者对其认同感强、喜爱度高。“文集”诗作中，在第六首《春暮登楼》中，就第一次出现“清光”，言“凭栏无限思，新月逗清光”，位置在所收诗作之初，是作者比较年轻时候的作品；末次出现在第550首《晚晴远眺》中，言“万里清光皎洁，数声笛韵悠扬”[②]。就“文集”诗作顺序而言，这首《晚晴远眺》已经是倒数第30余首；

① （清）胤禛：《清世宗御制文》，海南出版社，2000年，第278、341、353、294页。

② 前揭《清世宗御制文》，第243页、333—334页。

通观“文集”诗作的最后30余首，在这首《晚晴远眺》之后，题目及诗句中按顺序出现“端阳前一日”“五月十八日”“消夏”“秋日”“秋夜”“壬子九月七日”“暮春”“立秋前二日”“初秋”“秋日”“秋夜”“立春”“初夏”“秋日”“中秋”“感秋”“夏夜”“秋宵”“秋夜”“建寅”“避暑”“夏夜”“中秋夜”（“文集”诗作最后一首）。由此判断，这首诗应是雍正十年前后的作品。略作推算，对于“清光”一词的运用，散见于胤禛前后40余年的创作周期中。不断使用同一词汇吟咏同一事物，从文学创作的角度而言，很可能已经产生某种联想，将用“清光”表现“月亮”视为一种自然和必然，可以说明作者对这一词汇的情怀和理念。

总而言之，带“月”的词汇、月的别称等咏月诗出现频率之高，足以促发研究者一探究竟。

（二）意指天上之“月”诗题与诗句的梳理分析

意指天上之“月”诗题的相关统计见下表：

表1 天上之“月”诗题统计表

《雍邸集》中带“月”的诗题	《月夜对落花有感》《月下独酌》《月下闲步》《赋得一轮寒月照书厨》《天津舟中对月》《对月》《皓月鉴丹宫》《今月曾经照古人》《将至五台山月下作》《月》《月夜泛舟》《池上待月》《柳月》《梅月》《松月》《竹月》《梧月》《山月》《池月》《楼月》《船月》《宴月》
《四宜堂集》中带“月”的诗题	《月夜听泉声得句》《知鱼亭待月》《月至泉畔试茶》《响泉山房赏月》《夏日勤政殿观新月作》《仲秋月夜题于清会亭》《月夜平湖放舟》《仲秋月夜感怀》《平湖秋月》《松月吟》《秋分前二日月下作》《环秀山房对月》《荷池玩月》《初秋咏月影溪声》《雨后对月偶成》

单从对诗题的梳理，不但看不出继位后因政务繁忙以致题中带“月”的诗作数量有所减少（题为《月》的诗有两首，继位前后各一首），相反，皇子45年，若创作期按30年计，有22首诗题带“月”，在位13年，有16首诗题带“月”。显然继位后，虽然没有组诗咏月，但平均诗作中诗题带“月”的比重反而增加了。就带“月”的诗题而言，除了皇子时期的那一组十首咏月的诗作，需要花一番清闲功夫和深思熟虑才能完成好，而《四宜堂集》中并无这样体量的咏月组诗，故而难辨继位前后作者对于“月”的厚薄。这些诗题一方面可以观察胤禛咏月的各种相关角度，但透露出胤禛登基后生活经历的蛛丝马迹，可为史事提供印证，例如下表中的《天津舟中对月》《真容院》等。

就“诗句”而言，《雍邸集》中常见关于“月”的诗句概况见下表：

表 2　《雍邸集》中常见关于“月”的诗句一览表

常见咏月主题	诗题举例	诗句举例
清夜月色	《夜坐》《月夜对落花有感》《月下闲步》《书斋秋暝》《秋夜》《赋得一轮寒月照书厨》《天津舟中对月》《对月》《皓月鉴丹宫》《今月曾经照古人》《月》《闰中秋》《池上待月》《中秋》，以及《柳月》等咏月十首	“落花满径月朦胧，夜静闲吟料峭风。” “徙倚看林杪，云间月影迁。” “碧落疏星淡，晴窗皓月多。” “新秋爽气满瑶京，鸳瓦流辉一色明。耿耿银河低紫禁，溶溶冰镜上丹楹。素娥珮冷凌风响，金桂香飘合殿清。但愿千秋轮不缺，团圞光彩对常盈。”
月下饮宴社交	《春院小饮》《花间小饮》《题友人园》《小园宴集》	“仙姿绰约翻红袖，月影婆娑照绿杯。” “疏檐看皓月，轻舫逐浮鸥。” “同吟今夜月，回忆旧年游。”
与月相关联	《雨后》《真容院》《山亭》《织》	“虹从林杪断，月傍陇头生。” “月面光莹玉，珍缨贯慧风。” “茑萝满树带烟垂，筛月梳风作幔帏。” “檐头月渐高，纸窗明晓色。”

资料来源：《清世宗御制文》第 243、247、244、246、267、270、285、299、313 页。

从上述三个方面的归类，可以观察胤禛在皇子时期生活中的闲适场景，以及其对这些场景的细腻捕捉和精雅描绘。

《四宜堂集》诗作共 160 首，含与政事有关的诗作 72 首，包括祭挽、赠赐、耕耤、诣太学、劝农、得雨、述怀等内容，其中有“带月”1 次、“日月”2 次、“月照”1 次。《四宜堂集》中第 28 首开始在诗句中出现“月”。细察此前 27 首诗中，20 首赠赐王、大臣，3 首缅怀父母，3 首为政事诗，1 首为君王视角的祈勉，均无“月”，而接下来的第 28、29 首，题为《冬至斋宫二首》，其中第 29 首前两句“凌寒松柏耐严冬，带月含霜度禁钟”，始提及“月”。从继位之初入选“文集”的诗作可见，胤禛在这一时期以勤于政务为要，不夹杂几暇闲赋。其间《三月三日得雨》，虽然是生活场景，但主旨是感天降雨，泽惠兆庶，是以君王的身份将“雨”置于国家大事的层面上进行描写的。后面题材渐次呈现多样化的诗作常态，之所以称“常态”，是因为《雍邸集》诗作具有题材相对广泛、文句优美、对仗工整、叶韵规范、格调高雅的主体风貌，反映出胤禛对于日常景物和人事较为敏感、有诗情、创作能力强。登基后由于身为君主，而且在位相对短暂，即便是多样化的题材，也只是包括赠赐、祭挽、政务、园诗（以圆明园景观和相关事件为题材）和杂咏。尽管与《雍邸集》相比，胤禛继位后诗作题材范围减少，但其中尚有 50 余首诗带“月”或“月”的别称。若加之“岁月”和月份，则几乎无几首诗中无“月”字，甚至某些诗作中一诗三“月”，例如《月夜平湖放舟》：“风卷平湖玉簟纹，沙汀落叶正纷纭。微微隔岸萤光隐，历历横空雁字分。碧浪载舟舟破浪，白云笼月月穿云。渺然秋爽超凡界，欲问西山鸾鹤群。”《松月吟》：“香飘桂子月初盈，凉泛松涛溪共鸣。丛桂影中和月影，万松声里听溪声。”《初秋咏月影溪声》：“月挂半空飘素影，溪流一派送秋声。溪声入耳原无意，月影穿帘似有情。”继位后的胤禛，自谓“兢业凛渊深”“勤求治理，抚育蒸黎，无一事不竭其周详，无一时不深其祗敬……十三年以来，竭虑殚心，朝乾夕惕，励精政治，不惮辛勤，训诫臣工，不辞谆复”[①]。这是胤禛对自己勤政的描述，其行文语气恳切，与胤禛浩繁的批奏等史料相佐证可知，胤禛作为皇帝，日常生活内容与皇子时期迥异，精神状态也不再若“天下第一闲人”那样松弛。入选“文集”的非政务作品，是胤禛在闲暇时的情趣寄语，为研究者提供探寻作者性格的素材——赏月以寄情遣兴，赋月而志满意得。

通过梳理发现，那些题中带“月”的诗作，或以月亮为颂赋的主角，或描绘月夜景观；一些题中不带“月”的诗作，在句中也常出现“月”元素。相比皇子时代，继位后诗作中的咏月诗占比更重。

（三）“日月”与“岁月”的微妙关系

除了天上之月，“文集”还有十几首提到“日月”“岁月”的诗作。既然是作诗，难免感慨，而人们感慨最多的物象天时，莫过于岁月荏苒、日升月恒。“日月”“岁月”虽然并不直接吟咏“月”的景观，却缘起于天上之月。相关统计见表 3。

表 3 日月与岁月连用一览表

<table>
<tr><td rowspan="9">日月连用举例</td><td>《望海楼二首》其一：“混一乾坤云水阔，濯磨日月浪花浮。”</td></tr>
<tr><td>《趵突泉应制》：“睿藻昔曾悬日月，恩辉今又照沧浪。”</td></tr>
<tr><td>《万寿颂三章》：“日月升恒皇祚远，海河清晏圣恩覃。”</td></tr>
<tr><td>《碧霞祠题宝幡步虚词》：“扇开日月飞双凤，座绕星辰列九宫。”</td></tr>
<tr><td>《碧霞祠题宝幡步虚词》：“琼宇璇宫日月长，奇花瑶草总飘香。”</td></tr>
<tr><td>《秋兴四首》：“炎凉相代成时序，日月频迁变古今。”</td></tr>
<tr><td>《赐都统拉锡》：“阵识风云才自裕，身依日月志弥勤。”</td></tr>
<tr><td>《如意歌赐怡亲王》：“既指山海为岁年，复言日月同团圆。”</td></tr>
<tr><td>《口占》：“惟有壶中日月，无今无古无休。”</td></tr>
<tr><td rowspan="6">岁月一词举例</td><td>《中元登狮子岭感怀》：“人颜移岁月，秋色老山川。”</td></tr>
<tr><td>《甲辰十一月十三日恭值皇考二周忌辰感时永慕哀痛填膺洒泪述哀敬成一律》：“霜露重惊岁月侵，抚时莫解感伤心。”</td></tr>
<tr><td>《母后二周讳辰》：“恩念劬劳重，心惊岁月驰。”</td></tr>
<tr><td>《闻雁》：“木叶荣枯纪岁月，雁声南北报春秋。”</td></tr>
<tr><td>《朕御极七载宵旰万几未遑他出己酉夏因命将远讨誓师于南海子缅怀曩日侍奉皇考巡幸此地色笑俨在目前而龙驭杳然邈不可攀俯仰徘徊曷胜今昔之感爰成一律以述追思》：“河山满目音容邈，风景关心岁月更。”</td></tr>
<tr><td>《端阳前一日为吾弟怡贤亲王二周之辰每一回思辄伤怀抱作五言律志感》：“岁月如流迈，容仪何日忘。”</td></tr>
</table>

资料来源：《清世宗御制文》第 263、274、275、278、303、304、324、327、330、332、338、345、348 页。

① 前揭《清世宗御制文》，第 80、323、324、339、344、350 页。

从“文集”诗作中的“日月”一词，能体会出作者对宇宙的景仰、赞美和敬畏，而“岁月”一词，则都是表现作者对于人生世事的悲悯和喟叹，无奈和伤感。一仰一俯，透露出胤禛某些阅历和态度的变迁，体现其“天人合一”的意念。特别值得注意的是，“岁月”一词，首次出现在第160余首，之后几次均在400余首之后，其中第二次出现的诗作，是诗题中的“甲辰”即雍正二年，胤禛时年47岁。反观“文集”诗作中，“日月”第一次出现在第100首以后。此前一首是《禁苑秋霁应制有序》，这首诗的序言中，明确记载是日为“康熙庚辰秋七月十九日”，即康熙三十九年，胤禛时年22岁左右，也许是少年不识愁滋味，“日月”只是用于创作的一个元素。最后一处“日月”在“文集”诗作第490余首中。即位前，“文集”诗作中出现“日月”6次、“岁月”1次；继位后，“文集”诗作中出现“日月”4次、“岁月”5次。仰观，是情绪积极的“日月”；而回顾，则为深邃的“岁月”。“日月”意在高远赞颂，而“岁月”则表达世道沧桑，作者因年齿的富增、地位的变化而嗟叹须臾。

就“日月”和“岁月”两个词而言，意象不同。在“文集”诗作中形成继位前后不同的运用比重，依照顺序，形成仅出现“日月”和“日月”“岁月”同时出现，以及仅出现“岁月”，这种现象虽然不排除一定的偶然性，但其在诗作中反映的情怀差别耐人寻味。尤其是通观“文集”诗作，当我们体会那种感触精敏细致、落笔字斟句酌、对仗端稳恰好、境界真心切意的文风后，不得不深信，作者甄选的每一个字，都不会是轻率的，必有其独到的见地和隐含的深刻寓意。

二　从“文集”咏月诗管窥作者的情志特质

“性”，从字的结构而言，左边是“心”，右边是“生”，赋心、生的含义，所谓“生之所以然者谓之性”①。“情”，是人对外界的某种反应，情的背后是所怀之志，也是对外界体悟后的思考和表达。通读“文集”诗作，多见与“月”相关的意境，体现作者不同时空对“月”的感受，能映射出胤禛禀性、好尚的某些特点，即审美风格和情志特质。

（一）从诗作管窥作者之“言志”

第一，“文集”咏月诗分量重。研究者常给诗作中涉及的人和事以源于生活的推测，比如对于《诗经》《楚辞》的分析等。当然，其真实性还要有其他史料佐证。也常通过作品感知，甚至给作者一个人格定义。通过作品勾划作者的审美风格和情志特质，样本要尽量全，分析要客观，既不能牵强附会，也不能否定其中确实存在传递真实情感的线索。仅仅从“文集”中的某个元素，似不足以定义胤禛的审美风格和情志特质；但如果某个元素如“月”，在被自古以来认为“言志”的诗体裁的代表作品集中，出现频率高、笔墨重、意象多，这个元素就非常值得分析，并且通过分析这个元素，可以研判作者的潜在用意，从而管窥作者言情志之一斑。

第二，“文集”诗作为胤禛本人所创作的“言志”诗。相比康熙、乾隆等皇帝的“文集”收录的诗作少而精。按创作时长40余年计算，平均每年入选10首左右，再平均下来，一个月可能不足1首。《雍邸集》中，具有连贯性的组诗为数不少，有每组含23首（共有2组）、18首、

① 张燕婴、王国轩、蓝旭、陈桥驿等译注：《荀子》，中华书局，2012年，第240页。

14首、12首、10首、7首的诗作，还有一些2至4首的组诗，除去这些，余下的诗作平均到每年，选入的就更少了。在徐元梦、何世璂、巩建丰等翰林院庶吉士的"教习"下，作为皇子的胤禛自幼受到精深的汉文化教育，打下吟诗作赋的基础。即便继位后耽于政事，但观《四宜堂集》诗作——情真意切的悼挽追忆、居高临下的赠赐评判，以及为民祈福、闲来偶占，既不艰深晦涩，也不草率敷衍。从创作周期上，并无仓促应付之感。似句句发于心、动于情、落于笔，有实际内容、有感有情，用字稳重、不滑不虚。参之《雍正朝汉文谕旨汇编》《大义觉迷录》等史料文献综观，胤禛诗作具有较高的驾驭汉语文字水平和隐喻比附的修辞功力。

第三，与文献互参，证明其"言志"内涵。诗的表达单从字面上看可以掩饰真相，所以如果依据少量创作推断，很难确知字面呈现的信息和实际生活事件或作者真实思想的对应关系，甚至可能产生误判。但其"文集"是循祖制，成系统、大规模，是相对完整的胤禛个人代表作品集[①]，并且其中的诗作经过审慎的筛选。今所见其诗作创作周期长、风格一致，这使得研究者可以从宏观上廓约作者人生经历的大致时间，某些内容甚至可以与史互证。如《狼居胥山大阅功成回銮恭颂》描述的应为康熙四十七年秋七月皇帝大阅时的场景[②]；又如《四宜堂集》中各种祭挽诗，创作近于胤禛家人去世的纪念日等。在相关朝代《实录》《起居注》、内务府各类档案，甚至是时人笔记等对胤禛的记载，包括"文集"中的御制文与"文集"诗作互相印证，深入对胤禛诗作的研究，从而得出其诗"言志"的结论。

（二）咏月诗的言情与言志的暗合

通过前文分析，"文集"诗作中，胤禛对"月"题材的独钟必定反映出他的某些审美风格和特质。"诗，志也""志，意也"[③]，"文集"诗作中所言之"意"，分析"文集"诗作中的内容和格调能够反映作者的心志，其规律和现象有助于管窥和理解胤禛的审美取向和兴致性情。无论胤禛是将"月"作为一种题材、寄托和表达形式赋入诗中，还是真心喜爱，真实、真诚地以"月"构思，为"月"创作，都体现出作者性情中细腻阴柔的一面。可以推断，作者的审美与情性和"月"的属性定有契会之处。

许慎注解"月"，"阙也，太阴之精"[④]，一方面解释月的形象，通常不是圆满的；同时也指明月是集"阴"之大成，隐忍、含蓄。《诗经》有云，如月之恒，如日之升，描述"月"具有持久、稳定的特性。上述早期文献对于"月"的释义，延续至今并无重大转义。这样含义的一个字，作为实词所表现的形象和场景，在540余首代表诗作中，出现120余首，平均不到5首诗里就有一首出现，尤其是在《四宜堂集》诗作第28首以后咏月诗的频繁出现，以及有的诗作中不止一次使用"月"，还有"月"的别称以及"岁月"等词汇，很难将作者的审美风格和性情特质与咏月诗的寓意完全割裂。

"月"是极其能引起诗人兴趣的题材。月有阴晴圆缺，能让人在极短的几天、几个时辰、甚至是分分秒秒感受变化，刺激诗人敏感的神经；月出现于一天中最后的时间，让人心生即将逝去和更新的感慨；月给人以安静清凉的意象，在一天将尽的时辰中扪心自问、回味过往，寄

① 前揭《清代御制诗文篇目通检》。

② 《清实录》卷二三三，康熙四十七年戊子秋七月，

③ （东汉）许慎：《说文解字》，中华书局，2021年，第46、216页。

④ 前揭《说文解字》，第137页。

托着纯真的兴味；月也是一个画境，常常是夜晚万物的背景，可以关联赞咏的物象。凡此种种，都极易引发诗情，对于45载清闲、自幼得到良好文化教养的皇子胤禛如是；对于在这种文化行为惯性延续的在位天子雍正，亦如是。相关统计见表4。

表4 《雍邸集》咏月诗例子

轻快浪漫 闲雅有活力	《春暮登楼》："凭栏无限思，新月逗清光。"
	《对月》："新秋玉露洗长空，冰镜孤悬映绮栊。"
	《园居二首》："晚更携兰棹，溯洄月上迟。"
描述共乐之乐 体现对生活的歌咏	《月下独酌》："春月娟娟映水清，一斟一酌听泉声。"
	《花间小饮》："仙姿绰约翻红袖，月影婆娑照绿杯。"
	《元夕》："皓月高悬不夜城，灯辉万井庆升平。"
	《河灯》："月涌湖心白，灯燃湖面红。"
清幽飘逸 旷远深沉	《旷然尘虑清》："有色穿帘月，无心过竹风。"
	《皓月鉴丹宫》："耿耿银河低紫禁，溶溶冰镜上丹楹。"
	《今月曾经照古人》："磨洗无从鉴更真，清光一片自常新。"
敏感细腻 察秋毫之末	《池上待月》："行到天心处，清光更不同。"
	《寒夜》："风吹鹤梦警，月射剑光寒。"

资料来源：《清世宗御制文》第243、244、257、261、268、270、276、282、287、293、306页。

《雍邸集》中的咏月诗，透露出轻松和细致的诗情，对仗较为工整，用字文雅精妙，从某种程度上反映作者入微的情怀和闲适的生活状态。但是，结合继位前诸兄弟觊觎皇位的明争暗斗，胤禛诗作表现出的风格必然有藏锋的目的。表面上看，不结党羽，平和相处，对暂时落魄的兄弟没有落井下石，对于春风得意的昆季也不远不近，追求进退得体、处事圆通的人设效果。若只是"无他事事"的"天下第一闲人"[①]，并无政治愿景和为政才能，则不可能逐渐受到父皇青睐，脱颖而出，受赐园囿，陪王伴驾，在康熙晚年被单独委以重任，直至承继大统。不得不说，《雍邸集》诗作在一定程度上并不像其文字呈现的那样无忧无虑和简单悠闲，"风吹鹤梦警，月射剑光寒"隐喻其中。

应当注意到，其中一些边塞诗的创作与众不同。《塞外中秋》："驻跸边庭夜，中秋一镜圆。遥从沧海畔，飞落碧峰颠。溢彩浮尧罳，流辉拂舜筵。坐深光愈迥，景物倍清妍。"《塞外秋兴二首》其二："鸡塞霜逾白，龙沙月更清。却看行殿外，诸部尽欢迎。"《塞上晚眺》："割鲜将进酒，边月照高旌。"[②]语句间超凡脱俗、豪情放达。在胤禛诗作的笔端，无论明月"溢彩""流辉"的美景，还是"边月照高旌""诸部尽欢迎"的咏赞，尽为边塞安定歌舞升平。这种君王视角，足以体现作为帝王的雍正心中大一统的国家情怀。

---

① 前揭《清世宗御制文》，第99页。

② 前揭《清世宗御制文》，第250、251、267页。

在《四宜堂集》中，身为皇帝的胤禛，其更多诗作的撰写角度是自上而下的。虽然城府更深，文学素养更高，遣词造句更自如，但是咏月诗作的风格还是与之前一脉相承，深情隽永，其情志一如既往。见表5。

表5 《四宜堂集》咏月诗作一览表

《月夜听泉声得句》	"透迤洲渚薜萝幽，苑静偏宜秉烛游。"
《知鱼亭待月》	"传呼不用上林丞，傍水登临远郁蒸。解渴漫调金掌露，清心胜饮玉壶冰。知鱼亭畔观鱼跃，得月台前望月升。烟敛碧池星汉皎，玉栏高处尽堪凭。"
《月》	"宝镜奁开升自东，星疏云净正秋中。从看圆洁今宵满，即此晶辉万古同。弈弈荣光蟾吐彩，溶溶澄景水明空。当筵坐爱团圞好，时得香飘桂子风。"
《雨后湖亭看月》	"鄙听秦声却楚优，每于山水暂淹留。翠含宿雨千竿竹，高出层云百尺楼。湖影远浮随棹月，柳塘斜系钓鱼舟。坐深暑退凡情爽，一片清光入镜流。"
《响泉山房赏月》	"薄暮鸣蝉歇，松涛响曲廊。清阴生殿阁，霁色映林塘。皎洁银河近，迢遥玉漏长。波飘菇米滑，风动藕花香。坐石吟新月，临流纳晚凉。一钩才吐艳，灿烂隐萤光。"

资料来源：《清世宗御制文》第328、329、330、331、332、334页。

"文集"诗作最后一首是《中秋夜》，全诗描写月华盈户，秋序正平，比"去年"更好的月亮银辉倾泻，蟾宫多桂子，人间如仙境。是年八月二十三日，胤禛驾鹤西去。这首《中秋夜》是雍正十三年的中秋节诗作，可以说咏月诗贯穿"文集"始终（从第6首到末首）。不知是拣选者有意以中秋团圆的题材作为"文集"诗作的"豹尾"，还是胤禛真的以一首咏月绝唱完成了一生的诗作，结束了"言志"的情怀和历程。

《四宜堂集》中的上述举例以及其他咏月诗，相比《雍邸集》诗作，语言更加醇熟，内涵更加丰富，厚重感增强，值得细品。这不但反应出胤禛对"月"的初心犹在、情有独钟，还与胤禛的身份变化有关。已经继承皇位的胤禛，不须再对赢得皇位竞争这个长远目的遮遮掩掩，咏月诗整体风格更加直白，运用更多的文字表达情景意境，情绪更加放松。

"文集"中的咏月诗，如画，入画，可依照诗句作画，而画作的物象、构图、颜色、光影，又都源于胤禛细腻、敏感的诗情笔触。试想，如果性格里没有细腻、敏感的情愫，不可能在长达四五十年间对月反复吟咏。细察"文集"中140余首与天上之月有关（含天上之"月"的别称以及"日月""岁月"）的诗作，多用字温婉、意境和谐、情绪厚朴、品格高卓。在几首诗中掩藏真情实感不难，像"文集"这种规格的作品集，其中咏月诗风格一贯，则与作者的审美取向息息相关。反之，如果胤禛并不喜欢"月"，却在"文集"咏月诗的风格上从始至终保持如此一致的欣赏和赞咏，是难以解释的。在皇子时代，可以借由咏月等闲情逸致的作品转移他人的关注，似乎无心参与夺嫡。而帝王时代，世易时移，没有必要在"咏月"这个题材上创作制造"假象"的作品，可以说这个时段的咏月诗表达了胤禛的真情实感和天下一统的情怀。

在《悦心集序》开篇，对于这部前居藩邸的摘抄雅辑，胤禛的评论是："其有寄兴萧闲、寓怀超脱者，佳章好句，散见简编。或如皓月当空，或如凉风解暑，或如时花照眼，或如好鸟鸣林，或如泉响空山，或如钟清午夜……”[①]其中胤禛将潜邸摘录之最心仪的前人文句，首先比作“皓月当空”，亦可见“月”在其审美倾向中的重要位置；“凉风解暑”“时花照眼”“好鸟鸣林”“泉响空山”“钟清午夜”等景致，并非浓烈显扬，都带有含蓄悠远、怀抱虚明的意味，与胤禛咏月诗的风格相符。

三　咏月诗在胤禛诗作中出现频率分析

（一）“文集”咏月诗的创作与胤禛的个人经历相关

胤禛的审美性情来源于生活，又与之相互影响，相互成全。皇子时期，诗作题材丰富，“月”列其一。即位前，胤禛的生活内容主要分为两部分。首先，要履行与皇子身份相应的事务。如“文集”《雍邸集序》中所述，“位列亲藩，寝门定省”“随从塞北，扈跸江南，偶遇皇考命题属赋，勉强应制”。这些事务之外，胤禛的生活自由自主。“只期消融机巧，遂觉随处乐天，情之所寄又闲矣。”“宴赏登临，触物寓感，有会而作，因诗记事，借以陶写性情。”这种情形下，胤禛的日常不仅会因完成康熙帝委派的任务而与众不同，还由于贵为帝胄而更有条件达成各种兴趣意图，因此诗作能呈现卓尔不群的题材并充满雅致闲情。“文集”中这一时期的诗作380余首，一些体量较大的组诗如：《四时咏应制》（四首）《热河闲咏七首》《清凉纪游一十四首》《田家四时词》（四首）《拟渔樵耕牧四首》《美人把镜图四首》《题墨竹一十二首》《秋兴四首》《耕图二十三首》《织图二十三首》《群仙册一十八首》，由二首、三章组成的诗作也为数不少。在如此精彩纷呈的题材中，“月”的权重虽然相对不太明显，但也有单独吟咏的22首，更多则是成为诗中的场景、点缀，烘托氛围时而出现。皇子时期，胤禛对于皇位绝非毫无意图，但他年长于历史上绝大多数帝王的继位年龄，是否还有登极的可能，对自己能否承继大统并无绝对把握。45年的蛰伏经历，十几位皇室兄弟更是竞争对手之间的尔虞我诈，必定影响胤禛阳刚品格的发展，隐忍、观望、计谋、假象，这些词汇，都可托付给黑夜。在夜间，如果月光皎皎，则沐银辉而抒怀；如果一弯弦月，则更多氛围烘托，以骋幽怀。综观胤禛作为皇子的经历，正如其自述，“朕昔在雍邸，自幸为天下第一闲人”。正如《雍邸集序》所说的“花朝月夕”“闲境闲情”[②]，白天并没有很强的脑力和体力劳动量，那么黑夜也不会早早睡去，仰望夜空，最明亮的“月”，就是诗情的缘起。

帝王时代，身份迥异，咏“月”怀志。1723年冬天，胤禛登基，君临天下，自述“临御寰宇，封章重叠，机务殷繁，旰食宵衣，犹虞丛脞，夙夜兴寐，莫敢求安。向之优游恬适，今则易而为惕厉忧勤，花朝月夕之吟，皆成祁寒暑雨之思矣。”表达了为政勤繁、心念转变的态度。生活内容为政务充斥，诗作题材也随之调整。一方面基于对“月”长期以来的钟爱，持续对“月”产生了敏感和咏叹。另一方面，继位后，制度的改革，包括耗羡归公、摊丁入亩、改土归流、设军机处、扩大宗学、秘密立储等费尽心机；海量的日常批奏、频繁的召见面谕更是殚精竭虑，

① 前揭《清世宗御制文》，第126页。

② 前揭《清世宗御制文》，第99页。

当然也包括文字狱、抑制商业等弊政，无论如何，这些突然增加的内容，给诗文创作造成了极大的时间和空间挤压。更何况生活中的感受不能再用皇子时期的方式托付诗文，在有“月”之夜，更易动笔动情，“频繁”地创作与“月”有关的诗句，以暂得排遣。但是不得不说，在《四宜堂集》中，并没有幽怨情绪的咏月诗作，对“月”的初衷，并未见因压力徒增而改变。这也进一步证明胤禛对“月”的钟爱，不因年长衰减，反随日月俱增。正如《悦心集序》所载：“自总理万几以来，宵旰不遑，求如曩时之怡情悦目，不可复得。然宁静之宰，不因物动，恬澹之致，岂为境移？”[①]这并非自说自话，胤禛继位后，在有关政务、祭挽之外的诗作中，确实能看到与潜邸时的诗作审美风格呈现一致，文字表达精慎富情感，安定不张扬，但帝王情怀也是隐匿不住。

（二）咏月诗符合“文集”遴选需求

胤禛一生创作的诗赋，必应多于“文集”收录的作品，创作的咏月诗作也应该不止入选“文集”的这些篇目。“文集”最早版本为乾隆三年武英殿刻本[②]，不排除胤禛去世后，由官员继续完成诗文拣录。但可以肯定的是，胤禛亲自参与“文集”诗作的选入，重视其“垂示万世”的功能。正如《雍邸集序》所言：“检阅旧作，曷胜惘然……爰序于《雍邸集》首，以示朕意云。”直至雍正十二年六月既望为《交辉园遗稿》题辞所言，将精心收藏的允祥 32 首诗“汇为一帙，附于朕诗集之后”[③]。这说明胤禛长期关注本人诗作在“文集”的收录。皇子时代各种优渥超逸题材的诗赋，在帝王时期被筛选提取，入《雍邸集》的诗作应既能表现孝悌忠信、闲适安分，又要记录重要事件、显露才华；继位后，入《四宜堂集》的诗作应当表现勤劬政事、德泽庶民风格的作品，树立其圣主德君的形象。

大量选入咏月的诗作，胤禛本人应该不会无所察觉。究其原因，首先应是对该诗作整体满意，也应出于对“月”这个题材的独爱——创作时满怀真情寄寓，回顾时必然心有戚戚；同时，咏月题材符合“文集”拣选几暇之作内容的严苛要求。皇子吟颂银光流泻，志向清雅；君王则对月遐思，高贵雍容。更何况“文集”要流传，入选的诗作必定是精之又精、优而选优，是作者觉得经得起时间考验和世人评论的作品。“文集”选入以月为题材的诗作为暇趣，是高洁、稳妥、无可挑剔的，“文集”中咏月诗的现状，无疑能够承载这些丰富深刻的内涵。

四 余论

综上所述，“文集”中咏月诗包括天上之“月”和其别称、与此相关的“岁月”一词，以及一些其他含义，其出现频率和在“文集”诗作中所占的比重，足以作为研究对象进行探讨。通过对有关天上之“月”（含别称）的词语、诗题、诗句的梳理和分析，按图索骥，管窥胤禛高雅柔和的审美意趣和敏感隐忍的性情特质。今所见“文集”中咏月诗出现频率较高，源于胤禛的生活经历对创作的影响和在选入“文集”时对作品的考量——以“月”为题材赋诗，格调

---

① 前揭《清世宗御制文》，第 99、126 页。

② 前揭《清代御制诗文篇目通检》。

③ 前揭《清世宗御制文》，第 99、355 页。

文雅高逸、风评稳妥。

无论是身为皇子还是皇帝，综观“文集”诗作，都会发现胤禛对民生的观察角度单一。即位前风花雪月、不食人间烟火；继位后，虽然诗作中经常出现“兆庶”“亿兆”“兆民”等词汇，但都是自上而下的语气，对百姓生活的了解和刻画浮于表面，并未深入。这也正是胤禛相关诗作通常具有画面感，而缺乏刻骨铭心的震撼的原因。此外，诗作中体现的“敬天重农”“惟是祗承圣祖重农家法，率吾民敦崇本务”[①] 等思想，以及盛赞父皇、忽视推进社会发展的主体等，是胤禛的身份和其所处时代的局限性所致。

此外，对于胤禛在皇子时期韬光养晦、暗中竞争皇位的真相，“文集”咏月诗恬淡闲适的意境风格，起到掩人耳目的作用。

（作者单位：故宫博物院出版部）

① 前揭《清世宗御制文》，第 326 页。

吴大澂致张曜信札考释

李文君

内容提要：浙江省图书馆藏有吴大澂致山东巡抚张曜的信札五通。这些信札主要反映了山东与河南的治河情况，测绘黄河图工作，吴氏向张曜请托，为属下故旧寻求关照等情形。这些信札的内容，是晚清官场生态的典型反映。

关键词：吴大澂　张曜　信札　黄河全图

浙江省图书馆收藏有吴大澂致张曜信札五通，系二十世纪五十年代张曜后人捐赠入藏。这些信札的原件与释文，曾收入张曜后人张怀恭、张铭编撰的《清勤果公张曜年谱》一书中，该书2009年由浙江古籍出版社出版，至今已有十多年，然其并未引起学界注意，现将其重新整理，并进行简单考释，以惠学林。

一　信札寄收人介绍

寄信人吴大澂（1835—1902年），江苏吴县（今苏州）人，字清卿，号恒轩，又号愙斋，同治七年进士。同治十二年至光绪二年，任陕甘学政，后又任河南河北道、帮办吉林边务大臣、广东巡抚、河东河道总督、湖南巡抚等职。吴大澂毕生留心古物的搜集与研究，精于篆书，撰有金石学与古文字学著作多种，是晚清著名的金石学家。

收信人张曜（1832—1891年），字亮臣，号朗斋，浙江钱塘（今杭州）人，其祖张涛为参加顺天府乡试，改籍直隶大兴。咸丰三年，张曜到河南投靠其姑父，固始知县蒯贺荪。适逢捻军进攻固始县，遂开始授命督募乡勇，协防捻军。后因"剿捻"屡立战功，受到清军统帅僧格林沁的赏识。咸丰六年署固始知县，咸丰十一年十二月授河南布政使。同治五年，奉河南巡抚李鹤年之命，组建"嵩武军"。捻军平定后，率"嵩武军"随左宗棠出征西北，由陕甘而新疆，战功显赫。光绪十年，自新疆班师入关。光绪十二年五月，授山东巡抚。在巡抚任上，开始大力治理黄河。光绪十七年七月十九日，卒于山东巡抚任上。张曜起家行伍，在平定捻军与收复新疆战役中，战功卓著；他还是一位能吏，在新疆屯田，在山东治河，在各地兴学，均蔚为可观。张曜甚至被醇亲王奕譞内定为李鸿章的接班人，"醇王储以代李者，今李尚存而其人先死，信难测也"。[①]

目前学界对张曜的研究，在综合研究方面。如张曜之孙张怀恭、曾孙张铭父子二人编写的《清勤果公张曜年谱》一书，以年谱加附录的形式，详细介绍了张曜的一生，这也是目前唯一一本研究张曜的专著。在专门研究方面，主要集中在三个领域：一是平定与治理新疆，二是在山东

① 张怀恭、张铭：《清勤果公张曜年谱》，浙江古籍出版社，2009年，第175页。

治河，三是其传奇的经历。关于平定治理新疆，魏长洪、李晓琴、郑平《张曜在新疆》一文，全面介绍了张曜在新疆平定叛乱、屯垦戍边、交涉俄国、维护边疆稳定等方面的事迹。[①] 王鹏辉《兰州碑刻所见清代新疆史事》一文，收录并介绍了张曜所刻的《嵩武军修天山北路铭》石碑。[②] 刘延文《从一张拓片说张曜人生——记清末名将张曜》一文，主要论述了驱逐阿古柏之后，张曜在库车铸造钱币，稳定南疆经济的情况。[③] 关于山东治河，路延捷《为治河而死的山东巡抚张曜》一文，简要概述了张曜在山东巡抚任上治理黄河与小清河的事迹。[④] 郭发明《刘鹗与晚清的一段治河公案》一文，从解读《老残游记》的视角，介绍了张曜在山东治河的情形。[⑤] 关于其传奇经历，因张曜从一名目不识丁的武夫到封疆大吏的人生履历太过传奇，所以这方面的关注者也较多，但大多没有进行材料辨析，使得史事与传说混杂在一起，扑朔迷离，够不成严格意义上的学术研究。比较全面的如杨曙明的《逝于任所的山东巡抚——张曜》一文，较为完整地介绍了张曜的传奇生平。[⑥] 李文君《翁同龢致张曜信札考释》一文，通过考释户部尚书翁同龢给山东巡抚张曜的五通信札，反映了翁同龢向张曜请托，为亲戚、门生、故旧等在山东寻求关照的情形。[⑦]

从信札中吴大澂称张曜为“仁兄”、以“如弟”自称来看，二人应为结义兄弟。但关于二人结义的时间，却没有明确记载。吴张二人年龄相仿，籍贯一苏一杭，距离并不遥远，见面似乎并不难。但张曜早年即赴河南从军，吴氏则在苏州、上海活动，并无交集。根据二人《年谱》的记载，他们最有可能结义的机会有两次。第一次是同治五年春，张曜回杭州归葬双亲已毕，曾赴吴江及苏州游览。此时吴大澂正在苏州赈济江北灾民，二人有见面的可能，只是《吴大澂日记》缺少同治五年上半年的内容，没有留下相关记录。[⑧] 第二次是同治十二年至光绪二年，吴大澂任陕甘学政期间，张曜一直在甘肃与新疆征战，光绪元年上半年，吴大澂赴河西的甘州、肃州、安西等地按试，张曜时在哈密与肃州，二人可能见面。他们的共同上司陕甘总督左宗棠对二人均极为器重，这也许是二人得以结缘的原因之一。可以确定的吴张二人的一次通信是在光绪八年八月初十日，当日在吉林的吴大澂日记中有“致张朗斋书，致叶冠卿书”的记载。[⑨] 叶冠卿，即叶伯英，安徽怀宁人，时任陕西布政使，张曜在新疆，吴氏将给两人的信件一起从吉林寄往西北。可以确定吴张两人的一次见面是在光绪十一年二月。当时，张曜奉命进京，防卫直隶北路。[⑩] 吴大澂出使朝鲜归来，亦进京复命。[⑪] 这一年二月初五日，翁同龢曾“答张朗斋提督曜，吴清卿大澂副宪，皆未见”[⑫]。此时二人均在京城，有见面的机会。这之后，吴大澂

① 魏长洪、李晓琴、郑平：《张曜在新疆》，《新疆大学学报》1994年第3期。
② 王鹏辉：《兰州碑刻所见清代新疆史事》，《西域研究》2012年第1期。
③ 刘延文：《从一张拓片说张曜人生——记清末名将张曜》，《新疆钱币》2014年第4期。
④ 路延捷：《为治河而死的山东巡抚张曜》，《春秋》2017年第3期。
⑤ 郭发明：《刘鹗与晚清的一段治河公案》，《文史杂志》1995年第1期。
⑥ 杨曙明：《逝于任所的山东巡抚——张曜》，《春秋》2015年第2期。
⑦ 李文君：《翁同龢致张曜信札考释》，《江苏科技大学学报》2020年第2期。
⑧ （清）吴大澂撰，李军整理：《吴大澂日记》，中华书局，2020年。
⑨ 前揭《吴大澂日记》，第264页。
⑩ 前揭《清勤果公张曜年谱》，第57页。
⑪ （清）吴大澂撰，印晓峰点校：《愙斋诗存》，华东师范大学出版社，2009年，第224—225页。
⑫ 翁万戈编，翁以钧校订：《翁同龢日记》，中西书局，2012年，第1955页。

返回天津，帮办北洋军务，随即赴吉林珲春与俄国进行边界谈判；张曜则因中法战争用兵广西前线，朝廷先是准备调作战经验丰富的他任广西巡抚，后因双方议和，边烽已熄，遂改授山东巡抚。二人重任在肩，再无机会见面，只能以信札交流。光绪十六年正月，吴母去世，山东巡抚张曜以山东赈灾时，吴母积极捐款为名，为其“奏请建坊”[①]，予以旌表，这也从侧面说明吴张二人的密切关系。

对吴大澂致张曜信札，目前还没有专文研究。本文拟以写作时间为序，对信札涉及的相关事件与人物进行初步考释，不妥之处，请方家予以批评。

二　信札考释

（一）吴大澂致张曜信札第一通

朗斋仁兄大人节前：

去腊出都，驰驱风雪，满拟纡道奉访，一浣征尘，藉得快聆教益，而屈指邮程，已迫岁暮，思亲情切，怀友诗疏。承遣材官按程护送，且感且歉。除夕还乡，高堂色喜，惟以老年，殚于远涉，莫遂乌私。新年碌碌，行色匆匆，赶于二月初旬到粤。适柳门阁学尚未出棚按试，旧雨联欢，如在长安道上诗酒流连之日。惟香帅苦心孤诣，两鬓霜添，非复昔年意兴。粤中吏治，经香帅竭力经营，均有起色，独筹饷一节，万分为难。以弟之迂疏寡术，任此艰巨，汲深绠短，竭蹶时形，知己何以教之？尊处筹办河工，为今日中原第一要务，关系数十年利害，数百万生灵命脉。屡于邸报中得读大疏，勤勤恳恳，统筹全局，成竹在胸，荩画远谋，非弟等所可企及。尚祈时惠德音，以慰饥渴，幸甚。手勒。敬请勋安，不尽百一。如弟吴大澂顿首。四月望日。（钤“龙节虎符之馆”白文方印）

再弟去腊登岱顶时，适有拓工黄文升导游，请题名以纪鸿爪。因与议定刻资先给银五十一两。途中匆促，不及工书，兹特写齐寄上，乞转交泰安令吴惺初同年代付黄文升，嘱其从容刻之，不必亟亟也。琐事奉渎，不安之至。再请台安。弟大澂又顿首。（钤“龙节虎符之馆”白文方印）

外拙书一包，又致吴令一函。（图1）

此信作于光绪十三年四月十五日，此时吴大澂在广州，任广东巡抚，张曜在济南山东巡抚任上。光绪十二年十一月初十日，从吉林勘界返津的吴大澂被任命为广东巡抚，吴氏于腊月初取道运河南下，先回苏州探母，年后赴广东任职。吴氏途经山东境内时，张曜按惯例派出“材官”护送，吴氏作此书以示谢意。

柳门指汪鸣銮，吴大澂姨表弟，光绪十二年五月，汪鸣銮出任广东学政。因学政需轮流按试各州府生员，汪鸣銮要遍历广东各地，不常在广州学政署。香帅，即两广总督张之洞，吴大澂第五女许给张之洞次子张仁颋，两人为儿女亲家。吴大澂与汪鸣銮、张之洞等人，公务之余，

① 故宫博物院藏吴大澂手札，文物号：新00071309-14/19。

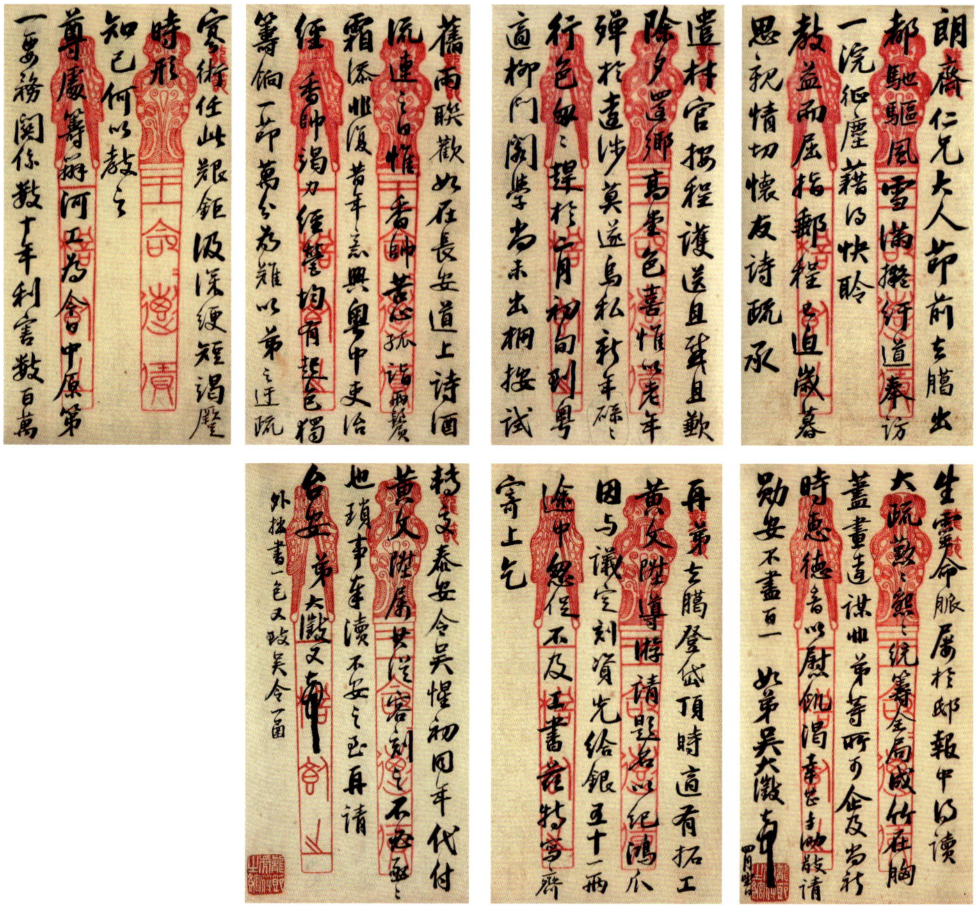

图 1　吴大澂致张曜信札第一通

在广州形成一个鉴赏金石的小圈子。据《吴愙斋年谱》记载：“先生抚粤，值师门继格为（广州）将军，亲家张之洞为总督，表弟汪鸣銮为学政。汪氏幕中有叶昌炽、江标，先生门人王同愈亦相随左右。诸公者兼博览群籍，笃好金石文字，赏奇析疑，极盍簪之乐。”[①] 在当时，河工为“中原第一要务”，张曜就任山东巡抚后，就开始疏浚河道，治理黄河；吴大澂没有想到，一年多之后，自己也将署理河东河道总督，开始治河生涯。

吴氏善于篆书，也喜欢在适合的地方留下题刻。在他宦迹所过之处，如陕西华山莲花峰、吉林珲春边界、广东肇庆七星岩、湖南祁阳浯溪等处，均留下题刻。此次南下广州赴任，春风得意，正是题刻的好时机。据吴氏《愙斋自订年谱》记载：“十二月十六日，行抵泰安，登泰山，谒碧霞元君祠，访秦九字刻石，及唐玄宗摩崖石刻。手书‘秦松’二大字，并临‘琅琊台秦刻’十三行。”[②] 吴氏在光绪十三年二月初五日致京中好友王懿荣的信中也说：“去腊望日行抵泰安，

① 顾廷龙：《顾廷龙全集·著作卷：吴愙斋年谱·严九能年谱》，上海辞书出版社，2016 年，第 242—243 页。

② 前揭《愙斋诗存》，第 229 页。

翌晨登岱顶，归至岱庙，于暮色苍茫中手拓秦石，寄呈一笑。”[①]观先贤石刻，吴氏有题刻之雅兴，随即给拓工黄文升预付了刻资。这时把写好的篆书杜甫《望岳》一诗等作品，寄给张曜，请其转交泰安知县吴惺初，再交给黄文升一起摹刻于泰山石壁。除“秦松”二大字（勒“五大夫松”附近崖壁）与《望岳》诗之外，吴氏在泰山的篆书题刻还包括《汉镜铭》《琅琊台二世诏书》（均勒于斗母宫北崖壁）、“虎”（勒中天门北）、“青玉案”（勒对松山石壁）[②]。吴惺初指吴士恺，江苏阳湖（今常州）人，同治七年进士，吴大澂同年，光绪十年二月至十三年四月任泰安县令。尹寿彭跋吴大澂书琅琊台墨本称：“光绪丙戌年十二月，吴清卿制军赴广东任所，过泰安府，十五（六）日登山。念秦刻石久已无存，惟诸城琅琊山尚立石碣，二世诏书及始皇从臣姓名仅有存者，因抚其本文，倩黄君士霖（陵）觅工刊诸山厓（崖），以悬永久。”[③]尹寿彭，字祝年，山东诸城人，擅长碑刻与传拓，其子尹元鼐，字伯圜，曾入吴大澂幕府，从事全形拓。士陵，指黄士陵（1849—1908年），字穆甫，安徽黟县人，精于篆刻，亦曾入吴大澂幕府，与尹元鼐一起工作。

（二）吴大澂致张曜信札第二通

朗斋仁兄大人阁下：

鱼雁往还，时光易度，言念君子，我劳如何。敬想福德并茂，政顺民和，讴颂之声，遍于齐鲁，敬佩敬佩。弟承乏羊城，甫更岁琯，诸形竭蹶，建树毫无，清夜自思，愧悚万状。郑口工长料缺，堵塞不易，若春汛不能告厥成功，东皖淮扬下游之地，均极可忧。工赈之费，司农罗掘已空，设无成效，后难为继。此间竭力劝捐协助，亦属杯水车薪，无裨大局。尊处河工，想可从容布置，有何新政，鳞便乞示数行为盼。手泐，敬请勋安，惟祈爱照不宣。如弟吴大澂顿首。二月初六日。

再戈什路修永相随十余年，人极朴诚，毫无嗜好，在吉林苦寒之地，能耐劳苦，仅于机器局案内保一外委，粤中无升转之途，特送归标，以供驱策。仍望酌派一差，俾有糊口之资，或留之节署，服役左右，当不致有辜培植也。再请台安。弟又启。附呈拙刻四种，伏乞鉴存。（图 2）

吴大澂于光绪十三年二月初六日抵粤，初九日接印。[④]此札中有“弟承乏羊城，甫更岁琯”之句，说明此信作于光绪十四年二月初六日，正好是吴大澂抵粤一周年，符合“甫更岁琯”的说法。当时，张曜在山东疏浚河道，河东河道总督李鹤年在河南治河，因光绪十三年八月十三日，黄河在郑州境内的石家桥决口，河水汇贾鲁河入淮河与运河，若不能乘汛期到来之前堵塞溃堤之处，水患会危及“东皖淮扬下游之地”。因黄河郑州决口，山东段断流，反而利于乘势挑挖河底淤垫。司农，指户部尚书，治河筹款，由户部负责。当时管理户部事务的大学士为阎敬铭，满尚书为协办大学士福锟，汉尚书为翁同龢。治河除户部拨款外，亦倡议各地募款，广东亦进

① （清）吴大澂著，陆德富、张晓川整理：《吴大澂书信四种》，凤凰出版社，2016 年，第 156 页。

② 泰安市文物局：《泰山石刻大全》第 1 册，齐鲁书社，1993 年，第 175—176 页。

③ （清）李鹤年：《李鹤年先生书学论集初编》，天津古籍出版社，2012 年，第 31 页。

④ 前揭《窓斋诗存》，第 229 页。

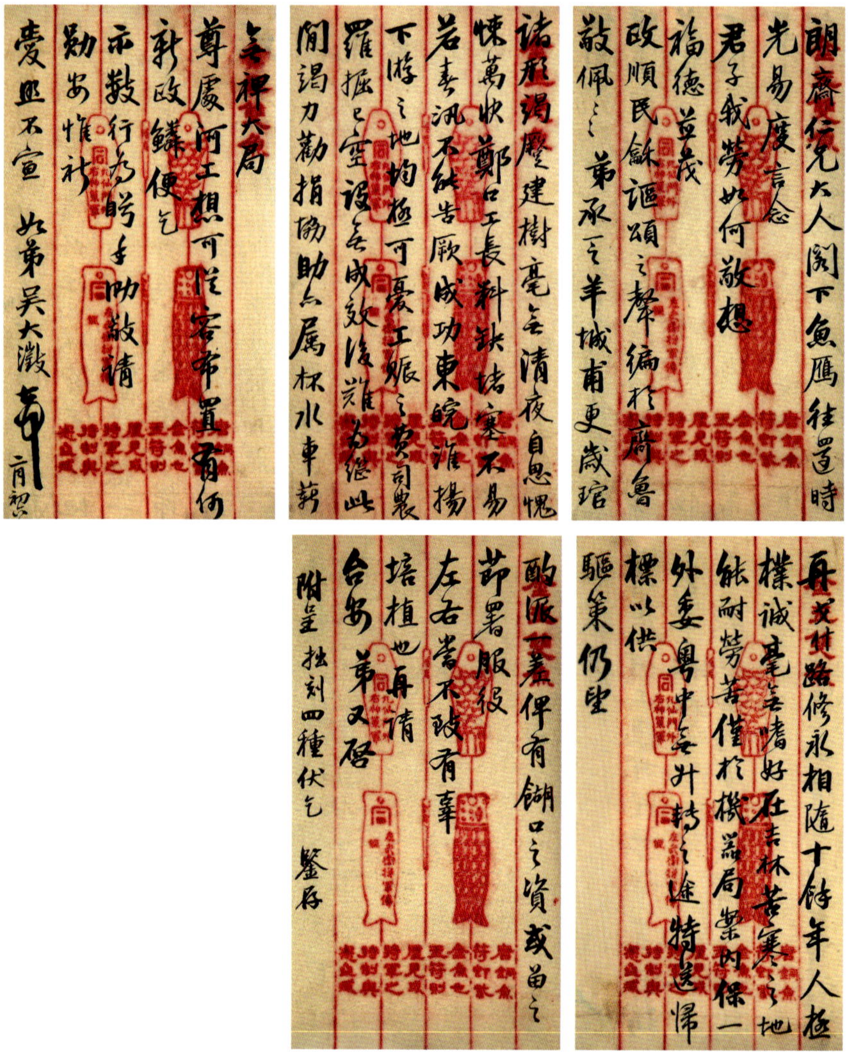

朗齋仁兄大人閣下：魚雁往還，時
光易度，言念
君子，我勞如何。敬想
福德並茂，
政順民龢，謳頌之聲，徧於齊魯，
敬佩敬佩。弟承乏羊城，甫更歲琯，
諸形竭蹶，建樹毫無，清夜自思，愧
悚萬狀。鄭口工長料缺，堵塞不易，
若春汛不能告厥成功，東皖淮揚
下游之地均極可憂，工賑之費司農
羅掘已空，設無成效，後難為繼，此
間竭力勸捐，協助亦屬杯水車薪，
無裨大局。
尊處河工想可從容布置，有何
新政，鱗便乞
示數行為盼。手肅，敬請
勛安，惟祈
愛照不宣。如弟吳大澂頓首

再，戈什路修永相隨十餘年，人極
樸誠，毫無嗜好，在吉林苦寒之地
能耐勞苦，僅於機器局案內保一
外委，粵中無升轉之途，特送歸
標以供
驅策，仍望
酌派一差，俾有餬口之資，或留之
節署服役，
左右當不致有辜
培植也。再請
台安。弟又啓。
附呈拙刻四種，伏乞鑒存。

图 2　吴大澂致张曜信札第二通

行了“劝捐”，但效果不好，吴氏认为“亦属杯水车薪，无裨大局”。在半年之后，因李鹤年未能堵塞“郑口”，朝廷就调吴大澂北上署理河道总督，代替李鹤年，与张曜一道治河了。

吴氏此信，还向张曜推荐路修永其人。路修永，名泰，字修永，是吴氏的戈什（即格式哈，满语侍从护卫之意）。吴大澂任吉林三边帮办大臣时，路泰曾一直跟随，在保奏吉林机器局有功人员时，给予举荐。现今因在广东无“无升转之途”，特送路泰到山东发展。张曜为嵩武军统帅，路泰曾隶其麾下，故称“特送归标”。对路泰，吴大澂一直给予关照。光绪十七年八月二十二日，在籍守制的吴大澂在致山东乡试正考官汪鸣銮的信中说：“戈什路泰随兄服役十余年，荐至朗帅处归标当差。其人朴勤耐苦，求于福中丞处一提为感。”[①] 此时张曜已病故，借汪鸣銮赴山东之机，吴大澂托其向新任山东巡抚福润为路泰关说。

① 故宫博物院藏吴大澂手札，文物号：新 00071318-6/13。

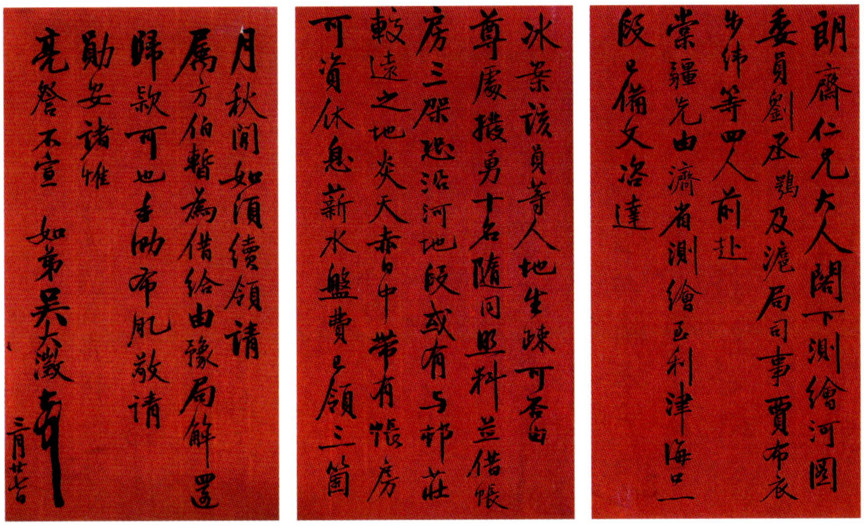

图 3 吴大澂致张曜信札第三通

（三）吴大澂致张曜信札第三通

朗斋仁兄大人阁下：

测绘河图委员刘丞（鹗）及沪局司事贾布衣（步纬）等四人前赴棠疆。先由济省测绘至利津海口一段，已备文咨达冰案。该员等人地生疏，可否由尊处拨勇十名随同照料，并借帐房三架，恐沿河地段或有与村庄较远之地，炎天赤日中，带有帐房可资休息。薪水盘费已领三个月，秋间如须续领，请嘱方伯暂为借给，由豫局解还归款可也。手泐布臆。敬请勋安，诸惟亮察不宣。如弟吴大澂顿首。三月廿七日。（图 3）

此信作于光绪十五年三月二十七日，此时吴大澂在河道总督任上，驻开封。光绪十四年十二月十六日，在吴大澂的主持下，“郑口”顺利合龙，吴氏实授河道总督。借办理河工善后之机，吴大澂联合直鲁豫三省督抚，向朝廷建议在开封设立河图局，从福建船政局、江南制造局、天津机器局、广东舆图局四处选择精于测绘与绘画的委员学生二十多人，由候补道员易顺鼎总理其事，从黄河进入河南的阌乡县（今属河南灵宝）开始，直至山东利津县入海口，对 2400 多里的黄河河道进行测量绘图。[1] 从光绪十五年五月开始，历时十月完成。以正本进呈御览，副本交上海同文书局石印。[2] 光绪十五年腊月初一日，吴大澂在致汪鸣銮的信中说：“测绘河图，自阌乡起，直至海口，分作四段，咨调津沪闽粤各局委员学生，详细测量，均已回汴。再得两月之功，可以绘毕。拟交上海同文书局石印数百分，刻板则旷日持久，豫省梓民亦不能精耳。”[3] 前赴山东测绘者，有刘鹗、贾步纬等四人。刘鹗，字铁云，号补残、老残，江苏丹徒人，自幼研习算学、医药、水利等技艺，此次自荐于吴大澂幕府，参与治河。撰有《老残游记》《铁云

① 前揭《吴愙斋年谱》，第 263—264 页。

② 前揭《吴愙斋年谱》，第 282 页。

③ 故宫博物院藏吴大澂手札，文物号：新 00071319-1/15。

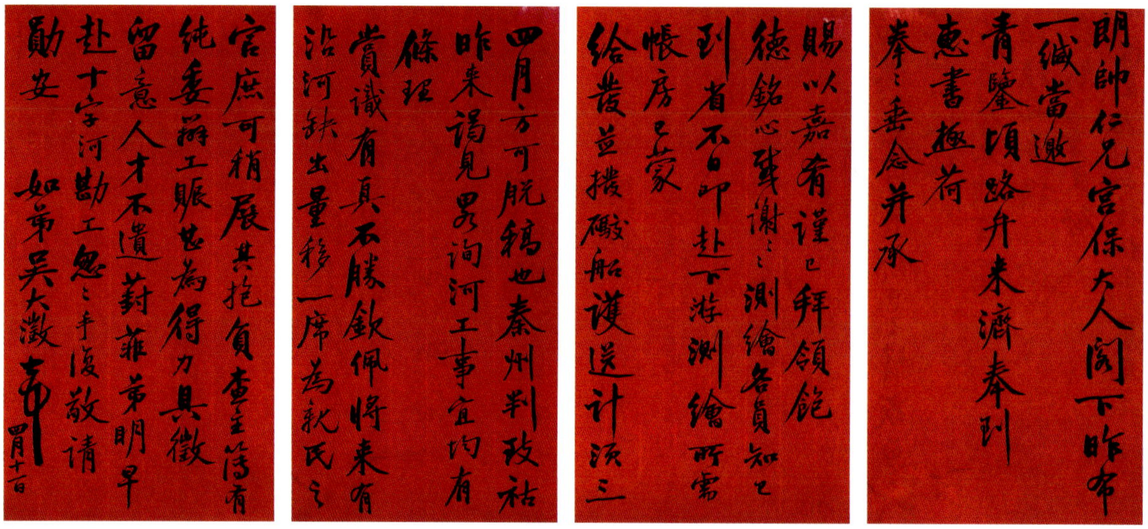

图 4　吴大澂致张曜信札第四通

藏龟》等。吴氏丁忧回籍后，刘鹗转投张曜处任职。[①] 贾步纬，字心九，江苏南汇（今属上海）人，师事数学家李善兰，后入江南制造局，任航海测量馆暨天文馆教习，撰有《航海通书》《弦切八线》等著作。“光绪庚寅，齐鲁河水灾，直督李鸿章檄总司测量，步纬手绘《三省黄河水道全图》进呈，珍藏内府，世有石印图，其副本也。”[②] 河图委员进入山东境内测量，吴氏托张曜给予多方关照。这种治河之后测绘制图的方式，也是当时的通行做法，从黄河改道之后，吴大澂之前的治河臣工，也留下不少相关的黄河舆图。[③]

（四）吴大澂致张曜信札第四通

朗帅仁兄宫保大人阁下：

昨布一缄，当邀青鉴。顷路弁来济，奉到惠书，极荷拳拳垂念，并承赐以嘉肴，谨已拜领。饱德铭心，感谢感谢。测绘各员，知已到省，不日即赴下游测绘，所需帐房，已蒙给发，并拨炮船护送，计须三四月方可脱稿也。秦州判致祜昨来谒见，略询河工事宜，均有条理，赏识有真，不胜钦佩。将来有沿河缺出，量移一席，为亲民之官，庶可稍展其抱负。查主簿有纯，委办工赈，甚为得力，具徵留意人才，不遗葑菲。弟明早赴十字河勘工，匆匆手复。敬请勋安。如弟吴大澂顿首。四月十一日。（图 4）

此札作于光绪十五年，河东河道总督吴大澂时赴济宁，查勘运河各工。济宁是山东运河道的驻地，负责管理山东运河河务以及附属河流、湖泊等水利设施，是驻扎开封的河东河道总督

① 赖晨：《刘鹗治理黄河水患》，《春秋》2019 年第 4 期。

② 吴馨、姚文枬：《（民国）上海县续志》，成文出版社，1970 年，第 1124 页。

③ 席会东：《晚清黄河改道与河政变革——以“黄河改道图”的绘制运用为中心》，《中国历史地理论丛》2013 年第 3 期。

的直属机构。路弁，即前文提及的路泰。吴氏赴济宁勘察，张曜派路泰来看望。此札主要是向张曜推荐秦致祐与查有纯二人。秦致祐，字受之，同治元年举人，广西临桂人，曾官山东东平州判，候补知州，著有《茭防刍议》一卷，《又其次斋诗文集》四卷。[1] 查有纯，字长卿，浙江嘉善人，曾任山东阳谷县主簿。[2]

在信中，吴氏感谢张曜为河图测绘委员提供的便利条件，《黄河图》测绘完毕后，送到上海同文书局石印，印制完成时，已是光绪十六年了。这年十一月，在苏州守制的吴大澂致信给北京的汪鸣銮说："沪上石印《黄河图》已竣，适值封河，无从寄达。昨交冯培之同年带去四部，由朗斋（张曜）中丞转寄尊处。想山左年内必有便也。兹闻解饷委员赵君即日启程，再寄四部，乞查收分送为感。"信中同时附有赠书名单一纸："先后寄呈《黄河图》八部：郎亭一部，廉生一部，翁叔平尚书一部，礼邸一部，张、额、孙、许四部。"[3] 八部《黄河图》，分别进程给好友汪鸣銮（郎亭）、王懿荣（廉生）与师长翁同龢（叔平），五位军机大臣：礼亲王世铎、张之万、额勒和布、孙毓汶、许庚身。据刘德隆先生《刘铁云著作十二种试说》一文介绍，《黄河图》全称为《三省黄河全图》，正本于光绪十六年三月进呈光绪帝，石印本由上海同文书局于同年秋出版。《三省黄河全图》书前有兼署河东河道总督河南巡抚倪文蔚的进呈《三省黄河全图》奏稿（因吴大澂丁忧，故由兼署河督的倪文蔚撰写），该书由直鲁豫三省督抚李鸿章、张曜、倪文蔚与河督吴大澂共同监修，易顺鼎总理其事，刘鹗为提调。[4]

（五）吴大澂致张曜信札第五通

顷接李子木兄来书，知西纸坊坝工已于初八日合龙，此次堵筑，施工不易，倍费荩筹，莫名钦佩。沈牧（庚垚）荷蒙推爱，留工差委，感甚感甚。手泐敬贺大喜。弟大澂顿首。腊月既望。（图5）

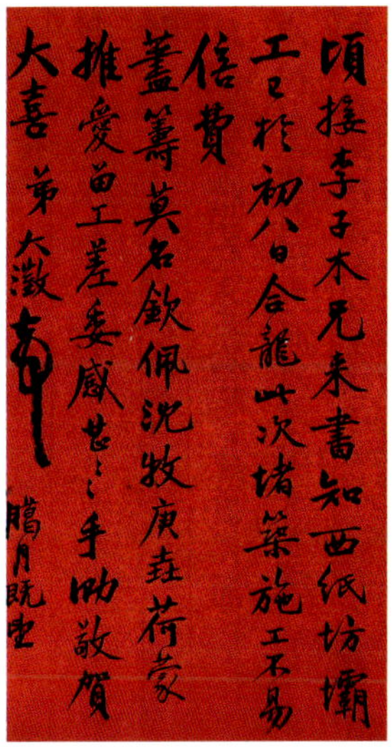
頃接李子木兄來書知西紙坊壩工已於初八日合龍此次堵築施工不易倍費藎籌莫名欽佩沈牧庚垚荷蒙推愛留工差委感甚甚手泐敬賀大喜弟大澂頓首
臘月既望

图5 吴大澂致张曜信札第五通

此信于光绪十五年十二月十六日作于开封，无上款，信札前文似遗失，但全文内容完整，主要是向张曜恭贺西纸坊坝口合龙，并感谢其留用自己推荐的沈庚垚。西纸坊在历城县境内，是此次河工最后一处合龙的坝口。[5] 光绪十五年十月二十九日，吴大澂在致汪鸣銮信中说："东省大寨，已报合龙，惟纸坊口尚未堵合，约计冬月亦可蒇事。"[6] 沈庚垚，号韵松，江苏川沙（今属上海浦东）人，"府学廪贡生。工诗古文词，岁科试常列优等。屡荐乡闱不售，习畴人术（天文历算）。

① （清）吴征鳌、黄泌：《（光绪）临桂县志》，桂林市档案局1963年春翻印本中册，第308、339页。

② （清）江峰青、顾福仁：《（光绪）重修嘉善县志》，成文出版社，1970年，第336页。

③ 故宫博物院藏吴大澂手札，文物号：00071318-4/13。

④ 山东近代文学学会：《中国近代文学研究：中国近代文学国际学术研讨会暨第十三届近代文学年会论文集》，2006年，第106—117页。

⑤ 杨士骧、孙葆田：《宣统山东通志》，见《中国地方志集成：省志集·山东3》，凤凰出版社，2010年，第68页。

⑥ 故宫博物院藏吴大澂手札，文物号：新00071315-4/9。

后捐盐大使，入吴大澂幕府，委办吉林防务。光绪十二年随大澂赴珲春，会同俄官勘界立碑，途次备极劳苦”。[①] 此次吴大澂将其举荐给张曜，参与治河事宜。后来赴浙江任保甲局提调，洋货捐局总办等职。

三 结语

吴张二人，一文一武，起家过程不同，却都有在边疆操练兵马、开展垦务、勘界守边的经历，也都曾开府一方，治理黄河。相近的年岁，江南同乡，相似的经历，相同的地位，加之结义兄弟的私谊，使二人关系格外密切，反映在信札中，就是隐讳较少，可直抒胸臆。吴大澂写给张曜的五通信札，均作于张曜任山东巡抚期间，主要内容除常规的问候之外，可概括为两点，第一是谈论河工，第二是举荐人才。

张曜巡抚山东的主要任务之一，就是疏浚黄河河道，治理水患，使黄河顺利入海。他尽职尽责，最后病逝于治河任上。吴氏从广东巡抚奉调北上，接替的是成孚、李鹤年等几任河督留下的烂摊子。在吴氏的带领下，上任不到半年，便成功堵塞决口。二人治河时，除身体力行，亲临一线指挥之外，还有一个共同特点，就是能吸收先进的治河技术。张曜在山东疏浚河道时，购置西洋的挖泥船，提高了工作效率；吴大澂添堵“郑口”时，采用了刚刚进入中国的塞门德士（水泥），使新筑河堤更加坚固。在吴氏致张曜信中，将二人在治河理念与措施上的相互支持、相互欣赏很好地表现出来。

在晚清官场上，向封疆大吏推荐“人才”，属司空见惯之事。吴大澂向张曜推荐的四人之中，路泰与沈庚垚曾是他的随员，秦致祜与查有纯是张曜的属下。从张曜一方来说，治理齐鲁大地，兴办河工也需要人才。张曜能礼贤下士，在他的幕僚中，除了袁世凯、汤寿潜等人才外[②]，其他“幕僚几二百，虽延采稍滥，而爱贤之笃，并世无俦”[③]。吴大澂之外，两江总督曾国荃、工部尚书潘祖荫、户部尚书翁同龢、工部右侍郎汪鸣銮等，也都向张曜推荐过人才。[④] 通过吴氏所荐人才的基本情况，也可折射出官场复杂的人际脉络，对我们研究社会生活与官场生态不无启示意义。

（作者单位：故宫博物院故宫学研究所）

① 方鸿铠、黄炎培：《民国川沙县志》，见《中国地方志集成：上海府县志辑 7》，上海书店出版社，2010 年，第 287 页。

② 前揭《清勤果公张曜年谱》，第 77 页，第 84 页。

③ 前揭《清勤果公张曜年谱》，第 174 页。

④ 前揭《清勤果公张曜年谱》，第 196—202 页。

清末慈禧视觉形象在西方的建构与传播

危文瀚

内容提要：清末，慈禧视觉形象在西方不同时期的建构与流变，是慈禧本人及其作为实际统治者代表的中国形象在海外传播的一个典型事件。早在19世纪70年代，有关慈禧的视觉材料便开始在欧洲出现。1898年法国《世界画报》第一次刊登了一幅根据中国祖容像绘制的“慈禧”画像。庚子事变时，慈禧形象被人为进行了大量的漫画式演绎和丑化，最具代表性的是《清朝太后殿下》一图中，将其塑造为一个老态龙钟、手持匕首、带有东方元素的女巫形象。而在回銮后，慈禧开始借助其本人的形象，通过摄影照片和油画等西方视觉艺术形式，传达自己作为中国女性统治者的“善意”和“良好”形象。西方此时也出现了以慈禧《圣容账》中相片为底本的“标准像”，体现出慈禧对西方形象传播的方式和审美标准的接受。慈禧形象在西方的流变，反映出晚清时期话语权被西方掌控的情况下，以慈禧为代表的中国形象不再是一个对世界能自由表达思想和行为的主体，侧面反映出西方殖民者对中国的野心和政治意图。

关键词：慈禧形象　新闻画报　庚子事变　《圣容账》

清末是中国社会各个方面都急剧变化的历史时期，也是中国和西方交往空前频繁的时期。西方国家通过侵略手段，将中国强行拉入正在生成的以西方为主导的全球体系之中。也就在此时，越来越多的西方人进入中国，通过图像、文字等方式对晚清时期的中国进行记录与观察。同样在这一时期，出现在西方的中国报道也在不断增加，其中留下的大量关于晚清中国的视觉材料，无论是数量、质量、记录的载体和观念方法，都是此时中国社会的重要见证。慈禧视觉形象在西方不同时期的建构、流变与传播，是慈禧本人及其作为中国实际统治者，在一定程度上所代表的中国形象在西方传播的一个典型事件。

一　19世纪中后期西方出现的慈禧形象

西方对中国帝王、后妃及宫廷生活的关注早已有之。1643年，耶稣会士卜弥格（Michel Boym）自里斯本启程东来，并于南明永历四年抵达澳门。他曾在永历朝廷进行过传教活动，甚至为王太后出使罗马，携带上教宗及致耶稣会总会长等书。[①] 回到欧洲后，他出版了《中国地图册》（Atlas Imperii Sinarum），内容包括中国总图、分省图、中国城市经纬度表和文字说明。[②] 其中，

① 方豪：《中国天主教史人物传》，宗教文化出版社，2007年，第213页。

② Szezesniak. Boleslaw, The Atlas and Geographic Description of China: A Manuscript of Michael Boym. Journal of American Orient, Society, Vol.73, No.2(Apr.– Jun., 1953), p66.

在“南京省”分图中，有一幅名为“皇上”的图像。这幅图像可能就是欧洲人最早见到的中国皇帝的视觉形象之一。

19 世纪中叶，随着欧洲印刷产业的发展，出现了以《伦敦新闻画报》（Illustrated London News）为代表的一批带有大量图像的新闻媒介。而此时，西方对于中国帝后形象的兴趣仍未消退。从 1842 年开始，仅在《伦敦新闻画报》中，就曾分别出现过道光[①]、咸丰[②]、同治[③]、光绪[④]等皇帝的形象。

晚清时期，作为中国长期的实际掌权者，慈禧的形象备受西方国家关注，自然而然也成为西方各国新闻版画中的常客。在西方历史上，很多统治者都会把自己的形象进行公开出版或展览、印于钱币、雕刻塑像，将自己的形象展现在公共领域之中。但在中国古代，虽然帝王一直有画像的传统，但更多是出于离世后将其画像供奉于祖庙之中，让后世的继任者们进行祭祀活动等政治需要。除了帝王的标准像外，像明清时期宫廷绘画中也出现了诸如行乐图之类的反映皇帝娱乐生活、节日庆典等写实绘画形式。但是，由于皇帝的权威和神秘性，无论是皇帝自己还是后宫中的女性，这些绘画记录下来的人物形象极少进入公共领域中。因此，在 19 世纪中后期西方出现的慈禧视觉形象，多来源于绘画者自身根据文字描述和欧洲“中国热”时期及之后留下的中国视觉材料，主观构建出基于想象的慈禧的形象。

图 1 《世界画报》中的慈禧，1898 年

与慈禧有关的视觉材料比慈禧本人的形象更早出现在欧洲。在 19 世纪 70 年代，有关慈禧的视觉材料便开始在西方报刊中出现。《远东》（The Far East）杂志 1877 年 4 月刊中，曾刊登一幅名为《皇太后书法》的碑拓照片，内容为慈禧所书“虎”字，并有“慈禧皇太后御笔之宝”和“同治二年十二月初二日”的款识。[⑤]而从 1898 年开始，带有慈禧本人形象的作品才开始在西方出现。到 1908 年慈禧去世时，英、法、美、意、德、日等国的公共传播领域都曾出现过有关慈禧本人形象的视觉材料。

1898 年 12 月 12 日，法国《世界画报》（Le Monde Illustré）头版刊登了《中国皇太后》一图。[⑥]这是笔者所见最早出现在西方并明确可知所绘人

① 《道光，中国皇帝》，《伦敦新闻画报》第 1 卷第 4 号，1842 年 6 月 4 日。
② 《咸丰，中国皇帝》，《伦敦新闻画报》第 37 卷第 1054 号，1860 年 10 月 13 日。
③ 《中国速写：年轻的中国皇帝，同治皇帝》，《伦敦新闻画报》第 63 卷第 1776 号，1873 年 9 月 13 日。
④ 《东方的战争》，《伦敦新闻画报》第 105 卷 2901 号，1894 年 11 月 24 日。
⑤ 《皇太后书法》，《远东》1877 年 4 月刊。
⑥ 《中国皇太后》，《世界画报》第 2172 期，1898 年 12 月 12 日。

物是慈禧的视觉材料。从画中人物分析，所绘女性为中年样貌，身着命妇冠服，坐于太师椅上。头戴凤冠、挑珠排、耳环；身着蟒袍、云肩、霞帔、朝珠，胸口缀有补子，腰系束带，双手藏于袖中，下身着马面裙。其服饰与图式与明清时期称为“大影”的祖容像完全相符。而此类画像多用于像主身后，像主应为一名明清时期的命妇，从画像功能和服饰可判断画中人物不可能为慈禧本人。（图 1）

图 2 《世界画报》中的“中国皇后”，1861 年

值得注意的是，此类祖容像在 19 世纪中后期已经传播到欧洲。在 1861 年法国的《世界画报》中，就曾刊登过一幅名为《清朝皇后：根据米兰代表团华伦特里先生的素描绘制》的新闻版画。[①] 在这张少见的中国皇后的单人图像中，皇后坐在带有精美雕刻的座椅上，身后则有一面细致刻画的中式屏风，但穿戴仍是清代命妇的服饰。此外，在 1900 年美国作家兼摄影师伊莉莎・鲁阿玛・溪德沫（Eliza Ruhamah Scidmore）出版的《中国：历史悠久的帝国》（China：the Long-Lived Empire）一书的扉页中，也有一张图式和绘画风格与祖容像极为相似的素描画。[②] 由此可见，西方绘画者在当时就有机会根据所见的类似材料创作出一幅慈禧的画像。而在这幅画像的文字注解中表明，这是根据一幅中国水彩画或套色版画（aquarelle）绘制而成的。[③] 很有可能即指此幅作品的母本是一幅来自中国的祖容像。（图 2）

在此时期，慈禧视觉形象出现在西方的另一个事件，则是与各国公使夫人的会见场景。根据德国公使海靖男爵的夫人伊丽莎白・冯・海靖（Elizabeth von Heyking）的记载，在 1898 年 12 月 13 日，即光绪二十四年十一月初一日，慈禧在西苑仪鸾殿接见了各国公使夫人。[④] 这次接见发生在“戊戌变法”失败之后不久，慈禧重新掌权“训政”，急需通过外交方式对自己在西方的舆论形象加以改善。据海靖夫人描述，在接见的过程中，各国公使夫人先是在光绪皇帝的宝座前鞠躬行礼，皇帝则伸出手与公使夫人握手。然后夫人们继续向太后行礼，太后赠送给海靖夫人一枚镶珍珠的金戒指。翻译们在台阶下翻译。[⑤]

这一与西方国家直接相关的外交事件，引发了各国新闻报刊的广泛关注。在接见发生仅 5 天后出版的法国《小巴黎人报》上，便刊登了反映这一事件的新闻版画《中国皇后接见欧洲女

① 《清朝皇后，根据米兰代表团华伦特里先生的素描绘制》，《世界画报》第 199 期，1861 年 2 月 2 日。

② Eliza Ruhamah Scidmore. China, the long-lived empire. New York: Century Co., 1900.

③ 《中国皇太后》，《世界画报》第 2172 期，1898 年 12 月 12 日。

④ （德）海靖夫人著，秦俊峰译：《德国公使夫人日记》，福建教育出版社，2012 年，第 182 页。

⑤ 前揭《德国公使夫人日记》，第 185 页。

图3　中国皇后接见欧洲女士，1898 年

图 4　欧洲贵妇首次受到慈禧太后的正式接见，1899 年《周日邮报》

士们》。[①] 画中慈禧本人居于左侧的座椅上，右侧为觐见的各国公使夫人。但此幅版画中的画法、场景和人物形象，几乎全部是由西方既有的中国视觉元素拼合而成，显然该场景主要出自欧洲人的想象。例如慈禧的服饰与姿态明显与上文提到的 1861 年《清朝皇后》一图极为相似，特别是都头戴带有花翎的圆帽。慈禧两侧的武士所穿为日本的甲胄，宫殿中有类似芭蕉叶的热带植物，这些都与“中国热”时期便出现在欧洲的中国元素如出一辙。（图 3）

相比较之下，《伦敦新闻画报》1899 年 3 月 18 日出版的《中国太后和皇帝在北京接见外交公使夫人》一图则更加写实，且流传更广。[②] 此图中，慈禧与光绪位于一个带有台阶的台子上。慈禧居于画面正中，但是位置相对靠后；慈禧的左手侧是正在向光绪皇帝行礼的公使夫人和坐在椅子上的光绪皇帝，这与海靖夫人所描述的接见场景如出一辙。[③]《中国皇后接见欧洲女士们》一图不见于他处，但这幅《中国太后和皇帝在北京接见外交公使夫人》却传播甚广。在同月的法国《天下画报》（L ‘univers Illustre）中，同样刊登了这幅新闻版画。[④] 而同年 5 月 14 日意大利《周日邮报》（La Domenica Del Corriere）中，在刊登这幅新闻版画的同时还为此图进行了上色。[⑤]（图 4）

值得注意的是，在这幅新闻版画的文字描述部分，不仅提到了意大利强租三门湾失败的时政事件，而且将欧洲公使夫人得以受到接见的原因归于光绪皇帝的改革，“至于女性，她们一向被视作洪水猛兽，自然更加不能进入大殿了。1889 年，年经的光绪帝载湉掌权后这一情况得到改善，自由之风悄然兴起”。文字中透露出对于光绪掌权的肯定，以及对慈禧发动政变后仍

① 《中国皇后接见欧洲女士们》，《小巴黎人报》第 515 期，1898 年 12 月 18 日。

② 《中国太后和皇帝在北京接见外交公使夫人，去年 12 月 13 日》，《伦敦新闻画报》第 114 卷 3126 号，1899 年 3 月 18 日。

③ 前揭《德国公使夫人日记》，第 184—185 页。

④ 《一次北京的接见》，《天下画报》第 2296 期，1899 年 3 月 25 日。

⑤ 《慈禧太后接见欧洲公使夫人》，《周日邮报》第 19 期，1899 年 5 月 14 日。

然敌视西方国家的不满。“当德国、英国、俄国等文明国家带着长枪、大炮玩起侵占清朝领土的竞赛时，正是她拒绝向上述国家做任何妥协。”[①]而在此前刊登此图的《伦敦新闻画报》和《天下画报》中，文字部分只对本次会见进行了描述，没有言及其他。由此可以看出，在西方的公共媒体中，相同的图像在不同国家开始出现了不同叙事角度，产生了不同的解读方式。而此时，对于慈禧的叙述和评价也开始出现敌对倾向，这在一定程度上预示了庚子事变时期被丑化的慈禧形象在西方的产生。

二 庚子事变时期西方对慈禧形象的丑化

庚子事变时期，慈禧在西方公共媒介中的出现频率陡然增加。其原因在于西方人已经意识到，作为中国实际掌权者的慈禧，在此时反对西方的义和团运动背后所起的支持作用。所以在1900—1901年间，根据笔者统计，慈禧本人的视觉形象在不同的西方公共媒体上出现了9次，超过了此前她的形象在西方出现次数的总和。

作为公共媒介，对西方的绘画创作者而言，手边可得的图像资料成为其呈现中国形象的最佳素材。但这些陈旧元素的胡乱利用，导致中国出现“时间凝固”的观感，因为这些被利用的素材往往是几十年甚至上百年前的图像。慈禧在此段时期的视觉形象，同样具有这种“时间凝固”的错觉感。西方创作者所用的素材之一，便是前文提到的1898年法国《世界画报》头版刊登的《中国皇太后》一图，这也是西方最早出现的慈禧个人的视觉形象作品，故成为此时西方创作者亟需的慈禧形象的视觉蓝本之一。庚子事变时期的一批西方报刊中的慈禧形象便脱胎于此。例如1900年12月23日《小巴黎人报》中《清朝太后》一图，便是对《中国皇太后》上色后的作品。[②]《伦敦新闻画报》1900年6月16日《中国危机》[③]、法国《虔诚者报》1900年7月1日《中国危机：西太后》[④]中，慈禧的形象同样来源于此。（图5）

图5 西太后：中国的太后，1900年

而1900年7月8日法国《小日报》刊登的《西太后：中国的太后》[⑤]则是基于《中国皇太后》一图的改绘。在《西太后：中国的太后》中，慈禧同样是身着命妇的服饰，但面部阴影被加重，与原图相比，面色显得更加端凝凶悍，双目仿佛在紧紧凝视着观看者。法国《小日报》报道1900年万

① 《慈禧太后接见欧洲公使夫人》，《周日邮报》第19期，1899年5月14日。

② 《清朝太后：根据一幅中国画绘制，由史蒂芬·里德（Stephen Reid）所绘》，《小巴黎人报》第620期，1900年12月23日。

③ 《中国危机》，《伦敦新闻画报》第116卷3191号，1900年6月16日。

④ 《中国危机：西太后》，《虔诚者报》第1226期，1900年7月1日。

⑤ 《西太后：中国的太后》，《小日报》第503期，1900年7月8日。

图 6 清朝太后殿下，1900 年

国博览会中国馆时，曾用过一张慈禧的脸部肖像[①]，便是来源于《西太后：中国的太后》一图。

除了利用原有视觉材料直接拼凑出的慈禧形象外，庚子事变时期西方也开始利用时兴的漫画形式来重新对慈禧的形象加以建构。这种形象并不是正面积极的，而是被西方创作者考虑到现实需要，作为战祸的源头加以丑化。这种“丑化”的形象构建与情感传递，在西方的视觉材料中主要表现在一种“二元对立”的叙事逻辑上。

这种“二元对立”即是对本方形象的美化与敌方形象的丑化，例如此时西方画报中出现的联军形象都显得文明英勇。而这种结构暗含着的，便是一种东西方关系的文化隐喻：联军代表着力量、文明的形象，表明西方是强大和胜利的一方；而老态龙钟、残暴嗜血的慈禧，代表的是衰落、失败的中国形象。这种强弱对照极大地应和了西方对这场战争的“正义性”心态和征服中国的欲望。也因此，这些被丑化的慈禧形象甚至出现在一些主流画报的封面之上。例如在庚子事变发生不久，1900 年的 7 月 14 日，法国的新闻画报《笑报》(Le Rire) 中就出现了一幅名为《清朝太后殿下》的版画，这期画报更将这幅版画作为了封面。[②]从这幅版画不难看出，慈禧不仅在形象上遭到了丑化，其身后挂着尸体、鲜血淋漓的背景，以及在她的左手攥着的一把还在淌血的短刀，这些都在提醒着世人，她才是屠杀西方人的刽子手。（图 6）

除了丑化和这些带有象征性的元素外，像慈禧身上所穿的绣着龙纹的衣着，以及头戴的清式官帽，还有她手中打开的扇子，都是长期在西方绘画中出现的象征中国的元素。而这幅版画中，慈禧的面目表情十分狰狞可怕，仿佛带着对西方极大的敌意。这幅版画所产生的历史环境，正是光绪皇帝在戊戌变法失败后慈禧重新掌权，并且限制了这位在西方人看来锐意进取的年轻皇帝的人身自由。

与之相似的还有 1900 年美国《马蜂杂志》《维护和平》一图中，慈禧被一个囚禁罪犯的铁球铐住手脚，其面目是一个可怖的老年妇人形象，后面的背景则是正在熊熊燃烧的北京。[③]在针对洋人的义和团运动爆发后，慈禧也曾对他们“扶清灭洋”的杀戮行为表现过明确的支持。因此在慈禧带着光绪出逃之后，西方也将慈禧列为此次事件的元凶。这也就不难理解大量丑陋、凶恶的慈禧形象在这一时期西方新闻画报频繁出现的原因。

除慈禧本人外，庚子事变时期西方也出现了将慈禧与李鸿章同组出现的漫画。在一张 1901

① 《1900 年万国博览会（中国馆）》，《小日报》第 523 期，1900 年 11 月 25 日。

② 《清朝太后殿下》，《笑报》第 297 期，1900 年 7 月 14 日。

③ 《维护和平》，《马蜂杂志》第 9 页，1900 年 7 月 28 日。

年的上色明信片《慈禧太后的好朋友李鸿章》中，慈禧被刻画成一个坐于椅子上的矮小妇人，正在抡眉竖目地对身旁的李鸿章进行训斥。[①] 更具代表性的漫画，则是 1901 年《笨拙，或伦敦喧声》（Punch, or The London Charivari）上的《老公司》一图。图中慈禧和李鸿章都身着欧洲服饰，慈禧穿着一件双排扣长风衣，头戴牛仔帽，正在与身旁抽着卷烟、头戴礼帽的李鸿章探讨着什么。[②] 这正是一种西方人将自身形象投射在慈禧身上的表现。（图 7）

图 7 《老公司》中的慈禧与李鸿章，1901 年

庚子事变前，慈禧保留了中国传统观念中帝王形象的私密性，并没有过多地向西方公开自己的真实形象。所以西方虽然出现了有关慈禧的视觉作品，乃至慈禧的个人形象在庚子事变时期的急剧丑化，都是出自西方人根据手边材料、实事、与中国关系好恶，加之自身的主观想象创作而成的，与慈禧本人的形象相去甚远。

除了慈禧的画像外，随着北京被联军占领，在庚子事变留下的照片中，可以看到慈禧所维持的这种私密性被西方所打破。由美国 Underwood & Underwood 公司 1900 年出版的反映庚子事变的立体照片中，就有一张拍摄于储秀宫门口的照片，在图注中写道："中国著名太后的宫殿入口。"[③] 这种在紫禁城被占领、慈禧生活起居之所被窥视的情况下，反映出"西方—中国""联军（男性）—慈禧（女性）"的二元叙事结构。这体现了政治和军事上的强弱对照，更将落后、野蛮的形象赋予了中国。这一点可以视作对 19 世纪末 20 世纪初西方殖民浪潮的应和、强化和肯定。

三 庚子事变后慈禧对自身形象的主动传播

在庚子事变逃往西安后，慈禧开始向西方寻求妥协和缓和。但在一段时间内，西方还是以血腥、肥胖、老态等特征来展现丑化的慈禧形象。例如在 1903 年法国画报《星期天太阳报》（Soleil de Dimanche）《一次北京皇宫的接见》一图中，慈禧就被描绘成一幅矮胖丑陋、满脸赘肉的可怖形象。[④] 而 1904 年日俄战争时期，法国《小日报》中的《慈禧太后向皇帝展示亲俄罪臣被砍下的头颅》[⑤]，让人不由得联想起 1900 年庚子事变时西方描绘的慈禧与人头在一起的血腥形象。

① 《慈禧太后的好朋友李鸿章》明信片，1901 年 11 月 1 日寄出。

② 《老公司》，《笨拙，或伦敦喧声》，1901 年 6 月 5 日。

③ （美）詹姆斯·利卡尔顿摄《中国著名太后的宫殿入口》，立体照片，1900 年。

④ 《一次北京皇宫的接见》，《星期天太阳报》第 28 期，1903 年 7 月 12 日。

⑤ 《慈禧太后向皇帝展示亲俄罪臣被砍下的头颅》，《小日报》第 694 期，1904 年 3 月 6 日。

在法国的《画报》上还刊登过一幅名为《中国皇太后的特殊时刻》的照片，反映的便是慈禧在回銮过程中偶然被拍下的场景。[①]

为了改善自己的形象，慈禧开始利用西方统治者在公共领域传播自己形象的方式，通过西方的传播媒介建构自己作为一位中国女性统治者开明、威严的形象。1903 年开始，慈禧有意识地让人拍摄自己的相片。此后不久，以相片为蓝本的有关慈禧肖像的版画出现在西方。

探讨慈禧本人照片和肖像在西方的传播，则不得不回到她对摄影术的态度上。对于摄影术，在庚子事变前后慈禧的态度发生过一次明显的转变。诞生于 1839 年的摄影术很快便成为对客观世界进行机械复现的重要手段，在随后的几十年间，摄影术被广泛用于新闻报道之中，也对此前复刻版画技术形成了强大的冲击。摄影术的表现方式在当时被视为绝对的客观再现，并且慢慢成为人们认识客观事物的重要标准，因此摄影术具备了“改变现实的确切观念，改变现实主义的确切观念”[②]的作用。

摄影术这一在西方刚刚诞生的技术也早为清朝贵族所知。从 19 世纪 60 年代开始，恭亲王奕䜣、醇亲王奕譞、庆亲王奕劻、贝子载泽等与慈禧往来密切的皇室成员，都曾有过拍摄肖像照片的经历。目前故宫博物院还存有奕譞题诗的摄影小像，因此可知慈禧早年间便对摄影术有所了解，但 20 世纪前慈禧并未留下自己的摄影肖像。有传言称慈禧曾销毁光绪帝和珍妃的西洋摄影仪器和照片，[③]这与义和团运动中民间捣毁照相馆、将摄影术视为西洋妖物的行为如出一辙。[④]因此，在庚子事变之前，慈禧对摄影是抵制的。而 1903 年开始出现的慈禧本人照片，标志着她对于通过摄影术来展现自身形象的最终接受。

据笔者统计，在西方的新闻报刊中，慈禧的照片和基于照片进行创作的形象，曾三次出现在英国和法国不同的画报中，全部出现在 1908 年，分别是英国《伦敦新闻画报》中的《中国的凯瑟琳大帝》[⑤]、法国《周日高卢人报》（Le Gaulois du Dimanch）的《中国皇太后》[⑥]、《画报》的《中国的西奥多拉》[⑦]。其中，法国画报中的两张照片一致，但《中国皇太后》基于照片进行了上色。经对比，这三张照片的出处都是 1903 年慈禧在颐和园所拍摄的照片，因此有必要对慈禧摄影照片与西方报刊中照片的关系略作介绍。

慈禧希望通过传播自身视觉形象来改善在西方形象的做法，最初来自美国驻华大使康格的夫人萨拉·康格（Sarah Conger）的提议。作为 1898 年慈禧会见各国公使夫人的参与者之一，康格夫人对慈禧颇有好感。她曾在一封给女儿的信中写道：“数月来，我一直对各类报刊对太后恐怖地、不公正地丑化愤慨不已，并且越来越强烈地希望世人能多了解她的真实面貌……这幅画像哪怕能给外界一丁点这个女人真实的面容和特点，我也心满意足了。”[⑧]

因此慈禧回銮后，康格夫人在面见慈禧时，便向她提出了绘制油画像并送至国外展出的建

① 《中国皇太后的特殊时刻》，《画报》，1908 年 11 月 20 日。

② （美）苏珊·桑塔格著，黄灿然译：《论摄影》，上海译文出版社，2010 年，第 103 页。

③ 王嵩儒：《掌固零拾》，台湾文海出版社，1967 年，第 331 页。

④ 马运增：《中国摄影史：1840—1937》，中国摄影出版社，1987 年，第 16 页。

⑤ 《中国的凯瑟琳大帝》，《伦敦新闻画报》第 133 卷，第 3631 号，1908 年 11 月 21 日。

⑥ 《中国皇太后》，《周日高卢人报》第 13 期，1908 年 3 月 14 日。

⑦ 《中国的西奥多拉》，《画报》第 3408 期，1908 年 6 月 20 日。

⑧ （美）萨拉·康格著，沈春蕾等译：《北京信札》，南京出版社，2006 年，第 204 页。

图 8　凯瑟琳·卡尔绘制的慈禧油画

图 9　慈禧“梳头穿花卉拿折扇圣容”

图 10　依据照片绘制的版画《中国的西奥多拉》，1908 年

议。1903 年，慈禧七十寿辰前，曾允许前驻法国公使裕庚的儿子裕勋龄进颐和园为其拍照，其目的也与此相关。据勋龄的妹妹、曾任慈禧御前女官容龄回忆，慈禧让勋龄来给自己照相的目的，是拍出照片“好让柯姑娘照着画”[①]。柯姑娘即指美国女画家凯瑟琳·卡尔（Katharine Carl），她曾于 1903 到 1904 年在宫中为慈禧创作了四幅油画肖像。[②]（图 8）

而勋龄所拍摄的慈禧照片，大多收入光绪二十九年七月所设立的《圣容账》中。[③] 据统计，《圣容账》所录照片共有 29 种 766 张。在故宫现存的慈禧照片中，部分照片上仍留有“二品顶戴候选道臣勋龄、二品顶戴候选道臣馨龄恭请”“光绪二十九年六月吉日”的字样，记录了这批照片的拍摄者和拍摄时间。[④] 而《圣容账》设立于这批照片拍摄仅一个月后，所记的正是每一张照片中慈禧的服饰、动作和数量。例如“梳头穿花卉戴璎珞拿折扇圣容四十一件（站）”。其中部分条目所描述的照片特征，可以与故宫收藏的照片相对应。同时出现在法国《周日高卢人报》的《中国皇太后》及《画报》的《中国的西奥多拉》照片，据笔者判断，应为《圣容账》中的“梳头穿花卉拿折扇圣容五十七件”，即目前故宫所收藏的《慈禧手执折扇坐像》（资照片 00000966）。（图 9、10）

慈禧照片流通到西方的方式，大多出于慈禧本人的赏赐或赠送。晚清时期，那桐和荣庆等慈禧近臣都有过类似记载，如《那桐日记》中记载光绪三十年十月初六日（1904 年 11 月 12 日），慈禧曾在奥、美、德、俄、比五国公使呈递贺国书时，赠送给五国国主和五位公使照片各一张。[⑤]

---

① 德龄、容龄著：《在太后身边的日子》，紫禁城出版社，2011 年，第 257 页。

② Katharine Carl. With the Empress dowager of China. New York, The Century Co., 1907.

③ 本文所引的《圣容账》数量与条目，均转引自林京《慈禧摄影史话》一文中对中国第一历史档案馆藏档案的记载。详见林京：《慈禧摄影史话》，《故宫博物院院刊》，1988 年第 3 期。

④ 如《慈禧太后穿珍珠衫执折扇站像》（资照片 00000657）、《慈禧穿竹花便服披珍珠衫坐像之一》（资照片 00001215）等，故宫博物院藏。

⑤ 北京市档案馆编：《那桐日记》上，新华出版社，2006 年，第 518 页。

北京法国公使馆摄影师菲尔曼·拉里贝（Firmin Laribe）的私人影集中，便有三幅慈禧 1903 年在颐和园所拍的照片。①

《荣庆日记》中也曾提到，光绪三十年四月二十五日（1904 年 6 月 8 日）慈禧曾“面赏日本山本赞七郎恭照御容”②。山本赞七郎为清末在北京开设照相馆的日本摄影师，也是目前所知唯一一位为慈禧拍摄照片的日本人。据同样曾为慈禧画像的美国画家胡博·华士（Hubert Vos）回忆：“我曾见过她的一帧照片，是北京一名日籍摄影师所拍。这照片曾送给欧洲各国政府和驻北京大使，后来被禁止流通。我从年青的荷兰大使希斯特（Jonkheer Van Citters）那里借来看过。”③此处所说的日籍摄影师很有可能即是山本赞七郎。1904 年 5 月 5 日《大公报》的“时事要闻”栏目也曾有其为慈禧照相的记载：“择于本月 18 日命日本写真师某君（山本赞七郎）赴颐和园为皇太后照相……从此民间皆得瞻仰御容矣。”④而目前故宫博物院收藏的慈禧照片中，有三张照片拍摄于光绪甲辰年（1904 年），分别是《慈禧坐像》（资照片 00014565）、《慈禧坐像之一》（资照片 00014566）和《大清国慈禧皇太后旗装坐像之一》（资照片 00018132），与山本赞七郎进入颐和园拍摄照片的时间相符，很有可能就是出自山本赞七郎之手。

自此，慈禧的照片也开始经由西方摄影师之手进入到商业流通领域中。在《时报》《申报》等中国报刊中，都刊登过慈禧本人的照片或肖像。1904 年 6 月到 1905 年 12 月，有正书局在《时报》上频繁刊登出售慈禧照片的广告。1907 年 7 月 30 日也刊登出类似广告。施德之创办的耀华照相馆在 1904 年 6 月 26 日的《申报》上刊登出售慈禧照片的广告，而有正书局和耀华照相馆都有外国摄影师或外国经营者。⑤

通过上述流传过程可知，在西方传播的慈禧照片，大多出自慈禧本人的赏赐或赠送，或出于西方摄影师自发的出售流通。今天看来，很多基于慈禧本人真实形象创作的版画肖像，在样貌上差别巨大。而对于慈禧本人来说，版画中的形象和真实的自己是否一致并不重要，关键是在西方人看来，这些图像中的自己能受到他们的喜爱，让自己展现出作为统治者的威严和亲和力，改善和宣传自身在西方社会中的形象。所以，从 1904 年开始，西方各国的新闻画报中，慈禧在绝大多数时候都是以正面的形象出现。1905 年，《纽约时报》曾经对出版于西方的慈禧形象赞叹有加，“你无法想象跟六年前相比中国发生了多么大的变化”。⑥此前在庚子事变时，西方的报纸还将慈禧与传说中的曾谋杀丈夫的亚述女王赛米拉米斯（Semiramis）和曾毒杀丈夫

---

① Chine. Costumes. Thétre. Musique. Cérémonies. Transports. Opium. Bouddha. Statuettes. Sculptures. Cloisonnés. Meubles. Architecture. Scènes de rue. Bronzes. Instruments de l'observatoire de Pékin. Temples. Tours et portes chinoises. glises. Portiques. Ponts. La Grande Muraille de Chine. Palais impériaux de Pékin. Tombes impériales des Ming, de Si ling et de princes et princesses chinoises.

② （清）荣庆著，谢兴尧整理、点校、注释：《荣庆日记：一个晚清重臣的生活实录》，西北大学出版社，1986 年，第 72 页。

③ 转引自邝兆江：《慈禧写照的续笔：华士·胡博》，《故宫博物院院刊》2000 年第 1 期。

④ 《时事要闻》，《大公报》1904 年 5 月 5 日。

⑤ 王正华：《走向公开化：慈禧肖像的风格形式、政治运作与形象塑造》，《台湾大学美术史研究集刊》2012 年第 3 期。

⑥ “Painting and Empress: Hubert Vos, K.C.DD., the First Man to Portray the Dowager Empress of China,” New York Times, Dec. 17, 1905, x8.

的古罗马皇后小阿格里皮娜（Agrippina）相比。[①] 但此时，西方的新闻画报也开始用慈禧对标欧洲的开明女性统治者，将她的形象赋予“中国的西奥多拉”[②]“中国的凯瑟琳大帝”[③] 等称谓。

毫无疑问，这些慈禧形象的视觉材料构成了一种叙事，一种不仅比文字更形象、直观，而且蕴含更多情感的叙事方式。即使在今天观看100多年前关于慈禧的摄影作品，其中所体现出的选择性、倾向性和对事件的参与性，不但是我们对当时历史事件加以理解的新视角，也是我们还原西方人眼中中国事件的重要构成部分。而在回銮后，慈禧开始借助其本人的摄影照片，塑造自己作为中国女性统治者的“善意”和“良好”形象，西方此时也出现了以慈禧《圣容账》中相片为底本的“标准像”，其中无论是构图、布景，还是慈禧本人的形态，都是参照西方的审美习惯来塑造的，标志着慈禧对西方的肖像传播方式和审美标准的接受。

四　结语

慈禧的形象变化是晚清时期西方对中国形象建构与传播的一个极具代表性的案例。慈禧打破了中国古代画像具有神秘性的传统，藉由符合西方认知标准和审美习惯的油画与摄影，将自己的形象向西方进行公开传播以期取得良好的效果和影响，这本身就是中国被动融入以西方为主导的世界体系中的一个生动过程。有趣的是，慈禧也是中国第一位通过新闻传播手段，主动改变和塑造自身在西方形象的政治人物。这种积极的姿态无疑是成功的，不仅洗刷了自己血腥野蛮的妖婆形象，甚至在晚年成为了一位堪比欧洲文明史上开明女性统治者的天朝女王的形象。

在西方人画笔的描述下，慈禧的视觉形象并不是一种纯粹“客观”的记录，而是一种来自不同文明和特定群体对于“他者”的认知和想象。无论是曾经在启蒙时期被西方人认为的“东方乐土”，抑或殖民时代东方女性是“邪恶堕落”的象征，各种已经根深蒂固的刻板印象凝固成了我们今天可以看到的对于当时中国形象的描述，也得以在很长的历史时期内传播并造成广泛影响。这种情况说明，晚清时期，在话语权被西方掌控的情况下，以作为实际掌权者的慈禧为代表的中国形象不再是一个对世界能自由表达思想和行为的主体，展现的是西方殖民者对中国的野心和政治意图。其中所隐含的观念，以及这种观念的生成与影响，对当下理解照片中的历史问题也是不无裨益的。

本成果得到故宫博物院“英才计划”和北京故宫文物保护基金会学术故宫万科公益基金会专项经费资助。

（作者单位：故宫博物院数字与信息部）

① 《西太后：中国的太后》，《小日报》第503期，1900年7月8日。

② 《中国的西奥多拉》，《画报》第3408期，1908年6月20日。

③ 《中国的凯瑟琳大帝》，《伦敦新闻画报》第133卷，第3631号，1908年11月21日。

明代紫禁城内的道教建筑

宋仁桃

内容提要：明代北京紫禁城中有多座宫殿供奉着道教神像，有些宫殿还承担建醮做好事的职能。本文对供奉道教神和举行仪式的宫殿进行了梳理，通过宗教建筑区域位置空间的变动和宫殿内供奉宗教雕像的变化，进一步探讨道教在明代皇家生活中的地位，以及道教建筑从紫禁城的核心空间到渐远的演变。

关键词：明代　宫殿　道教　仪式　精神

紫禁城是严格按照《周礼》的都城营建原则建造的，遵循着以儒家思想为主的传统礼制和阴阳五行学说。宫殿分理政的前朝和皇家生活的后宫区域，皇帝后妃居住在紫禁城中，因此他们的喜好包括宗教信仰，必然处处反映在生活中。明清宫廷内有多种宗教信仰存在，然而在紫禁城内并没有专门的宗教建筑[①]，从外观上不存在宫观寺庙样的宫殿，但是赋有宗教色彩的彩画、石雕，大殿内供奉的塑像、安放的器物，在建筑区举行的宗教仪式等具有象征性的要素，又赋予了建筑的宗教色彩，使之具有了宗教功能。

宗教作为重要的精神慰藉和维护政治太平的手段，与皇家有着密切的联系。明清紫禁城中信奉宗教的帝王后妃不在少数，宫女内监们信奉宗教的也甚多。因而紫禁城中各类宗教场所和宗教活动很多，在宫殿建筑中供奉道教神和举办道教科仪活动是其中一类。本文依据《明实录》《明史》《酌中志》《明宫史》等反映宫廷典制的文献，对明代紫禁城内供奉道教神像和举行仪式的建筑进行梳理，并通过建筑区域的位置、空间变化及宗教活动的频率来分析道教在明代皇家生活中的地位和影响。

一　紫禁城内的道教建筑和神像

明代紫禁城中有多座供奉道教神像和绘制着道教神像的宫殿，如钦安殿、佑国殿、隆德殿、无梁殿、乾清宫暖阁等处。兹简列如下。

---

① 梁思成先生在1932年发表的《我们所知道的唐代佛寺与宫殿》一文中指出："中国的宗教建筑，与非宗教建筑，本来就没有根本不同之点，不像欧洲教堂与住宅之迥然不同。"见梁思成《我们所知道的唐代佛寺与宫殿》，《中国营造学社汇刊》1932年第三卷第一期，第80—81页。1934年，梁思成在对比两进院的住宅与寺观时指出："不论宫殿庙宇或住宅，均由若干座的建筑物合成。"显然从宫殿建筑外观上很难区分宗教与非宗教的区别，是殿内的神像和多种装饰赋予了宫殿的宗教功能。

（一）钦安殿

明代紫禁城内安放道教神像的建筑很多，举行道教活动的建筑空间主要位于后宫区域，其中举办道教斋醮活动最多、最隆重的建筑是位于紫禁城中轴线北端御花园内的钦安殿。钦安殿位于坤宁宫后御花园内，建成于永乐十八年①。殿内供奉的主尊神像为永乐时高约两米的铜鎏金真武坐像（即北极玄天上帝真武神）②。除了真武神像外，殿内神龛前还供着真武帝的四位侍从神像：捧印、捧册、执旗、执剑鞘。明末崇祯皇帝挪移宫内所供奉的宗教诸像时，惟此殿圣像独存未动，保存至今。③目前可知的史料中明确记载的最早在钦安殿举行道教仪式是明宪宗开始在钦安殿建醮，此后有多位明清皇帝在这里举行各种祈祷活动，尤以明世宗最为频繁。

嘉靖十四年后，为钦安殿添建缭垣、天一门，御花园之中还添更有万春亭、千秋亭、对育轩、四神祠。④四神祠，位于钦安殿西墙外，嘉靖年建造，供奉四神。四神或谓风云雷雨四神，或祭青龙白虎朱雀玄武四方之神。此为自然神或四方神，皆已纳入道教神仙体系，明代时依然崇奉。这样在中轴线北端的御花园中形成了以钦安殿为中心的道教场所。

（二）隆德殿

隆德殿位于宫右乾隅（西六宫西侧），原名玄极宝殿，嘉靖四十五年建成，殿内供安上帝和睿宗神位。⑤隆庆元年更名为隆德殿，撤明堂里的上帝和睿宗神位，供安玄教三清、上帝诸尊神。据《酌中志》记载，内府道经厂负责“演习玄教诸品经忏。凡建醮做好事，亦于隆德、钦安等殿张挂幡榜，穿羽流服色”⑥。隆德殿是供奉道教神和举行道教仪式场所。万历四十四年冬隆德殿被毁，天启七年三月修盖完成后仍用作为道教场所。直至崇祯五年九月殿内诸像被移送朝天等处安放，崇祯六年四月十五日更名曰中正殿。⑦清代这里供奉藏传佛教的佛像佛经，

---

① 明代大学士杨荣《皇都大一统赋》称：“（紫禁城）厥工告成，以今年春正月朔旦，皇上御奉天殿，若夫乾清之前，门列先后。……若夫钦安之后，珠宫贝阙。”参见（清）于敏中等编纂：《钦定日下旧闻考》卷六《形胜》，北京古籍出版社，1981年，第94页。据《明实录》等的记载看，钦安殿建于永乐十八年，嘉靖十五年改钦安殿名为玄极宝殿。嘉靖四十五年又于宫内乾隅新建了一座玄极宝殿，作为行大享礼祭祀之用。隆庆元年，中轴线上的玄极宝殿改回钦安殿，乾隅的玄极宝殿更名为隆德殿。参见李军、王子林：《钦安殿与玄极宝殿考》，《故宫博物院院刊》2011年第6期。关于钦安殿建造年代、钦安殿和玄极宝殿的关系、钦安殿祀神年代等诸多问题存在着多种说法，可以肯定的是钦安殿和西六宫外侧的隆德殿在明代是建醮、修习道教科仪的场所，特别是嘉靖时期举行的道教醮仪最为频繁。

② 《大明世宗实录》嘉靖十四年十月丙午条记载，明世宗为钦安殿添建缭垣、天一门时提到“文祖建钦安殿祀真武之神”。文祖，即明成祖。关于钦安殿建造年代和供奉真武像的时间，有不同的看法，一般认为是明代，也有认为钦安殿建于元代，殿内真武像也系元代供奉。参见王子林：《钦安殿的位置与所供真武神像考》，《故宫学刊》第23辑，故宫出版社，2022年。

③ （明）刘若愚《明宫史·金集》，北京古籍出版社，1982年，第15页。

④ （清）于敏中等编纂《钦定日下旧闻考》卷三五《宫室·明三》，北京古籍出版社，1981年。万春亭、千秋亭在清代供关帝；对育轩在清代改为位育斋，为佛堂，供观音等像。

⑤ 《明会典》记，嘉靖四十五年“八月玄极宝殿成，先是七月朔，雷礼奉旨建玄极宝殿，臣奉上帝、睿宗之神，遂以是月十日兴工，至是殿成，大庆赏各官仍是命钦天监择日谢土安神位”。《明会典》卷一九二，《四库全书存目丛书》第266册，齐鲁书社，1996年，第846页。

⑥ （明）刘若愚著，冯宝琳点校：《酌中志》卷一六，北京出版社，2018年，第120页。

⑦ 前揭《明宫史·金集》，第14页。

成为宫中的藏传佛教场所。

（三）佑国殿

据《酌中志》记载："出会极门之东礓礤下，曰佑国殿，供安元帝圣像，签最灵。"元帝圣像，应是玄武像避讳称之，即佑国殿奉祀着玄天上帝。殿今不存，大概毁于明末。会极门，位于午门内东庑正中，始建于明永乐时。《明宫史》和《日下旧闻考》也都记载着，"佑国殿供安玄帝圣像""出会极门之下曰佑国殿，供玄武像"。会极门南曰内阁，会极门下曰佑国殿，佑国殿之东曰内承运库，北曰徽音门，再东曰香库。佑国殿位在外朝，在内阁和内承运库之间。"签最灵"，说明这里曾是宫中一处占卜抽签之所。

（四）无梁殿

位于养心殿建筑群区西南角，养心殿建筑群建于嘉靖十六年。嘉靖时为炼丹、释道而设。[①]

（五）乾清宫等处

乾清宫位于中轴线上，按制是明代皇帝的寝宫，其重要性不言而喻。嘉靖时期有给事中上言，谓正德十六年五月以来（当年四月明世宗即位），祷祀繁兴制用渐广，乾清宫西暖阁、坤宁宫东次阁、清宁宫，有醮事。或连日夜或间日一举，或一日或再举，经筵供具虚设而无所用矣。[②]

明代的清宁宫，原按太子宫殿规划建制，后曾经做过太皇太后居住宫殿，嘉靖十五年又改为东宫。乾清宫、坤宁宫、清宁宫，居住着皇帝、皇后和太后，在这里举行道教仪式，说明了嘉靖时期皇室核心成员对道教的态度。

（六）奉天殿

据《钦定日下旧闻考》记载："原北京奉天殿两壁斗栱间绘真武像。"[③]这里指明代奉天殿内曾绘有真武神像。

（七）宫门

据《酌中志》记载："至如宝善门、思善门、乾清门、仁德门、平台之西室及皇城各门皆帝像也。"[④]这里提到的各门位于前朝通往后宫区域的大门，"帝像"在《明宫史》中记作"关圣之像"，供奉的应是关圣帝。

另外据《酌中志》《明宫史》的记载，明嘉靖年间还在西苑新建了多处宫殿，用于供奉道教神像和炼丹、斋醮。清虚殿，位于明皇宫西侧的西苑兔儿山顶上，始建于嘉靖十三年，十五年建成，奉祀真武神。据《明世宗实录》记载，西苑的大光明殿始建于嘉靖三十六年，殿内供玉帝像，逢正月九日、十二月二十五日，皇帝到大殿行香致辞。据《酌中志》卷十七记载，大

---

① 前揭《明宫史·金集》记载："养心殿之西南，曰祥宁宫。宫前向北者，曰无梁殿，系世庙烹炼丹药处。其制不用一木，皆砖石砌成者。"详见《明宫史·金集》，第15页。

② （清）谷应泰：《明史纪事本末》卷五二《世宗崇道教》。

③ 前揭《钦定日下旧闻考》卷三四《宫室·明二》。

④ 前揭《酌中志》卷一七，第150页。

高玄殿，系嘉靖二十一年建成，“习学道经内官之所居也”。大高玄殿有象一宫，“所供象一帝君，范金为之，高尺许，乃世庙元修之御容也”。大高玄殿建成后，嘉靖皇帝长期移居西苑，修玄求长生，道场也转移至此，大高玄殿成为一座御用道观。

二　紫禁城内的道教斋醮仪式

紫禁城内的宗教宫殿供奉着神像，陈设着宗教器物，其主要用途是皇家的私家宗教场所。除了供皇家日常行香祈祷外，还定期或不定期地举行宗教活动、宗教仪式。这些活动多和皇帝有关。因而皇帝对宗教的态度直接影响到宗教在国家政治中、宫廷生活中的地位。明代紫禁城供奉道教神像、绘制神像、安放道教器物的宫殿很多，但举办醮仪则主要在钦安殿和隆德殿。所举行的醮仪法事可分为定期建醮道场和因事祈福道场。

钦安殿举办的道教醮仪有祈嗣、祈寿、祈雪等，多为因事而祈祷建醮做法事。

钦安殿供奉着真武神像，真武神在明代已被纳入国家祭祀的范畴。如果以祭祀规模为划分标准，明代国家祭祀可分为大祀、中祀和小祀。据《明会典》等的记载，祭祀北极玄天上帝属于国家祀典中的小祀。钦安殿虽然供奉着真武神，但由于位于紫禁城内，不便大规模祭祀。明成祖定都北京后，在地安门建真武庙（北极佑圣宫），祭祀玄天上帝即真武神，“每岁元旦、圣旦、三月三日、九月九日、每月朔望日，俱用素馐遣太常寺堂上官行礼，国有大事则告”[①]。虽然国家祭祀活动中确实有道官的存在，还在仪式中担负着奏乐的重任，但道官道士多是作为陪祀的身份参与国家祭祀的。而且这种国家祭祀根本上是以儒家思想为基础的仪式，与道教的建醮做法事的宗教道场有很大的不同。[②]

钦安殿举办道教科仪活动最早见诸文献记载的是明宪宗成化十三年十二月二十一日，宪宗敕封张玄庆为大真人。二十二年大真人被召入京，醮于钦安殿。说明此时的钦安殿已经开始设道场建醮，钦安殿已经具备道教宫殿的功能。

弘治三年，张玄庆两次在钦安殿为弘治皇帝建醮，一次是因雷击谨身殿，而建祈谢醮；一次是为皇帝建祈嗣醮。《汉天师世家》卷记载了弘治三年第四十七代天师张玄庆于内廷建祈嗣醮，第二年皇太子降生，不仅赐给天师雕花、天禄、寿字、玉带、金冠、蟒衣、银币，不久又在钦安殿举办了谢恩醮，答谢真武神的恩佑。[③] 钦安殿内存有一口大铜钟，钟上刻写《元始天尊说北方真武妙经》，款识为“大明弘治庚戌年秋吉日制”，庚戌，即弘治三年。美国圣迭戈艺术博物馆收藏的《张皇后箓牒》图卷，描绘的是弘治六年正月十五上元日，张皇后懿旨命大真人张玄庆为自己授箓的画面。[④] 据《箓牒》记载的文字知，“作于弘治六年正月十五日上元令节，

---

① 《礼部志稿》卷三〇《祠祭司职掌·京师》“北极佑圣宫”。

② 李媛认为，“明初建立起来的国家祭祀体系以儒家传统思想为根基，同时从神道设教的目的出发，兼容民间信仰因素，而佛、道等制度化的宗教活动虽然为明朝政府所允许，但在国家祀典中并无地位。”参见李媛：《明代国家祭祀制度研究》，中国社会科学出版社，2011 年，第 3 页。

③ （明）张正常《汉天师世家》卷四“四十七代天师”。

④ 明代皇帝崇道授箓之风气浓厚，据《皇明恩命世录》记载，从明太祖朱元璋开始，有六位皇帝授箓，即明太祖、明成祖、明宣宗、明英宗、明孝宗、明世宗，命张天师进太上延禧箓。

天官赐福之辰于福地龙虎山万法宗坛”，七月进呈后，张皇后授箓职“大明皇后三天金阙玉辅上仙宏慈溥惠体道玄君”。这场授箓仪式的主礼者是嗣教第四十七代天师张玄庆，地点在龙虎山的宗坛，仪式虽然没有发生在紫禁城内，但很显然和几年前的祈嗣醮和谢恩醮有关，反映了帝后二人对道教的崇信。

钦安殿作为举办道教科仪的场所在明世宗嘉靖时期达到了高峰，其间举办过祈嗣醮、祈寿醮、祈雪醮等。《明史》“邵元节传”和《明实录》记载了嘉靖十年、十一年，世宗两次命道士邵元节于钦安殿修祈圣嗣大醮。嘉靖十二年，第一个儿子出生，嘉靖十五年又一位皇子诞生后，皇帝将钦安殿更名为玄极宝殿，又命邵元节修七昼夜金箓大醮。神奇的是，举行祈圣嗣醮后，随后的几年，嘉靖皇帝连续生了 8 个皇子、5 位公主。

除了规模盛大的祈嗣醮外，据《汉天师世家》记载，嘉靖十六年，嗣教第四十八代天师于钦安殿为国祈雪。[①] 嘉靖时期的醮仪还有祈寿、谢祥瑞等，如嘉靖十七年二月丙午为圣母祈寿。[②] 嘉靖十九年，太子出牛痘，陶仲文奉命祈祷上玄以祛病。四十三年嘉靖帝夜坐庭中获一桃，修迎恩醮五日；获白兔也谢玄告庙。

除了钦安殿外，隆德殿、乾清宫也是重要的道教科仪场所。隆德殿建成后，三经厂常在这里为万历皇帝建醮做法事。明代三经厂，指番经厂、汉经厂和道经厂，位置比邻，办公衙门在皇城内东墙下，御马监北。据《酌中志》记载：“道经厂，演习玄教诸品经忏。凡建醮做好事，亦于隆德、钦安等殿张挂幡榜，穿羽流服色。”三经厂，“凡遇癸亥神庙景命，三经厂各做好事一永日，遣管事牌子赡礼”[③]。“癸亥神庙景命”指神宗诞日，神宗出生在嘉靖四十四年（癸亥年）癸亥日（八月十七日），遇到神宗圣旦，三经厂要为皇帝建醮做好事，这种醮仪是按期举行的道教活动。

作为皇帝宫殿的乾清宫也常被用来修习道教科仪。如，嘉靖皇帝即位之初，“暖殿太监崔文以祷祀诱帝，乾清诸处各建醮，连日不绝。又命内监十余人习经教于宫中，赏赉不赀”。[④] 万历二十四年乾清宫区遭火灾焚毁，二十六年开始鼎建乾清、坤宁两宫，至三十一年工成。“敕正一嗣教大真人张国祥即天师也，率领道侣数十员，于乾清宫大殿启建黄箓大醮若干日，香烛辉煌，斋供清美，仪文隆备，世所罕见。至第三日午时，有白鹤千余，于两宫之上飞鸣，旋绕移时方散，无不叹圣诚格天，元穹鉴临，群内臣仰视空中之鹤者如堵。”[⑤] 这场为宫殿落成而建醮做法事也属因事而举行的仪式，是由大真人领若干道士举行、内外群臣观礼的重要活动。

三 紫禁城内宗教建筑的管理和仪式安排

紫禁城内建筑的日常管理由内官负责，钦安殿等宗教宫殿的管理和维护也例由内官负责。

① 前揭《汉天师世家》卷四“四十八代天师”。

② 嘉靖帝上谕诸臣：“今圣母寿旦，朕取今夕中夜于玄极宝殿设坛，为母祈寿于上帝。”又派天师在齐云山真武道场设坛为母祈寿，修七昼夜金箓大醮和罗天大醮。

③ 前揭《酌中志》卷一六，第 120 页。

④ （明）邓元锡《皇明书》卷一〇。

⑤ 前揭《酌中志》卷一六，第 120 页。

宫殿内举行的道教仪式分日常仪式和临期重大活动。钦安殿举行的祈嗣醮即是公开的规模盛大的斋醮仪式，先以此为例谈谈公开道教活动的仪式的安排。

明朝的皇帝常常陷入渴求长寿和子嗣的焦虑中，所以在即位多年仍无继承人后，嘉靖皇帝决定在钦安殿建醮祈嗣，尽管大臣常因皇帝崇信宗教、在宫中建醮而提出反对，但祈嗣不仅关乎皇帝个人，也关乎国家的命运，因此大臣也不好再反对。于是先后在嘉靖十年、十一年和十五年，命道士邵元节于钦安殿修祈圣嗣大醮和谢玄帝恩佑的七日金箓大醮。

关于祈圣嗣大醮，《明实录》有详细的记载。嘉靖十年十一月，举办七日祈嗣醮。“癸酉，钦安殿启建祈嗣醮事。登坛真人官道，各照乐舞生例，给净衣一袭，真人加贮丝衣一袭，道官绢二缣。礼部尚书夏言奏：故事，凡春祈秋报诸斋醮事，俱礼官奉迎青词及监视法事。今皇上举行祈嗣之醮，事体崇重，亦宜照例遣官。上曰：兹醮事非诸斋可比，实朕祈天祷神求嗣，为国重典，其以礼部尚书夏言充祈嗣醮坛监礼使，侍郎湛若水、顾鼎臣充迎词导引官，文武大臣郭勋、李时、王宪、汪铉、翟銮，日轮一员，进香行礼，首终二日，朕亲迎之。”[①]嘉靖十一年正月，第二次举办了三昼夜的祈嗣活动，郭勋上香，辅臣入陪，祈圣嗣。所以在十五年又一位皇子诞生后，嘉靖皇帝将钦安殿更名为玄极宝殿，又命邵元节修金箓大醮七昼夜。十五年十二月，“庚子，以皇子诞生，命真人官道于玄极宝殿修建祗答洪庥金箓大醮七昼夜。礼部尚书夏言请上香，监礼、迎祠、导引等使如前钦安殿祈嗣醮事例……玄极宝殿即钦安殿更名也”[②]。隆庆元年，仍改回为钦安殿。

从这几次大醮看，子嗣涉及国本，兹事体大，因此礼仪规格是超过了在钦安殿举办的春祈秋报等斋醮仪式的。不仅皇帝亲临，参与的礼部官员规格和人数也有提高，登坛作科仪的真人和道官也先行加恩赐衣。隆重的祈嗣活动，反映了整个王朝对继承人的渴望和对真武神保嗣的崇信。

醮仪的顺利举行，还有赖于各个机构的协助，得以共同完成仪式的准备工作、庆典所需各类器物置办安放、青词进呈，以及宫殿的日常管理和维护。

紫禁城内举行道教斋醮，本质上是为满足皇家精神追求而举行的仪式，又因为宫殿深处禁内，因此宫殿的日常管理是由内官负责的，仪式也由太监机构之道经厂承担。在承担宫内举办斋醮仪式方面，太监宫女不仅承担宫殿的日常洒扫和管理工作，还在仪式中起到随从、扮演道士之类的辅助作用。

仪式的举行首先要慎重地选择日期，日期的选定一般由太常寺官于上一年（一般是十月以后）上奏，临时性的日期则由钦天监负责选定及上奏。仪式上所用器皿由光禄寺督办，器皿厂负责制作。[③]《明孝宗实录》记载，弘治五年，光禄寺卿胡恭上奏：“本寺器皿近以钦安殿修斋急用，尽数辏补，恐后有斋事，无以供应，故造办以备。”称钦安殿修斋急用，说明这是一场非常规的斋事，且把光禄寺存的祀典器皿尽数用光，可能也是为庆祝皇子降生的谢恩大醮。

道士主持道场醮仪。日常的宫殿管理和仪式的准备工作可以由内官和国家官员完成，但真正讲经，开坛作道场的往往需要召知名道士进宫主持仪式，如张玄庆、邵元节等高道。祈嗣仪

① 《大明世宗实录》卷一三二，嘉靖十年十一月。

② 《大明世宗实录》卷一九四，嘉靖十五年十二月。

③ 永乐年间，设器皿厂，工部添设郎中一员，专管厂内十二作。每年光禄寺出具该用器皿数目，送交工部核准，札付器皿厂修造完备。详见《明会典》卷一六一。

式前赏赐给道士净衣，净衣是道士的常服，一般在参加重要的祀典前，让道士换新衣，防止冲犯神祇。登坛行礼时道士则身着法服。关于道士的服饰，《明会典》中有明确的规定，道士常服青，法服、朝服皆用赤色，道官亦如之。惟道录司官，法服、朝服皆绿纹，饰以金。

嘉靖十年的祈嗣仪式上，礼部官员充当的监礼使、陪祀官，登坛作科仪的真人，由道官充当的乐舞生们，各就其位。首终二日，礼部官员充当的导引官导引皇帝至位亲迎。

中国国家图书馆藏明内府经厂本《赐号太和先生相赞》，系雕版画册，用绘画形式描述道士邵元节神奇的法术，共收录图 26 幅，赞 26 篇，首有当时阁臣顾鼎臣的引文。[①] 原藏于清内阁大库。其中第 6 图“钦命召鹤相”和赞、第 9 图“钦安殿祈求圣嗣相”和赞，绘制的是邵元节在钦安殿月台上举行召鹤、祈嗣等斋醮仪式的场景。图中所绘宫殿位于树木环抱之中，邵元节身穿法衣，在殿前月台设醮，身后两侧站着大明礼部官员，月台前有两位执器内臣，都说明钦安殿的位置在中轴线的北端御花园中，举行的是公开的道教仪式。

但是在钦安殿举行道教科仪遭到了儒家出身官员的反对，不仅因为钦安殿位于紫禁城后苑，在皇宫后苑举行大型仪式人员混杂，不合儒家礼制，而且本由儒家主持的仪式混入了宗教元素，所以遭到了大臣的反对。从钦安殿举行的大型道教活动轨迹看，在嘉靖十五年后，钦安殿不再举行公开的大型斋醮活动。究其原因，既有皇帝祈圣嗣的目的已经达到的缘故，无须再在钦安殿继续修科仪；也有因天一门的建造使钦安殿成为一个相对封闭的宗教空间，不会再出现人员混杂扰乱宫禁的风险。于是在大高玄殿、大光明殿和隆德殿建成后，皇帝演习科仪、炼丹和斋醮活动主要在这些宫殿中举行，钦安殿逐渐回归为皇家私家宗教场所。崇道建醮的道教场所也在嘉靖以后从中轴线上宫殿向两侧后宫区域的宫殿，再向紫禁城外皇城内宫殿建筑转移，甚至出现了明末神像被移送至宫外安放供奉的事例，这都反映着道教建筑从核心空间到渐远的演变，及道教对皇家影响力的变化。

钦安殿因为处于紫禁城相对较外的位置，便于举行临时的重大活动，而日常的建醮做法事，则在西六宫西侧的隆德殿内举行，由三经厂内官充当的神职人员完成。隆德殿，位置在内廷范围内，举行的道教活动无朝廷官员参与，活动参与的人员主要是居住在禁内的皇帝和女眷们，开坛演习科仪的主要由太监和宫女扮演完成，由道经厂的太监充当道士，宫女充当女道士。因而隆德殿举行的仪式更具有皇家个人信仰的意义。

大高玄殿建成后，成为当时最大的皇家道场，宫中的内官宫女等，奉命在大殿内学习演练道教的仪式和道场程序，在这里举行的斋醮祈祷活动主要有：演习科仪、祭天、祝寿、祈雨禳灾，以及道教节日祭祀、炼丹等。

四　余论

从上述紫禁城内的宗教建筑和空间布局看，明代紫禁城的后宫和外朝多个宫殿供奉着玄天上帝、玉帝、三清、关圣帝等道教神像，宫殿内的墙上、斗栱间描绘着玄帝故事彩画，殿内安放着道教经书、灵签等，可以说道教神灵玄天上帝信仰在明代宫廷宗教信仰中占有突出的地位。

---

① 顾鼎臣，弘治十八年进士，嘉靖时历任经筵官、翰林院学士、礼部右侍郎、内阁首辅等。

第一，从这些带有道教色彩的宫殿建筑的空间分布和活动规模、活动开放性和活动使用对象，可以对道教建筑的重要性区分出几个层次。

首先，是位于中轴线上的独立道教建筑。奉天殿、乾清宫和钦安殿是中轴线上重要的建筑，从前文叙述可知，在钦安殿和乾清宫举行的道教活动，规模大、参与机构多、人员多、规格高，意义重大。从空间分布和活动频率、活动规模看，钦安殿无疑具有重要的地位。钦安殿内供奉着玄天上帝，作为紫禁城内的道场，不仅担负了在年节举办重大宗教活动的功能，每当如元旦、冬至、万寿圣节等岁时令节，在这样固定的时日，钦安殿都要举办例行的吉祥道场；而且在遇到国之大事或重要祈求时，如发生雷击、雨雪等灾害天气，或者是为皇帝祈圣嗣，祈圣旦、万寿等，亦会在钦安殿举行隆重的斋醮仪式，皇帝也会亲诣行礼。万历三十一年在乾清宫举行的醮仪有为宫殿落成祈福的意义。奉天殿殿内墙上绘着真武神像，虽然未见记载在这处宫殿举办道教祈祀活动，但奉天殿是明代皇帝举行重大典礼和理政的宫殿，是皇权的象征，其重要性不言而喻。奉天殿、乾清宫和钦安殿，这三座中轴线上的重要宫殿，反映了明代皇帝对真武神的高度崇信。

其次，是位于紫禁城内中轴线两侧的独立宗教建筑：隆德殿和佑国殿。隆德殿供奉着三清和上帝神像，且一直延续到明晚期，直至崇祯五年才将殿内诸像移送朝天宫等处安藏。佑国殿位于外朝会极门外，也是一座专门奉祀玄天上帝的宫殿。佑国殿位于外朝空间，且附近就是内阁机构和收藏书籍的建筑，奉祀玄武像，可预防水火灾害。[①]在这两座建筑举行的活动，主要是为皇家个人的信仰祈福，参与的是内府机构和内官宫女，从空间位置和活动规模上看，他们是仅次于钦安殿的宗教建筑。

最后，是附属于个别建筑群的宗教空间。如乾清宫西暖阁、坤宁宫东次阁、无梁殿、清宁宫，都安供道教神像，供皇家时时祭拜、炼丹和释道。这些宫殿未见仪式性活动的记载，应该是同生活在此空间的主人有关。

钦安殿在使用功能上显示出具有较强的公共性，所举办的宗教活动对国家政治具有重要影响。隆德殿和佑国殿从空间分布看，也具有重要地位。作为举行祈谷、大享礼、建醮的宫殿和宫中占卜求签之地，也具有一定的公共性。那些分布在各个寝宫建筑内的供养空间，主要满足皇帝和宫廷女眷的个人宗教需求，更多地反映了个人的信仰，同日常生活联系更加紧密。从中轴线上举行重大宗教仪式的宫殿到反映皇帝和宫廷女眷精神需要的宗教空间，构成了有层次的宗教信仰空间。[②]紫禁城宫殿建筑群在设计和营建上具有整体性，反映了以儒家思想为代表的中国传统建筑营造理念和实践，仅从建筑外形上和宫殿建筑命名上无法反映建筑的宗教功能，多借助安放神像、经书和绘制道教壁画等来体现宗教属性，这也反映出宗教生活和宗教空间在宫廷和国家政治生活中的从属地位。

第二，紫禁城内多种信仰和空间变化。从紫禁城内的宗教宫殿而言，不独有供奉道教神像和举行仪式的宫殿，还有其他宗教的供奉场所。明代除了世宗、思宗禁佛斥佛外，其他皇帝及

---

① 明刘效祖于万历八年撰《重修真武庙碑记》载：“国庙设立监、局、司、厂衙门，多设北极真武庙内，塑像其中而祀之者，何也？缘内府乃造作上用钱粮之所，密迩宫禁之地，真武则神威显赫，祛邪卫正，善除水火之患。”转引自许道龄：《玄武之起源及其蜕变考》，《史学集刊》1947年第5期，第235—236页。所以明代内府御用监、局、司、厂等衙门奉祀真武，以防水火之患，内阁和文渊阁附近的佑国殿里供奉玄武应当也有这个缘故。

② 方晓风：《紫禁城后宫宗教建筑和空间初探》，《建筑史论文集》，清华大学出版社，1999年。

后妃信道教的同时也推崇佛教，特别是万历皇帝和李太后，狂热崇奉佛教，神宗还为李太后上佛教尊号“九莲菩萨”并刻菩萨像。明宫内供奉佛教的宫殿也很多。如前文《酌中志》提到的建在禁外皇城内的三经厂，汉经厂的宦官习念释经，番经厂负责举办藏传佛教法事，承担法事的也是宫中内官。在太液池边还有西天经厂，负责印度密教法事，也由宦官承办，皆有各教的僧人教授经书和仪式。至于宫城内供奉佛像的宫殿有英华殿和隆德殿，据《钦定日下旧闻考》卷三十四《宫室・明二》的记载，英华殿“亦供奉佛像之所”，所供奉的是藏传佛像。万历年间，八月中旬神庙万寿圣节，不仅隆德殿举行道教法事，英华殿也要举行佛教法事来祈福庆祝。且因英华殿地方狭隘，有些活动要借助隆德殿举行。位于宫城内西部的大善殿，建于永乐年间，殿内供奉大量佛像[①]，却在嘉靖十五年拆毁修建慈宁宫。据《烬宫遗录》记载：“乾清宫梁栱之间遍雕佛像，以累百计。一夜殿中忽闻乐声锵鸣，自内出，望西而去。三日后，奉旨撤像，置于外之寺院。”[②]说明了宫中对佛教的供奉一直延续到明末，佛教在明皇宫内亦颇具影响力。宫城内宫墙下的廊下家，一样有供奉佛像的房舍，供宫内的内官宫女供奉。

到了崇祯年间，宫内的信仰情况发生了变化，“崇祯五年秋，隆德殿、英华殿诸像俱送朝天等宫、大隆善等寺安藏”[③]。十三年，又将宫中供奉的金银佛像悉数毁去。关于崇祯毁像的原因，有销毁铸兵器之说，又有崇祯皇帝受西洋人影响信天主教而弃佛道之说。同一所宫殿在不同的时空，神像的更置和举办法事的不同，反映了不同宗教在皇宫内影响力的此消彼长。

但若从宗教建筑的位置、空间，道教仪式的规格、公开性和参与机构人员看，较之其他宗教，道教对明代皇家和朝廷的意义是不同的。而到了清代，皇宫内的佛道信仰在宫殿建筑的体现和对家国的影响又因时、因皇帝和家眷的个人信仰发生了变化。这些差别都说明了明代宫廷里崇道风气之兴盛和道教的影响力。

综上，紫禁城内宫殿建筑供奉道教神和举行道教活动，主要受到皇室家族特别是皇帝个人信仰喜好的影响，具体举行仪式的宫殿则又受到儒学出身官员们的监督。因此，随着皇帝信仰的转移、政治形势的变化，道教的神像和道场逐渐从紫禁城中心向外转移，道教的影响力也趋向减弱。

（作者单位：故宫博物院研究室）

① 《大明世宗实录》卷一八七，嘉靖十五年五月乙丑。

② 《烬宫遗录》卷上。

③ 前揭《酌中志》卷一六，第120页。

《明史·五行志》嘉靖、隆庆朝紫禁城两次火灾记载辨析

赵建宜

内容提要：本文基于文献研究方法，以《明史·五行志》中紫禁城火灾记载为研究对象，结合《明实录》《明史稿》等史料文献，辨析嘉靖、隆庆两朝紫禁城两次火灾记载存在的讹误，对火灾真实情况及讹误原因进行分析，从而为故宫博物院防火研究提供有益的参考。

关键词：火灾　《明史·五行志》　紫禁城

《明史·五行志》（以下简称《五行志》）共有三卷，按照金、木、水、火、土的五行次序，记载了明朝全国发生的灾害和神异事件。在第二卷的"火灾"篇中，记载了包括紫禁城火灾在内的全国较为严重的火灾。

目前，学界对《五行志》和紫禁城火灾开展了较为丰富的研究。对《五行志》的研究主要集中在两方面，一是运用其记载进行明代灾害方面研究，如鞠明库《灾害与明代政治》、谢宏维《明清时期江西的洪涝灾害与应对机制》。[①] 二是对《五行志》文本内容进行考察，主要对其中个别灾害记载内容进行校订，如黄云眉《明史考证》、闵宗殿《〈明史·五行志·蝗蝻〉校补》。[②] 对于紫禁城火灾史的研究多集中在火灾次数的统计、原因分析、建筑损毁，以及紫禁城防火措施等方面，如王铭珍《明清皇宫火灾概述》、郭仪《明代紫禁城建筑的损毁与重建研究》、周乾《紫禁城古建筑防火的传统方法》。[③] 这些研究成果为《五行志》和紫禁城火灾史研究提供了深厚的研究基础，但关于《五行志》记载紫禁城火灾史料的真实性和准确性的考证研究相对较少。真实、准确的史料记载是紫禁城火灾研究的基础，基于此开展的研究分析，才能够为当下紫禁城消防乃至古建筑消防提供借鉴意义和科学支撑。基于以上论述，本文通过对比参考《明实录》、万斯同《明史稿》（以下简称万稿）、王鸿绪《明史稿》（以下简称王稿）等史料，对《五行志》记载的嘉靖、隆庆两朝紫禁城两次火灾发生地点和真伪情况进行了考证与辨析。

---

① 鞠明库：《灾害与明代政治》，华中师范大学博士学位论文，2008 年；谢宏维、甘琪：《明清时期江西的洪涝灾害与应对机制》，《江西师范大学学报》（哲学社会科学版），2021 年第 4 期。

② 黄云眉：《明史考证》（第一册），中华书局，1979 年；闵宗殿：《〈明史·五行志·蝗蝻〉校补》，《中国农史》1998 年第 4 期。

③ 王铭珍：《明清皇宫火灾概述》，《中国紫禁城学会论文集》（第五辑下），紫禁城出版社，2007 年；郭仪：《明代紫禁城建筑的损毁与重建研究》，江西师范大学硕士学位论文，2021 年；周乾：《紫禁城古建筑防火的传统方法》，《工业建筑》2019 年第 4 期。

一　嘉靖二十六年火灾情况辨析

（一）火灾地点辨析

《五行志》第二卷“火灾”篇载：“二十六年十一月壬午，宫中火，释杨爵于狱。”①而《明史·世宗本纪》记为“大内火”②，《明史·杨爵传》记为“大高玄殿灾”③。同一火灾发生地点，在《明史》不同篇目中出现三种不同的表述，这三者是否存在矛盾？指的是否为同一地点？这起火灾是否发生在紫禁城内？这些问题需要进一步辨析。

自顺治二年清朝官方修撰《明史》起，至乾隆四年定稿刊刻，在《明史》近百年的修撰过程中，形成了两部稿本：万稿和王稿。万稿为万斯同纂修的《明史稿》，共计416卷，王稿则是王鸿绪在万稿基础上修改增删而成，共计310卷。张廷玉以王稿为蓝本纂修而成现行的《明史》，其中《明史·五行志》的内容也脱胎于万稿和王稿。因此，考察《五行志》记载内容的准确性，首先要看其与两部史稿的记载是否一致，具体见表1。

表1　《明史》、万稿和王稿关于嘉靖二十六年火灾的记载

篇目＼史籍	万稿	王稿	《明史》
《五行志》	二十六年，十一月，宫中火。	二十六年，十一月，宫中火，释杨爵于狱。	二十六年，十一月壬午，宫中火，释杨爵于狱。
《世宗本纪》	未载	未载	冬十一月，壬午，大内火，释杨爵于狱。
《杨爵传》	二十六年，十一月，大高元殿灾。	二十六年，十一月，大高元殿灾。	二十六年，十一月，大高元殿灾。

由表1看，三部史籍的《五行志》都记为“宫中火”，《杨爵传》又都记为“大高元殿灾”。万稿和王稿的《世宗本纪》未记载此次火灾，《明史·世宗本纪》记为“大内火”。因此，要确定火灾的真实发生地点，就先要理清“宫中”“大内”“大高元殿”这三者之间的关系。

大高玄殿位于紫禁城外西北侧，《明世宗实录》记载其建成于嘉靖二十一年。清代为避康熙帝玄烨的讳，改称大高元殿。明嘉靖帝崇信道教，修建大高玄殿主要用于举办道教活动。“宫中”通常情况下指皇宫，但今天的紫禁城在明代万历以前并没有专门的名称，现存官方史籍中最早使用紫禁城名称的是万历年间的《大明会典》④。在此之前则用宫城和皇城称呼现在的紫禁城，

① （清）张廷玉：《明史》卷二九，中华书局，1974年，第466页。

② 前揭《明史》卷一八，第237页。

③ 前揭《明史》卷二〇九，第5526页。

④ “皇城，起大明门……周围三千二百二十五丈九尺四寸。内紫禁城，起午门……东西各三百二丈九尺五寸”。参见《续修四库全书》七九二，史部之万历《大明会典》卷一八七，第255页。

但宫城和皇城所包含范围又因时间的变化而变化。因此“宫中”一词，具体是指紫禁城内还是皇城范围内皇帝居住的其他宫殿，需要另加分析。关于大内，“因元代皇城代表政权的建筑大明宫位于中轴线上，所以皇宫又叫‘大内’”[①]，这一称谓也沿用到了明代。《明世宗实录》载，嘉靖四十年十一月，位于西苑的万寿宫发生火灾时，曾提到嘉靖帝因“壬寅宫变”移居到万寿宫居住，而“不复居大内”，指的就是不在紫禁城内居住。明代高汝轼所著《皇明法传录嘉隆纪》，也有万寿宫发生火灾、首辅严嵩上奏嘉靖“请还大内”[②]的记载。从以上文献看，“大内”一词明显指代的是紫禁城。

表1还反映出，万稿、王稿和《明史》在记载这次火灾时，不约而同地提到了“杨爵”这个名字。据《明史·杨爵传》载，杨爵，字伯珍，嘉靖八年进士，后官至御史。因直言进谏，嘉靖二十年与工部员外郎刘魁魁、给事中周怡先后被皇帝下狱。直到嘉靖二十六年十一月大高玄殿火灾时才被释放。被释放的原因正是由于“火光中若有呼三人忠臣者（三人指杨爵、刘魁魁、周怡）”，对于崇道信神的嘉靖帝而言，这无疑是“神明”的指示，因此遵照“神明”的意思，便传召释放了杨爵，这便是史料记载的经过。杨爵的《杨忠介集》中收录的多篇文章也提到了这次火灾。如吴时来所著《杨御史传》载，十一月初五晚上，大高玄殿发生火灾，火向四面扩散而无法靠近。嘉靖帝在火光中恍惚听到有人呼唤杨爵、刘魁魁、周怡三人的名字，第二天，便从牢狱中释放了他们。[③]另一篇李桢为杨爵撰写的《墓表》中也有类似记载。[④]对这件事记录最全面的，应属由天性所著的《杨御史传》，文中不仅记载了火灾经过，还详细记载了火灾第二天皇帝下诏的内容。诏书中提到，火灾发生在戌刻，属于嘉靖帝在大高玄殿刚做完法事的休息期间。[⑤]

以上记载可判断，这次火灾发生于大高玄殿，具体时间为夜晚的戌刻。《明史·世宗本纪》记载的“大内火”为讹误。万稿、王稿和《明史》三部史籍《五行志》中所记载的“宫中火”，指的是大高玄殿，而并非紫禁城内。

（二）讹误原因分析

火灾既然发生在大高玄殿，三部史籍又为何同记为“宫中火”呢？这一问题可从《明世宗实录》的记载中略作探讨。实录中记载了壬午日这一天，嘉靖帝下诏释放杨爵出狱，并说明了释放杨爵的原因是由于“夜，宫中火”[⑥]。如果仅看这条内容，很容易认为“宫中”是指紫禁城内。但在“壬午日”记录前还有一段记载，内容是嘉靖二十六年十一月戊寅朔这一天，嘉靖帝在天坛进行了冬至祭天典礼。典礼后，又命成国公朱希忠在大高玄殿设醮典十二天。醮典作为道教中隆重的法事活动，免不了焚香祷告，醮典始于“戊寅朔”，即初一，而“壬午日”恰是初五，

---

① 李燮平：《紫禁城名称始于何时》，《紫禁城》1997年第4期。

② 原文为：“万寿宫灾，严嵩请还大内，上不悦。”参见（明）高汝轼：《皇明法传录嘉隆纪》卷五，爱如生中国基本古籍库，第327页。

③ （明）杨爵：《杨忠介集》附录卷一，爱如生中国基本古籍库，第505页。

④ 原文为：“是夕，上建醮于大高玄殿，火四发而不可向迩。”参见杨爵：《杨忠介集》附录卷四，第604页。

⑤ 原文为：“次日诏云：昨戌刻，朕于大高玄坛夕礼忏文毕，少憩，总法众值之，四面火起，围处无逃者三十余。”参见杨爵：《杨忠介集》附录卷一，第512页。

⑥ 《明世宗实录》卷三三〇，嘉靖二十六年十一月壬午。

极可能在这天因醮典时用火不慎而导致起火。因此《明世宗实录》所载“是夜，宫中火”的“宫中”，可能指代的是前文所记大高玄殿。万稿、王稿和《五行志》在编撰中可能只采用了“壬午”条目的记载，因此才有“壬午，宫中火”的表述，而《明史·世宗本纪》则又“以讹传讹”的记载成了“大内火”。

二　隆庆二年火灾情况辨析

（一）从明代火灾修省制度辨析隆庆二年火灾真实性

《五行志》载：“三月乙亥，乾清、坤宁两宫一时俱烬。”[①]据史料载，乾清宫在明永乐二十年、正德九年和万历二十四年，先后三次发生过火灾，这三次火灾在《明实录》、万稿、王稿和《明史》等史籍中都有记载。但隆庆二年乾清、坤宁两宫火灾却仅见于《五行志》，《明穆宗实录》、万稿和王稿均未记载，《明史》其他篇目也没有记载。以上史籍，《明穆宗实录》成书最早，编撰完成于万历二年，万稿成书于康熙二十九年左右，王稿成书于雍正元年。从成书时间看，《明穆宗实录》最接近隆庆二年，而万稿、王稿也早于《明史》，因此《五行志》记载此次火灾的依据来源是什么？隆庆二年乾清宫、坤宁宫又是否真的发生了火灾？这些问题有待进一步辨析。

明代官方对于灾后的处置，有一套规律性的修省制度。所谓修省，即修身反省，主要是指当国家发生大的灾害时，皇帝和大臣通过提高修养、承认错误，以向上天反省，求得谅解，达到消弭天谴的目的。修省的方式一般包括颁诏、避殿、祷祀、减膳、整顿吏治，甚至皇帝颁罪己诏等。中国古代由于科学思想尚未昌明，一般把灾害视为上天的警告，认为根源在于人事不修。“这一行为在经过圣王政治行为的诠释之后，演变为君子畏天命的理论”[②]，这一思想为历朝历代继承遵循。明代统治者在对待紫禁城火灾的问题上基本遵循上述修省制度。为方便说明，笔者将明代紫禁城主要宫殿发生火灾时皇帝的修省情况制成表2。

表2　明代紫禁城火灾皇帝修省情况一览表

时间	火灾	修省方式	文献来源
永乐十九年	奉天、谨身、华盖三殿火灾	颁诏修省 诏求直言 蠲免逋赋田粮 万圣节止贺	《明太宗实录》卷二三六 《明史·成祖本纪》卷七
永乐二十年	乾清宫火灾	未见相关记载	
正德九年	乾清宫火灾	颁罪己诏修省 赦免罪犯 减免税粮 停罢不急之务	《明武宗实录》卷一百六 《明史·武宗本纪》卷十六

① 前揭《明史》卷二九，第466页。

② 李媛：《明代皇帝的修省与罪己》，《西南大学学报》2010年第1期。

时间	火灾	修省方式	文献来源
嘉靖三十六年	奉天、谨身、华盖三殿；文、武二楼；午门、奉天门火灾	颁罪己诏修省 修斋五日 停封停刑	《明世宗实录》卷四四六 《明史·世宗本纪》卷十八
万历二十四年	乾清、坤宁两宫火灾	颁罪己诏修省	《明神宗实录》卷二九五 《明史·神宗本纪》卷二十
万历二十五年	三殿灾	颁罪己诏修省 赦免罪犯 减免税粮	《明神宗实录》三一二 《明史·神宗本纪》卷二一

表2反映出明代紫禁城内三大殿和后三宫发生火灾时皇帝修省的基本情况，仅永乐二十年乾清宫火灾未记载修省情况。史籍对这次火灾的文字记载极少，甚至具体原因和火灾规模均不得而知。笔者推测这次火灾未修省的原因有二，一是在前一年三大殿火灾时刚刚颁诏修省，所以此次没有再另行修省。二是这次火灾可能规模并不大，乾清宫并未被焚毁。因为《明宣宗实录》中有宣德六年十二月“上退御乾清宫”[①]的记载，这是继《明太宗实录》记载“乾清宫火”后，有关乾清宫最近的一次记录，在此之前并没有关于修理或重建乾清宫的记载，这也许是另一个未进行修省的原因。

然而隆庆二年的乾清、坤宁两宫火灾，按照《五行志》“一时俱烬”的记载，火灾规模之大，造成建筑损毁情况的严重程度，足以令皇帝下诏修省。但无论是《明穆宗实录》，还是时任首辅徐阶的《世经堂集》和次辅李春芳的《贻安堂集》中，均未提及此事，这显然与典制不符。此外，明代修撰皇帝《实录》的同时会修撰《宝训》，所谓《宝训》就是记述皇帝嘉言圣谟的书籍。明代皇帝的《宝训》都会记录皇帝关于灾异的言行指示。如表2中的火灾，均可在相关皇帝《宝训》中查到记载（除永乐二十年乾清宫火灾，原因已在前文分析）。[②]但隆庆二年火灾在《明穆宗宝训》中只字未提，显然也于制不合。以上几点证据，对这次火灾的真实性和可靠性构成了一种怀疑。

（二）从隆庆二年左右乾清、坤宁两宫使用情况辨析

按照“一时俱烬”的记载，两宫应已被完全焚毁。但《明穆宗实录》却记载：“丁亥，修理乾清宫殿宇廊庑。”[③]这里的“修理”，显然是修缮维修性质的，而非重建。这从《明穆宗实录》另一条记载也可证明：“辛酉，修乾清宫、交泰殿、坤宁宫等宫。”[④]到了隆庆元年五月又记载“乾清宫等宫殿工完”[⑤]。如是重建，仅两个月的时间显然是不够的。因此，隆庆三年的修理乾清宫，

① 《明宣宗实录》卷八五，宣德六年十二月丙申。

② 《明太宗宝训》卷一《警戒》记载因三殿灾，永乐帝下诏万寿节止贺。《明武宗宝训》卷一《谨天戒》记载因乾清宫灾，正德帝御奉天门下诏修省。《明世宗宝训》卷一《敬天》记载因三殿灾，嘉靖帝下诏修省。《明神宗宝训》因只残存卷十一、卷十二两卷，无法查到神宗时期三殿两宫灾的修省记载。但《明神宗实录》卷二九五和卷三一二分别载有因两宫三殿火灾，万历帝下罪己诏修省记载。

③ 《明穆宗实录》卷三五，隆庆三年七月丁亥。

④ 《明穆宗实录》卷六，隆庆元年三月辛酉。

⑤ 《明穆宗实录》卷八，隆庆元年五月甲戌。

也应是维修性质而非重建。既是维修，就表明乾清宫依然存在，如果隆庆二年被烧毁，从历史记载和现实情况考量，一年时间很难完成乾清、坤宁这类大殿的重建工程。

《明穆宗实录》还记载，隆庆三年正月，监察御史詹仰庇在巡视皇城时，遇到为皇后诊治的太医从宫中出来，并告诉詹仰庇，皇后已迁居到别的宫殿，并且病势沉重。詹仰庇便上奏穆宗，要求“复皇后于中宫”[①]。詹仰庇奏疏中所说的“中宫”，便是指坤宁宫，在明代坤宁宫又称为中宫，为皇后寝宫。隆庆三年二月，《明穆宗实录》又载：“（戊寅）礼科都给事中王之垣等复奏，请还皇后于本宫调理。”这里的皇后指的是孝安陈皇后，据《明史·詹仰庇传》载，隆庆帝沉溺于女色，陈皇后因劝谏而迁怒于皇帝，便被迁出中宫，到别宫居住。[②]据此判断，隆庆三年正月之前陈皇后一直是居于坤宁宫的，坤宁宫也一直存在。以上两点，足以说明《五行志》载隆庆二年乾清、坤宁两宫被焚而“一时俱烬”应为讹误。

（三）讹误原因分析

《五行志》为何会误记这次火灾，笔者根据史料比对，发现《明神宗实录》记载：“乙亥，是日戌刻，火发坤宁宫，延及乾清宫，一时俱烬。”[③]从文字方面看，此与《五行志》中隆庆二年乾清、坤宁两宫的火灾记载基本相同。火灾发生的月份都是三月，日期都是乙亥日，甚至造成建筑损毁情况的描述也基本一致。极可能在《明史》编撰时，编撰者将万历二十四年的火灾，误记为隆庆二年而收入了《五行志》。这也就不难解释为什么只有《五行志》记载了此次火灾，而比之更早的《明穆宗实录》、万稿、王稿以及《明史》其他篇目中均没有相关记载的现象了。

三 结论

综上辨析，嘉靖二十六年“宫中火”并非发生在紫禁城内，而是发生在大高玄殿。记载讹误的原因可能是《五行志》编撰者由《实录》采集史料时，断章取义，未将火灾发生地点记载准确。隆庆二年乾清、坤宁两宫火灾并未发生，《五行志》编撰者可能将万历二十四年两宫火灾混淆，记载成隆庆二年。

本成果得到故宫博物院“英才计划”和北京故宫文物保护基金会学术故宫万科公益基金会专项经费资助。研究过程中承蒙故宫学研究所周乾老师指导及建议，谨致谢忱。

（作者单位：故宫博物院消防处）

① 《明穆宗实录》卷二八，隆庆三年正月壬申。

② 《明穆宗实录》卷二九，隆庆三年二月丁丑。

③ 前揭《明史》卷二一五，第5679页。

清代长春园

何　瑜

内容提要：本文在考察大量档案和御制诗等资料的基础上，全面论述了清代长春园的建园背景、历史沿革和建筑特色，以及两种迥然不同的东西文化的园林组合，即以含经堂为中心的代表中国传统文化的园林建筑和以西洋楼为中心的西方建筑。并进一步揭示出该园所蕴含的历史意义，它集中反映了清帝"朕即天下"的治国理念和治世之道，亦是后来中国"落后就要挨打"的历史根源之一。

关键词：乾隆　长春园　西洋楼

圆明园鼎盛时期是由圆明、长春、熙春、绮春、春熙五园组成。其中，长春园系由乾隆皇帝一手规划而成。其有两大特点：一是该园北部的西洋楼为中国皇家宫苑第一次大规模仿建的西洋园林建筑，被称为中西建筑文化结合的典范；二是在该园南部，大规模地仿建江南园林，形成了三山五园靓丽的风景。二者间虽然反差甚大，但却集中反映了乾隆皇帝的统治思想与建园理念。

一　为什么要建长春园

乾隆三十五年，乾隆皇帝曾作《长春园题句》一诗，内有："长春非敢畅春侔，即景名园亦有由。赐号当年例仙馆，倦勤他日拟菟裘。"意思是说，长春园是为他退位以后的"息肩娱老"之地，其园名亦是"雍正年间赐居也，即以当年赐号名之"。并在诗注中道出了他历年的夙愿，即"若至乾隆六十年，寿登八十五，彼时亦应归政。故邻圆明园之东，豫修此园，为他日优游之地"[①]。

但乾隆皇帝修建此园，并不像某些专家所言是整体布局、一气呵成的。而是在乾隆十年《圆明园四十景图咏》还尚未完成的时候，长春园即已规划动工，直到乾隆四十八年才最终完成。完成的标志是西洋楼景区的高台大殿远瀛观竣工，与北部新建的春熙院景观形成了南北、东西两个交叉的轴线。彼时的长春园占地约 70 公顷，建有 20 余处景群。长春园的改建、添建长达半个世纪，可略分为四个阶段。

（一）乾隆十年至二十年

乾隆十年长春园开始全面兴工，至十二年九月，各殿宇共挂讫匾额 56 面，此时的园林建筑主要在中路和西路，如澹怀堂、云容水态、含经堂、玉玲珑馆、思永斋、得全阁、海岳开襟、流香渚、法慧寺、宝相寺等。同年，谐奇趣亦开始规划设计，这是长春园西北最早的仿欧建筑，

---

① （清）弘历：《清高宗（乾隆）御制诗文全集》三集卷九二，中国人民大学出版社，1993 年。

十六年建成。十七年，位于长春西南的蒨园也已建成，其中虚受轩、饶野意、朗润斋、委宛藏等17处挂匾。而在前一年的闰五月二十日，乾隆皇帝下旨在长春园设立六品总领一员、七品副总领一员以及园吏、园户、匠役等若干。[①]相应的管理机构亦设置完成。

（二）乾隆二十一年至三十年

自乾隆二十一年始，郎世宁和蒋友仁即奉旨在谐奇趣东面设计新花园和新水法。二十四年，方外观、海晏堂和大水法等景观建成。与此同时，爱山楼以北亦添建了山地书房——泽兰堂，堂后可居高观览喷泉景观，亦可沿级而下，穿过巴洛可式西洋门进入西洋楼景区。二十三年，于思永斋东临添建小有天园，小有天园系仿杭州汪氏壑庵。二十七年，又于该景区西侧添建盎春书屋。

（三）乾隆三十一年至四十年

乾隆三十一年，于玉玲珑馆之南，添建映清斋景区。三十二年，长春园东部的如园和鉴园相继建成，如园系仿南京瞻园，鉴园系仿扬州趣园，并在如园西南隅建一过街楼，直通新建御园——熙春园。三十四年，大学士傅恒的春和园改为绮春园后，“遂开通门径，西达秀清村，东接蒨园，豁然贯通矣”[②]。三十五年，于含淳堂北部添建、改建淳化轩、蕴真斋等殿宇，形成长春园寝宫区。三十七年，于该园东北部添建狮子林景区。

（四）乾隆四十一年至五十年

乾隆四十七年正月，上谕“淑春园改为春熙院”[③]。在此前后，清廷于西洋楼大水法北添建远瀛观，并修建春熙院宫门及园内殿宇、楼台、游廊等。两项工程均于四十八年完成。[④]远瀛观北面不仅有朝北开的窗户，可以临高眺览清河两岸和春熙院景观，而且有桥有门，可直通春熙院。至此，加上与圆明园相通的明春门和蕊珠门，乾嘉之际的长春园则连接起鼎盛时期的圆明、熙春、绮春、春熙等御园。而随着远瀛观的建成，自含经堂南牌楼起，经宫门、含经堂主殿、淳化轩、蕴真斋、翠交轩、爱山楼、泽兰堂、大水法、远瀛观，这条贯穿长春园的中轴线景观，就完全形成了。

清代的长春园可以说是乾隆皇帝的杰作，他一方面欣赏和学习江南私家园林的精致小巧，一方面又对西方的园林和水法颇感兴趣。因此，受他影响而建的长春园改变了圆明园疏密不均的园林格局，以古典园林为主，利用洲、岛、桥、堤将大片水域划分成若干不同形状，其中点缀若干岛屿。环湖周边的陆地上，堆山叠石，安排十余组景点，形成陆地外环和湖面内环多条游线相连。山容水态，气象万千。

因长春园的景观甚多，前后变化较大，下面我们仅以乾隆朝事例概述之。

---

① 中国第一历史档案馆编：《圆明园》上，上海古籍出版社，1991年，第66页。

② 故宫博物院编：《清仁宗御制文二集》卷四，海南出版社，2000年。

③ 前揭《圆明园》下，第1052页。

④ 前揭《圆明园》上，第265页。

二 长春园的建筑艺术特色

（一）中式园林含经堂

长春园宫门五间，上悬乾隆御笔“长春园”额，宫门前月台两侧汉白玉台座上各有一铜麒麟。进入宫门，经过一座牌楼，迎面即长春园正殿澹怀堂，亦称勤政殿，为清帝上朝理政之所。殿前东西各有配殿五间，两侧为叠落游廊各十间。澹怀堂西北有十三孔板桥，过桥即可登上长春园最大的中心岛含经堂景区。

含经堂四周山环水抱，其主体建筑布局为一座坐北朝南的长方形大院，四围有宫墙，整个宫苑建筑群划分为中、东、西三路。从建筑的规模与格局看，中路建筑宏伟、庄重，东、西两路建筑则体量略小，结构富于变化，尤以西路更为明显。如以淳化轩和含经堂之间的假山叠石为界，则南区建筑布局严整，北区建筑虽也以中轴线为对称坐标，但在具体置景、结构上则显得更为灵活、自然。含经堂宫门五间，东西外侧另设垂花门，门内均有影壁。宫门前月台上，安设镀金铜狮一对。宫门外为广场，围以宫墙，正南和东西两侧各建一四柱琉璃牌楼。乾隆四十五年十月，奉旨在宫门外搭盖蒙古包五座，居中者为一大型帐殿，设有前厅，内围黄底红花毡。主殿含经堂为重檐琉璃大殿七间。梵香楼居含经堂西配殿外，是一座两层转角佛楼，上下各十三间。霞翥楼与梵香楼东西对称，是一座藏书楼。

淳化轩，则为收藏重刻《淳化阁贴》而建。乾隆三十五年建成，因事起重刻《淳化阁帖》，故名淳化轩。《淳化阁帖》为北宋淳化三年，按照宋太宗赵光义的旨意，精选当时内府所藏唐代以前的书法名迹，摹刻在秘阁之中的一部著名法帖。其中包括王羲之、王献之、柳公权等99人的墨迹，是我国历史上第一部大型丛贴，被誉为诸贴之祖。乾隆皇帝酷爱书法，经悉心搜集，终于得到《淳化阁帖》的初拓赐本，于是他降旨，命协办大学士于敏中等精审更定后，选能工巧匠钩摹上石，用三年多时间将《淳化阁帖》摹刻在淳化轩前的青白石中，共成帖版144块。

淳化轩面阔七间，进深三间，前后有廊，是一座大型寝宫。外檐悬挂乾隆帝御书“淳化轩”匾，内额为“奉三无私”。淳化轩前，东西回廊的前檐槛窗镶嵌乾隆帝《钦定重刻淳化阁帖》石刻，左右廊各十二间，每间砌石帖版六块。自乾隆三十四年二月至三十七年四月全部竣工。帖版石幅为90厘米×33厘米，厚11厘米，以楠木镶边。清人吴振棫在《养吉斋丛录》中言：“重刻淳化阁贴凡十卷，诸家名迹共九十九人。刻既成，用蝉翼摹搨四百部，分赐皇子皇孙，王以下、文职二品以上，及内廷翰林、外省督、抚、衍圣公，又直隶、山东、江、浙行宫与名胜之地，及翰、詹、国子监衙门、庶常馆、各省书院俱分颁藏弆。”[①] 昭梿在其《啸亭杂录》中亦言：“法帖之久，无如淳化阁帖。其后鼎、绛、汝诸帖互相仿摹，愈失旧规，近日祖帖收藏家，无过而问者。惟大内所藏，系当日所赐毕士安者，篇帙完善，墨沈如新，成亲王曾见之。纯皇帝珍惜如宝，特建淳化轩以贮之。又命于文襄摹刻上石，颁赐诸王公卿，虽不及原帖之善，亦自成一家焉。”[②]

淳化轩内部是上下两层结构，类似故宫稍后建成的乐寿堂。大殿前出月台，面对含经堂后的太湖石山屏，石隙之间有天台奇松。中庭种植梅花，松梅相映，构成精美的园庭景观。淳化轩西侧叠石丛中有三友轩，南向三间，因屋外栽植松、竹、梅而得名。淳化轩之北为面阔七间、

① （清）吴振棫：《养吉斋丛录》卷一八，中华书局，2005年，第240页。

② （清）昭梿《啸亭杂录》卷二，中华书局，1980年，第30页。

前后均有抱厦的蕴真斋。蕴真斋隔水北望，是占地一万平米的泽兰堂景区，这一景区布置在山腰和山顶上，南望可见长春园湖光山色。建筑群分成南北两组。南面一组为翠交轩，构架在巨大的熙春洞上。北面一组为爱山楼、泽兰堂及它们之间的连廊庭院。庭院中有奇石植于土中，为庭院增添了天然野趣。整个建筑群的前后左右，分别由大小青石组成山岭、山涧、山洞，并配以石桥、石笋、石凳，其间苍松翠柏，傲然挺立。整个山景东西百余米，规模宏大，俨若真山。山顶还有密封蓄水池，水从池中流出，形成飞泉细瀑，妙趣横生。

（二）仿园狮子林

清代的长春园有两大特点：一是该园北部的西洋楼，这是中国皇家宫苑中第一次大规模仿建西洋园林建筑；二是在长春园南部大规模仿建江南园林，这种仿建现象在清代皇家园林中所在多有，如避暑山庄、圆明园、清漪园等，但长春园则是最突出的。如仿南京瞻园建成的如园，仿扬州趣园建成的鉴园，仿苏州狮子林建成的长春园狮子林，仿杭州壑庵添建的小有天园，仿苏州天平山庄改建的澄光阁等。所以，晚清文学家王闿运在其《圆明园词》中写道："谁道江南风景佳，移天缩地在君怀。"而其中长春园的狮子林又最为典型。先是，乾隆皇帝二次南巡时，初次游览苏州狮子林，就被其嘉园胜景所吸引，"因邮倪卷证之"[①]，即命人把元末四大画家之一的倪瓒《狮子林图》，不远千里拿来对照。其后，乾隆皇帝不仅两次亲手临摹倪瓒的《狮子林图》，一幅"命永藏吴中"，一幅收藏于长春园的清閟阁。而且命苏州织造将狮子林园做成烫样，送到京师。接着，"吴工肖堆塑，燕工营位置"[②]，先后在长春园和避暑山庄两地仿建。长春园狮子林于三十七年建成，同年四月即见《狮子林十六景》御制诗。此后，乾隆皇帝又多次题咏，他在《狮子林八景诗序》中说："狮子林之名，赖倪迂图卷以传。此间竹石丘壑，皆肖其景为之，冠以旧名，志数典也。"[③]倪迂即指倪瓒，别号云林子等，无锡人。家境豪富，筑云林堂、清閟阁，收藏图书珍玩。工诗文，善画山水、竹石，长于书法、音律。中年以后，崇尚佛道。到了晚年，其索性卖去田宅，弃家遁迹，"扁舟蓑笠，往来湖泖间"，过着超然物外的隐逸生活。因其画风对明清山水画影响颇大，故后人把他和黄公望、吴镇、王蒙并称为"元四家"。

建成后的狮子林景区位于长春园东北部，由东西两部分组成。西部建成于乾隆十二年，正殿五间名琴清斋，后殿五间名丛芳榭，整个建筑的南部为三座嵌入水中的临水敞厅，以漾月亭为中心呈"倒山字"形，与圆明园方壶胜境相仿。琴清斋与丛芳榭之间为回廊庭院，横碧轩就位于该回廊院的东侧，界于该景群东西两部之间，轩东临清溪，过桥即为狮子林，御题桥额曰"虹桥"。乾隆帝横碧轩诗曰："有桥如弓弯，有溪若镜横。"[④]虹桥拱石上刻有乾隆御题"虹桥"景名及十幅诗刻。虹桥东接一岛，有敞厅三间，上悬御笔"清淑斋"匾。斋后有乾隆御书"磴道"景名刻石及御制诗刻石多幅。斋东南有一朝东水关，水关上有石刻乾隆御笔"狮子林"三字匾和御制狮子林诗刻石十幅。

清淑斋隔池北望，为狮子林正殿清閟阁，上下各五间，前后有廊，阁名取自倪瓒藏书楼。

---

① 前揭《清高宗（乾隆）御制诗文全集》四集卷四，第 34 页。

② 前揭《清高宗（乾隆）御制诗文全集》四集卷一〇，第 2 页。

③ 前揭《清高宗（乾隆）御制诗文全集》四集卷四，第 33 页。

④ 前揭《清高宗（乾隆）御制诗文全集》四集卷十，第 5 页。

时该阁收藏有乾隆帝重刻《淳化阁帖》和《西洋楼铜版图》各一套，及明代杜琼所摹倪瓒《狮子林图》，而尤以收贮倪瓒画品为著。清閟阁西北土冈之上为探真书屋，两者间有叠落游廊相连。清淑斋东隔假山为纳景堂三间，其前接方形游廊小院。堂后过曲桥可达小香幢。小香幢位于方池北岸东端，楼上供有佛像。其前曲桥上紫藤引架，垂阴缨萦，有乾隆御笔“藤架”景名刻石及御制诗刻石多幅。小香幢西侧为过河厅，厅北为曲溪，可北通西洋楼景区之方河，中筑骑墙跨溪水关，此即“水门”一景。有乾隆御笔水门石刻景名及御制诗刻石十幅。

延景楼在纳景堂东北，上下各三间。楼前有水池，东有清渠，拾级而上，周围皆为山石堆砌。凝岚亭为延景楼西北叠石丛中的矩形小亭，亭西即乾隆狮子林十六景之一的“假山”，有御笔假山诗刻石多幅，比如“妙手吴中堆塑能”“一丘一壑都神肖”①。延景楼正北的山上为云林石室，南向三间，室外有云林石室御制诗刻石多幅。此处湖石盘踞蜿蜒，洞府四通八达，竹林茂密。

狮子林景区的设计颇见匠心，具有极高的艺术成就。西部以临水建筑为主体，面向深广的水面，显得明快舒展。东部以山景为主，建筑体量虽不大，但一方面配置了水池、山洞、蹬道、峰石和爬山廊等，一方面又安排了纳景堂、延景楼、占峰亭、探真书屋等建筑，以及诸多乾隆十六景诗石刻，内容非常丰富。山脚下还有多处水池，这些临水建筑和山景，既是狮子林的特色，又自然融入整个长春园的景色之中，一扫苏州狮子林局促而少有天然景致的印象。避暑山庄的文园狮子林与此相比，尽管石景也很突出，但因偏处一隅，正面缺少前景设计，故不如长春园狮子林，后者背倚青山，南临水面，山水形胜，实为大江南北“三狮”之冠。

乾隆四十九年第六次南巡时，乾隆皇帝才发现苏州狮子林实为元代高僧维则创建，而非倪瓒别业。并亲自考证说：“世传狮子林为倪瓒别业，以瓒有《狮子林图》而附会之，其实非也。”狮子林最早为元代僧人维则所居，“维则好聚奇石，状类狻猊，因以狮子名之”②。但自以为书画鉴赏家的乾隆皇帝，却万万没有想到，他深藏宫中推崇备至的倪瓒《狮子林图》，二百年后经故宫博物院的专家鉴定，它也是一幅赝品。

（三）仿园如园

如园也是乾隆帝仿园的得意之笔，如园位于长春园东南隅，园门西向，园墙之东南即圆明五园之一的熙春园，两园之间有过街楼相通。如园于乾隆三十二年建成，是以南京瞻园为蓝本，瞻园原是明代中山王徐达王府中的西花园，曾被誉为“金陵第一园”。入清后改为藩署，乾隆皇帝南巡时题名为“瞻园”。如园规模比瞻园大，意境比瞻园更开朗，空间层次也更多。乾隆皇帝在《如园》诗注中说：“江宁藩司署中瞻园，即明中山王徐达西园之旧，是园规制略仿之。”③

如园的建筑庭院主要安排在园西部，东部则以水池为中心配有叠石堆山和些许建筑，南部用建筑物及土丘遮住围墙，使人莫测其纵深，北面虽大部分堆山造林显得幽深隐蔽，但七开间的主殿延清堂则规模轩敞，南北均有临水平台，使该园与长春园大空间得以紧密连通。从平台北望，湖山景色层层递进，美不胜收。延清堂南，为园内连片水池，池东岸是陡立的峭壁，山石交错，为长春园东南隅的制高点。山顶有东西向敞厅三间，东望可见园外大片的麦田稻作，

① 前揭《清高宗（乾隆）御制诗文全集》四集卷四，第 34 页。

② 前揭《清高宗（乾隆）御制诗文全集》余集卷四，第 13 页。

③ 前揭《清高宗（乾隆）御制诗文全集》三集卷九〇，第 15 页。

故曰“观丰榭”。山之北有六角亭，山之南有半圆亭，布置均衡，别有韵味。水池南岸为倒座七间的明漪楼，该楼南倚园墙，层楼高峙，园中诸景及园外风光一览无余。从明漪楼北度板桥，桥北即大石堆砌的假山，卓立千仞，石磴盘纡，登其颠即为东西向的三间敞厅清瑶榭，抬眼四望，风景如画，此榭亦为如园景观之中心。假山下有石洞可四达。水池西岸是惟绿轩，轩北有假山凉亭，亭曰“可月”。山顶高筑花台，与清瑶榭隔水相应。惟绿轩正北是静虚斋，乾隆帝有诗曰：“精舍假山上，悠然静且虚。”[①]

总之，如园中引水为池，叠石为山，溪水、假山在这里成为景观的焦点，一动一静中带来无限的清馨与雅致。乾隆皇帝有诗赞誉道：“步处假山势展画，引来活水韵调琴。如斯美景多虚掷，却笑其初结构心。”[②] 诗中流露出太平天子对仿建如园的强烈成就感。以至于乾隆四十九年最后一次驻跸江宁时，却没再去游览瞻园，仅吟一首《寄题瞻园》诗：“瞻园遗自中山久，昔至金陵曾一观。取义如之较胜此，无须池馆重盘桓。”为什么仅仅一箭之遥，却没有光顾呢？乾隆皇帝在诗中解释说：“御园亦曾肖此为如园，而景趣较胜于此。”[③] 也就是说，我在京师的仿园早已超过了“金陵第一园”，再游瞻园还有什么意思呢？

（四）古典园林珍宝馆

除了上述美轮美奂的古典园林建筑之外，更值得我们关注的是，长春园还收藏有极为丰富的文化艺术珍品，包括名人书画、工艺美术品、图书文献等，加之各种各样含有丰富传统文化精髓的匾联、题额、石刻等，则更是突出了长春园的文化内涵。

与梵香楼对称的霞翥楼，亦称“味腴书屋”，是乾隆皇帝的藏书楼。乾隆中叶编纂《四库全书》时，奉旨从卷帙浩繁的《四库全书》中，撷其精华而编《四库全书荟要》。完成后先藏于紫禁城御花园的摛藻堂。后又誊缮一部，藏于长春园的味腴书屋。

淳化轩收藏的《淳化阁帖》是我国历史上第一部大型丛帖，被誉为诸帖之祖和“宋拓第一真迹”，其初拓本，当时就珍藏于含经堂淳化轩。乾隆《钦定重刻淳化阁帖》拓印本和摹帖版刻石，也同样是珍品，除淳化轩外，长春园思永斋、泽兰堂、狮子林等处均有收藏。摹帖版刻石共144幅，镶嵌在淳化轩前两边的回廊之中，天下独此一套，弥足珍贵。同时，淳化轩还藏有大量的历代书画珍品。元人画卷有钱选《浮玉山居图》、赵孟頫《人骑图》、郭畀《雪竹图》、朱德润《秀野轩图》及王蒙《夏日山居图》等煊赫名迹；书法作品则有传为钟繇的《荐季直表》墨迹、唐颜真卿《自书告身帖》墨迹、宋苏轼、米芾、王诜等人的诗帖等等，均属稀世墨宝。这些书画上一概钤“淳化轩图书珍秘宝”及“淳化轩”“乾隆宸翰”等印章。当年珍藏在淳化轩中的宋朝毕士安《淳化阁帖》初拓赐本十卷，今仍完好的收藏于故宫博物院。[④]

清閟阁不仅藏有乾隆帝《钦定重刻淳化阁帖》和《西洋楼铜版图》各一套，还收贮有乾隆帝御笔《题御园仿构狮子林前后八景诗》《再题狮子林十六景诗》和《御临倪瓒狮子林图》三卷绢丝字画手卷。手卷皆用银片做字，分盛于紫檀木雕龙匣里。还贮有一幅明代杜琼所摹《倪云林狮子林图》，而尤以收贮倪瓒的真品画作最为珍贵。至乾隆朝时，倪瓒的真品已极为少见，

① 前揭《清高宗（乾隆）御制诗文全集》三集卷七二，第12页。
② 前揭《清高宗（乾隆）御制诗文全集》四集卷三〇，第9页。
③ 前揭《清高宗（乾隆）御制诗文全集》五集卷七，第30页。
④ 张超：《家国天下》，中西书局，2012年，第201、202页。

乾隆皇帝仍精选倪画六种，珍藏于此阁。[①]

由此可见，清代的长春园与圆明园一样，不仅是中国古典园林的博物馆，而且是中国古代文化艺术的珍宝馆。

（五）西洋楼

西洋楼位于长春园北界，其仿照西欧园林建成，俗称“西洋楼”。虽说是西洋楼，但在许多地方均汲取了我国古典园林和建筑的特点，实际上是中西融合。比如，在总体布局上，是用欧洲传统的几何构图，但其局部又采用了我国的自然山水布局；在园林内容上，既有西洋的宫殿、迷宫、线法画、水法和花坛，又有我国的竹亭、叠石和甬路；既有西洋的石狮子、翻尾石鱼，又有青铜雕塑的我国十二生肖；在园林建筑上，既采用大理石雕花券柱，又加盖了重檐琉璃瓦屋顶，并在抹灰的墙面上使用了彩色琉璃浮雕装饰。在花木配置方面，即有西方几何形式的绿篱和线法松，也有依景观形式而栽种的自然花木。这种中国式的河道、园路、大屋顶、琉璃、石雕花饰与西方的几何轴线、雕花券柱、各式喷泉等浑然一体，实际上是我国大规模仿建欧式园林的成功尝试，在世界和中国园林史上占有非常重要的地位。

下面试做一简单的概述。

长春园里最早建成的西洋楼是谐奇趣，坐北朝南，主楼三层，东西伸出曲廊，连接着二层八角型的楼厅。楼顶为庑殿式，外墙饰以五色琉璃花砖，这里是演奏外国和中国少数民族音乐、进行各种游乐活动的场所。谐奇趣楼前有一大型海棠式喷泉池，池中有一条西洋翻尾石鱼，石鱼东西各有一只铜虾、一座小型喷水台。水池北部设有六只铜鹅，池内还设有铜羊、铜猫、铜鸭各二只，皆从口中喷水射入池内。喷泉池以北的东西两侧还各有一处喷水“瀑布”以及四个“水法铜人”等。

谐奇趣之北为欧式迷宫黄花阵，东北为养雀笼。从养雀笼东望，两侧是方外观和五竹亭，东向面对的是海晏堂。

海晏堂布局为东西矩形，由面西十一间两层正楼、蓄水楼及诸喷泉组成，是西洋楼景区最大的一幢建筑。海晏堂二层门前左右有弧形叠落石阶数十级，环抱楼下喷泉水池。石阶两侧西式栏杆外，各有一道水槽。石阶内外分置石鱼、石狮各一对，皆从口中喷水射入水槽，顺槽而下形成叠落瀑布，导入阶前喷泉池。水池东沿正中高耸着一尊巨型的石雕贝壳形番花，池中心还有座圆形喷水塔。在石雕贝壳前八字形的高台上，分列着 12 只人身兽首像，南侧为鼠、虎、龙、马、猴、狗，北侧为牛、兔、蛇、羊、鸡、猪。每一生肖均是手持玉笏、身着袍服，兽首为铜质，人身为石质。十二生肖与我国古代十二时辰的记时法相吻合，每天按子、丑、寅、卯等十二个时辰的顺序，轮流喷水一个时辰（两个小时），不同时辰由不同的动物喷水。正午时刻则十二生肖一起喷水，周而复始，看到哪只兽头在喷水，就可以估计大概的时辰了，故俗称“水力钟”。这种用十二生肖取代西方的裸体雕像，既体现了中西建筑与文化的交融，又是洋为中用、中西结合的园林杰作。

海晏堂东门外是远瀛观大水法，南北轴线上分三部分，最北的高台上是远瀛观，中间是大水法，最南端为观水法。

① 前揭《清高宗（乾隆）御制诗文全集》五集卷三五，第 29 页。

远瀛观为南向西洋钟楼式大殿，平面五开间呈倒“凹”字形，中间三楹开三个石券门，东西侧廊前及殿之东西北三面均有石券花窗，殿后还有一座石券门。汉白玉门柱上带有精美的雕刻，明殿是两层檐庑殿顶，上铺蓝色琉璃瓦。中券上方为圆形钟刻百锦窗，东西侧廊则为双层檐钟刻亭式楼顶。远瀛观的门窗皆镶安玻璃，十数根高大石柱皆为优质汉白玉，尤其中券两侧的柱头柱身满刻下垂式葡萄花纹，刻工精良，枝叶活泼如生，实属世间艺术珍品。

远瀛观门前有一对石狮和青砖铺就的广场，从广场南端分出东西弧形扶梯，环抱台前大水法喷泉。大水法主建筑为巨型石龛式，前有三组喷水池，中间水池边上有大石狮头，从嘴中喷射水柱，形同瀑布。前下方为椭圆形菊花式喷泉池，池中有一只铜制梅花鹿，从鹿角喷出水柱八道，两侧散布十只铜狗，东西两端又各有一只类犬而大的卷尾铜兽，均作逐鹿之状，从口中喷水直射鹿身，即所谓“猎狗逐鹿”，西洋人称之为“兽战”。大水法的前方左右，有东西对称的两座大型西式喷水塔，呈方形，十三级，也位于水池中，塔由汉白玉雕砌。从塔顶喷出水瀑，层层叠落，下溅入池中。塔四周还有 44 根大小铜管一齐喷水，蔚为壮观。此外，周边还有经过修剪的柏树和花坛。大水法对面，坐南朝北有一平台，台下花砖铺地，台上安设宝座，是清帝观赏大水法之处。宝座后面是由五件石雕并列而成的大型石屏风，分别雕刻着西洋军旗、甲胄、刀剑、枪炮等图案。围屏两侧各有汉白玉方塔一座，再向外则各有一座巴洛克式西洋门。通过西洋门，可拾级登临南面的泽兰堂。大水法东部，依次为线法山、螺狮牌楼、方河与线法墙，墙面可悬挂西方景物油画，也可随时更换各种图案和风景。从西岸线法山上东眺，俨然是一个由布景搭成的可变换的大舞台。

因西洋楼是以建筑和喷泉为主，加之地势环境偏窄，故其内部的使用功能有限，室内面积一般很小。坊间传说的远瀛观曾是乾隆皇帝香妃的住所，线法画也是展现新疆阿克苏的风光，以慰香妃的思乡之情。这些都是人们的遐想，是不可能的事情。法国人莫里斯·亚当于民国时曾在长春园做过调查，并著有《十八世纪耶稣会士所做圆明园工程考》，该书提到：“乾隆皇帝为了迎合香妃的习俗，把亭子（按，指方外观）改成了清真寺。香妃每逢星期五到那里去做礼拜。”并在殿内安放两块伊斯兰教的碑文，意为“奥斯芒爱上帝，上帝爱奥斯芒”“阿利爱上帝，上帝爱阿利”。如果说为照顾香妃的习俗，乾隆皇帝曾允许她到方外观去做礼拜，这恐怕离史实更近一些。

另外，西洋楼隐藏的另外一个重要历史事实，却被大多数人所忽略了。那就是西洋楼还是一座 18 世纪中国的西洋博物馆。据史料记载：从乾隆十七年十月至十八年六月，送到谐奇趣的西洋陈设即达 200 余件，有西洋油画、西洋香几、罗镜灯、玻璃挂灯、玻璃八仙灯、挂镜、天鹅绒桃式盒、西洋铜日晷、显微镜、银异兽、西洋绒狗、天体仪、浑天仪、天球、西洋珐琅莲花灯、珐琅缸、珐琅碗、西洋刀、金银丝箱、大小钟表、银盘、银线花、花毡、箱柜桌椅等。[①]此外，还有传教士郎世宁等人奉旨绘就的西洋装饰画。如乾隆十八年十一月，传旨“长春园水法房（按，指谐奇趣）大殿三间，东西稍间四间，游廊十八间，东西亭子二间，棚顶连墙俱着郎世宁仿卷内款式（按，指西洋铜版手卷）起通景画稿”“谐奇趣东西游廊两进间，三面墙棚顶并吊屏九幅，俱着郎世宁等画西洋画”[②]。乾隆四十七年二月，传旨“新建远瀛观殿内明间

① 前揭《圆明园》下，第 1339—1347 页。

② 前揭《圆明园》下，第 1348、1349 页。

棚顶并周围棚顶，俱着伊兰泰起稿呈览，准时再画西洋故事人物”等等。[①]

上述西洋物件的来源，一是顺治以来来华传教士献给清帝的礼物；二是内务府从京内外搜集而来的各种西洋陈设；三是由西洋传教士奉旨画出西洋陈设纸样，呈准后或由在京的洋人带着中国匠人成做，或者发往西洋定制。如乾隆十五年八月，由皇商带往西洋订做的玻璃灯等陈设，即高达两万两银子。[②] 再有就是西方国家元首送给乾隆皇帝的礼品，如乾隆三十二年法王路易十六赠送的名贵挂毯、地毯；乾隆五十八年英王乔治三世送给乾隆的祝寿礼物。在圆明园正大光明殿呈览之后，其中多件礼品则遵旨移至西洋楼各殿陈列。

联系到我们前面的概述，西洋楼各种水法建筑景观，再看它内部的装修装饰，毫无疑问，西洋楼景区既是 18 世纪中国西洋建筑和水法喷泉的集中展示，也是一座充满异国情调的西洋文化博物馆。

三　长春园历史的再思考

（一）多民族文化的认同与大一统

从表象上看，长春园的山水、建筑、花木、陈设等组成要素都是一种物质的存在，是一种物质材料的经营，但其中包含和赖以支撑的却是一个庞大、完整的文化体系。而传统的哲学思想、宗教观念、礼仪制度、道德追求、历史典故、文学、绘画、书法、建筑、音乐戏曲等，才是洋溢在园林物质内外的魂魄与精神。也就是说，一座长春园就是一个中国传统文化的结晶和缩影，大到全园布局、山水结构，小到匾额楹联、花草点缀，无不涵盖其中。而在反映建设者高超技术水平的同时，又无处不在地反映出该园主人或规划设计者的思想观念、兴趣爱好和文化水平。

从康熙皇帝修建畅春园、雍正皇帝扩建圆明园，到乾隆皇帝新建长春园，这些著名皇家园林的建成，都无可辩驳地说明一个事实，即康雍乾三位皇帝对中国传统文化的真心认同，而这种文化认同，恰是中国统一多民族国家在清代形成的关键因素。因为入关以后，历代满族统治者继承和发展中国传统文化的所作所为，最终赢得了广大汉族民众，尤其是江南知识精英的认可。这是清代中国大一统的首要条件，没有这种满汉民族的相互认同，18 世纪中国大一统的根基就不可能建立。其他满蒙联盟联姻，又促进了中国少数民族的相互认同。而清朝统治者所推行的一系列边疆民族政策，同样也推动了中国各民族之间的文化认同，为清末民初的满、汉、蒙、藏、回五族共和奠定了坚实的基础。而这种多民族之间的文化认同，在长春园中亦多有体现。除上述的仿园和书画典籍等珍藏之外，再试举几例。如位于泽兰堂以西的法慧寺、宝相寺在长春园初期就已建成，供奉八大菩萨、三世佛。后乾隆南巡时，曾多次游览杭州天竺寺，他见一尊观音坐像古色古香，雕工甚好，便命人仿做，供奉于宝相寺。乾隆四十五年九月，六世班禅来京为乾隆帝祝寿，下榻在圆明园清净地。九月初四日，班禅一行在皇六子永瑢的陪同下参观含经堂，行经谐奇趣时，“见到水法极为赞赏”。第二天至法慧寺拈香，在返回清净地时，复

① 前揭《圆明园》下，第 1577 页。

② 前揭《圆明园》下，第 1325 页。

从谐奇趣经过，“班禅额尔德尼再次欣赏，登上台阶仔细观赏，赞叹不已”[1]。乾隆二十五年三月，乾隆帝于澹怀堂赐宴款待新疆哈密、和田、阿克苏的郡王，并召至同乐园看戏，品食茶果。[2]四十五年十月，乾隆帝命人在含经堂宫门外搭盖五座蒙古包，以接见蒙古王公。而搭盖蒙古包的广场地面，则用花砖铺成八角形加方格纹组成的连续图案，寓意连接四面八方。其最大的方形毡帐铺地纹，则为四角由方形加对称三角纹组成的方块纹，中间是万字几何纹，寓意为“万方统和，天下归心”。

（二）清帝的治国之道与治世之资

乾隆皇帝为什么要如此多的仿建中外名园，尤其是大规模移植江南的园林景观呢？当然，首先是喜欢。喜欢的背后则是乾隆皇帝对儒家文化的崇拜与认同。乾隆皇帝六次南巡，每次都会带画师随行，遇到中意的园景即让画师“图以归”，他对江南美景的痴迷程度，用他自己的话说，是到了“为之流连，为之倚吟”[3]的地步。

作为天下共主的天子，乾隆皇帝不仅要天下一统，万邦来朝，而且要“收千里于咫尺”“天上人间万景备”。同时，作为满族统治者，他也想把南方汉人精英所推崇的江南园林复制到京师御园之中，既可以随时游观欣赏，也可以作为一种“治世之资”和“警示之园”。

为什么这么说呢？因为历史上江浙一带人文荟萃，宋代以来更是中国文化最发达的地区，鸿儒才子之多，西北数省不能望其项背。有人统计，从顺治三年到乾隆六十年的150年里，江浙两省出了51位状元，占全国状元总数的87%；出了38位榜眼，占榜眼总数的62%；出了47位探花，占探花总数的77%。再就朝中重臣和封疆大吏来看，有清一代江浙两省亦出了很多大学士、尚书和督抚。同时，江南又是财赋重地，如果没有江苏、浙江等省的巨大财政收入和绅衿支持，清朝的统治是很难巩固的。因此，牢固控制江南，充分利用江南的人力、财力和物力，以维护和巩固清王朝的统治，是清朝统治者时刻不能忘怀的。

乾隆皇帝晚年在《御制南巡记》中写道：“予临御五十年，凡举二大事，一曰西师，一曰南巡。”把平定西北和南巡江浙，看成他一生中最重要的两件事。从康熙至乾隆的百余年中，三帝多次西师，最终解决了威胁清廷最大的隐患——准噶尔蒙古问题。而康乾二帝在位的120余年中12次“南巡”，又绝不是一般意义上的巡游南方，而是通过阅视河工海塘，免除水患，发展生产；宣扬尊孔崇儒，祭奠大禹陵、明太祖陵及孔庙等汉族尊崇的神庙；了解沿途风土人情，表彰和选拔优秀的汉族人才；蠲免地方赋税，增加江浙等地中式名额等一系列措施，以笼络江南汉人。这其中，通过八旗阅兵与沿途考察，震慑和监督之意，亦不言自明。

由此，乾隆时期大规模的仿建江南园林举措，我们就不能简单地看作是太平天子的爱好与奢靡了。应该说这种仿建，既是清帝南巡的产物，也是清朝统治者南巡目标的延续和固化，它成为清廷的一种长期的“治世之资”和“警示之园”。这一点，我们可以从乾隆的御制诗文中找到答案。如他在《小有天园记》里写道：“所可师者（指仿建杭州西湖汪氏园），其意而已。

---

① 中国第一历史档案馆、中国藏学研究中心编：《六世班禅朝觐档案选编》，中国藏学出版社，1996年，第274、275页。

② 何瑜：《清代三山五园史事编年（顺治—乾隆）》，中国大百科全书出版社，2014年，第426页。

③ （清）于敏中等纂：《钦定日下旧闻考》卷八三，北京古籍出版社，1981年，第1384页。

然吾之意，不在千里外之湖光山色应接目前，而在两浙间之吏治民依，来往胸中矣。”[①] 在《安澜园记》中又写道：“安澜之愿，实无时不廑于怀也。由其亭台则思至盐官者，以筹海塘而愿其澜之安也。不宁惟是，凡长江、洪（黄）河，与夫南北之济运，清黄之交汇，何一非予宵旰切切关心者？亦胥愿其澜之安也。是则予之以安澜名是园者，固非游情泉石之为，而实蒿目桑麻之计。所为在此，不在彼也。”[②]

（三）“朕即天下”的虚骄心态与固步自封

在乾隆心目中，西洋楼与仿园是迥然不同的。西洋楼偏于圆明园东北一隅，面积不足圆明五园的2%。乾隆皇帝生前在圆明园题咏的诗有万余首，但没有一首是题写西洋楼景区的。可他吟咏狮子林景区的诗却有172首，吟咏含经堂景区的诗有120首。可见，西洋楼在乾隆心目中的地位并不高。那乾隆皇帝为什么要费时费力地修建西洋楼呢？难道仅是为了赏心悦目吗？其实不然。乾隆六十年，他在《题泽兰堂》一诗中，给出了这样的解释：

> 堂（泽兰堂）北为西洋水法处，盖缘乾隆十八年西洋博尔都噶里雅国（葡萄牙）来京朝贡，闻彼处以水法为奇观，因念中国地大物博，水法不过工巧之一端，遂命住京之西洋人郎世宁造为此法，俾来使至此瞻仰……节间令于是处观看水法，使知朕所嘉者，远人向化之诚，若其任土作贡，则中国之大，何奇不有，初不以为贵也。[③]

这个解释明白无误地告诉我们，中国之大何奇不有，就以西洋人引为奇观的大水法，大清王朝也有，而且比洋人做得更好，使来朝觐者不得不叹服。中国皇帝最想要的是西洋人慕化悃诚，真心向化，至于区区土贡，对天朝上国来说，并不稀罕。

乾隆皇帝曾自诩为“十全老人”。所谓“十全”，就是指乾隆朝十次中外战役的成功，其中，包括两次平定准噶尔部、平定回部、两次平定大小金川、镇压台湾林爽文起义、降服缅甸和安南战役、两次击退廓尔喀。他展示“十全”的重要场所，即在今中南海紫光阁。乾隆二十五年，清廷重修紫光阁，并于阁后建武成殿，用以陈设记录其战争史实的铜版图和在战役中立下汗马功劳的功臣画像。至乾隆皇帝晚年，紫光阁内存放有280幅功臣像，其目的自然是褒扬忠于朝廷的功臣，以激励后世。但乾隆皇帝这种绘像表彰的做法，其实是始于长春园的。乾隆十九年正月二十一日，太监胡世杰传旨：“谐奇趣东平台九屏峰背后，现贴西洋来使巴哲格脸像（按，葡萄牙使臣），着郎世宁查在京出力多年，有画过脸像西洋人配画十七个。钦此。”二月二十四日，郎世宁将查得的十四个西洋人肖像呈览。奉旨：“着十四人之内拣去三个，将现在内庭行走郎世宁等六个画上。钦此。”[④] 这样，18位臣服清朝的来华使臣，包括在朝廷出力多年的各国传教士，均给予了画像张贴，悬于御园的恩典。

另外，从西洋楼景区的称谓来看，除谐奇趣、万花阵、养雀笼、蓄水楼、大水法、观水法等称谓系直接命名外，其他景观的命名，则大有寓意。如海晏堂，“晏”为平静、安定之意，“海”

① 前揭《钦定日下旧闻考》卷八三，第1384页。

② 前揭《钦定日下旧闻考》卷八二，第1367页。

③ 前揭《清高宗（乾隆）御制诗文全集》五集卷九四，第2页。

④ 前揭《圆明园》下，第1352页。

为大海，隐喻为四海，即天下之意，其中包括中国与外国。楼称海晏，明显是取河清海晏之意。海晏堂以西的另一座石构建筑为方外观，古人认为天圆地方，故“方”是地的代称，“圆”是天的代称。《史记·文帝本纪》载“方内安宁”，即是说中国安宁。“方外”则是指天下之内，中国以外的地方。观是观赏，“方外观”的直译，即是值得观赏的外国景物。再如远瀛观，瀛是大海的意思，王允《论衡·淡天》中有“九州之外，更有瀛海”，这里的“瀛海”与“方外”一样，“远瀛观”的直译也是天下之内、九州（中国）之外，一处值得观赏的地方。

所以，整个西洋楼景区为什么建成之后乾隆帝连一首诗也没有赐予，回溯到朕即天下、夷夏有别的乾隆时代，我们就很容易理解了。另外，乾隆皇帝为什么要建西洋楼景区，作为其子其孙的嘉庆、道光二帝，也给了我们明确的解答。嘉庆帝有一首《远瀛观》诗：“楼式仿西洋，圣皇声教彰。远瀛咸向化，绝域尽来王。可识天威畅，同沾惠泽长。大清超万古，继序凛无遑。”[①]这里的远瀛与绝域，都是指极其遥远的地方；向化，指归顺服从；来王，即古代诸侯定期朝觐天子。如《尚书·大禹谟》：“无怠无荒，四夷来王。”作为晚清时代的道光皇帝，虽很少游览西洋楼，三十年中他只写过一首《远瀛观述志》诗，但他在诗注中也是一味歌颂其祖父的“圣武远扬”“德泽无垠”。把西洋楼的建成，视作大清帝国“尧天广覆”和“远瀛之向化”的标志。[②]

可见，乾隆皇帝建筑西洋楼景区的主要目的，就是要通过这如诗如梦般的奇妙景观，以彰显大清王朝的繁荣强盛，无奇不有。同时，又把她作为一个露天的大展台，以展示万邦来朝、四夷向化的生动事例。所以，乾隆十八年四月十六日，乾隆帝御长春园含经堂，赐宴葡萄牙使臣巴哲格，并命人引其观赏谐奇趣水法（按，时远瀛观大水法尚未修建）。六十年正月，荷兰使臣德胜亦在西洋楼瞻仰过远瀛观大水法。乾隆五十八年七月，英使马戛尔尼访华时，乾隆帝先曾安排其在热河瞻觐后，于他回銮时在圆明园大东门接驾，并在圆明园等处瞻仰，观玩水法，演示龙舟。结果，马戛尔尼这个“不识抬举”的远夷，因为磕头问题，惹恼了真龙天子乾隆帝。最终，所有的“瞻仰计划”都被取消。

可是，就在乾隆皇帝及其子孙们仍沉浸在“朕即天下、万邦来朝”的梦境中时，18 世纪的中国与世界正发生着根本性巨变，西方殖民主义者已将坚船利炮摆在了中国的家门口。但乾隆皇帝和他的臣子们并没有从西方的大水法和马戛尔尼使团送来的一系列礼物中，看到西方自然科学的飞速发展，和它们背后的政治与经济制度。反而把它们都看作是奇技淫巧和观赏之物，并抱残守缺，依然用古老的治国理念，来面对急剧变化的世界。如乾隆皇帝在《淳化轩记》中写道：“为人君者即不能以唐尧虞舜为师，亦当以夏甲周成为轨”[③]，在《含经堂六韵》一诗中亦言“性源溯周孔，治道在虞唐”“黼屏勒五字，明语学宁王”[④]，表明他依然眷恋着上古时期所谓唐尧虞舜的太平盛世，并要以夏朝君主和周文王等人为榜样，来治理东西海路大开之后的这个人口众多的王朝。而面对西学东渐的滚滚大潮，乾隆皇帝又束手无策，只能被动地限关自守。同时，又死抱着“夷夏有别”的陈腐观念。这种虚骄自傲、固步自封的思想也深刻地影响到后来的嘉庆、道光等皇帝。如嘉庆皇帝就学着他的父亲说：“必以实心法尧舜禹汤之实政，

① 故宫博物院编：《清仁宗御制诗》初集卷二三，海南出版社，2000 年，第 10 页。

② 故宫博物院编：《清宣宗御制诗》卷九，海南出版社，2000 年，第 21 页。

③ 前揭《日下旧闻考》卷八三，第 1381 页。

④ 前揭《清高宗（乾隆）御制诗文全集》三集卷七，第 2 页。

殚思典谟训诰之精微。”[1] 于是，就在乾隆皇帝取消马戛尔尼使团观赏长春园大水法的47年后，这个不肯磕头向化的大英殖民帝国，即挑起了侵华的鸦片战争。结果，一纸《中英南京条约》打开了大清王朝的国门。接着，第二次鸦片战争，万园之园的圆明园和连绵二十里的三山五园，又被英法联军抢掠一空，焚之一炬。

有鉴于此，这片被清帝炫耀为“远瀛咸向化，绝域尽来王”的西洋楼景观，连同长春园一起，就成为清王朝落日余晖的最后一抹亮色，并从此坠入“落后就要挨打”的历史深渊。

（作者单位：中国人民大学清史研究所）

① 前揭《清仁宗御制文》二集卷四。

乾隆朝养心殿里的文化区域

许　静

内容提要：在清代，养心殿不仅是皇帝政务活动的中心，同时也是皇帝的生活区域，这里发生的皇帝的文化活动值得关注。乾隆时期在养心殿内出现了皇帝的书斋，如长春书屋、三希堂、随安室等处。作为书斋，它们有共同的特点，是皇帝读书、写诗、作画、鉴赏的场所，同时也都是紫禁城珍品收藏的处所。但是，它们又有很大的区别，它们的名称来源有所不同，对于乾隆皇帝，它们分别代表了不同的意义。

关键词：清宫　养心殿　书斋

位于紫禁城西六宫南侧的养心殿，始建于明代嘉靖时期。在清代雍正朝以前，养心殿在紫禁城内并没有特殊之处，只是后宫一座普通的院落。[①] 从雍正朝开始，养心殿成为一处重要的宫殿。康熙六十一年十一月十三日，康熙帝病逝，雍正帝以乾清宫东庑为倚庐，守孝 27 日后，移居养心殿，继续素服持斋、守孝。雍正三年二月，守孝结束，雍正帝选择继续留在养心殿。自此，养心殿成为了清代皇帝的寝宫，逐渐取代乾清宫成为皇帝日常政务活动的中心。

作为皇帝的寝宫，养心殿里皇帝的文化活动值得关注。雍正皇帝一生以勤政著称，养心殿内随处可见他的勤奋，如“勤政亲贤”匾、“为君难”匾、“惟以一人治天下，岂为天下奉一人”对联等等。乾隆皇帝本人文化素养很高，对于读书、收藏、鉴赏、书法、绘画这些文化活动情有独钟，在养心殿就出现了长春书屋、三希堂、随安室等皇帝的文化活动区域，本文将对此重点探讨。

一　长春书屋

长春书屋最初位于养心殿西暖阁后面的仙楼上，于乾隆元年修建。档案记载：“乾隆元年十月初六日，宫殿监督领侍苏培盛交养心殿西暖阁仙楼上用御笔长春书屋匾文一张……传旨，长春书屋匾文着做红蝠流云边一面。十一月十三日，匾对做得并托裱。”[②] 乾隆十一年，乾隆帝将长春书屋从仙楼移到下面的隔间内，面积较之前稍小一些。乾隆时期，长春书屋的联为乾隆帝御笔“闲寻绮思千花丽，静想高吟六义清”，内室的联为“景深莩甲含胎际，春在人心物

① 有关雍正朝之前养心殿的相关研究，主要见郭福祥：《康熙时期的养心殿》，《故宫博物院院刊》2003 年第 4 期。文章介绍了康熙时期养心殿主要是造办处的工作场所，也是皇帝与西方传教士学习及接见臣工的地方。

② 中国第一历史档案馆、香港中文大学文物馆编：《清宫内务府造办处档案总汇》（以下简称《总汇》）第 7 册，人民出版社，2005 年，第 94 页。

性间”，又有御笔联为“丽日和风春淡荡，花香鸟语物昭苏”。[①]

长春书屋作为书斋之名，来自于乾隆帝皇子时期“长春居士”的名号。大概在雍正十年，雍正帝在编纂法会书时赐给弘历“长春居士”一号。乾隆帝后来也曾提起此事：“犹忆朕年二十二岁时，皇考世宗宪皇帝因办当今法会一书，垂问汝等有号否，朕谨以未曾有号对。我皇考因命朕为长春居士，和亲王为旭日居士，朕之有号，实由皇考所赐。”[②]乾隆帝很喜欢这个名号，将其给自己的书斋命名。除了养心殿的长春书屋，重华宫翠云馆、宁寿宫、瀛台、避暑山庄等处，都有长春书屋。“曩时蒙恩尝读书于此，即长春之号亦系赐予者，故各处书屋率以此名之。”[③]在这些长春书屋中，养心殿西暖阁的长春书屋应是最早修建的，其次为重华宫、瀛台、长春园、避暑山庄、宁寿宫。

书斋生活，其内容多是与笔墨纸砚、琴棋书画有关的。乾隆帝的《长春书屋四事四声诗》记录了自己平时在长春书屋中惬意安闲的生活。诗文如下：

读书
清间何为消，明窗芸编陈。耽书诚前绿，怡情谐常因。
千秋于焉观，分阴良堪珍。汤盘铭曾言，予惟期其新。

模帖
临池怀前贤，抚古允我喜。虽常希颜筋，那有省可髓。
孜孜勤悬针，草草哂累纸。佳言思公权，引以辅善理。

焚香
匡床双金猊，焕灿护兽炭。氤氲檀芬烧，霭霭蕙篆散。
褰帷薰心源，对座净鼻观。无然安清供，问政毖缔案。

烹茗
筠炉江南来，恰合设白屋。烹煎松风铭，活泼雪色沥。
奇吟输唐庐，佚乐学复陆。擎杯方无言，魄月薮绿竹。[④]

从诗句中无法得知具体是哪里的长春书屋，只能推断这是养心殿西暖阁长春书屋。他写此诗系乾隆三十二年，因此不可能是宁寿宫的长春书屋；同时，诗句记录的是他的日常书斋生活，只有养心殿才是他在宫中主要的起居场所。其他诸如重华宫、瀛台等处的长春书屋，只是他偶尔驻足的地方。

对于诗中记录的“四事”，留下记载较多的是“临帖”，史料中有很多关于乾隆帝在养心殿长春书屋临帖的记载。例如，在《石渠宝笈续编》中收录有乾隆帝御笔《临兰亭诗序帖》，

① （清）鄂尔泰、张廷玉：《国朝宫史》，北京古籍出版社，1994年，第256页。

② 《清高宗实录》卷七六〇，乾隆三十一年五月辛巳；《清实录》第18册，中华书局，1986年，第366页。

③ 《清高宗御制诗》第八册，海南出版社，2000年，第277页。

④ 前揭《清高宗御制诗》第八册，285页。

其落款为“乾隆乙亥春月临于养心殿之长春书屋”，上钤盖“比德”“朗润”印玺。除了临帖，绘画也是乾隆帝艺术创作的一项重要内容。在《石渠宝笈续编》中收录有乾隆帝御笔《仿苏轼墨竹图》轴，其款识为“甲戌新正拟东坡笔意于养心殿长春书屋”[①]。其实，在乾隆帝的书法绘画作品或者在其为古书画所写的跋语中，经常有“临于长春书屋”“长春书屋漫识”的记载，只是因为没有更多的资料查询，大多数无法得知到底是哪一处的长春书屋。如乾隆帝御临《黄庭坚墨竹赋》一册，其款识为“乾隆甲子孟夏上浣御笔临于长春书屋”。这是乾隆九年夏四月上旬的临帖。又如乾隆帝临《米芾尺牍》一卷，其款识为“乾隆甲子秋九月上浣五日御临于长春书屋”[②]，这是乾隆九年九月初五日的临帖。由于长春园、万寿山、静宜园、避暑山庄的长春书屋都建于乾隆九年之后，因此款识中的两处长春书屋都在紫禁城内。又如在《女史箴图》上，乾隆帝写的跋语为：“顾恺之善丹青图，写尤妙迹……《女史箴图》流传千五六百年而神采焕发，意态随出，非后人笔墨所可涯涘……是图向贮御书房……遂移置建福宫西偏之室……予既甚爱斯画而深幸遭遇之非偶也，率记数言于尾。乾隆丙寅夏至前五日长春书屋御笔。”[③]跋语上的时间为“乾隆丙寅夏至前五日”，这个日期是乾隆十一年四月二十九日，跋语中说此画的收藏位置在建福宫西偏室，而成书于乾隆十年的《石渠宝笈》是依照藏品贮藏位置为纲目进行整理排列的，此画在“静怡轩”条目下，静怡轩在建福宫内，所以，乾隆帝题写跋语之时此画是在静怡轩收藏的。从乾隆朝《实录》和《起居注》记载得知：二十七日乾隆帝在乾清门御门听政，二十九日针对夏至致祭地坛的相关事宜下旨，命仍照原议前往坛内斋宫住宿。[④]当日吏部还引见了礼部郎中穆克登，三十日遣总管太监张玉柱赴畅春园给皇太后请安。[⑤]由此可知，这一天乾隆帝确在紫禁城内，而跋语中的长春书屋很大可能是在离静怡轩比较近的重华宫长春书屋。

爱好古玩的乾隆皇帝当然会在书斋把玩藏品，因此书斋也是他的一个重要的收藏之所。近期有学者研究了养心殿长春书屋古玩墙，特别值得关注。张淑娴《养心殿长春书屋古玩墙的起源和演变》一文，对养心殿长春书屋古玩墙进行了深入的研究。文章中说在修缮养心殿的过程中，工作人员在长春书屋发现了一面别具一格的墙，墙面的壁纸下面是很多形状各异的空槽，其形状类似花瓶、花瓣等，这就是当时一度流行的古玩墙。“用古玩片镶嵌书格、屏风、板墙等的装饰方式是雍正朝及乾隆朝早期所流行的装饰手法。”[⑥]文章论证了乾隆早期长春书屋内存在的古玩墙这种带有西洋特点的装饰形式，这样的装饰曾一度受到了乾隆皇帝的喜爱。

二　三希堂

三希堂位于养心殿西暖阁，原称温室。乾隆十一年，乾隆帝将其改名为“三希堂”，“内

---

① 《钦定石渠宝笈续编》第一册，海南出版社，2001 年，第 267、354 页。

② 《景印文渊阁四库全书》第 824 册，台湾商务印书馆，1998 年，第 47、573 页。

③ 前揭《景印文渊阁四库全书》第 825 册，第 642 页。

④ 前揭《清高宗清实录》卷二六四，乾隆十一年四月戊辰，《清实录》第 12 册，第 440 页。

⑤ 《乾隆帝起居注》第五册，广西师范大学出版社，2002 年，第 126—127 页。

⑥ 张淑娴：《养心殿长春书屋古玩墙的起源和演变》，《故宫博物院院刊》2018 年第 5 期。

府秘笈王羲之快雪帖，王献之中秋帖，近又得王珣伯远帖，皆稀世之珍也。因就养心殿温室易其名曰三希堂以藏之”，这是关于三希堂狭义的解释，还有更深层次的涵义。“然吾之以三希堂名堂者，依非尽为藏帖也。”[①] 三希堂名称的由来，还跟乾隆帝的老师蔡世远直接相关，蔡世远的书斋名为“二希堂”。宋儒周敦颐有“士希贤，贤希圣，圣希天”之说，其意为勉励天下士人致力于学，学无止境。[②] 蔡世远因表示自己并非圣人，因此“不敢希天”，取书斋名为“二希”。乾隆帝却以孟子谓“尽其心者知其性也，知其性则知天矣”，进而认为人人有尽心知性之责，则人人有希圣、希天之道，因此取名为“三希堂”。乾隆帝《嘉兴道中杂咏》诗中有“士希贤圣圣希天，日进何曾可止焉”[③] 之句，意思是希天是对学问的无止境的追求，也是君子对于道的无止境的追求。关于这一点，乾隆帝后来又有所强调。乾隆五十五年文华殿经筵大典上，乾隆帝在经筵御论《天行健君子以自强不息》中说：“夫士之去圣贤且远矣，而况天乎？然而不可无希之之志。若不希之，是自画也。昔为三希堂记，略见斯义。且天之行健，日日在人目前，予以为较圣贤之去人为尤近耳。君子以是为法，自强不息焉，不庶几可希天乎？盖所谓自，亦有二义，一曰自己，二曰自然。自己尚觉有私，自然则无为也，无为而不息，此天之所行健，而人之所当以为法也。设曰何以不息，则注之曰克己复礼。”[④] 乾隆帝认为，虽然士距天很远，但不可无希天之志；士人君子通过努力、自强不息，最终可达到希天。可见，三希堂之名包涵了多种深厚的意义，乾隆帝在取此名之时所费苦心，也反映了他本人对此书斋的重视。

目前，三希堂仍保留着当时的原状。三希堂匾为乾隆帝御笔，两侧为“怀抱观古今，深心讬豪素”的御笔对联。“怀抱观古今”出自东晋谢灵运《斋中读书》：“昔余游京华，未尝废丘壑。矧乃归山川，心迹双寂寞。虚馆绝争讼，空庭来鸟雀。卧疾丰暇豫，翰墨时间作。怀抱观古今，寝食展戏谑。既笑沮溺苦，又哂子云阁。执戟亦以疲，耕稼岂云乐。万事难并欢，达生幸可托。”诗人因政治生涯不顺意，便在美景与书籍中暂寻慰藉。乾隆帝用此诗句，意在要求自己要以旷达的胸襟君临天下，饱览古今典籍，纵观历史长河中的成败得失，寻求治道，追求圣希天的理想。“深心讬豪素”出自南朝颜延之《五君咏·向常侍》：“向秀甘淡薄，深心托豪素。探道好渊玄，观书鄙章句。交吕既鸿轩，攀稽亦凤举。流连河里游，恻怆山阳赋。”[⑤] 这首诗是颜延之赞扬向秀的作品，“深心托豪素”是对于向秀致力于学问的赞美之辞。乾隆帝以此句为下联，狭义上是表明自己对王氏三部作品的珍视，广义上更是勉励自己要勤于学问，对治学须全心投入，毫不懈怠。三件法帖的作者为东晋时人，而谢灵运也是东晋时人，颜延之为南朝宋人，他们都处于同一个时代背景之下。乾隆帝选取谢灵运、颜延之的诗句作为对联，悬挂在收贮王氏作品的三希堂，这使三希堂的对联更有深意，同时也可见乾隆帝对魏晋时期文化艺术的钟爱。匾联下方就是乾隆帝的御座，御座前陈设有书桌，桌上陈设有文房四宝，御座旁边的窗台上面也摆放有玉器古玩。

三希堂为收贮三件法帖而改建，乾隆帝也会将钟爱的其他藏品收贮在此处。因此，三希堂成为宫中的一个藏品宝库。《石渠宝笈》中收录的部分书画作品贮藏在这里。造办处的档案中

① 《清高宗御制文》第一册，海南出版社，2000 年，第 48 页。

② 前揭《景印文渊阁四库全书》第 1101 册，第 425 页。

③ 前揭《清高宗御制诗》第三册，第 338 页。

④ 前揭《清高宗御制文》第二册，第 224 页。

⑤ 前揭《景印文渊阁四库全书》第 1330 册，第 487、700 页。

也有此方面的记载。如，乾隆二十八年十月十日，乾隆帝命苏州织造仿照三希堂所藏一件古铜如意重新制作一件。[①] 乾隆三十一年二月二十九日，乾隆帝命造办处仿照三希堂藏周素盉的紫檀木底座给青玉方瓶配座。[②] 乾隆四十年五月十六日，乾隆帝命造办处将青玉双莲盒一件放入三希堂中的百什件内陈设。[③]

乾隆帝闲暇时在三希堂写字、绘画、读书、把玩古物，“黍稷沾优渥，风光凑晓晴。气清繁暑涤，云散远天明。花馥侵瑶砌，槐阴护绣楹。三希披宝帖，快雪有同情”[④]。诗中描绘了夏季的一个雨后，天气转晴，养心殿院落里花香扑鼻，绿树成荫，政务之余的乾隆帝在三希堂内欣赏快雪、中秋、伯远三件宝帖的情景，诗中透出轻松愉快的气氛。下雪时节，乾隆帝也会在三希堂中以雪为题赋诗，并写在《快雪时晴帖》上。嘉庆皇帝曾不止一次提及，“皇考每年喜雪诗，皆手书于三希堂所藏王羲之快雪时晴帖中，敬瞻手泽，弥切望云之思”“三希堂所贮王羲之快雪时晴帖，每年皇考手书得雪诗于上，敬瞻遗泽，弥切哀思”。[⑤]

三希堂在紫禁城中的显著地位也跟乾隆帝的一项文化工程相关，那就是《三希堂法帖》的刊印。乾隆帝效仿宋太宗刻《淳化阁帖》、宋徽宗刻《大观贴》，命梁诗正、蒋溥、汪由敦等人将《石渠宝笈》中存于三希堂内及内府所收藏魏晋以来至明末诸家真迹中优者编次、勾摹上石，并命人镌刻而成《三希堂法帖》。《三希堂法帖》共32卷，收录了魏晋以来至明末诸家的楷、行、草书作品。其中有钟繇、王珣、梁武帝、颜真卿、孙虔礼、怀素、赵炅、董其昌等诸多书法大家之珍品。[⑥]《三希堂法帖》刻成后，石刻共有500块，乾隆帝下令在北海白塔山西麓建围楼，“以石刻列嵌楼壁上下，翰墨琳琅辉映”[⑦]，围楼因此得名“阅古楼”。

综合来看，养心殿是紫禁城的政务中心，乾隆帝在这个区域中开辟出这样一间典雅朴素的书斋，政务之余可以从事所钟爱的书画鉴赏、创作活动。一方面反映出乾隆帝对古代文化的向往；另一方面，三希堂的存在也给养心殿这样严肃的政治区域增添了许多悠闲的气氛。

三　随安室

养心殿东暖阁寝宫西室为随安室，其联为：“无不可过去之事，有自然相知之人。”[⑧] 乾隆帝即位之前，这里是东暖阁的温室，后来乾隆帝将此处命名为“随安室”[⑨]。其实，紫禁城中有多处书斋都以随安室命名，最早出现的随安室在重华宫，是乾隆帝皇子时的书房，“漱芳

① 前揭《总汇》第28册，第111页。
② 前揭《总汇》第30册，第372页。
③ 前揭《总汇》第38册，第173页。
④ 前揭《清高宗御制诗》第三册，第151页。
⑤ 《清仁宗御制诗》第二册，海南出版社，2000年，第18—19页。
⑥ 《清朝通志》卷一一六，浙江古籍出版社，1988年，第7399页。
⑦ 前揭《国朝宫史》，第361页。
⑧ （清）于敏中等：《钦定日下旧闻考》，北京古籍出版社，1981年，第231页。
⑨ 前揭《清高宗御制诗》第十九册，第190页。

斋东次室曰静憩轩，后为金昭玉粹，东室曰随安室”[①]。关于随安室命名的涵义，乾隆帝在其诗文中常常提及，如在《随安室有会》中说：“予十七岁居重华宫时，曾颜书室曰随安，取随遇而安之义。”[②]乾隆帝非常喜欢随遇而安这个意义，不仅紫禁城中，就连西苑、圆明园、长春园、清漪园、静宜园、避暑山庄等处均有随安室。他在《题瀛台随安室》一诗中说：“随安者，取其随所遇而安之义。故凡胜地虚庭，明窗净几，无不以是颜其轩，盖藉以触目会心云耳。”[③]

虽然在养心殿里，随安室并不如三希堂、长春书屋那么有名气，而且面积也小，但是它得名于乾隆帝皇子时期的书斋，反映出此时他对待生活的一种态度。皇子时期的乾隆帝一切都比较顺利，没有残酷的斗争，因此这是一段较为轻松快乐的时光。很多时候他像一位文人雅士，生活中处处透出悠然自得的闲适。正如他在《乐善堂记》中描绘的那样：“余有书屋数间，清爽幽静，山水之趣，琴鹤之玩，时呈于前。菜圃数畦，桃花满林，堪以寓目。颜之曰乐善堂者，盖取大舜乐于人以为善之意也。”[④]可见，皇子时期的乾隆帝常以随遇而安、乐以为善来要求自己。在即位之后的几十年中，他时常怀念这段时光，并感叹为君之难，他的多首诗文中都流露出这样的感情。如《随安室》：“随所遇皆安，廓如志欲宽。当年原觉易，今日始知难。一已励宵旰，万民筹馑寒。泰然实艰致，敢惜寸心殚”。[⑤]又如《随安室得句》：“福海中蓬岛，早吟卌景观。于斯别有室，亦久号随安。望泽常如惄，稍沾敢即欢。昔年恒觉易，此日始知难。”他在诗注中说：“蓬岛瑶台为御园四十景之一，中连别室，向用予重华宫随安室之名颜之。昔在书室，随安之意颇易得。兹临御五十余年之间，量晴课雨，常切殷忧，随遇而安之事，实不易得，此亦为君之难也。”[⑥]另外一首《随安室》诗，更是将即位前后的两种心情做了比较，直言为君之后重担在肩的情形：“廿五前随安，读书乐群诚多欢。廿五后随安，敉几切已为君难。期八旬有五归政，仍是室也心应宽。一日未息肩，万几敢惮烦。随时随地励斯志，欲冀他年无事，坐此恣盘桓。”[⑦]

乾隆帝在养心殿这样重要的区域开辟出一间小小的随安室，也是想时刻不忘记青年时期随遇而安之意。他有一首以养心殿之“养心”和随安室之“随安”为内容的诗作《随安室八韵》：“随遇得居安，养心在序端。检身若不及，容膝已为宽。志与青年异，题斯触处观。敢求一己异，实觉万民难。为是勤宵旰，因之叶燠寒。祈年无间意，望雨或忘餐。骄否泰艰致，今非昔所欢。循名如责实，赧尔祗三叹。”[⑧]乾隆帝在诗注中写道：“此予在青宫时即以名室，盖取随所遇而安之意。今则异曩日之志矣。”乾隆帝想表达的是：居住在养心殿里的自己身负万民之难，已经不会有昔日重华宫里少年皇子的那份闲情逸致了。

随安室作为养心殿区域的一间书房，陈设自然与乾隆帝的文学活动相关，书桌、宝座、文房四宝、书画、古玩等一应俱有。乾隆朝造办处的档案记载了养心殿随安室的陈设。如，乾隆

---

① 前揭《钦定日下旧闻考》，第219—220页。
② 前揭《清高宗御制诗》第十六册，第347页。
③ 前揭《清高宗御制诗》第一册，第167页。
④ 《乐善堂集》，海南出版社，2000年，第160—61页。
⑤ 前揭《清高宗御制诗》第八册，第163页。
⑥ 前揭《清高宗御制诗》第十七册，第318页。
⑦ 前揭《清高宗御制诗》第十二册，第106页。
⑧ 前揭《清高宗御制诗》第七册，第307页。

四年九月十九日，乾隆帝命做楠木小桌一张，放于随安室内，十月初一日，木桌做成。[①]乾隆二十年十二月初十日，乾隆帝命姚文瀚为随安室绘制岁朝图一张，二十七日，岁朝图完成，并交予随安室悬挂。[②]乾隆二十一年十一月初十日，随安室陈设有金钉子儿皮套镀金透花盒五彩珐琅表。[③]乾隆二十三年十一月二十六日，随安室小桌上陈设有小时钟一座。[④]乾隆三十一年十二月二十六日，杨大章奉命绘制画对一副，陈设在随安室南夹道。[⑤]乾隆四十二年五月初七日，随安室内东西两侧俱陈设有挂阁，挂阁上陈设多种古玩，如定瓷六方瓶、玉瓶、珐琅六方瓶、珐琅宝月瓶、珐琅饕餮纹瓶等等。[⑥]

嘉庆七年的清宫陈设档中也记载了养心殿随安室的陈设，主要如下：

> 随安室宝座床上设紫檀木嵌玉三块、如意一柄、紫檀木嵌玻璃折镜一件、竹边骨扇一柄、冬青釉荷叶式渣斗一件；栏杆内隔板上设青玉出戟花觚一件；南隔板上设青白玉人物山子一件、青玉海棠洗一件、御笔随安室四咏一册；坐褥上设雕漆长方二层匣一件、楠木小条案一张，条案上有御笔册页一册、胡桂□山水一册；西北挂阁上设白玉双环有盖扁瓶一件、青玉灵芝执壶一件、青玉蕉叶花□一件；东北挂阁上设紫檀木嵌汉玉半壁插屏一件、铜镶口白地红花宝月瓶一件、青白玉太平有象一件、汉玉夔龙磬一件；东墙挂紫檀木边玻璃镜一件。[⑦]

嘉庆帝亲政后，并未对养心殿区域进行较大改动。因此，这份嘉庆七年的陈设档案基本可以反映乾隆时期的陈设。

作为乾隆帝的书斋，除了读书、写字、作画、鉴古之外，乾隆帝有一项专门的活动是随安室特有的，那就是每年在此悬挂春帖子。“随安室，养心殿东暖阁温室名也，每年所制春帖子皆悬于此”[⑧]。春帖子，是为了庆祝立春的到来而写的诗句，这一习俗产生于宋代。晏殊、欧阳修、司马光、苏轼等宋代名人都写过春帖子。这一习俗在清宫中仍然延续，“每岁立春之前，南书房翰林等恭进春帖子词，岁内立春者在二十日以后进，交懋勤殿首领太监恭呈御览后陈设乾清宫西暖阁温室内案上，将旧岁春帖子词换出，收贮懋勤殿”[⑨]。南书房翰林写的春帖子悬挂在乾清宫西暖阁，而乾隆帝亲书的春帖子则悬挂在养心殿随安室。嘉庆帝亲政之后，延续了乾隆帝写春帖子的习惯，并依旧悬挂在养心殿随安室中。他在《春胜联句有序》中说：“我皇考初年间以拈咏，首数亦无定。自乾隆庚辰年后则岁以五言绝句二首、七言绝句一首为率。今予亦每岁作之，体式、首数悉依圣制，并亲书尺幅装为小轴悬之养心殿，易旧岁者藏之。”[⑩]从中

① 前揭《总汇》第9册，第123页。
② 前揭《总汇》第21册，第319页。
③ 前揭《总汇》第22册，第311页。
④ 前揭《总汇》第24册，第16页。
⑤ 前揭《总汇》第30册，第123页。
⑥ 前揭《总汇》第40册，第320—328页。
⑦ 《养心殿东暖阁陈设档》嘉庆七年十一月。
⑧ 前揭《清高宗御制诗》第十九册，第190页。
⑨ 前揭《国朝宫史》，第148页。
⑩ 前揭《清仁宗御制诗》第四册，第300页。

可见，乾隆二十五年之后，乾隆帝写春帖子成为惯例，诗句的类别和数量都基本固定下来。嘉庆帝即位之后延续了此习俗，将春帖子装裱成轴，悬挂于养心殿随安室中，每岁立春之时将旧的换下收藏，并挂上新的。

四 结语

长春书屋、三希堂、随安室是乾隆帝在养心殿区域设立的书斋，是他从事文化活动的地方。作为书斋，它们有共同的特点，都是皇帝读书、写诗、作画、鉴赏的场所，以及内府珍品收藏的处所。但是，它们又各有特点、有所区别。比如，名称来源不同，对于乾隆帝，分别代表了不同的意义。长春书屋是乾隆帝因雍正帝赐给他的“长春居士”之号而命名，这是他对雍正帝的一种纪念而设立的书斋；三希堂则是乾隆帝以自己对“希贤、希圣、希天”的感悟而命名的书斋，反映了乾隆帝对宋儒周敦颐学说的理解与阐释，体现了作为帝王的一种政治追求；随安室的命名则来源于皇子时期的乾隆帝对待人生的一种随遇而安的态度，记录了青年时期对自己的要求。值得一提的是，根据不同时期陈设档的记载，这三个书斋直至晚清其功能格局都不曾有大的变化。可以说，养心殿是紫禁城重要的政务中心，同时也是重要的文化区域。

本文是“养心殿与清代宫廷生活研究”课题（编号 KTYXD2016 — 06）的阶段性成果。

（作者单位：故宫博物院宫廷历史部）

亮红、亮绿金属胎画珐琅器研究

许晓东

内容提要：乾隆早期在延续康雍时期画珐琅风格的同时，不仅创烧了“洋彩”，还创新发展出亮红亮绿系画珐琅器，以簪花仕女童子、万花图案以及錾胎亮红、亮绿及少量亮蓝地为特征，是乾隆朝画珐琅的重要特色之一。此类程序化的万花图案及开光西洋人物装饰多见于金属胎，其次瓷胎，再次玻璃胎。其烧制和流行，主要集中在乾隆九年至二十年之间。其范式化的西洋人物形象与广珐琅上的西洋人物构图判然有别。清宫造办处所制供御物品中仅画珐琅制品见有西洋人物图案，与画珐琅技术本来自西洋相呼应。伴随乾隆四十年后宫廷画珐琅制作向广东的大规模转移，广东也承接了供御亮红、亮绿系画珐琅的制作，但罕见类似广珐琅制品用于外销或境内民间市场。唐英于乾隆十五至十六年从景德镇督陶官任上被派往粤海关任监督，推测旨在提升包括广珐琅在内的贡品质量，以满足宫廷之需，“敬制”款金属胎画珐琅器推测即烧制于其在粤的两年间，即 1750 至 1751 年间。乾隆款铜胎画珐琅莲瓣花卉纹碗系乾隆早期造办处珐琅作仿康熙之作。

关键词：亮红　亮绿　西洋人物　万花献瑞　“敬制”款画珐琅器

在策划《总相宜：清代广东金属胎画珐琅特展》过程中，有 3 件（组）风格独特的金属胎画珐琅器引起笔者的特别关注，一是“乾隆年制”款铜胎画珐琅开光花鸟纹鼻烟壶，其特点在于壶颈及两侧錾刻缠枝花卉并于减地处装饰胭脂红珐琅，且配以不常见的粉色玻璃盖。二是铜胎画珐琅开光西洋人物花卉纹盘及盖碗，盘心、碗盖、碗身以莨菪叶勾连而成的开光内饰西洋人物，开光之间满饰各色花卉即西方所谓百花图案或清代文献中的“百花献瑞”“万花献瑞”。三是“敬制款”铜胎画珐琅玉堂富贵图双耳瓶，器腹绘牡丹、玉兰花及凤凰、孔雀相顾立于湖石之上。“敬制”款器颇为罕见。三者于北京故宫博物院及台北故宫博物院（以下分别简称北京故宫、台北故宫或两岸故宫）旧藏珐琅器中均能找到类似者。翻检乾隆朝内务府造办处档案，笔者认为三者皆为乾隆朝早期发展出来的画珐琅新款样。前两者皆兴起于造办处珐琅作且关系密切。第一类器物的特点在于一器兼融錾胎和画珐琅两种工艺，錾胎处填饰红、绿珐琅，即乾隆朝《清宫内务府造办处档案总汇》（以下简称《总汇》）所谓的亮红、亮绿珐琅。乾隆四十一年及其后数度下旨粤海关仿制类似鼻烟壶。两岸故宫藏一批金胎画珐琅兼錾胎珐琅杯盘、执壶亦可归入亮红、亮绿系珐琅之列，其上的西洋人物、百花图案与上述第二组器物上所见属同源。第三组带“敬制”款器物则应制作于乾隆十五年至十七年唐英任粤海关监督之时。乾隆十五年前乾隆帝对粤海关承办及两广总督呈进之贡品颇多微词。指派景德镇御窑厂督陶官唐英出任粤海关监督，相信意在提升粤地贡品品位，使之更符合宫廷要求。（图 1–3）

图 1　铜胎画珐琅开光花鸟纹亮红鼻烟壶

图 2　铜胎画珐琅开光西洋人物图盖碗及盘

图 3　铜胎画珐琅玉堂富贵图双耳瓶

一　亮红、亮绿与乾隆西洋人物图珐琅器

亮红、亮绿之名在《总汇》中的出现不晚于雍正年间，最初是对玻璃器的描述。而制作金胎亮红、亮绿珐琅器的记载，主要集中于乾隆九年至十八年及四十一年的造办处珐琅作，涉及鼻烟壶、杯盘、执壶、天盘口瓶，除一则记载未及具体胎质外，其余均为金胎。最早的一则记录见于乾隆九年九月初一日，要求造办处珐琅作照所交绿地錾花西洋珐琅人物鼻烟壶一件、红地錾花西洋珐琅人物鼻烟壶一件，制作亮红、亮绿杯盘各一对及鼻烟壶各一件，杯盘尺寸、样式参照茶房现有杯盘。同年十月十三日做得金胎亮红、亮绿杯盘各一对，但未提及鼻烟壶。其后，传旨珐琅作成做的金胎亮红、亮绿珐琅器还有：乾隆十年二月二十九日仿安佑宫龛内小案所供西洋珐琅夔龙耳天盘口瓶制作西洋珐琅亮红、亮绿天口瓶一对；[①] 乾隆十年三月二十九日仿掐丝珐琅青地小执壶一件加倍做金胎西洋珐琅亮红、亮绿执壶三件、仿金胎錾花亮绿杯盘一份，制作金胎西洋珐琅亮绿杯盘一份；乾隆十五年三月十五日照先做过金胎西洋珐琅亮红、亮绿鼻烟壶，画得纸样两张，制作金胎西洋珐琅亮红、亮绿鼻烟壶一对；乾隆四十一年九月二十八日照所交金胎亮红亮绿西洋珐琅杯盘、执壶一份，制作两份。[②] 以上各件见表1。

表1　金胎亮红、亮绿珐琅传做文献列表

传做时间	样品	成品	完成时间	《总汇》位置
九年九月初一日，匣作	绿地錾花西洋珐琅人物鼻烟壶一件、红地錾花西洋珐琅人物鼻烟壶一件	金胎亮红、亮绿杯盘各一对、鼻烟壶各一件（杯盘大小尺寸样式依茶房杯盘样）	十月十三日（未见鼻烟壶何时完成）	第12册 第570—571页
十年二月二十九日，珐琅作	安佑宫龛内小案现供西洋珐琅夔龙耳天盘口瓶	金胎西洋珐琅亮红、亮绿天盘口瓶一对	不详	第14册 第88页
十年三月二十九日，珐琅作	掐丝珐琅青地小执壶一件	加倍做金胎西洋珐琅亮红、亮绿执壶三件	九月二十四日	第14册 第90页
十年三月二十九日，珐琅作	金錾胎亮红、亮绿杯盘一份	金胎西洋珐琅亮红、亮绿杯盘一份	五月二十四日	第14册 第90页
十年十一月二十四日，珐琅作	亮红、亮绿西洋珐琅鼻烟壶一件	亮红地杖，一面画男人、一面画女人鼻烟壶一件	十一月二十七日	第14册 第100页
十五年三月十五日，珐琅作	金胎西洋珐琅亮红、亮绿鼻烟壶（画纸样两张）	金胎西洋珐琅亮红、亮绿鼻烟壶一对	不详	第17册 第378页

① 台北故宫藏乾隆六年洋彩锦上添花双安天盘口瓶两件（故珐17172），据此大致可知何为天盘口。

② 乾隆十八年五月十五日珐琅作按西洋珐琅靶盏纸样一张，金胎西洋珐琅亮红、亮绿杯盘一件，照样烧制西洋珐琅亮红亮绿靶盏一对，颜色、花纹照杯盘样做，但不要耳子。最后乾隆帝要求“其光子（按：应即开光）烧西洋珐琅，錾花地杖不必烧亮红、亮绿”（中国第一历史档案馆、香港中文大学文物馆：《清宫内务府造办处档案总汇》（以下简称《总汇》第19册，人民出版社，2005年，第509页）。据此可知亮红、亮绿珐琅杯盘所配之杯，一般应有双耳，这也从传世两岸故宫藏品中得以印证。反观所见康、雍、乾款金属胎画珐琅杯盘之杯，基本无耳但有盖。

传做时间	样品	成品	完成时间	《总汇》位置
二十三年十二月二十五日，如意馆		铜胎烧亮红西洋珐琅鼻烟壶一个、铜胎西洋珐琅人物鼻烟壶一个	不详，粘补收拾	第 23 册第 505 页
四十一年九月二十八日，珐琅作	金胎亮红、亮绿西洋珐琅杯盘、执壶一分	西洋珐琅杯盘、执壶一分（珊瑚顶）	四十三年十二月二十七、四十四年九月二十三日各做得一份，均交宁寿宫	第 39 册第 813 页

从“绿地錾花”“红地錾花”描述可知，乾隆九年作为实物样的鼻烟壶当系金属胎，錾刻花纹，并以绿、红珐琅为地。金胎绿地珐琅器创烧于雍正年间。雍正五年九月二十五日珐琅作仿西洋掐丝珐琅盒一件做得绿地白珠金胎珐琅片二片，同年十二月二十三日利用珐琅片配做得镀金腰圆盒两件；雍正七年二月初二日仿做得金胎绿色掐丝珐琅盒一件、五月初四日做得金胎绿色掐丝珐琅豆一件。[①] 其后，乾隆三年四月初三日珐琅作“交西洋掐丝珐琅金胎豆鼎一件，传旨：着照样烧造一件，如照样能烧成的即烧造，如烧不成，仍烧本处珐琅……于乾隆四年五月初二日……将做得铜胎珐琅豆鼎一件、珐琅匙箸瓶一件、香盒一件，并原交出做样仿西洋掐丝珐琅金胎豆鼎一件俱持进……呈览，奉旨：将原样仍持出，照样再烧造一件，其余俱留下……于本年八月二十日将西洋掐丝珐琅金胎豆鼎一件并原样一件俱持进交讫。”[②] 从“如照样能烧成的即烧造，如烧不成，仍烧本处珐琅”推测，此绿色当非珐琅作擅烧、常见之色，亦即暗示作为样品的“西洋掐丝珐琅盒”，其“西洋”二字很可能是指此盒的珐琅色为西洋特征。尽管已难确知西洋掐丝珐琅盒的具体形态，据此制作的金胎绿色掐丝珐琅豆鼎已被学者识出，目前见有“雍正款”及“乾隆款”各一件，表面于掐丝圆框中确实有排列规整的白色珐琅珠装饰，略凸起于器表，现收藏于台北故宫。据此二豆鼎可知当时所谓西洋绿色珐琅的成色以及西洋掐丝珐琅盒的大致样貌。元明以来的掐丝珐琅尚“蓝”，雍正开始欣赏“绿”，西洋掐丝珐琅盒应是触发点之一。乾隆朝亮绿珐琅呈色即与此豆鼎近似。（图 4）

图 4　金胎掐丝珐琅凤耳豆

做样鼻烟壶上的人物装饰同样值得关注。北京故宫

① 前揭《总汇》第 2 册，第 737—738 页。

② 前揭《总汇》第 8 册，第 508—509 页。

图 5　成套金胎亮红、亮绿、亮蓝鼻烟壶

藏 1 套 10 件金胎开光花鸟西洋人物鼻烟壶，均粉色玻璃盖顶，壶底“乾隆年制”款显示其属宫廷于广州订制。[①] 这一套鼻烟壶的特点在于开光外之壶体錾胎缠枝卷草图案，减地处分别饰以亮红、亮绿、亮蓝珐琅。图一鼻烟壶之设计与此套开光花鸟鼻烟壶酷似，且亦为粉色玻璃盖，从壶底“乾隆年制”款识风格可知其产自广东，仅花鸟绘画稍逊，因此当是上述北京故宫藏 1 套 10 件鼻烟壶同系列之产品。据《总汇》乾隆四十二年十一月十二日行文载，乾隆帝着粤海关监督图明阿带去“金胎西洋珐琅鼻烟壶一件（粉红玻璃盖）、五彩瓷暗八仙鼻烟壶一件（铜镀金盖，俱乾隆年款）……照珐琅人物鼻烟壶款式，变别花纹成做鼻烟壶数十件，照五彩瓷鼻烟壶款式变别花纹，厚里下收薄些，成做西洋珐琅鼻烟壶十件送来。”第二年七月初八日粤海关送到“金胎珐琅鼻烟壶十二件、广珐琅仿瓷胎鼻烟壶十件”。同月十八日传旨造办处广木作将金漆箱中的 10 件金胎鼻烟壶配屉盛纳并着交懋勤殿成做推缝册页一册。此条档案中记载的 10 件金胎鼻烟壶即图 5 北京故宫所藏之壶。从档案可知，带去粤海关做样的金胎西洋珐琅鼻烟壶一件系粉红玻璃盖。翻检清宫旧藏及传世诸材质鼻烟壶，绝少配粉红玻璃盖者。上文北京故宫 1 套 10 件鼻烟壶及图 1 之鼻烟壶均为粉红玻璃盖，据此追溯其形制源头，很可能即是乾隆四十二年图明阿自宫中带往粤海关的“金胎西洋珐琅鼻烟壶一件（粉红玻璃盖）”，而这一作为实物样的粉红玻璃盖鼻烟壶，应与乾隆九年九月初一日匣作记载的绿地或红地錾花西洋珐琅人物鼻烟壶同源。促使将亮红、亮绿珐琅制作由造办处珐琅作转移到粤海关的原因之一是“广东西洋珐琅料比较京内西洋珐琅料宝色、水头俱各鲜明”，乾隆帝因此才会于四十二年五月初四日着粤海关监督德魁进珐琅料。同年十一月十三日广东西洋珐琅料送抵造办处珐琅作。[②]（图 5）

尽管目前尚未从两岸故宫藏品中发现与上述 10 件鼻烟壶工艺一致、由造办处珐琅作烧制的鼻烟壶，但采用相同工艺且装饰类似西洋人物图案的亮红、亮绿珐琅器物，却可于清宫旧藏

① 图见李久芳主编：《故宫博物院藏文物珍品全集·鼻烟壶》，香港商务印书馆，2003 年，图版 148、149、171、172、173。承杨勇告知，该套 10 件鼻烟壶装饰开光花鸟的 4 件、西洋人物的 6 件。其中花鸟 4 件里 1 件亮红、2 件亮蓝、另 1 件不详。西洋人物 4 件亮绿、2 件亮蓝。类似的蓝色亦见于台北故宫藏铜胎广珐琅瓶（故珐 580、581）。

② 前揭《总汇》第 40 册，第 234—235 页；第 41 册，第 327 页；第 43 册，第 469、528 页；第 41 册，第 509 页；第 40 册，第 200 页；第 38 册，第 664 页。

品中找到多例，金胎、玻璃胎、瓷胎皆备，显系同宗共源。最重要的是一组金胎亮红、亮绿执壶、杯、盘，应与表1《总汇》记载相关，见表2。五件执壶从西洋人物绘画风格看，分属两组，与《总汇》乾隆十年制成金胎西洋珐琅亮红、亮绿执壶三件，乾隆四十一年照金胎亮红、亮绿西洋珐琅杯盘、执壶制成两份的记载吻合。此外尚有杯、盘九套。这批亮红、亮绿金胎杯、盘、执壶的装饰特点是：第一，器身开光内分别装饰三类主题纹饰，即西洋仕女或仕女童子、胭脂红山水及西式房舍、花卉、林木，人物为置身绿树房舍或楼阁之中。仕女发际簪花，或拈花闻嗅、臂挽花篮、前襟拢花、手持果实（葡萄、芒果、菠萝等）。人物绘画精细、写实程度及立体感略有高、下两类，当是画工不同所致。第二，开光外浮雕缠枝花卉，减地处饰绿色或胭脂红色珐琅。执壶均以亮绿为主色，近口、足点缀亮红。杯身或亮红，或亮绿，单仅一色。与之匹配的盘，盘心承杯圆台外一周浮雕缠枝花卉，其地色与杯身之色相反，盘沿之地色则随杯身。第三，盘之内壁无一例外地于白地上饰百花一周；有的杯足表面亦饰同样花卉（如故珐259、故珐261）。第四，盘背饰缠枝花卉或缠枝卷草，杯足表面亦多饰此二种纹饰。同系列铜胎画珐琅兼錾胎珐琅的还有亮绿印色盒（故珐214）及亮蓝瓶（故珐824）。后者收纳于一木质圆筒中，筒身开光处镶嵌钱汝诚水墨山水。钱汝诚乾隆十三年进士，可作为此亮蓝瓶制作年代之下限。①这件亮蓝珐琅瓶，正可与上述北京故宫藏广东制作之10件粉色玻璃盖珐琅鼻烟壶中数例亮蓝者相比对。目前所见亮红、亮绿珐琅器均署“乾隆年制”款，尚未见宫廷订制之外的亮红、亮绿或亮蓝广珐琅器。（图6–9）

表2　两岸故宫藏金胎亮红、亮绿珐琅执壶、杯、盘

名称	典藏号	名称	典藏号
执壶	故11459	执壶	故珐129
执壶	故11460	杯	故珐259
执壶	故11461	盘	故珐260
杯+盘	故11585	杯	故珐261
执壶	故珐110	盘	故珐262
杯	故珐111	杯	故珐273
盘	故珐112	盘	故珐274
杯	故珐113	杯	故珐276
盘	故珐114	盘	故珐277
杯	故珐127	杯	故珐278
盘	故珐128	盘	故珐279

① 北京故宫藏铜胎画珐琅开光花鸟纹梅花式盒（故117214）饰錾胎亮绿缠枝花纹一周，开光内饰画珐琅花鸟山水。与亮绿、亮红錾胎兼画珐琅金属胎珐琅器比较，亮蓝器数量相对较少，除上述两例及北京故宫藏10件鼻烟壶中的数例外，尚有台北故宫藏四曲盒，从其大片的山水背景、西洋人物相对不突出以及“乾隆年制”款书法风格看，应是广东所制。又铜胎画珐琅撇口瓶一对（故珐556、557）近喇叭口及瓶腹下部饰錾胎亮蓝缠枝花一周，器腹开光花卉。另有两件广珐琅錾胎花卉纹瓶（故珐580、581），其工艺更接近康熙款錾胎珐琅花卉碗（故珐275）。

图 6　金胎錾胎兼画珐琅西洋人物图执壶

图 7　金胎錾胎兼画珐琅西洋人物图执壶

图 8　金胎内填兼画珐琅杯

图 9　金胎内填兼画珐琅西洋母子图杯盘

图 10　铜胎画珐琅西洋人物图盖罐

相似的开光西洋人物、胭脂红山水以及百花装饰也见于一批金胎画珐琅杯盘以及金胎掐丝珐琅兼画珐琅、玻璃胎画珐琅、瓷胎画珐琅、铜胎画珐琅器物之上。开光西洋人物是其共同特征，人大景小，多半身像，细节不尽相同。[①] 胭脂红山水、百花装饰不见得同时具备，亦见其他乾隆时流行的辅助纹饰，见表 3。尽管如此，依据西洋人物风格可知其与金胎亮红、亮绿珐琅器的联系仍然显而易见。其中北京故宫藏铜胎画珐琅西洋人物图盖罐，人物、花卉绘画技法纯熟，俨然出自西洋画师手笔。露胎处錾刻狩猎图，蒙古包散布其间，题材虽为中土，却是欧洲金属器的装饰传统。从这两点看，这件盖罐的设计及制作很可能与服务宫廷的西洋人士有关。那么，这批变化多端却又存在一定关联的开光西洋人物图，是如何形成的？有着什么样的含义？（图 10）

① 前揭《总汇》第 15 册，第 696 页。

表 3 两岸故宫藏其他亮红、亮绿、亮蓝珐琅器

名称	典藏号	名称	典藏号
金胎画珐琅			
杯	故珐 108	盘	故珐 109
杯	故珐 265	盘	故珐 266
杯	故珐 284	盘	故珐 285
金胎掐丝珐琅兼画珐琅			
杯	故珐 540	盘	故珐 541
杯	故珐 542	盘	故珐 543
螭耳罐一对	故珐 134/135	瓶一对	故珐 176/177
盖罐	故珐 132	鼻烟壶	故珐 812/ 故珐 864
玻璃胎画珐琅			
渣斗	故瓷 17094		
瓷胎画珐琅			
双耳瓶一对	故瓷 8794 故瓷 8795	贯耳瓶一对	故瓷 13997 故瓷 13998
贯耳瓶	故瓷 17366	螭耳瓶	故瓷 17600
绶带耳葫芦瓶	故瓷 17417	螭耳瓶	故瓷 17599
绶带耳葫芦瓶	故 152671		
铜胎画珐琅			
觚	新 137675	觚	故 116821
渣斗	新 123411	盖罐	故 116605
执壶	故 116512	瓜棱盒	故 116818
双耳长颈瓶	故珐 607	高装盒	故珐 607
三羊海棠式盒	故珐 213	炉瓶盒三事	故珐 97
双耳罐	故珐 443	双耳罐	故珐 465
椭圆盒	故珐 187	椭圆盒	故珐 188
椭圆盒	故珐 189	双耳炉	故珐 80
炉瓶盒三事	故珐 81	瓶	故珐 99
提梁壶一对	故珐 231	圆盒	故珐 822
双耳罐	故珐 548	盖罐	故珐 182
渣斗	故珐 564	碗	故珐 796
鼻烟壶	故珐 18220	鼻烟壶	故珐 820
鼻烟壶	故 116461	鼻烟壶	故 116466
鼻烟壶	故 116566	鼻烟壶	故 116575
鼻烟壶	新 118056	罐	故 116479

二 清宫画珐琅西洋人物图范式的形成

考察清宫造办处制品，康、雍时期绝少采用西洋人物作为装饰题材，目前所知仅台北故宫的一件康熙朝开光西洋人物珐琅彩瓷碗。[①] 乾隆朝有数例，具明确制作年代，且年代偏早，如台北故宫瓷胎彩锦地开光西洋仕女三羊图长方盒，金立言认为即《总汇》乾隆八年二月初五日“乾清宫”条记载的“磁胎法琅锦上添花长方三阳盒一件”。[②] 同一条记载还有“磁胎法琅锦上添花人物碟一对”，现亦藏台北故宫。[③] 这 3 件彩瓷是乾隆洋彩中不多的、以西洋技法绘画西洋人物或西洋技法绘画中式课子图的例子。另有“胡思明”款铜胎画珐琅嵌西洋人物片银盒，系被粤海关举荐入造办处的广东工匠胡思明入宫后第二年即乾隆四年的试手之作。[④] 此外，北京故宫藏黑漆描金嵌珐琅片笔筒，杨勇认为即乾隆十二年十二月十九日油作记载的利用铜胎画珐琅片配制的两件笔筒之一。[⑤] 笔筒上的蓝地黑字珐琅片系汪由敦、钱陈群墨书诗文，所嵌西洋仕女珐琅片从绘画风格考虑，若非进口，亦很可能出自西洋画师之手。彩瓷三羊盒、“胡思明”款银盒、黑漆描金嵌珐琅片笔筒所绘西洋时装仕女的共同特点是优雅温婉，以花为饰，或手挽花篮、果篮，果篮内可见葡萄及芒果，衬以树木、原野，与亮红、亮绿系珐琅器所饰开光西洋人物特征相同。（（图 11–14））

据胡听汀的考证，“胡思明”款银盒上西洋人物与罗马神话中的酒神巴克斯（Bacchus）和农业女神克瑞斯（Ceres）相关，他们的形象在欧洲 17、18 世纪版画上常见。酒神巴克斯的标志为葡萄、葡萄叶蔓或酒杯，农业女神则以麦穗或镰刀为标志。此外，希腊、罗马神话中的水果女神波摩娜（Pomona）、花神芙洛拉（Flora）、果园之神（Vertumnus）、大地女神（Cybele）同样是西方流行的艺术主题，常常同时出现。这些神话人物皆具丰收的隐喻。周颖菁的研究认为，瓷胎画珐琅西洋仕女三羊图盒的构图，借鉴自欧洲田园牧歌版画或绘画。三羊在传统中国语境中寓意三阳开泰，暗示冬去春来、平安祥和。而簪花仕女与童子的互动，体现了乾隆时期对母教的推崇。[⑥] 对丰收或春天的讴歌契合中国艺术精神。胡听汀及周颖菁都留意到清代宫廷画珐琅上的西洋人物绝少西方神话或宗教痕迹，究其原因应与当时清政府对天主教的压制有关，所参考稿本中的宗教意味被刻意淡化。虽然如此，若仔细观察这批亮红、亮绿系珐琅器上的西洋仕女、童子，手上所持除鲜花外，还有菠萝（故珐 97、故瓷 17366）、芒果（故瓷 8795）、不知名果实（故珐 13998）以及举杯畅饮（暗示葡萄或酒）（故瓷 8794）。其中绶带耳葫芦瓶（故珐 17417）两面均饰开光簪花西洋女子，一面双手捧装有葡萄和桃子的盘子，另一面则右手托一红色椭圆果子，左手持细杖，长杖上方横向固定一镰刀形物。从这些细节中仍隐约可见

① 余佩瑾：《“风格故事：康熙御制珐琅彩瓷”策展手记》，《故宫文物月刊》2020 年第 8 期，图 25“大明弘治年制”款，第 44 页。

② 前揭《总汇》第 11 册，第 807 页。

③ 图见廖宝秀：《华丽彩瓷：乾隆洋彩》，台北故宫博物院，2015 年，图版 89，第 236—237 页。

④ 此盒由施静菲辨出，胡听汀有专文探讨，见《神话改编：从“胡思明”款银嵌铜胎画珐琅鼻烟盒看清宫工匠的西洋图像制作》，《美成在久》2021 年第 1 期，第 54—65 页。

⑤ 前揭《总汇》第 15 册，第 121—122 页。

⑥ 周颖菁：《中国的想象？清代广珐琅的西洋人物图》，见许晓东、周颖菁等主编：《总相宜：清代广东金属胎画珐琅·论文集》，香港中文大学文物馆，2023 年，第 227—261 页。

图 11　瓷胎彩锦地开光西洋仕女三羊图长方盒

图 12　铜胎画珐琅嵌西洋人物图片银盒

图 13　瓷胎珐琅彩课子图碟

众神的影子。而仕女身侧童子又暗示其为母的角色。宗教元素被融入世俗图景之中。与此同时，中土元素亦被植入，比如三羊图彩瓷盒左下角圆罐中簪插的如意，北京故宫藏铜胎画珐琅执壶（故116512）童子所捧盆中的佛手、寿桃、柿子等。

与乾隆八年二月初五日“乾清宫”条记载的“磁胎珐琅锦上添花长方三阳盒一件”并列的“磁胎法琅锦上添花人物碟一对”，双碟碟心开光内绘画一优雅的中土女子在种植有芭蕉、花卉的庭院中陪伴一童子嬉戏。女子发际簪花。类似风格主题的还见于若干金胎画珐琅兼掐丝珐琅、铜胎和瓷胎画珐琅器上。[①] 可知至晚乾隆四年至二十年

图 14　黑漆描金嵌珐琅片笔筒

① 金胎掐丝兼画珐琅执壶（故 11450）、葫芦执壶（故 11448、故 11449、中珐 1068）、酥油茶罐（中珐 1069、中珐 1113）、多穆壶（中珐 1457），铜胎掐丝兼画珐琅碗（中珐 1465）、双耳瓶（故 116448），珐琅彩碟（故瓷 17097、故瓷 17099、故瓷 17944、故瓷 17945）、双耳炉（故 116611，广东制造）。

间的清宫造办处已发展出独具特色的、程序化的西洋人物装饰题材。这类西洋人物图案，借鉴罗马神话、田园牧歌及贵族野餐等绘画中的某些元素，融入晚明至清代特别是乾隆时期流行的母教主题、三羊开泰等吉祥寓意以及对春天、丰收的愿景，配以百花、胭脂红山水、缠枝卷草或时样边饰，虽各有不同，但万变不离其宗，基本元素一致，鲜明而独特，因此很具辨识度。涵盖金胎、瓷胎、玻璃胎、铜胎，并由清宫延及粤海关。

促成乾隆早年形成这一装饰主题的原因是多方面的，其中有广东工匠如胡思明、服务宫廷的西洋传教士如郎世宁的参与，进口西洋人物画珐琅怀表、牌饰等的实物借鉴，[①] 而风格的统一和定型，则应是乾隆帝意志和审美的体现。清代帝王个人品味对宫廷艺术的直接影响，学者多有论及，此不赘言。

三　西洋人物盖碗连盘

开光西洋人物盘、盖碗无论表面西洋人物或万花装饰及绘画技法都与亮红、亮绿金胎珐琅器高度近似，然碗盖上的开光羊、牛、马及牧人，却在亮红、亮绿器上罕见，目前只见于台北故宫的一件画珐琅兼掐丝珐琅盖罐（故珐 132），盖上有类似装饰，但图画之精美略欠。Hugh Moss 提醒笔者留意《总汇》中雍正八年十月二十六日珐琅作的一则记载。是日雍正帝传旨要求内务府造办处照高足红玛瑙杯一件、有靶红玛瑙杯一件，“足矮些的做金胎珐琅杯一分（随盖，随托碟），照有靶杯小样的亦做金胎珐琅杯一分（亦随盖，随托碟），着郎世宁画好些的花样”。[②] 鉴于西洋人物题材并不为康熙、雍正二帝所喜爱，传世康熙、雍正款画珐琅器亦罕见西洋人物装饰，让郎世宁起草的画样应该不会有西洋人物出现，而更有可能类似两岸故宫所藏“雍正年制”款珐琅盘（故 116490）、盒（故珐 943）上满密的百花图案。乾隆二年，造办处奉旨照西洋番花铜胎珐琅盒一件再做一件，乾隆帝明确要求“其盒上所烧番花着西洋人郎世宁画”[③]，亦可为旁证。

与之同质量、造型且装饰开光西洋人物的另一组杯盘同样引人关注。[④] 其中图 15 所绘西洋人物亦是希腊罗马神话中诸神，如大地、自然、谷物花果或果树女神，但着古装即希腊罗马时代装束。图 16 器表图式周颖菁认为是 18 世纪欧洲盛行的“雅宴”游乐图，描绘贵族男女于诗情画意的田园风光中，以娴雅的姿态进行各种游乐活动。图 15、图 16 开光间装饰绿地花卉，但与亮红、亮绿系珐琅器上的花卉不同。圈足表面绘画菠萝、葡萄、蓝梅等水果，亦隐含丰收之意。（图 15、16）

这两组盘碗虽有区别，比如西洋人物、花卉、圈足及盘背纹饰、辅助纹饰等等，但都采用西洋点画技法、器型相同、人物主题与希腊罗马神话关联、白色珐琅料精良等等，其间的关系

① 两岸故宫都收藏有欧洲入口的画珐琅制品，例如北京故宫藏西洋妇孺图铜壳怀表（故 184015）。另一件嵌温都里那石画珐琅牌饰，表面一女子怀抱一羊，绘画似出自西洋人手笔。

② 前揭《总汇》第 4 册，第 515 页；第 5 册，第 18 页。从两岸故宫披露的藏品信息看，尚未见雍正朝金胎画珐琅杯盘。

③ 前揭《总汇》第 7 册，第 723—724 页。

④ 对此类碗、盘的研究，详见周颖菁：《中国的想象？清代广珐琅的西洋人物图》，第 227—261 页。

图 15 铜胎画珐琅开光西洋人物图盖碗及盘

图 16 铜胎画珐琅开光西洋人物图盖碗

应非常密切，当是同时期之作。两组器物均无款，当非造办处珐琅作出品，很可能是广东所制，但后者只见于外销，前者却可在两岸故宫藏造办处珐琅作所制珐琅器中找到大量可资比对者。周颖菁认为这类深盘盖碗，是 18 世纪欧洲流行的茶器，因此当属广东外销之物。前一组杯盘有可能是被举荐入造办处的广东工匠返乡后的作品，将宫廷风格带到广东。具体的制作时间大概在乾隆十六年七月至乾隆十九年十二月之间，因为根据档案记载，珐琅作梁观等五名广匠（乾隆三年入宫）于乾隆十六年七月告假回籍，十九年十二月初二日四名广匠重返造办处（即梁观、胡礼运、党应时、罗福旼，胡思明已病故）。[①] 巧合的是，珐琅作乾隆十六年后未见再传做亮红、亮绿珐琅器，可据以推测梁观等广匠是珐琅作此类珐琅器的主要制作者，他们返乡后完全可以再造同水平佳作。因杯盘传世数量并不多，而且高度近似，应该是订制之物，其作者应即五位返乡工匠之一。又因五位广匠在故乡逗留时间不过两三载，而用家往返欧洲、广州至少需时一年；加之第一组杯盘始终属官样，不便大肆仿造，传世制品数量不多，也就顺理成章。第二组杯盘与第一组杯盘造型、珐琅料、质量高度一致，其制作时间、制作者、用家应该相同，属于同一订单，只是图案更忠实于西洋样稿，这也是广珐琅与广彩的特色之一。

这类西洋人物图与广珐琅上通行的西洋人物图的区别在于，后者更多地保留了西洋图像的痕迹，比如早期圣家族及希腊罗马神话人物题材，或反映贵族男女于野外餐聚、悠游，或是与贸易相关以港口、船只为背景的西洋人物，或融合母教、母德等教化内容，通常展示更开阔的风景，人物亦多全身出镜，与亮红、亮绿系珐琅器形成对比。广东风格供御开光西洋人物画珐琅器进入宫廷，应该大致在宫廷定期传做广珐琅的乾隆二十年及之后。（图 17）

图 17 铜胎画珐琅开光西洋人物图盘

① 前揭《总汇》第 20 册，第 298 页；又参见《乾隆十九年十一月分各作承办活计注销底档》，第 528—529 页。

图 18 珐琅彩锦地开光西洋人物图双耳瓶

图 19 珐琅彩锦地开光西洋人物图螭耳瓶

图 20 珐琅彩西洋人物图葫芦瓶

图 21 珐琅彩锦地开光西洋人物图贯耳瓶

四 玉堂富贵孔雀凤鸟图夔耳瓶

此瓶瓶腹白色珐琅地上一侧绘二凤鸟于叠石上相顾而立；另一侧为二孔雀，一高一低立于湖石上，其一回首与高处者相对。双凤及孔雀之间点缀牡丹、玉兰，寓意“玉堂富贵”。瓶颈以灰蓝色珐琅绘西番莲，其间点缀蝙蝠衔盘肠、磬、双鱼等八宝图案。瓶底中心署蓝色珐琅楷书“敬制”款，其外围饰以胭脂红夔龙二。牡丹、玉兰配合叠石及其上相顾而立的雉鸡、凤鸟、孔雀，于 17 世纪中晚期瓷器上已经出现，如美国纽约大都会博物馆藏五彩罐（馆藏编号 24.80.164），亦是造办处画珐琅器比较流行的题材。于白色珐琅地上以灰色珐琅绘画纹饰以及“敬制”款，在画珐琅上颇为罕见，仅见数例。灰蓝色珐琅见于少量亮红、亮绿系瓷胎画珐琅瓶，亦让人联想到上文乾隆八年瓷胎画珐琅三羊盒、锦上添花开光人物盘盖沿或盘沿的浅绿地粉白缠枝卷草，以及数例开光西洋人物双耳瓶。这些铜胎或瓷胎画珐琅器从风格看都属于乾隆早期。其中图 21 于浅绿色釉地上隐起白色缠枝卷草及圆点，似是对雍正、乾隆金胎掐丝珐琅鼎豆的模仿。[①]（图 18–21）

除本品外，“敬制”款铜胎画珐琅器另见有五例，即两岸故宫收藏的黄地西番莲纹盒（故珐 184，故 119681）各一件，两者造型、图案非常接近，均署蓝色珐琅楷书“敬制”款，外围饰以胭脂红夔龙二，应是同批次作品。三件童戏图鼻烟壶，两件葫芦形藏北京故宫[②]；另一件藏圣彼得堡艾尔米塔什博物馆，壶身尚存墨书“养性殿百什件”黄条。三件鼻烟壶均饰童戏图案，壶底署蓝色珐琅篆书“敬制”款。从主题纹样、边饰及绘画表现手法看，当为同时期作品。另有一对黄地西番莲纹万寿无疆碗，碗底蓝色珐琅楷书“敬制”款，外环以胭脂红夔龙二。[③]可知“敬制”款分楷书、篆书两类，均以蓝色珐琅书写。鼻烟壶壶底因空间所限，无环绕的胭脂红双夔。（图 22、23）

台北故宫所藏西番莲纹盒还附原装木匣，木匣上阴刻填蓝“乾隆年制铜胎广珐琅西番莲圆

---

① 故瓷 17600 亦有隐起白色圆点。

② 此两件鼻烟壶曾被溥仪带出宫。承蒙杨勇研究馆员告知两件鼻烟壶信息，特此致谢。

③ 北京远方 2014 年 12 月 1 日“紫云妙相”拍品 51 号。

图 22　铜胎画珐琅番莲纹盖盒

图 23　铜胎画珐琅婴戏图瓶

盒一件”，知乃乾隆年间广东所制。[1] 盒上黄地西番莲纹与造办处珐琅作所制、带“雍正年制”款铜胎画珐琅黄地西番莲纹开光喜上眉梢图盒（故珐 337）酷似。西番莲纹万寿无疆瓷碗及铜胎画珐琅碗、盘，乾隆年间才流行，三件鼻烟壶的装饰、绘画风格亦不早于乾隆，而本品玉堂富贵凤鸟孔雀瓶整体用色、绘画风格亦非乾隆中、晚期画珐琅之特征，因此，总体而言“敬制”款器当为乾隆朝早中期之物，制作年代相对集中。

故宫博物院、天津博物馆各收藏一尊白釉观音像，背部竖式长方框内暗刻阴文篆书“唐英敬制”款。此二观音原供奉于清宫佛堂，学者推测为乾隆十二年下旨督陶官唐英按照造办处下颁的观音木样在景德镇烧制。[2] 唐英长期于内务府任职，雍正六年至乾隆二十一年主持江西景德镇御窑厂督陶事宜，乾隆十四年冬调任粤海关监督，十五年春离开九江，当年六月抵达广东。[3] 唐英在粤逗留约两年，乾隆十七年回到景德镇。“敬制”款铜胎广珐琅器是否系唐英乾隆十五年至十七年间于粤海关监督任上烧制贡进呢?

翻检《总汇》可知，乾隆早期广东进贡画珐琅器并不多。乾隆十年内务府司库刘山久被派往粤海关“画款样造办活计”和“监造活计”，却被乾隆帝批评“从前活计俗气，至今做得活计尤其俗气，着海望申饬，嗣后再做活计，着仿古式雕做花纹，往朴致里做”，重申“广珐琅活计嗣后不必多烧，寻觅西洋珐琅器皿呈进”。并屡屡表达不满：乾隆十一年四月“准泰（按：广东巡抚）此次所进之物甚是平常，前曾降旨，令将紫檀木小香几、格架不必再进，此次仍行进来。再，珐琅器皿小瓶亦属太多，牙花珐琅盆景俱不成对，可传谕准泰，似此俗巧之物嗣后不必再进。”乾隆十三年八月“此次所进贡物平常不过，广东所造珐琅活器皿之属俱是京内所有的，嗣后或将上好的珠子买些，或京内所少西洋器皿、玻璃、珐琅等件买些，庶不致虚靡钱粮。”

① 陈夏生：《明清珐琅器展览图录》，台北故宫博物院，1999 年，第 238 页。

② 详见天津博物馆官网介绍。

③ 吕成龙：《清代乾隆朝景德镇御窑瓷器（上）》，《收藏家》2021 年第 3 期，第 3—8 页。据乾隆十六年七月初六日、十二月二十二日记事录均提及粤海关监督唐英。详见《总汇》第 18 册，第 388、405 页。

乾隆十五年二月“着传谕硕塞，嗣后粤海关凡广做珐琅、象牙、玳瑁器皿并喀什伦器皿、油画片，以及不合款式格子、桌案等件，俱不必进来，俟发给式样时再做进来。从前进过钟表、洋漆器皿亦非洋做，如进钟表、洋漆器皿、金银丝缎毡毯等件，务要是在洋做者方可。再，康熙年间粤海关监督曾着洋船上买卖人带信与西洋，要用何样物件，西洋即照所要之物做得，卖给监督呈进。钦此。”对粤海关办货不力深表失望和不满。在此情形之下，唐英乾隆十四年冬调任粤海关监督，很可能是为了提升粤海关采办之贡品质量以便更符合乾隆帝口味。乾隆十六年五月十五日行文催问“粤海关唐英五月节贡为何不进？”[①]可为推测脚注。“敬制”款金属胎画珐琅器应正是烧制于此调任期间，即1750—1752年间。其数量稀少与唐英逗留时间短暂相关。[②]

另有一件铜胎画莲瓣花卉纹碗，虽未及在展览中展出但值得引起关注。此碗外壁由下而上绘画三周十四枚仰莲：下层莲瓣表面描绘密集直线夹曲线表示花脉；中层勾勒花瓣形开光，开光内绘画四时花卉；最上层一周花瓣瓣尖，亦绘直线夹曲线花脉。近圈足处有黑点，模仿竹根的斑点。碗底葫芦花款内署“乾隆年制”款。碗内里蓝色珐琅。纹饰设计与此碗最为接近的是北京故宫藏“康熙御制”款莲瓣纹盖碗（故116772），碗外壁莲瓣、莲瓣开光及内里花卉、近圈足黑点等等，无一不与“乾隆年制”款碗相近。碗盖表面纹饰铺排与碗身相对应，盖缘绘荷叶纹，盖顶中心圆钮外一周装饰莲子纹。其次是台北故宫的“康熙御制”款瓷胎画珐琅莲瓣花卉纹碗，碗外壁饰两层仰莲瓣及黄地上四时花卉，花瓣表面亦饰直线间曲线花脉，器足表面绘黑点。属于同系列的铜胎画珐琅器还有台北故宫收藏的一件铜胎画珐琅莲瓣纹盖碗以及北京故宫藏洗及器座。台北盖碗碗身莲瓣凸鼓，蓝色珐琅内里。碗盖边缘绘绿色荷叶，盖钮外及近碗口沿一周装饰莲子纹，莲瓣表面亦绘直线间曲线叶脉。底署“康熙御制”款。北京故宫藏洗及器座莲瓣亦凸鼓，花瓣表面密布小点表叶瓣质感。器座近口沿也有莲子纹一周，莲瓣表面绘平行短直线。上述六件铜胎画珐琅器当属同一设计理念下的作品，初创于康熙年间，为乾隆所仿效，类似乾隆款碗碗底葫芦形花款于雍正年间宫廷制作的金属胎画珐琅器上已经出现（故珐230），乃受广珐琅花款的影响。目前虽不见“雍正款”画珐琅器有类似以莲瓣、花卉为主题纹饰的设计，但带直线间曲线的双层莲瓣作为辅助纹饰绘于近圈足则见于“雍正年制”款铜胎画珐琅乌木把执壶。（故珐689）综合上述诸例推测，“乾隆款”碗是乾隆早年造办处珐琅作仿康熙之作，“葫芦形花”款取法雍正。此碗款识书法与常见双栏规整平直的楷书“乾隆年制”款略不同，似尚未完全定型，反而更接近雍正、康熙书写风格，这也支持乾隆早期作品的推测。此款样在道光年间的粉彩瓷器上一度复兴，例见北京故宫藏数例道光粉彩莲瓣纹盖碗（故155693、故155850）或粉彩莲瓣纹盘（新155843、新155844）。类似纹饰的传世金属胎画珐琅器颇为罕见。2020年5月苏富比春拍见有莲瓣纹盖杯一件，花瓣凸突，底书“春水秋山”。此盖杯花瓣表面所绘直线类似竹子的经脉，近足有密集的点，这些细节更趋向竹子的特征而非莲花，且花瓣黄色、白色占比较大面积，仅瓣尖部分红色，与前述康熙、乾隆款不同，时代或可晚至19世纪。（图24-28）

---

① 前揭《总汇》第14册，第438页；第16册，第477页；第14册，第439页；第17册，第705页；第18册，第421页。

② 唐英于乾隆二年亦即五十六岁时复办窑务，以淮安关榷使兼领。乾隆四年受命驻厂督陶，旋调九江钞关，仍监理陶政直至乾隆十四年冬调任粤海关。详见廖宝秀：《华丽彩瓷：乾隆洋彩》，台北故宫博物院，2008年，第10—31页。

图 24 “乾隆年制”款铜胎画珐琅莲瓣纹碗

图 25 “康熙御制”款铜胎画珐琅莲花纹盖碗

图 26 瓷胎画珐琅莲瓣花卉纹碗

图 27 “康熙御制”款铜胎画珐琅莲瓣式盖碗

图 28 “康熙御制”款铜胎画珐琅莲瓣纹碗

图 29 铜胎内填珐琅西洋人物图瓶

五 结语

乾隆早期在延续康雍时期画珐琅风格的同时，不仅创烧了“洋彩”，还创新发展出亮红、亮绿系画珐琅器，以簪花仕女童子、万花图案以及錾胎亮红、亮绿及少量亮蓝地为特征，是乾隆朝画珐琅的重要特色之一。此类程序化的万花图案及开光西洋人物装饰多见于金属胎，其次瓷胎，再次玻璃胎。其烧制和流行，主要集中在乾隆九年至二十年之间。人物多半身出镜，被安置于巴洛克式莨苕叶、卷草以及风格化螭纹、蝙蝠纹或几何线条构成的开光内，与花果为伴，或与童子互动，背景衬以山水、房舍或楼阁。范式化的西洋人物形象借鉴西洋神话故事、17 或 18 世纪欧洲流行的绘画题材如贵族雅聚、牧羊女等，但绝不拘泥，而是融入当时中国社会流行的母教或母德元素、迎春庆丰等吉祥意象，采用西洋点画笔法描绘，呈现与康、雍时期画珐琅完全不同的面貌，成为极富标志性的乾隆朝画珐琅装饰母题，与广珐琅上的西洋人物构图判然有别。清宫造办处所制供御物品中仅画珐琅制品见有西洋人物图案，与画珐琅技术本来自西洋相呼应。伴随乾隆四十年后宫廷画珐琅制作向广东的大规模转移，广东也承接了供御亮红、亮绿系画珐琅的制作，但罕见类似广珐琅制品用于外销或境内民间市场。唐英于乾隆十五至十六年从景德镇督陶官任上被派往粤海关任监督，推测旨在提升包括广珐琅在内的贡品质量，以满足宫廷之需，“敬制”款金属胎画珐琅器推测即烧制于其在粤的两年间，即 1750 至 1751 年间。“乾隆款”铜胎画珐琅莲瓣花卉纹碗系乾隆早期造办处珐琅作仿康熙之作。（图 29）

（作者单位：香港中文大学文物馆）

乾隆朝宫廷广珐琅与洋珐琅的几点思考

杨　勇

内容提要：关于宫廷广珐琅与洋珐琅，目前很少有学者探讨。本文首先分析了乾隆早中期的广珐琅。然后结合清宫档案与传世文物，从内涵、制作、收藏等角度对宫廷洋珐琅进行系统阐释。并对几乎完全相同的两件铜胎画珐琅——一件定名“广珐琅”、另一件命名“洋珐琅”的现象，加以解读。

关键词：宫廷　广珐琅　洋珐琅　造办处档案

广珐琅，泛指清代广东地区烧造的金属胎（主要是铜胎）画珐琅制品。在乾隆皇帝的授意之下，按照造办处的“样”，交由粤海关承办制作，可以称作“宫廷广珐琅”。目前学界对宫廷广珐琅的论述比较少，以施静菲、王崇齐的《乾隆朝粤海关成做之“广珐琅”》最为系统，王竹平也有非常重要的发现。[①]洋珐琅或西洋珐琅，字面上意指清代欧洲制作的金属胎画珐琅器。在研读宫廷广珐琅的相关文献时，经常会遇到“洋珐琅”或“西洋珐琅”一词。台北故宫博物院部分铜胎画珐琅藏品的原装木匣上亦有相关题签，甚至几乎相同的两件作品，一件木匣刻“广珐琅”，另一件刻“洋珐琅”。究竟何谓洋珐琅？广珐琅和洋珐琅之间存在什么关系？施静菲根据台北故宫博物院铜胎画珐琅的原配木匣题铭，结合器物底款及纹样风格，认为洋珐琅和广珐琅可以划归同一类作品观察。[②]笔者曾推测，广珐琅和洋珐琅的差别或许在于釉料的粗与精，以及釉色的单调与丰富方面。[③]本文拟在现有成果的基础上，重新梳理档案及故宫藏品，对宫廷广珐琅与洋珐琅提出一些新的认识，以就教于方家。（图 1）

图 1　铜胎广珐琅团花纹小圆盒与铜胎洋珐琅团花纹小圆盒

---

① 施静菲、王崇齐：《乾隆朝粤海关成做之“广珐琅”》，《美术史研究集刊》2013 年总第 35 期，第 87—184 页；王竹平：《康熙款与乾隆款浮雕珐琅金碗的制作及其关联性》，《故宫学术季刊》2013 年夏季号，第 155—205 页。

② 前揭《乾隆朝粤海关成做之“广珐琅”》，第 120 页。

③ 杨勇：《早期广珐琅刍议》，《总相宜：清代广东金属胎画珐琅论文集》，香港中文大学文物馆，2023 年，第 159 页。

一 乾隆早中期的宫廷广珐琅制作

本文所谓的乾隆朝早中期，大致从乾隆元年至四十年，学者们对这一阶段宫廷广珐琅的论述相对笼统。乾隆早中期的御用广珐琅制作可以约略分为大瓶、大罐等实用器，配饰，佛前供器三类。

（一）大瓶、大罐等实用器

乾隆八年初，造办处司库刘山久赴粤海关“画款样，造办活计”。三年后，皇帝对粤海关贡进珐琅器皿的评价是“俗气”“俗巧”“小瓶太多”“俱是京内所有的”，以后不必多烧，并一再要求，寻觅宫中少见的西洋珐琅器呈进。由是观之，乾隆皇帝对贡进的广珐琅评价并不高。到了乾隆十三年底，情况开始变化。乾隆皇帝认为交来的西洋珐琅表套“像广东做法”“广东既做得来，为何不做大瓶、大罐呈进”，这似乎暗示，乾隆皇帝对广东模仿西洋做法的能力有些出乎意料，随即命造办处按照表套的纹饰画大瓶、大罐样。一年后，粤海关照样制作铜胎镀金珐琅大瓶、大罐各一对，并呈进。皇帝看到后立刻传旨：“粤海关所进珐琅瓶、罐俱各无款，嗣后再做瓶、罐送来必要刻款。”在器物上镌刻年款意味着什么？雍正曾下诏：“凡做的活计，好的刻字，不好的不必刻字。”乾隆曾传旨红雕漆春格“着认看，如好，刻款；不好，送进”。想必皇帝对粤海关按照官样烧造的大瓶、大罐比较满意，才要求以后必须刻款。之后不久，乾隆皇帝又强调，粤海关须按照发去的样式烧造珐琅，也在暗示粤海关的自主设计并不符合皇帝品味。[①]

从乾隆二十年开始，粤海关成做广珐琅的工作时断时续地进行。二十年初传旨粤海关，为端阳节制作珐琅盘、碗、盅、碟，四月底呈进470件；为万寿节制作大型珐琅瓶、罐、缸等，七月下旬呈进10件。粤海关的珐琅烧造规模可见一斑。一年后，皇帝再次强调：嗣后进贡珐琅瓶、罐，俱要落“大清乾隆年制”篆书款，很可能是对去年的烧制工作予以认可。二十二年十二月，传旨粤海关按照瓶、罐纸样，自配花纹，烧造西洋珐琅的瓶、罐29对，“随贡陆续呈进，俟有传旨不必烧造时，再行停止烧造”。然而，一个多月后又旨令停止烧造西洋珐琅。到二十三年底，仍做得29对瓶、罐，安放在水法殿陈设。次年四月，造办处交广珐琅瓶26对，十二月交广珐琅瓶28对，后者和二十三年底做的一样，俱附有木座、木匣、布套。二十四年交来的54对瓶和二十三年做得的瓶、罐皆要求松动木座，故而二十四年交来的两批广珐琅瓶很可能属粤海关“随贡陆续呈进”者。同年闰六月传旨，“嗣后从前烧造过珐琅瓶、罐不必呈进”。文献称此83对瓶、罐为“广珐琅”，非“西洋珐琅”，意味着尽管皆由粤海关制作，但“广珐琅”和“西洋珐琅”应存在一定差异。到了三十年，又将几件珐琅盘、碗发给粤海关，命其随贡每样烧造些来，以备赏用。可能因为粤海关的贡物俗气，四年后又要求广珐琅活计不必呈进。三十六年再次传旨粤海关，照先呈进过的铜胎珐琅盘、碗样，每逢贡内呈进盘、碗各5对，俟传不要时，再不必呈进。四十一年又传旨粤海关，每逢呈进节贡，随贡呈进广珐琅瓶、罐几对，其盘、碗

① 中国第一历史档案馆、香港中文大学文物馆编：《清宫内务府造办处档案总汇》（以下简称《总汇》）第11册，人民出版社，2005年，第474页；第14册，第438页；第16册，第477页；第14册，第439页；第16册，第170页；第17册，第102页；第1册，第267页；第11册，第532页；第17册，第705页。

不必呈进。重新要求再烧瓶、罐时，在底足烧造“大清乾隆年制”款。到四十三年，陆续做得珐琅瓶、罐40对。此时又下旨，粤海关官办赏用珐琅瓶、罐、盘、碗嗣后不必办做，俟传时再做。[①]从四十四年起，造办处档案再无传做大瓶、大罐等实用器之记录。

（二）配饰

宫廷发往粤海关制作的配饰主要包括珐琅鞘小刀和全带，始于乾隆二十二年。或许同样出于对乾隆二十年粤海关工作的认可，乾隆二十二年八月传旨粤海关，仿照西洋珐琅表盒的珐琅花样，制作金胎烧珐琅鞘刀和全带。次年做得呈进后，皇帝认为做样之表是洋做，照样做来的小刀却是广做，遂将发去小刀木样发往西洋照样成做，但并未批评刀鞘烧造的珐琅花纹。[②]对于全带，则要求粤海关继续按照造办处的画样配做西洋珐琅手巾束。这些都在暗示，此时粤海关仿制西洋纹样的能力已经获得皇帝的认可。

乾隆三十二年至四十年，造办处档案多次出现制作金胎烧珐琅鞘小刀的记录，但大量篇幅是在描述形制的修改，以期更加符合皇帝的品味。乾隆四十年曾传旨粤海关，小刀上珐琅片并镶嵌做得不结实，认定其属广东成做，不是洋里做的活计，嗣后所有传做活计俱要洋里成做。[③]此处的诟病依然属于形制细节范畴，并不涉及广东珐琅的烧造。

（三）佛前供器

佛前供器指五供、七珍、八宝等。行文粤海关，按照造办处的画样烧造珐琅供器，最早是在乾隆二十四年，次年分两批制作完成。热河安供的数件广珐琅供器或与之有关。大概因对产品较为满意，要求粤海关日后烧造佛前供器须刻年款。乾隆二十八年旨令粤海关，照交出的西洋珐琅塔做一件，配成一对，量准尺寸，画样、着色，务要一样。乾隆三十六年底，又传命粤海关依据画样烧造广珐琅各式供器，花纹、颜色随意烧造。并强调，此次传办制作的目的是赏用，故而不必加工细做，得时随年贡、节贡陆续呈进，进完不必再做。我们似乎可以理解为，即便是赏用之器，同样需要符合宫廷的形制，但纹饰、釉色则不必太过精细。乾隆三十八年，养性殿西暖阁新做紫檀木八方塔一件，因广东匠役人多，工价亦省，将西洋珐琅画片752片发往粤海关烧制，次年底做得呈进。[④]

总之，乾隆早中期的宫廷广珐琅制品几乎全属日常用器范畴，同乾隆四十年以后大量仿烧康、雍作品，未经使用就直接纳入乾清宫或宁寿宫的珐琅收藏体系相比，存在显著差异。大瓶、大罐等尽管受到造办处“样”的管控，实则器形方面的要求比较严格，纹样方面宽松许多，有可能与广珐琅作为赏赐品或实用器的属性存在一定关系。文献里有关广珐琅的赏赐对象，最常

---

① 《总汇》第21册，第444、770页；第22册，第742页；第23册，第434、799页；第24册，第439、192、622页；第29册，第496页；第32册，第620、672页；第34册，第256页；第39册，第484、527页；第40册，第450页；第41册，第309、400页。

② 《总汇》第21册，第444、770页；第22册，第737页；第23册，第611页。

③ 《总汇》第30册，第766页；第32册，第645页；第34册，第615、617页；第36册，第595页；第38册，第809页。

④ 《总汇》第24册，第622页；第25册，第69、73、279、684页；第25册，第557页；第28册，第116页；第34册，第269页；第35册，第148页。

见的是西藏活佛，共有30次记录。最早是在乾隆十二年[①]，但直到乾隆三十七年，仅仅赏赐过5次。乾隆三十九年以后，几乎每年都有赏赐，器类以盘、碗、瓶最多。

二 宫廷洋珐琅内涵浅析

关于宫廷洋珐琅的内涵，目前很少学者涉及。在探讨广珐琅和西洋珐琅的关系前，首先应弄清西洋珐琅的内涵。

（一）西洋珐琅的内涵分类

通过爬梳目前出版的雍正、乾隆两朝造办处档案可以发现，西洋珐琅的内涵主要涉及三个方面：

1. 进口西洋珐琅釉料与仿烧釉料

档案记载，庄亲王交造办处西洋珐琅颜色二匣[②]，西洋意达里亚国教化王伯纳第多进贡各色珐琅料，西洋博尔都噶尔雅国王若望进贡各色珐琅料十四块[③]，怡亲王交各色西洋珐琅料收在造办处做样[④]。以上，意味着雍正年间一直有西洋珐琅料入贡，在造办处收存。

1727年，传教士Stefano Signorini在写给罗马传信部的信中说：

> 我现在想告诉你，在北京，不知道是谁先造的谣，说最近抵达宫中的我们俩个当中的一个懂得烧画珐琅。在我们两人抵达之前，谣言已经传到了皇帝和十三王子的耳朵里，而且都信以为真。这是因为皇帝和十三王子都非常渴望掌握这种艺术。尽管北京也在烧制，但产品还是相当粗糙，皇帝很早之前提出的一些要求，工匠们仍然没有达到……因此我恳请您派珐琅专家、画家……雕镂铜版专家……来北京加入我们。[⑤]

说明直到雍正五年，宫廷画珐琅烧造粗糙的窘况仍未得到改善。第二年怡亲王交洋珐琅料9种，新炼成珐琅料9种，新增珐琅料9种，标志着造办处的画珐琅技术取得了显著进步，这是宫廷成功仿烧西洋珐琅的开始。[⑥]

到了乾隆五年，皇帝认为珐琅活计比从前画得甚细，但珐琅料甚糙，砌成窑时须细细烧造。[⑦]这暗示当时造办处的珐琅料品质并未达到皇帝的期许。[⑧]乾隆八年和十一年的造办处档案皆记

---

① 《总汇》第15册，第249页。

② 《总汇》第1册，第134页。

③ （清）梁廷枏：《海国四说》，中华书局，1993年，第225—228页。

④ 《总汇》第3册，第423页。

⑤ 引自许晓东：《康熙、雍正时期宫廷与地方画珐琅技术的互动》，《宫廷与地方》，紫禁城出版社，2010年，第299页。

⑥ 《总汇》第3册，第423页。

⑦ 《总汇》第9册，第516页。

⑧ 乾隆七年十一月，皇帝认为孝陵的金胎珐琅杯盘“花样虽糙，颜色甚好”，参见《总汇》第10册，第645页。同样暗示，较之纹样，似乎乾隆皇帝更看重珐琅釉的发色。

录了珐琅作按年例烧造西洋珐琅料，似乎表明仿烧西洋珐琅釉料是乾隆朝造办处每年都要进行的一项工作。[①]

因西洋人烧珐琅用多尔那们油调色，雍正六年怡亲王传谕将洋珐琅料及新炼、新增珐琅料收在造办处做样后，遂命人到武英殿露房查一小瓶试用。或许多尔那们油调色的效果不理想，三年后改用芸香露画珐琅。[②]然而到了乾隆时期，芸香露基本应用于木质或其他有机材质物品，以发挥其预防虫蛀之功效。[③]和画珐琅相关的记载大概仅两则：

乾隆四十二年十一月二十九日交白芸香二匣、黑芸香一匣，传旨：将芸香三匣着交珐琅处烧珐琅用，用得用不得，声明回奏。于十二月初七日侍郎金将白芸香二匣、黑芸香一匣因烧珐琅无用处，并查得武英殿蒸露亦用不得，交太监厄勒里口奏，奉旨：着交广储司。

乾隆四十五年九月二十日交芸香十六匣，传旨：交珐琅处熬颜料用。钦此。于十月二十日将芸香十六匣并无用芸香之处，唯有西洋珐琅活计应用芸香露带水绘画，向例行取武英殿芸香露应用，珐琅处并无此项会蒸芸香露之匠役，等情缮折具奏，奉旨：交武英殿。[④]

由此可见，至少乾隆晚期造办处只有在制作西洋珐琅器时，使用芸香露“带水绘画”。而珐琅作常用的釉料无需用之。

2. 模仿西洋的纹样风格

乾隆十三年交西洋珐琅表套一件，传旨：此珐琅表套做法不像西洋做法，像广东做法。广东既做得来，为何不做大瓶、大罐呈进？于次年正月将西洋珐琅表套一件画得表底花样一张，持进呈览，奉旨：照此表上珐琅片样式一样画大瓶、大罐。先画样呈览，准时交粤海成做。[⑤]

乾隆皇帝认为“西洋珐琅表套”实属广东模仿西洋做法的珐琅表套。直观的模仿主要包括造型与纹样两个方面，此处乾隆更看重广东对西洋纹样的仿制能力。乾隆二十二年对西洋珐琅表盒纹样的仿制也属同一类型。[⑥]凭此逻辑，在两岸故宫的藏品中，装饰典型西洋人物、风景、花卉等图案的即属洋珐琅范畴。台北故宫博物院的康熙款铜胎画珐琅花卉开光山水图杯盘保存了原配木匣，上刻“康熙款铜胎西洋珐琅杯盘一份”，施静菲认为该器借鉴了欧洲的装饰手法，

---

① 《总汇》第12册，第85页；第14册，第717页。

② 《总汇》第3册，第423页；第5册，第160页。

③ 例如乾隆十三年六月初十日传旨：“壶中境三塔龛内佛的背光照雍和宫佛背光样配做，其伞照香山大佛伞样配做，俱要木胎胶色，交珐琅处，用芸香露画……于十三年八月十一日将做得思永斋佛背光三座持进交太监胡世杰呈览，奉旨：着交珐琅处，准用芸香露胶水，往细致里画。”参见《总汇》第15册，第415—416页。

④ 《总汇》第40册，第484页；第44册，第196页。

⑤ 《总汇》第16册，第170页。

⑥ 《总汇》第22册，第737页。

称其为“西洋珐琅”不无道理。[①]（图 2）

3. 欧洲珐琅器

欧洲生产的珐琅器，自然可以划归“西洋珐琅”范畴。根据档案记载，又可以进一步分为两小类：

（1）采买

采买指从市场上挑选符合皇帝品味者，其釉料与纹样皆属欧洲制作。如乾隆十一年奉旨：“广珐琅活计嗣后不必多烧，寻觅西洋珐琅器皿呈进。”[②]

图 2 康熙款铜胎画珐琅花卉开光山水图杯盘

（2）订烧

订烧指欧洲依据造办处提供的样稿烧造。如乾隆四十九年交西洋珐琅钵盂 1 件、西洋珐琅杯盘 1 份、西洋珐琅花篮 1 件、西洋珐琅卤铫 1 件、西洋画珐琅仿成窑花样盖罐 1 对、西洋画珐琅包袱式盖罐 1 件、西洋画珐琅壶 1 件、西洋珐琅碗 1 件（俱宁寿宫），传旨：各配楠木匣盛装。[③]除了西洋珐琅碗，其余 9 件目前皆收藏在两岸故宫。[④]

（二）两组重要档案的初步辨析

在弄清洋珐琅的内涵后，我们再来分析两组重要的档案。

乾隆二十二年十二月二十八日郎中白世秀、员外郎金辉来说，太监胡世杰传旨：着画瓶、罐等纸样呈览，准时发往粤海关烧造西洋珐琅的，要乾隆年款。钦此。

于二十三年二月初七日郎中白世秀、员外郎金辉将画得瓶、罐纸样大小四十张持进交太监胡世杰呈览，奉旨：准得瓶、罐纸样二十九张，着粤海关按样自配花纹，做西洋珐琅的，要乾隆年制款。随贡陆续呈进，俟有传旨不必烧造时，再行停止烧造。

乾隆二十三年二月十三日接得员外郎达子押帖一件，内开本月十二日员外郎达子来说，太监胡世杰传旨：西洋珐琅瓶、罐不必做了。

乾隆二十三年十二月十三日郎中白世秀、员外郎金辉来说，太监胡世杰交广珐琅瓶、罐大小二十九对（各随紫檀木座、楠木匣、软套），传旨：俱将座子松动，其楠木匣、软套做材料用。钦此。

二十四年二月初四日郎中白世秀、员外郎金辉将松得座广珐琅瓶、罐等二十九对持进安在养心殿呈览，奉旨：着送往圆明园，交总管李裕在水法殿摆。[⑤]

---

① 施静菲：《日月光华——清宫画珐琅》，台北故宫博物院，2012 年，第 47—58 页。

② 《总汇》第 14 册，第 438 页。

③ 《总汇》第 47 册，第 769 页。

④ 杨勇：《养心殿体顺堂铜胎珐琅器的初步分析》，《故宫博物院院刊》2022 年第 9 期，第 74—76 页。

⑤ 《总汇》第 22 册，第 742 页；第 23 册，第 434 页；第 23 册，第 799 页。

本组档案是乾隆授意粤海关按瓶、罐纸样“自配花纹，做西洋珐琅的”，并未要求模仿西洋纹样，因此“做西洋珐琅的”应指使用西洋珐琅釉料或仿烧釉料制作，釉料的存放地点在广东，非造办处。至于前面称“西洋珐琅”，后面改称“广珐琅”，应指广东本土烧炼的普通珐琅料。无论造办处，抑或广东，皆存在至少两种珐琅釉料——洋珐琅料与当地常用的珐琅料。

乾隆四十年十一月十九日员外郎四德、库掌五德、福庆来说，太监胡世杰交金胎西洋珐琅碗一件（随楠木匣一件）、铜胎西洋珐琅花篮一件（随楠木匣一件）、铜胎西洋珐琅钵盂一件、铜胎西洋珐琅方卤铫一件（俱是“康熙御制”款）、铜胎西洋珐琅杯盘一分（是“雍正年制”款）、铜胎画珐琅仿成窑花样盖罐一对（随楠木匣）、铜胎画珐琅包袱式盖罐一件（随楠木匣）、铜胎画珐琅壶一件（随楠木匣，俱是“雍正年制”款），传旨：将珐琅钵盂、卤铫、杯盘各配楠木匣盛装，得时并珐琅壶、碗、花篮、盖罐俱发往粤海关，交德魁照样各成做一件，不要广珐琅，务要洋珐琅，亦要细致烧“乾隆年制”款。[①]

乾隆传旨将10件康雍时期的画珐琅发往粤海关仿制，原作与仿品的相似度极高，但并不存在模仿西洋纹样之情况。[②]“不要广珐琅，务要洋珐琅”，应和第一组一样，“洋珐琅”指广东的西洋珐琅釉料或仿烧釉料，“广珐琅”则指广东当地烧造的普通釉料。为何特意强调“务要洋珐琅”？因为“广东西洋珐琅料比较京内西洋珐琅料宝色、水头俱各鲜明”[③]，釉料的成色好，更有利于仿制。

三　乾隆朝洋珐琅的制作与收藏

（一）乾隆朝洋珐琅的制作

《总汇》记载，造办处和粤海关都有成做洋珐琅。前者大约从雍正六年开始，后者始于乾隆十三年。乾隆四十年之前，洋珐琅基本都是造办处成做，很少旨令粤海关承担。乾隆四十年以后，洋珐琅则由造办处和粤海关共同承办。见表1。

表1　雍正、乾隆朝造办处与粤海关成做洋珐琅比较表

下旨时间	造办处成做物品	粤海关成做物品
雍正六年一月四日	仿西洋珐琅撒袋饰件5副	
雍正八年三月七日	仿西洋珐琅片2	
雍正八年三月十日	金胎仿画西洋珐琅片6	
雍正八年七月十八日	仿画西洋珐琅金片4	
雍正十年九月二十四日	西洋珐琅八卦纹水盂1	
乾隆二年三月三十日	铜胎画西洋珐琅节节双喜鼻烟壶1	

① 《总汇》第38册，第664页。

② 施静菲：《乾隆朝粤海关成做广珐琅复刻版作品》，《故宫文物月刊》2014年总第373期，第50—63页。

③ 《总汇》第40册，第200页。

下旨时间	造办处成做物品	粤海关成做物品
乾隆二年三月三十日	画西洋攒花珐琅靶子儿皮鞘乂子 1	
乾隆四年四月二十六日	铜镀金墙西洋珐琅人物片金带 1 副	
乾隆五年十月二十八日	金胎西洋珐琅执壶 1 对、小执壶 1 对、罐 1	
乾隆六年四月五日	金胎西洋珐琅掐丝珐琅镯子 1 对、戒指 9 对	
乾隆六年四月十五日	西洋珐琅供托 1	
乾隆六年四月十七日	金胎西洋掐丝珐琅小式活计 3、西洋珐琅小式活计 3	
乾隆六年五月五日	西洋掐丝珐琅朝冠鼎炉 1、西洋掐丝珐琅花觚水丞 1、西洋珐琅瓶 1、荷叶笔掭 1、象鼻鼎炉 1	
乾隆六年七月二十一日	西洋珐琅水丞 1	
乾隆六年七月二十八日	西洋珐琅瓶 1	
乾隆六年十一月十一日	金胎西洋掐丝珐琅有盖提梁罐 1 对、兽面盖罐 1 对、双喜水丞 1 对、兽面水丞 1 对	
乾隆七年三月二十日	西洋珐琅印色盒 1	
乾隆七年九月九日	铜胎西洋珐琅遮灯 10	
乾隆八年二月二日	西洋珐琅天圆地方穿缨络宝盖 1	
乾隆八年六月十三日	镶珠石金胎西洋掐丝珐琅葫芦款式执壶 1 对	
乾隆八年七月二日	金胎西洋珐琅杯盘 2 分	
乾隆八年十月二十五日	西洋珐琅大花瓶 1 对	
乾隆八年十一月八日	西洋珐琅梅花盒 1 对、有盖罐 1 对、石榴尊 1 对	
乾隆八年十一月十日	西洋珐琅黄地胰子盒 2	
乾隆八年十一月十七日	西洋珐琅一统万年青瓶 1 对	
乾隆八年十一月二十九日	西洋珐琅蜡扦 1 对	
乾隆八年十二月九日	西洋珐琅香盒 1	
乾隆九年六月十一日	西洋珐琅红蝠如意冠架 1 对、菊花尊 1 对、福寿如意盖碗 1 对	
乾隆九年九月一日	金胎亮红、亮绿西洋珐琅杯盘各 1 对	
乾隆十年三月十四日	西洋珐琅三节塔束腰	
乾隆十年三月二十七日	西洋珐琅人物带面 4 块	
乾隆十年三月二十八日	素墙子西洋珐琅人物手巾束 1、八达马墙子西洋珐琅海屋添筹手巾束 1、西洋珐琅拱花手巾束 1	
乾隆十年三月二十九日	金胎西洋珐琅亮红亮绿执壶 3	

下旨时间	造办处成做物品	粤海关成做物品
乾隆十年三月二十九日	金胎西洋珐琅亮红亮绿杯盘 1 分	
乾隆十年三月二十九日	西洋珐琅人物旁带 4	
乾隆十年九月二十五日	金胎西洋珐琅鼻烟壶 5 对	
乾隆十年十一月八日	西洋珐琅陈设	
乾隆十二年四月二十四日	烧银蓝西洋珐琅碟 1	
乾隆十二年十一月二十二日	西洋珐琅葫芦式斋戒牌 1	
乾隆十三年十二月二十六日		铜镀金珐琅大瓶 1 对、大罐 1 对
乾隆十五年三月五日	西洋珐琅玉兰花灯、葵花灯各 1 对	
乾隆十五年三月十一日	五供、八供西洋珐琅配件	
乾隆十五年三月十八日	金胎西洋珐琅亮红亮绿鼻烟壶 2 对	
乾隆十六年七月一日	西洋珐琅莲花挂灯 1 对	
乾隆十七年五月二十七日	金胎西洋珐琅喜相逢纹壶 1	
乾隆十七年九月二十二日	铜胎西洋珐琅五彩葵花灯 1 对、紫色西洋珐琅葵花灯 1 对	
乾隆十七年十一月九日	掐丝珐琅镶金胎西洋珐琅片鼎炉 6	
乾隆十八年一月十一日	西洋珐琅莲花灯 2 对	
乾隆十八年五月十五日	金胎錾花西洋珐琅把盏 1 对	
乾隆十八年六月十六日	西洋珐琅画锦鸡香盒 1 对、画鹭鸶香盒 1 对	
乾隆二十年一月三日	西洋珐琅蜡扦 1 对、花瓶 1 对、炉 1	
乾隆二十年一月二十八日	西洋珐琅鼻烟壶 6	
乾隆二十年五月二十三日	铜胎西洋珐琅鼻烟壶 20（赏用）	
乾隆二十年五月二十六日	铜胎西洋珐琅鼻烟壶 20（赏用）	
乾隆二十年八月二十五日	金胎西洋珐琅杯盘 2 分	
乾隆二十一年一月二十一日	金胎西洋珐琅花头 2	
乾隆二十二年五月十九日	黑字定南针正八方西洋珐琅表盘 2	
乾隆二十二年五月二十五日	铜镀金底烧西洋珐琅人物表盒 1 铜镀金底烧西洋珐琅花卉表盒 1	
乾隆二十二年八月十六日		金胎洋珐琅鞘小刀 2 全带 2 分
乾隆二十三年六月十九日	银胎西洋珐琅人物盘 1	
乾隆二十三年六月二十七日	西洋珐琅瓶 1、盒 1	
乾隆二十四年三月十日	嵌玛瑙面西洋珐琅方盒 1 对	
乾隆二十四年三月十六日	西洋珐琅莲花 1、碟子 1、盅 1、炉 1	

下旨时间	造办处成做物品	粤海关成做物品
乾隆二十四年九月二十九日	西洋珐琅莲花灯 1 对	
乾隆二十五年七月二十六日	西洋珐琅炉 1	
乾隆二十五年十二月十一日	西洋珐琅飘幡 1	
乾隆二十六年十月二十八日	西洋珐琅鼻烟壶 20（赏用）	
乾隆二十七年十月五日	西洋珐琅瓶口	
乾隆二十八年十二月十八日		西洋珐琅塔 1
乾隆二十九年三月一日	西洋珐琅塔伞飘带	
乾隆三十年六月一日	西洋珐琅瓶 1	
乾隆三十年六月十一日	西洋珐琅瓶 1 对、烛台 1 对、五供 1 分	
乾隆三十一年十二月二十三日	西洋珐琅片 7（补画）	
乾隆三十二年三月二十一日	西洋珐琅瓶 1	
乾隆三十二年四月四日	西洋珐琅龙华树	
乾隆三十二年十二月二十一日	金胎烧西洋珐琅鞘回子刀 1	
乾隆三十三年十二月九日	金胎掐丝珐琅加西洋珐琅杯盘壶 1	
乾隆三十三年十二月十二日	铜胎西洋珐琅盖碗 4	
乾隆三十四年一月十八日	金胎掐丝西洋珐琅鼻烟壶 1	
乾隆三十四年十二月六日	金胎掐丝珐琅加西洋珐琅腰圆鼻烟壶 1	
乾隆三十四年十二月二十一日		西洋珐琅秋辔什件
乾隆三十六年七月八日	金胎西洋珐琅扇边框	
乾隆三十七年十一月十三日		洋铜胎西洋珐琅供养画片 752
乾隆四十年一月三日	西洋珐琅鼻烟壶 4 对	
乾隆四十年三月一日	西洋珐琅莲花灯 1 对	
乾隆四十年十一月十九日		乾隆款金胎珐琅碗 1、铜胎珐琅花篮 1、铜胎珐琅钵盂 1、铜胎珐琅方卤铫 1、铜胎珐琅杯盘 1 分、铜胎珐琅仿成窑花样盖罐 1 对、铜胎珐琅包袱式盖罐 1、铜胎珐琅壶 1
乾隆四十一年九月二十四日	金胎亮红亮绿西洋珐琅杯盘执壶 2 分	
乾隆四十一年十一月二十二日	西洋珐琅蜡扦遮灯 1	
乾隆四十一年十二月五日	金胎西洋珐琅杯盘 2 分	
乾隆四十二年二月八日	金胎西洋珐琅杯盘 1 分	
乾隆四十二年八月十七日	西洋珐琅鼻烟壶 32	
乾隆四十二年十月二十三日	西洋珐琅鼻烟壶 7	

下旨时间	造办处成做物品	粤海关成做物品
乾隆四十二年十一月十二日		西洋珐琅金胎鼻烟壶 12、仿瓷胎鼻烟壶 10、圆盒 8 对
乾隆四十二年十二月八日	乾隆款西洋珐琅杯盘 1、盘 1	
乾隆四十三年七月八日		珐琅圆盒 6 对
乾隆四十三年七月十七日	洋珐琅五彩各式鼻烟壶 42	
乾隆四十四年十一月十五日	乾隆款洋珐琅小圆香盒 1	
乾隆四十五年八月十一日	嵌宝石西洋珐琅靶碗 3 分	
乾隆四十六年一月二十七日	西洋珐琅盖碗 1	
乾隆四十六年十一月十七日	金胎西洋珐琅杯盘 1 分	
乾隆四十六年十二月三日	金胎西洋光掐丝珐琅爵盘 1 分、金胎西洋光掐丝珐琅台盘、碗盖 1 分	
乾隆四十七年五月四日		洋珐琅盖罐 1、铫 1、瓶 1 对、提梁壶 1 对、小圆盒 1
乾隆四十七年七月二十二日		乾隆款西洋珐琅海棠式盒 10
乾隆四十八年八月十二日		珐琅瓶 1 对、铫 1 对、小圆盒 1 对、盖罐 1 对、海棠盒 1 对、提梁壶 1 对
乾隆四十八年八月十八日		西洋珐琅钵 1 对、提梁壶 1 对、卣 1 对
乾隆四十九年十一月十二日		（欧洲造）西洋珐琅钵盂 1、杯盘 1、花篮 1、卤铫 1、仿成窑花样盖罐 1 对、包袱式盖罐 1、壶 1、碗 1
乾隆四十九年十一月十二日		西洋珐琅碗 1 对
乾隆五十年四月二十六日		金胎西洋珐琅碗 1 对
乾隆五十二年二月二十一日	乾隆款西洋珐琅梅花式香盒 1	
乾隆五十四年九月二十一日		洋珐琅圆式全带 1
乾隆五十四年十一月二日	西洋珐琅鼻烟壶 2	
乾隆五十七年十二月十二日		西洋珐琅圆式全带 1

资料来源：《总汇》第 3—5、7、9—19、21—32、34—35、38—42、44—48、50、51、53 册。

前文提到，因广东匠役人多，工价亦省，乾隆三十八年养性殿新做紫檀木八方塔供养上 700 多片西洋珐琅画片，发往粤海关烧制。西洋珐琅画片的成功烧造，广东洋珐琅料的成色优于京内，或许是乾隆四十年后选择粤海关持续制作洋珐琅的重要原因。乾隆四十二年粤海关成功仿制 10 件康雍画珐琅后，次年五月传旨粤海关监督图明阿，将现做上等西洋珐琅圆盒、鼻烟壶并嗣后传与上等小式陈设俱加倍镀金，颜色要好。乾隆四十七年五月将粤海关送到洋珐琅盖罐1件、洋珐琅铫1对、洋珐琅瓶1对、洋珐琅提梁壶1对、洋珐琅小圆盒1对（随原做样洋珐琅器5件）持进呈览，奉旨："将珐琅盖罐、珐琅铫交乾清宫，珐琅壶、小圆盒、瓶交宁寿宫，做样珐琅器交原处。再传与粤海关监督李质颖，照此珐琅器花纹样款，每逢贡内烧造几对呈进。"乾隆四十八年三月传旨粤海关监督李质颖，前次发去西洋珐琅做样之器皿每年只准呈进10件，其样式亦不准外人烧造。同年八月再传旨李质颖，"嗣后将小式洋珐琅器皿进些件，要好，无蜡补处"。乾隆五十四年十一月传旨："乾清宫现收贮小件西洋珐琅瓶、罐、渣斗、花篮、盅、盒等件，着舒文传与粤海关监督额尔登布，每逢贡内照样烧造数件，陆续呈进。"①

上述材料显示，粤海关在乾隆四十四年以后烧造的几乎全是洋珐琅（包括经由粤海关发往欧洲订烧者）②。乾隆晚期皇帝对于粤海关烧造"上等""好"的洋珐琅器的能力非常信任。反观乾隆十一年粤海关曾因进贡过多的小瓶而遭到皇帝斥责，此时却要求制作小件器进贡，似乎提示我们，粤海关已经能够比较好地把握高宗的品味。③

（二）乾隆朝洋珐琅的收藏

上世纪二十年代，清室善后委员会在清点清宫物品时，以每座宫殿为单位，依照点查的先后，各用《千字文》的一个字为代码登记，编辑出版《故宫物品点查报告》。北京故宫将清室善后委员会的编号称为"参考号"，台北故宫博物院称之为"点查号"。点查时，发现了画珐琅器最集中的收藏地点——乾清宫端凝殿的小库，编为"列"字号④，因而此批画珐琅又称"列"字号画珐琅。入藏前，造办处要配做木匣盛装，匣面镌刻年号、品名及数量。乾清宫金属胎珐琅的收藏始于乾隆三年，一直延续到乾隆五十五年，⑤涵盖康雍乾三朝的作品。乾隆四十年以前，入藏的大都是康雍作品，乾隆朝的以金胎较多；乾隆四十年以后，入藏的基本都是乾隆本朝制作的铜胎作品。笔者将"列"字号铜胎珐琅同造办处档案对应后，制作成表。（表2）

---

① 《总汇》第35册，第148页；第40册，第234页；第45册，第405页；第46册，第639、621页；第51册，第263页。

② 《总汇》第47册，第638页。

③ 粤海关因烧制画珐琅而受到责罚，档案里仅出现过一次，发生在乾隆四十三年。时任监督图明阿做得送进的八对珐琅圆盒是照旋膛未净之木样成做，与原交盒样不符，故而将其罚俸三个月。（《总汇》第41册，第327页）图明阿自乾隆三十九年开始在如意馆行走，四十二年就任粤海关监督。依照旋膛未净之木样进行制作，表明其对造办处的"样"并不熟悉，缺乏监造经验。

④ 清室善后委员会编：《故宫物品点查报告》（以下简称《点查报告》）第2辑，线装书局，2004年，第18—65页。

⑤ 《总汇》第8册，第154页；第52册，第272页。

表 2　乾隆朝乾清宫入藏金属胎珐琅器一览表

	康熙款	雍正款	乾隆款	
			画珐琅	掐丝珐琅
乾隆三年	27	36	5	
乾隆四年			1	
乾隆五年	3	3	6	
乾隆六年	16			
乾隆七年		4		
乾隆二十年		1（金胎）	8（金胎）	6（金胎）
乾隆三十三年	1			
乾隆三十五年			2	
乾隆三十六年			1	
乾隆四十年	9	11		
乾隆四十一年		2	21	1
乾隆四十二年	1		16	21
乾隆四十三年		2	2	
乾隆四十五年	1			
乾隆四十六年			8	
乾隆四十七年			7	
乾隆四十八年			8	
乾隆五十年	1		6	
乾隆五十一年				1
乾隆五十二年	1			
乾隆五十五年				1

根据笔者的研究，宁寿宫紫檀大柜内也有 250 余件铜胎珐琅的集中收藏。宁寿宫区域大规模改扩建以后，新命名的宁寿宫从乾隆四十年开始系统收藏铜胎珐琅器，直到乾隆五十九年，似乎仅包括乾隆本朝制作者，入藏前亦要配刻铭木匣盛装。[①]

从表 1 可以看出，造办处制作的洋珐琅器类繁多，材质贵重的金胎洋珐琅几乎全由其承办，但被纳入乾清宫或宁寿宫收藏体系的比较少。[②] 结合档案与故宫藏品会发现，自乾隆四十年起，

① 前揭《养心殿体顺堂铜胎珐琅器的初步分析》，第 71 页。

② 乾隆二十年传旨，三十五件金胎珐琅（其中一半属西洋珐琅）"照先做过珐琅器皿一样配楠木匣盛装"（《总汇》第 21 册，第 222 页）。同时期配楠木匣者，基本都进入了乾清宫的珐琅收藏体系，且三十五件中的一部分能够和列字号乾隆款画珐琅对应，我们推断这批金胎珐琅属于乾清宫珐琅收藏的一部分。造办处成做的洋珐琅划归宁寿宫收藏者，如金胎亮红亮绿西洋珐琅杯盘执壶 2 分（《总汇》第 39 册，第 813 页）。

粤海关陆续烧造的洋珐琅器多为模仿康雍作品，器类相对单一，然几乎全部入藏乾清宫或宁寿宫。换句话说，乾隆晚期粤海关成做洋珐琅似以收藏作为主要目的，这一点和造办处洋珐琅的差异较大。

就造办处档案的名称而言，洋珐琅器入藏乾清宫始于乾隆十二年，乾隆四十年之前基本都是乾隆款金胎作品，乾隆四十年后以铜胎为主，康熙朝作品占一定比重。（表 3）似乎表明乾隆早中期收藏洋珐琅时，主要针对本朝制作的，相对贵重的金胎作品，包括画珐琅及掐丝珐琅与画珐琅相结合之作品；[①] 乾隆晚期则尽量忽略材质，前朝与本朝作品并重。

表 3　造办处档案所见乾清宫入藏洋珐琅与实物的对应表

入藏时间	造办处档案名称	参考号	文物号	《点查报告》名称
乾隆十二年	铜胎西洋珐琅蒜头瓶一件			
乾隆二十年	金胎西洋画珐琅观音瓶一件（耳子铜的）	列 427-9	故珐 136	（乾隆款）金胎西洋珐琅观音瓶一件
乾隆二十年	金胎西洋画珐琅小圆罐一件（随铜镀金架一件）	列 427-11	故珐 544	（乾隆款）金胎双兽面罐一件
乾隆二十年	金胎西洋画珐琅洋錾小执壶一对（随珊瑚顶）			
乾隆二十年	金胎西洋画珐琅渣斗一件(耳子铜的）	列 594	故杂 546	现仅存空匣
乾隆二十年	金胎西洋画珐琅有盖小罐一件(随铜镀金架一件、珊瑚顶）	列 375-4	故珐 119	（乾隆款）金胎珐琅盖罐一件
乾隆二十七年	金胎西洋珐琅有盖法盏 1 对（水法殿撤下）			
乾隆三十三年	金胎西洋珐琅碗一件	列 427-13	故珐 269	（康熙款）金胎西洋珐琅碗一件
乾隆三十五年	金胎掐丝珐琅加西洋珐琅杯盘一分	列 427-12	故珐 267、268	（乾隆款）金胎掐丝加西洋珐琅杯盘一分
乾隆四十年	铜胎西洋珐琅牡丹花篮一件	列 256	故 116493	（康熙款）铜胎珐琅牡丹花篮一件
乾隆四十年	铜胎西洋珐琅串枝莲柘榴罐一件	列 279	未见	（康熙款）铜胎珐琅串枝莲罐一件
乾隆四十年	铜胎西洋珐琅莲花水丞一件	奉 329	故 116494	（康熙款）铜胎珐琅水丞一件
乾隆四十年	铜胎西洋珐琅菊花式盒一件	列 360-44	故珐 338	（康熙款）铜胎珐琅菊花式盒一件
乾隆四十年	铜胎西洋珐琅蕉叶瓶一件	列 360-39	故珐 384	（康熙款）铜胎珐琅蕉叶瓶一件
乾隆四十年	铜胎西洋珐琅串枝莲炉一件	列 269	故珐 691	（康熙款）铜胎珐琅串枝莲炉一件
乾隆四十年	铜胎西洋珐琅钵盂一件	列 360-61	故珐 459	（康熙款）铜胎画珐琅钵盂一件

① 参见陈夏生主编：《明清珐琅器展览图录》，图 120，《点查报告》称其为“金胎西洋珐琅观音瓶”（第 2 辑，第 197 页）；图 40，《点查报告》称其为“金胎掐丝珐琅双螭虎耳圆罐”（第 2 辑，第 197 页）。

入藏时间	造办处档案名称	参考号	文物号	《点查报告》名称
乾隆四十年	铜胎西洋珐琅方卣铫一件	列 360-42	故珐 1029	（康熙款）铜胎珐琅四方卣铫一件
乾隆四十年	铜胎西洋珐琅杯盘一分	列 272	故珐 490、491	（雍正款）铜胎珐琅杯盘一分
乾隆四十五年	康熙款铜胎西洋珐琅杯盘一分	列 360-54	故珐 550、551	（康熙款）铜胎西（洋）珐琅杯盘一分
乾隆四十五年	康熙款铜胎西洋珐琅葵花式茶盘一件	列 360-55	故珐 374	（康熙款）铜胎画珐琅八凤朝牡丹盘一件
乾隆四十七年	洋珐琅铫一对	列 523	故珐 102、103	（乾隆款）铜胎广珐琅铫一对
乾隆四十八年	西洋珐琅海棠式盒二对	列 527	故珐 343、344	（乾隆款）铜胎广珐琅海棠式盒一对
		列 528	故珐 227、228	（乾隆款）铜胎广珐琅海棠式盒一对
乾隆四十八年	西洋珐琅卣一对	列 423	故珐 681、682	（乾隆款）广珐琅金五彩提梁卣一对
乾隆五十二年	康熙款铜胎西洋珐琅梅花式小盒一件	列 360-46	故珐 339	（康熙款）铜胎珐琅小盒一件

资料来源：《总汇》第 15、21、27、33、38、43、45、46、50 册。

我们把粤海关仿制的康雍珐琅列成表，发现粤海关更多地还是模仿康熙作品。（表 4）乾隆四十年十一月十九日将 7 件康熙款洋珐琅入藏乾清宫，又将乾隆六年入藏的“铜胎珐琅葵花式花篮”更名（康熙款）“铜胎西洋珐琅花篮”，表明乾隆皇帝自四十年底开始重视前朝的洋珐琅。①

表 4　乾隆四十年、四十七年粤海关仿制康雍珐琅一览表

开始仿制时间	造办处档案名称	参考号	文物号
乾隆四十年十一月	（康熙款）金胎西洋珐琅碗	列 427-13	故珐 269
乾隆四十年十一月	（康熙款）铜胎西洋珐琅花篮	列 360-49	故 116765
乾隆四十年十一月	（康熙款）西洋珐琅钵盂	列 360-61	故珐 459
乾隆四十年十一月	（康熙款）西洋珐琅方卣铫	列 360-42	故珐 1029
乾隆四十年十一月	（雍正款）西洋珐琅杯盘	列 272	故珐 490、491

① 《总汇》第 38 册，第 574 页；第 9 册，第 708 页。

开始仿制时间	造办处档案名称	参考号	文物号
乾隆四十年十一月	（雍正款）铜胎画珐琅仿成窑花样盖罐	列 266	故珐 503、504
乾隆四十年十一月	（雍正款）铜胎珐琅包袱式盖罐	列 484	故珐 221
乾隆四十年十一月	（雍正款）铜胎珐琅壶	列 496	故珐 229
乾隆四十七年五月	（康熙款）铜胎黄地五彩珐琅小玉壶春	列 360–43	故珐 1030
乾隆四十七年五月	（康熙款）铜胎珐琅盒	列 360–51	故珐 341
乾隆四十七年五月	（康熙款）铜胎珐琅甜瓜瓣提梁小壶	列 360–56	故珐 552
乾隆四十七年五月	（康熙款）铜胎珐琅扇面式小执壶	列 360–60	故珐 224
乾隆四十七年七月	洋珐琅康熙年款海棠式盒	热河文津阁	

一个有趣的现象是，乾隆四十年，和康熙款洋珐琅同批入藏乾清宫的还有 9 件雍正款作品，对于后者，造办处档案皆称作“铜胎珐琅”[①]，暗示该 9 件的釉料成分可能有别于康熙洋珐琅。[②]

四 乾隆朝宫廷广珐琅与洋珐琅的关系辨析

引发学界关注宫廷广珐琅与洋珐琅关系的是台北故宫博物院收藏的两对扇式方壶及两对小圆盒[③]，它们的尺寸、釉色、纹样、款识几无差别，原配木匣皆为一件刻“洋珐琅”，另一件刻“广珐琅”。实际上，类似情况还见于档案与实物的对应。例如，乾隆四十年传旨粤海关仿制的 10 件画珐琅，尽管造办处档案名称及现存木匣皆未见“洋珐琅”字样，但“不要广珐琅，务要洋珐琅”暗示该 10 件仿品必属洋珐琅无疑。（表 5）其中的两个木匣刻铭“广珐琅”，应是在强调制作地点。此处刻铭“广珐琅”有可能是“广东西洋珐琅”的简称。

① 《总汇》第 38 册，第 574 页。9 件雍正珐琅同现存文物的对应关系是：铜胎珐琅桃式水丞 1 件（奉 338）、铜胎珐琅珊瑚顶壶 1 件（列 360–12）、铜胎珐琅木靶木顶壶 1 件（列 257）、铜胎珐琅筒子炉 2 件（列 282，光绪二十一年赏达赖喇嘛 1 件）、铜胎珐琅瓶盒 1 件（列 252）、铜胎珐琅圆盒 1 件（列 360–11）、铜胎珐琅甘露瓶 1 件（光绪二十一年赏达赖喇嘛）、铜胎珐琅双环盖罐 1 件（列 360–10）。参见故宫博物院编：《故宫博物院藏清宫陈设档案》第四册，故宫出版社，2013 年，第 302、303 页。

② 我们将《点查报告》《总汇》与《故宫博物院藏清宫陈设档案》对应后发现，入藏乾清宫的雍正款铜胎画珐琅中，大概只有乾隆四十年十一月十九日传旨配匣的一套杯盘（列 272，参见表 4）被造办处档案称作“西洋珐琅”，个中缘由耐人寻味。

③ 列 523（故珐 102、103）与吕 3332–58（故珐 304、305）。

表 5　乾隆四十二年仿品与原作名称比较表

原作	乾隆四十二年仿品	乾隆四十二年仿品原配木匣刻铭
（康熙款）金胎西洋珐琅碗 1	金胎珐琅碗 1	“乾隆年制铜胎珐琅盖碗一件”
（康熙款）铜胎西洋珐琅花篮 1	铜胎珐琅花篮 1	“乾隆年制铜胎广珐琅花篮一件”
（康熙款）铜胎西洋珐琅钵盂 1	铜胎珐琅钵盂 1	未保留原配木匣
（康熙款）铜胎西洋珐琅方卤铫 1	铜胎珐琅方卤铫 1	未保留原配木匣
（雍正款）铜胎西洋珐琅杯盘 1 份	铜胎珐琅杯盘 1 份	“乾隆年制铜胎珐琅杯盘一件”
（雍正款）铜胎画珐琅仿成窑花样盖罐 1 对	铜胎珐琅仿成窑花样盖罐 1 对	“乾隆年制铜胎广珐琅圆盖罐一对”
（雍正款）铜胎画珐琅包袱式盖罐 1	铜胎珐琅包袱式盖罐 1	“乾隆年制铜胎画珐琅包袱式盖罐一件”
（雍正款）铜胎画珐琅壶 1	铜胎珐琅壶 1	“乾隆年制铜胎画珐琅壶一件”

资料来源：《总汇》第 38 册，第 664 页。

我们再尝试把其他乾清宫原配木匣刻铭的“广珐琅”同造办处档案对应列表。（表 6）列 523 和列 519 的造办处档案名称同木匣不一致，（图 3）但根据档案的上下文可知，两对皆属粤海关模仿宫廷发来洋珐琅之作品。档案称“洋珐琅”，指其使用的釉料；木匣刻“广珐琅”，则凸显制作地点在广东。列 510 虽然造办处和木匣刻铭皆为“广珐琅”，实则按照乾隆四十八年“嗣后将小式洋珐琅器皿进些件，要好，无蜡补处”的旨意制作，也属洋珐琅。[①] 列 622 和列 627 是最早加入乾清宫珐琅收藏序列的广珐琅。根据乾隆款的书体，施静菲认为列 622 实由造办处制作。[②] 列 627 是“敬制”款，若非保留木匣，则很难推断其年代及产地。两件珐琅盒的形制、纹样稍显独特，乾隆皇帝将其纳入“列”字号画珐琅的意图有待进一步探讨。

图 3　乾隆款铜胎画珐琅牡丹纹扇式执壶（列 523）

① 《总汇》第 46 册，第 621 页。

② 前揭《乾隆朝粤海关成做之“广珐琅”》，第 149 页。

表6　造办处档案与原配匣所见广珐琅对应表（乾清宫部分）

造办处档案名称	入藏时间	参考号	文物号	原配木匣刻铭
铜胎广珐琅圆盒一件	四十一年	列622	故珐183	“乾隆年制铜胎广珐琅圆盒一件”
铜胎广珐琅圆盒一件	四十一年	列627	故珐184	“乾隆年制铜胎广珐琅西番莲圆盒一件”
洋珐琅铫一对	四十七年	列523	故珐102、103	“乾隆年制铜胎广珐琅铫一对”
珐琅小圆盒一对	四十八年	列519	故珐567、568	“乾隆年制铜胎广珐琅小圆盒一对”
广珐琅罐一对	五十年	列510	故珐455、456	“乾隆年制铜胎广珐琅包袱式罐一对”

资料来源：《总汇》第39、45、46册、48册。

回到台北收藏的扇式方壶和小圆盒，八件皆属粤海关仿康熙作品，原配木匣一件刻“洋珐琅”，意在强调釉料，另一件刻“广珐琅”，意在凸显产地，两者并不矛盾。此外，乾隆四十年传旨粤海关仿制的10件画珐琅中，至少一半未标注“广珐琅”；同年入藏乾清宫的“铜胎西洋珐琅莲花水丞”，发往盛京时又改称“铜胎珐琅水丞”，这些都反映出当时宫廷御用器的定名存在一定的随意性。考虑到乾隆皇帝认定了数件康熙洋珐琅，乾隆朝从早到晚一直烧造洋珐琅器，施静菲主张洋珐琅和广珐琅可以划归同一类作品观察的观点，如果限定在乾隆四十年以后，由粤海关仿烧康雍作品的范围内，则比较稳妥。

北京故宫收藏了4件乾隆款铜胎画珐琅菊纹壶，全属模仿康熙年间的“西洋珐琅方卤铫”制作，其中一件为欧洲制作，三件属粤海关制作。经科技检测，刘瀚文认为欧洲本土的洋珐琅釉料成分同广东当地的珐琅釉料成分存在比较显著的区别。[①]三件由粤海关制作的菊纹壶明显属“每逢贡内照样烧造数件”者，使用的应为广东烧炼或购买的洋珐琅釉料，亦即“广东西洋珐琅”[②]，而非当地生产的普通釉料。广东的洋珐琅料较之京内的“宝色、水头俱各鲜明”，代表了当时国内珐琅釉的最高品质，但依旧同欧洲本土生产者差异明显。就产地而言，乾隆御用的铜胎画珐琅器可以分为三处：造办处、粤海关、欧洲。两岸故宫存留的欧洲珐琅制品极少。造办处和粤海关都存在日用珐琅料与洋珐琅料两类釉料，前者的用量远大于后者。两地四种珐琅釉料之间的区分，有赖于日后的科技检测。

五　几点认识

第一，乾隆早中期的宫廷广珐琅制品几乎全属日常用器范畴，同乾隆四十年以后大量仿烧康、雍作品，未经使用就直接纳入乾清宫或宁寿宫的珐琅收藏体系相比，存在显著差异。大瓶、

① Hanwen Liu，He Wang，Peiquan Duan，Han Gao，Rong Zhang and Liang Qu，The Qianlong Emperor's order: scientific analysis helps find French painted enamel among Palace Museum collections，Heritage Science，2022;10.

② 《总汇》第51册，第263页；第40册，第200页。

大罐等尽管受到造办处“样”的管控，实则在器形方面的要求比较严格，纹样方面宽松许多，可能与广珐琅作为赏赐品或实用器的属性存在一定关系。

第二，本文属首次针对洋珐琅进行系统研究，洋珐琅涉及进口或仿烧的西洋珐琅釉料、模仿西洋装饰风格的画珐琅器、欧洲烧造的珐琅器等三方面的内涵。雍正六年怡亲王试烧珐琅釉成功，致使珐琅原料的产量骤增，大大促进了宫廷画珐琅的蓬勃发展。然而，乾隆年间造办处芸香露的用途由熬制珐琅釉料变为防虫蛀占绝大多数，似乎暗示珐琅料成分较之怡亲王研发时再次发生变化。宫里和广东一直都有进口或仿烧的西洋珐琅釉料，乾隆晚期广东的釉料品质甚至比宫中的还要好。乾隆四十年后入藏乾清宫的康熙画珐琅几乎全为洋珐琅，促使高宗授意粤海关仿制康、雍作品时，必须使用洋珐琅料，或许是为了同原作的釉色、釉质尽量保持一致。必须指出的是，粤海关的高品质洋珐琅料并未在景德镇烧制官窑瓷器时使用，是否因为瓷胎画珐琅并未大量模仿前朝作品？有待日后探讨。

第三，档案记载，造办处和粤海关都有成做洋珐琅。前者大约从雍正六年已经开始，而后者始于乾隆十三年。乾隆四十年之前，洋珐琅基本都是造办处成做，很少旨令粤海关承担。乾隆四十年以后，洋珐琅则由造办处和粤海关共同承办，粤海关在四十四年以后烧造的几乎全是洋珐琅。造办处制作的洋珐琅器类繁多，但被纳入乾清宫或宁寿宫收藏体系的比较少。自乾隆四十年起，粤海关陆续烧造的洋珐琅器多为模仿康雍作品，器类相对单一，然几乎全部入藏乾清宫或宁寿宫。也就是说，乾隆晚期粤海关成做洋珐琅似以收藏作为主要目的，这一点和造办处洋珐琅的差异较大。

第四，原配木匣刻铭的定名存在一定程度的随意性，为研究者理解广东洋珐琅与广珐琅之间的关系制造了障碍。洋珐琅与广珐琅的关系应在准确对应文物的前提下，结合档案上下文加以辨识。

第五，造办处和粤海关都存在日用珐琅料与洋珐琅料两类釉料，两地四种珐琅釉料之间的区分，有赖于日后的科技检测。

（作者单位：故宫博物院器物部）